ŒUVRES
DE
WALTER SCOTT,

TRADUITES

PAR M. LOUIS VIVIEN,

AVEC TOUTES LES NOTES, PRÉFACES, INTRODUCTIONS ET MODIFICATIONS
AJOUTÉES PAR L'AUTEUR A LA DERNIÈRE ÉDITION D'ÉDIMBOURG;

ET

DE NOUVELLES NOTES HISTORIQUES ET LITTÉRAIRES PAR LE TRADUCTEUR.

TROISIÈME ÉDITION.

Tome Onzième.
—
LA FIANCÉE DE LAMMERMOOR.

PARIS:

Chez LEFÈVRE, Editeur, rue de l'Éperon, 6.

POURRAT FRÈRES, ÉDITEURS, ∥ DAUVIN et FONTAINE, Libraires,
Rue des Petits-Augustins, 5. ∥ Passage des Panoramas, 35.

—

1840.

ŒUVRES

DE

WALTER SCOTT.

TOME XI.

Imprimerie de Beaulé, rue François Miron, 8.

ŒUVRES
DE
WALTER SCOTT

TRADUITES

PAR M. LOUIS VIVIEN,

AVEC TOUTES LES NOTES, PRÉFACES, INTRODUCTIONS ET MODIFICATIONS AJOUTÉES PAR L'AUTEUR
A LA DERNIÈRE ÉDITION D'ÉDIMBOURG;
ET DE NOUVELLES NOTES HISTORIQUES ET LITTÉRAIRES PAR LE TRADUCTEUR.

TROISIÈME ÉDITION.

TOME ONZIÈME.

LA FIANCÉE DE LAMMERMOOR.

Paris,

Chez LEFÈVRE, Éditeur, rue de l'Éperon, 6
DAUVIN et FONTAINE, Libraires, passage des Panoramas, 35;
POURRAT FRÈRES, Éditeurs, rue des Petits-Augustins, 5.

1840.

INTRODUCTION

A

LA FIANCÉE DE LAMMERMOOR.

L'AUTEUR n'a pas voulu, dans une précédente occasion [1], indiquer la source réelle où il avait puisé le tragique sujet de cette histoire, parce que, bien qu'elle remonte à une époque déjà éloignée, il se pouvait que les descendants des personnages qu'elle met en scène en fussent péniblement affectés. Mais comme il trouve dans les notes de son spirituel ami Charles Kirkpatrick Sharpe, esq., sur les *Mémoires de Law* [2], ainsi que dans sa réimpression des poésies du révérend Symson, à la suite de la *Description du Galloway*, un récit de circonstances présentées comme étant l'original de *la Fiancée de Lammermoor*, l'auteur se sent maintenant libre de rapporter l'histoire telle qu'elle lui a été racontée par des parents à lui, qui vivaient à une époque très-rapprochée de celle à laquelle remonte l'événement, et qui étaient intimement liés avec la famille de la Fiancée.

Il est assez connu que la famille de Dalrymple, qui, dans l'espace de deux siècles, a produit, autant que nulle autre maison d'Écosse, des hommes supérieurs par leurs talents civils et militaires, des littérateurs et des politiques distingués, et des hommes notables dans toutes les professions libérales; il est assez connu, dis-je, que la première illustration de cette famille est due à James Dalrymple, un des légistes les plus éminents qui aient jamais été, quoique malheureusement les facultés puissantes de son esprit se soient exercées sur un sujet aussi li-

---

[1] *Voyez* l'Introduction aux *Chroniques de la Canongate*. (W. S.)
[2] **Law's** *Memorials*, p. 226. (W. S.)

mité que l'est la jurisprudence écossaise, sur laquelle il a composé un ouvrage admirable.

Il épousa Marguerite, fille de Ross de Balniel, qui lui apporta en dot un riche domaine. C'était une femme d'un esprit étendu, pénétrant et élevé, si heureuse en tout ce qu'elle entreprenait, que le vulgaire, sans être nullement prévenu contre son époux ou sa famille, imputait ses succès à la nécromancie. Selon la croyance populaire, dame Marguerite acheta du Maître qu'elle servait la prospérité de sa famille au prix d'une singulière condition, ainsi rapportée par l'historien du grand comte de Stair, son petit-fils : « Elle atteignit un grand âge, et à son lit de mort elle demanda à ne pas être mise en terre, mais à ce que son cercueil fût placé droit sur un de ses bouts, promettant que tant qu'elle resterait dans cette position les Dalrymple continueraient de prospérer. Quel fut le motif de la vieille dame en faisant une telle demande, et fit-elle réellement une semblable promesse ? c'est ce que je ne puis prendre sur moi d'assurer ; mais il est certain que son cercueil est placé debout dans l'aile de l'église de Kirkliston, lieu de sépulture de la famille[1]. » Les talents eminents de sa race ont été suffisants pour rendre compte des dignités auxquelles sont parvenus beaucoup de membres de la famille, sans qu'il soit besoin de recourir à une assistance surnaturelle. Mais leur prospérité peu ordinaire fut égalée par quelques malheurs de famille également singuliers, parmi lesquels celui qui tomba sur leur fille aînée fut aussi triste qu'inexplicable.

Miss Janette Dalrymple, fille de lord Stair, premier du nom, et de dame Marguerite Ross, avait, à l'insu de ses parents, engagé sa foi à lord Rutherford, qui ne pouvait être agréé tant à raison de ses principes politiques qu'à cause de son manque de fortune. Les deux jeunes gens rompirent ensemble une pièce d'or, et s'engagèrent leur foi de la manière la plus solennelle ; et on dit que la jeune personne prononça sur elle-même les imprécations les plus terribles, dans le cas où elle violerait la foi jurée. Peu de temps après, un aspirant que favorisait lord Stair, et plus encore lady Marguerite, offrit ses hommages à miss Dalrymple. La jeune dame refusa la proposition, et, pressée à cet egard, avoua son engagement secret. Lady Stair, femme habituée à

---

[1] *Memoirs of John earl of Stair, by an Impartial Hand.* London, printed for Cobbet, p. 7.

la soumission de tout ce qui l'entourait (car jamais son époux n'avait osé la contredire), traita cette objection de puérilité, et insista pour que sa fille consentît à épouser son nouvel aspirant, David Dumbar, fils et héritier de David Dumbar de Baldoon, comté de Wigton. Le premier amant, homme d'un esprit ferme, intervint alors par lettre, et fit valoir les droits que lui donnait sa foi engagée avec la jeune miss. Lady Stair lui répondit par la même voie que sa fille, comprenant combien elle avait manqué à ses devoirs en contractant un engagement que n'avaient pas sanctionné ses parents, avait rétracté sa promesse illicite, et refusait maintenant de tenir la promesse qu'elle lui avait faite.

L'amant, en retour, refusa positivement de recevoir une semblable réponse de personne autre que de sa maîtresse même : et comme elle avait affaire à un homme à la fois d'un caractère trop résolu et de naissance trop distinguée pour le traiter légèrement, lady Stair fut obligée de consentir à une entrevue de sa fille et de lord Rutherford. Mais elle eut soin d'y être présente, et soutint l'argumentation contre l'amant éconduit et irrité, avec une fermeté égale à celle du jeune lord. Elle insista particulièrement sur la loi lévitique, qui déclare qu'une femme ne sera pas engagée par une promesse que ses parents désavoueront. Elle s'appuyait sur ce passage de l'Écriture :

« Si un homme a fait un vœu au Seigneur ou s'est lié par serment, il ne violera point sa parole, mais il accomplira tout ce qu'il aura promis

« Si une femme a fait un vœu au Seigneur et s'est liée par serment, étant dans la maison de son père et jeune encore ;

« Et si le père connaît le vœu qu'elle a fait et le serment par lequel elle a lié son âme, et qu'il garde le silence, alors tous ses vœux subsisteront, et tout serment par lequel elle a lié son âme subsistera.

« Mais si son père le désapprouve dès qu'il a connu les vœux et les serments par lesquels elle a lié son âme, ni les uns ni les autres ne subsisteront ; et le Seigneur lui pardonnera, parce que son père l'a désapprouvée. » — *Nombres*, XXX, 3, 4, 5, 6.

Tandis que la mère insistait sur ce sujet, l'amant conjurait en vain la fille de déclarer son opinion et ses sentiments. Elle demeurait comme totalement subjuguée, — muette, pâle, immobile comme une statue. Seulement, sur l'ordre de sa mère, articulé d'un ton impérieux, elle rappela assez de forces pour rendre à son fiancé le fragment de la pièce d'or rompue, symbole de sa foi engagée. Il s'abandonna alors à un terrible accès de colère, prit congé de la mère en la chargeant de malédictions, et se retournant vers sa maîtresse, faible sinon inconstante, au moment où il quittait l'appartement, il lui dit : « Quant à vous, madame, vous serez pour le monde un objet d'étonnement ; » phrase qui implique d'ordinaire quelque calamité peu commune. Il partit pour les pays étrangers, et ne revint jamais. Si le dernier lord Rutherford fut l'infortuné dont il s'agit ici, ce doit avoir été le troisième qui porta ce titre, et qui mourut en 1685.

Le mariage entre Janette Dalrymple et David Dumbar de Baldoon fut alors conclu, la fiancée ne montrant pas de répugnance, et restant absolument passive en tout ce que commandait ou conseillait sa mère. Le jour du mariage, qui fut célébré, selon l'usage, avec un nombreux concours d'amis et de parents, elle fut encore la même, — triste, silencieuse, et en apparence résignée à son sort. L'auteur tient d'une dame, alliée de fort près à la famille, qu'elle s'était entretenue sur ce sujet avec un des frères de la mariée, qui lors de l'événement n'était encore qu'un tout jeune homme, et qui, à cheval, précédait sa sœur tandis qu'elle se rendait à l'église. Il lui dit que la main de miss Janette, qui se trouva posée sur la sienne pendant qu'elle le tenait pressé dans ses bras, était froide et moite comme le marbre. Mais tout occupé qu'il était en ce moment de son habit neuf et du rôle qu'il jouait dans le cortége, cette circonstance, que longtemps après il se rappela avec une amère douleur, ne fit pas alors impression sur lui.

La cérémonie nuptiale fut suivie de danses. Le marié et la mariée s'étaient retirés comme de coutume, quand tout à coup les cris les plus perçants et les plus étranges partirent de la chambre des époux. C'était alors l'usage, afin de prévenir les grossières plaisanteries que l'ancien temps admettait peut-être, de confier au garçon d'honneur la clef de la chambre nuptiale. On l'appela aussitôt ; mais il refusa d'abord de remettre la clef, jusqu'à ce qu'enfin les cris devinrent tellement horribles, qu'il fut forcé d'accourir avec les autres pour en apprendre la cause. En ouvrant la porte, ils trouvèrent le marié gisant en travers du seuil, atteint d'effroyables blessures d'où le sang s'échappait à flots. On chercha alors la mariée, et on la trouva dans le coin de la vaste cheminée, n'ayant pour tout vêtement que sa chemise qui était souillée de sang. Assise dans ce coin obscur, elle grinçait des dents et grimaçait avec tous les indices de la folie. Les seuls mots qu'elle prononça furent : — « Enlevez votre joli marié. » Elle ne survécut guère plus d'une quinzaine à cette horrible scène, ayant été mariée le 24 août, et étant morte le 12 septembre 1669.

Le malheureux Baldoon guérit de ses blessures; mais il défendit expressément de lui faire aucune question sur la manière dont il les avait reçues. Si une dame, dit-il, le questionnait à ce sujet, il ne lui répondrait pas et ne lui reparlerait de sa vie; si c'était un homme, il regarderait sa curiosité comme un mortel affront, et lui en demanderait satisfaction. Il ne survécut pas longtemps à la terrible catastrophe, s'étant grièvement blessé dans une chute de cheval, en se rendant de Leyde à Holyrood-House [1], accident dont il mourut le lendemain 28 mars 1682. Ainsi, peu d'années firent disparaître les acteurs principaux de cette effroyable tragédie.

Différents bruits coururent sur cette affaire mystérieuse, bruits pour la plupart fort inexacts, quoiqu'on pût à peine les dire exagérés. Il était alors difficile d'être informé de l'histoire d'une famille écossaise d'une certaine classe; et d'étranges choses s'y passaient parfois, dans lesquelles la loi elle-même ne s'immisçait pas scrupuleusement.

Le crédule M. Law dit, en termes généraux, que le lord-président Stair avait une fille qui, « ayant été mariée, fut arrachée à son mari la nuit des noces, et traînée dans la maison (par des esprits, à ce qu'on nous a donné à entendre), et qui mourut bientôt après. » — « Une autre fille, dit-il, fut possédée d'un malin esprit. »

Mon ami M. Sharpe donne une autre version de l'histoire. Selon ses renseignements, ce fut le marié qui blessa la nouvelle épouse. Le mariage, selon ce récit, avait eu lieu contre l'inclination de la mère, laquelle avait donné son consentement par ces sinistres paroles adressées à sa fille : « Vous pouvez l'épouser, mais vous vous en repentirez bientôt. »

Je trouve encore une autre manière de présenter l'histoire, obscurément insinuée dans de méchants vers fort injurieux dont je possède une copie originale. Ils sont annotés comme ayant été faits « sur feu le vicomte Stair et sa famille, par sir William Hamilton de Whitelaw. Les annotations marginales sont de William Dunlop, procureur à Édim-

---

[1] Aux portes d'Édimbourg. (L. V.)

bourg, fils du laird de Househill, et neveu dudit sir William Hamilton. »
Il existait une querelle envenimée et une rivalité personnelle entre
l'auteur de ce libelle, nom qu'il mérite largement, et le lord président
Stair; et la satire, qui est écrite avec beaucoup plus de méchanceté
que d'art, porte pour épigraphe :

> « Stair's neck, mind, wife, sons, grandson, and the rest,
> Are wry, false, witch, pests, parricide, possessed : »

« le cou de Stair, son esprit, sa femme, ses fils, son petit-fils et le reste, sont tors, faux, sorciers, de vraies pestes, parricides et possédés. »

Le haineux satiriste, qui évoque tous les malheurs de la famille, n'oublie pas les noces fatales de Baldoon. Il semble indiquer, bien que ses vers soient aussi obscurs que peu poétiques, que la violence exercée sur le marié eut lieu par l'intervention de l'esprit impur auquel la jeune fille s'était donnée, au cas où elle violerait son engagement avec son premier amant. Son hypothèse ne s'accorde pas avec la version rapportée dans la note sur les Mémoires de Law; mais elle se concilie aisément avec la tradition de la famille :

> « In all Stair's offspring we no difference know,
> They do the females as the males bestow;
> So he of's daughter's marriage gave the ward,
> Like a true vassal, to Glenluce's laird;
> *He knew what she did to her suitor plight,*
> *If she her faith to Rutherfurd should slight,*
> *Which, like his own, for greed he broke outright.*
> Nick did Baldoon's posterior right deride,
> And, as first substitute, did seize the bride;
> Whate'er he to his mistress did or said,
> He threw the bridegroom from the nuptial bed,
> Into the chimney did so his rival maul,
> His bruised bones ne'er were cured but by the fall. »

« Dans toute la race des Stairs nous ne connaissons pas de différence;
« les femelles y ont les mêmes qualités que les mâles. Ainsi, lors du
« mariage de sa fille, en fidèle vassal il donna son élève au laird de
« Glenluce. Il savait à quoi elle s'était engagée si elle manquait de
« foi à son amant Rutherfurd : mais la cupidité lui fit mépriser la foi
« de sa fille comme il méprisait la sienne. Nick[1] se moqua des droits

---

[1] Nom populaire du diable; l'abréviation familière de Nicolas. (L. V.)

« de Baldoon que primaient les siens; comme premier substitut, il
« saisit la mariée, et, quelque chose qu'il ait fait ou dit à sa maîtresse,
« il précipita le marié du lit nuptial, le traîna dans la cheminée et y
« assomma son rival, dont les os brisés ne furent jamais guéris que
« par la chute [1]. »

Une des notes marginales attribuées à William Dunlop commente ainsi les trois vers distingués par des lettres italiques : « Elle s'était elle-même fiancée à lord Rutherfoord sous d'horribles imprécations, et ensuite elle épousa Baldoon, neveu de Rutherfoord. Sa mère fut cause de son manque de foi. »

Il est fait allusion à la même tragédie dans le couplet suivant et dans la note qui l'accompagne :

« What train of curses that base brood pursues,
When the young nephew weds old uncle's spouse! »

« quelle suite de malédictions poursuit cette race vile, quand le jeune
« neveu épouse la fiancée du vieil oncle! »

La note sur le mot *oncle* l'explique comme signifiant que « Rutherfoord, qui avait dû épouser lady Baldoon, était l'oncle de Baldoon. » Cette satire sur lord Stair et sa famille fut composée, comme il a déjà été dit, par sir William Hamilton de Whitelaw, compétiteur de lord Stair pour la place de président de la Cour des sessions. Hamilton de Whitelaw était un homme fort inférieur au grand légiste par les talents, et que n'a pas épargné non plus la calomnie ou la juste satire de ses contemporains, qui l'accusèrent d'être un juge injuste et partial. Quelques-unes des notes sont de ce curieux et laborieux antiquaire Robert Milne, qui, comme jacobite exalté, prêta volontiers la main à noircir la famille de Stair [2].

Un autre poëte de l'époque, dans un but très-différent, a laissé une élégie dans laquelle il mentionne obscurément et déplore le sort de l'infortunée jeune fille, dont la catastrophe extraordinaire a été pour Whitelaw, Dunlop et Milne un sujet de bouffonneries et de plaisan-

---

[1] La chute de cheval dont il mourut. (W. S.)

[2] J'ai comparé la satire, qui se trouve dans le premier volume de la curieuse petite collection intitulée *a Book of Scottish Pasquils*, 1827, avec celle qui est en ma possession et dont le texte est plus complet et les notes plus étendues ; elle m'a été donnée par Thomas Thompson, esq., sous-archiviste. Dans le second livre des *Pasquils*, p 72, est une épitaphe très-mordante sur sir James Hamilton de Whitelaw. (W. S.)

teries grossières. Ce barde d'humeur plus douce est Andrew Symson, avant la révolution ministre de Kirkinner dans le Galloway, et, après son expulsion comme épiscopal, exerçant à Édimbourg l'humble profession d'imprimeur. Il composa pour la famille de Baldoon, avec laquelle il paraît avoir eu des liaisons intimes, une élégie sur le tragique événement arrivé dans cette famille. Dans ce morceau, il traite avec une solennité mystérieuse la lugubre circonstance de la mort de la nouvelle mariée.

Les vers portent ce titre : « Sur la mort inattendue de la vertueuse lady mistress Janette Dalrymple, lady Baldoon, la jeune, » et nous fournit les dates précises de la catastrophe, lesquelles sans cela n'eussent pu être aisément déterminées. « *Nupta august.* XII; *domum ducta august.* XXIV; *obiit september* XII; *sepult. september* XXX, 1669. » L'élégie est sous forme de dialogue entre un voyageur et un domestique. Le premier, se souvenant qu'il avait suivi ce chemin peu de temps auparavant, et vu tous les alentours animés par les apparences de la joie et du plaisir, désire savoir ce qui a changé en deuil une scène si gaie. Nous reproduisons la réponse du domestique comme spécimen de la poésie de M. Symson, qui n'est pas de la première qualité :

> « Sir, 'tis truth you've told,
> We did enjoy great mirth; but now, ah me!
> Our joyful song's turn'd to an elegie.
> A virtuous lady, not long since a bride,
> Was to a hopeful plant by marriage tied,
> And brought home hither. We did all rejoice,
> Even for her sake. But presently our voice
> Was turn'd to mourning for that little time
> That she'd enjoy : She waned in her prime,
> For Atropos, with her impartial knife,
> Soon cut her thread, and therewithal her life;
> And for the time we may it well remember,
> It being in unfortunate September;
> Where we must leave her till the resurrection
> 'Tis then the saints enjoy their full perfection. »

« .... Monsieur, vous avez dit vrai ; nous nous livrions à une grande
« joie ; mais bientôt, hélas! nos chansons joyeuses se changèrent en
« une élégie. Une vertueuse dame, qui naguère était une fiancée, fut
« liée par mariage à un rejeton plein d'espoir et amenée ici. Nous nous
« réjouîmes tous, même pour elle. Mais presque aussitôt notre voix eut
« à déplorer les courts instants pendant lesquels elle avait proféré des sons

« joyeux. Elle s'éteignit dans son printemps ; car Atropos, de ses im-
« pitoyables ciseaux, trancha bientôt le fil de sa vie. Et quant au temps,
« nous pouvons bien nous en souvenir : ce fut pendant un malheureux
« septembre qu'il nous fallut la quitter jusqu'à la résurrection, alors
« que les saints jouiront de toute la perfection de leur nature [1]. »

M. Symson épanche aussi ses strophes élégiaques sur le sort de l'époux réduit à la viduité, sujet sur lequel le poëte, après une longue et dolente effusion, arrive à la conclusion judicieuse que si Baldoon eût été à pied, ce qui paraît avoir été son habitude ordinaire, il eût évité de périr d'une chute de cheval. De même que l'ouvrage dans lequel cette pièce se trouve, elle est tellement rare, que je puis presque regarder comme unique l'exemplaire que j'en possède ; et comme il nous donne les détails les plus circonstanciés sur l'un des acteurs de cette histoire tragique que nous avons racontée, nous insérerons ici, au risque d'être ennuyeux, quelques courts échantillons de la composition de M. Symson. Elle est intitulée :

« Élégie funèbre à l'occasion de la triste et déplorable mort de ce gentilhomme accompli et justement respecté, David Dunbar, le plus jeune des Baldoon, fils unique et héritier présomptif du très-respectable sir David Dunbar de Baldoon, chevalier baronnet. Il quitta ce monde le 28 mars 1682, par suite d'une chute de cheval qu'il avait faite la veille, en se rendant de Leyth à Holyrood-House ; et il fut honorablement enterré dans l'église de l'abbaye d'Holyrood-House, le 4 avril 1682. »

> « Men might, and very justly too, conclude
> Me guilty of the worst ingratitude,
> Should I be silent, or should I forbear
> At this sad accident to shed a tear.
> A tear! said I? ah! that is a petty thing,
> A very lean, slight, slender offering,
> Too mean, I'm sure, for me, wherewith t'attend
> The unexpected funeral of my friend!...
> A glass of briny tears charged up to th' brim,
> Would be too few for me to shed for him. »

[1] Cette élégie est réimprimée dans l'appendice d'un ouvrage topographique du même auteur intitulé : *A large Description of Galloway, by* Andrew Symson, *minister of Kirkinner*, in-8°. *Taits, Edinburgh*, 1823. Les élégies du révérend ministre sont extrêmement rares, et l'auteur n'en a jamais vu d'autre exemplaire que le sien, lequel est relié avec le *Tripatriarchicon*, poëme religieux du même auteur, tiré de l'histoire biblique. (W. S.)

« On pourrait, et avec toute raison, qui plus est, m'accuser de la
« plus noire ingratitude, si je gardais le silence ou que j'oubliasse de
« verser une larme sur ce triste accident. Une larme! que dis-je? Ah!
« ce serait peu de chose, une offrande bien maigre, bien légère et bien
« chétive, trop peu digne, assurément, des funérailles inattendues
« de mon ami!—Ce serait trop peu pour moi de verser pour lui un
« verre de larmes amères rempli jusqu'aux bords. »

Le poëte rappelle ensuite son intimité avec le défunt, et l'assiduité du jeune homme au service divin, assiduité qui eut sur deux ou trois autres assez d'influence pour les déterminer à suivre son exemple :

> « So that my muse 'gainst Priscian avers,
> He, only he, *were* my parishioners;
> Yea, and my only hearers. »

« De sorte que ma muse affirme contre Priscien que lui, lui seul, *était*
« mon paroissien; oui, et mon seul auditoire. »

Il fait alors de la personne et des manières du défunt une description d'après laquelle il parait qu'on attendait d'un vrai gentilhomme de l'ancien temps plus de qualités qu'on n'en exige d'un gentilhomme de nos jours :

> « His body, though not very large or tall,
> Was sprightly, active, yea, and strong withal
> His constitution was, if right I've guess'd,
> Blood mixt with choler, said to be the best.
> In's gesture, converse, speech, discourse, attire,
> He practis'd that which wise men still admire,
> Commend and recommend. What's that? you'll say;
> 'Tis this : he ever choos'd the middle way
> 'Twixt both th'extremes. Almost in every thing
> He did the like, 'tis worth our noticing :
> Sparing, yet not a niggard; liberal,
> And yet not lavish or a prodigal,
> As knowing when to spend and when to spare;
> And that's a lesson which not many are
> Acquainted with. He bashful was, yet daring
> When he saw cause, and yet therein but sparing;
> Familiar, yet not common : for he knew
> To condescend, and keep his distance too.
> He us'd, and that most commonly, to go
> On foot; I wish that he had still done so.
> Th' affairs of court were unto him well known;
> And yet meanwhile he slighted not his own.
> He knew full well how to behave at court,

And yet but seldom did thereto resort;
But lov'd the country life, choos'd to inure
Himself to past'rage and agriculture;
Proving, improving, ditching, trenching, draining,
Viewing, reviewing, and by those means gaining;
Planting, transplanting, levelling, erecting
Walls, chambers, houses, terraces; projecting
Now this, now that device, this draught, that measure.
That might advance his profit with his pleasure.
Quick in his bargains, honest in commerce,
Just in his dealings, being much averse
From quirks of law; still ready to refer
His cause t'an honest country arbiter.
He was acquainted with cosmography,
Arithmetic, and modern history;
With architecture and such arts as these,
Which I may call specific sciences
Fit for a gentleman; and surely he
That knows them not, at least in some degree,
May broke the title, but he wants the thing :
Is but a shadow scarce worth noticing.
He learned the French, be't spoken to his praise,
In very little more than forty days. »

« Sans être très-puissant de corps ni très-haut de stature, il était vif et
« alerte en même temps que robuste. Son tempérament, si je l'ai
« bien observé, tenait à la fois du sanguin et du bilieux, et ce sont,
« dit-on, les meilleurs. Dans ses gestes, ses habitudes, son élocution,
« ses discours et sa parure, il pratiquait ce que les sages admirent le
« plus, ce que le plus ils vantent et prescrivent. Qu'est-ce? me direz-
« vous; le voici : Il prenait toujours le terme moyen entre les deux
« extrêmes. Presque en toute chose il faisait de même, ce qui est bien
« digne de remarque; économe, mais non jusqu'à l'avarice; libéral,
« sans être dissipateur ni prodigue; sachant quand dépenser et quand
« épargner, et c'est un art que bien peu connaissent. Il était timide,
« mais hardi quand il fallait l'être, et alors ne s'épargnant pas; fami-
« lier, mais non trivial, car il savait se mettre au niveau de ses infé-
« rieurs sans leur faire oublier son rang. Il avait coutume, et cela
« presque constamment, d'aller à pied : que n'a-t-il toujours fait ainsi !
« Les affaires de cour lui étaient bien connues, et cependant il ne négli-
« geait pas un seul instant les siennes. Il savait fort bien comment se
« conduire à la cour, et néanmoins il n'y allait que rarement; car il
« aimait la vie des champs, et par goût il s'adonnait aux soins du pâ-
« turage et de l'agriculture : essayant et améliorant, creusant, coupant

« et desséchant, examinant et réexaminant, et par là augmentant son
« bien ; plantant, transplantant, nivelant, élevant des murs, des
« chambres, des maisons et des terrasses ; se livrant tantôt à un projet,
« tantôt à un autre ; exécutant tantôt ce plan, tantôt cette mesure,
« afin de servir à la fois son profit et son plaisir. Prompt en affaires,
« probe dans son commerce, juste dans ses transactions, ennemi des
« pointilleries de la chicane, il était toujours prêt à remettre sa cause
« à la décision d'un honnête arbitre campagnard. Il connaissait la
« cosmographie, l'arithmétique, l'histoire moderne, l'architecture et
« les autres arts semblables qu'on peut nommer les connaissances
« spécialement appropriées à un gentilhomme ; et assurément celui-
« là qui y est étranger, ou qui du moins n'en a pas quelque teinture,
« peut porter le titre, mais n'a rien de la chose : ce n'est qu'une om-
« bre à peine digne qu'on la remarque. Et il faut dire à sa louange
« que pour apprendre le français il ne mit guère que quarante jours. »

Puis vient l'explosion de douleur, dans laquelle, au lieu de parler longtemps en son propre nom, le poëte nous apprend ce qu'auraient dit les anciens en une occasion semblable :

> « A heathen poet, at the news, no doubt,
> Would have exclaimed, and furiously cry'd out
> Against the fates, the destinies and stars :
> What ! this the effect of planetarie wars !
> We might have seen his rage and rave, yea, worse,
> 'Tis very like we might have heard his curse
> The year, the month, the day the hour, the place,
> The company, the wager and the race ;
> Decry all recreation, with the names
> Of Isthmian, Pythian, and Olympic games ;
> Exclaim against them all both old and new,
> Both the Nemœan and the Lethœan too
> Adjudge all persons under highest pain
> Always to walk on foot, and then again
> Order all horses to be hough'd, that we
> Might never more the like adventure see. »

« Un poëte païen, à cette nouvelle, eût sans doute poussé des excla-
« mations furieuses, et se serait écrié, en maudissant les destins, le
« sort et les astres : — Quoi ! est-ce donc là l'effet des guerres plané-
« taires ! Nous l'aurions pu voir s'abandonner à un accès de rage et de
« démence, et, qui plus est, il est très-probable que nous l'aurions
« entendu maudire l'année, le mois, le jour, l'heure et le lieu, la réu-

« nion, la gageure et la course ; réprouver toutes récréations, qu'on
« les nommât jeux isthmiens, pythiens ou olympiques ; puis déclamer
« encore contre tous les jeux anciens ou nouveaux, même contre les
« néméens et les léthéens ; puis adjurer tous les hommes, sous les
« peines les plus grandes, de toujours aller à pied ; puis enfin demander
« qu'on coupât les jarrets de tous les chevaux, afin que semblable
« aventure ne se reproduisît plus. »

Supposant que nos lecteurs ont assez des vers de M. Symson, et ne trouvant dans son poëme rien autre chose digne d'être transcrit, nous revenons à notre tragique histoire.

Il n'est pas besoin de faire remarquer au lecteur intelligent que la sorcellerie de la mère ne consistait que dans l'ascendant d'un esprit puissant sur un esprit faible et mélancolique, et que la dureté avec laquelle elle exerça cet ascendant dans une circonstance délicate avait poussé sa fille d'abord au désespoir, puis à la folie. En conséquence, l'auteur s'est efforcé de baser sur ce principe l'explication du récit tragique. Quelque ressemblance qu'on puisse supposer entre lady Ashton et la célèbre dame Marguerite Ross, le lecteur ne doit pas penser que l'auteur ait eu la moindre idée de tracer le portrait du premier lord-vicomte Stair dans le rusé et faible sir William Ashton. Lord Stair, quelles qu'aient été ses qualités morales, fut certainement un des premiers hommes d'état et un des légistes les plus éminents de son siècle.

Le château imaginaire de Wolf's Crag a été identifié par quelques amateurs d'applications locales avec Fast Castle. L'auteur n'est pas compétent pour juger de la ressemblance qui peut exister entre la scène réelle et la scène fictive, n'ayant jamais vu Fast Castle que par mer. Mais on trouve des châteaux-forts de ce genre occupant, pareils à des nids d'orfraie, des rochers en saillie ou des promontoires, sur un grand nombre de points de la côte orientale d'Écosse ; et la position de Fast Castle paraît certainement ressembler autant qu'aucune autre à celle de Wolf's Crag, en même temps que sa proximité de la chaîne des montagnes de Lammermoor rend le rapprochement probable.

Il nous reste seulement à ajouter que la mort du malheureux marié, par suite d'une chute de cheval, a été transportée dans l'ouvrage au non moins malheureux amant.

LA FIANCÉE
DE LAMMERMOOR.

> Écoutez-moi, ô Écossais mes compatriotes, vous qui habitez le pays des cakes depuis Maidenkirk jusqu'à Jonny Groat ; s'il y a un trou dans tous vos manteaux, je vous conseille de le cacher : il y a parmi vous quelqu'un qui en prend note, et qui, ma foi, fera tout imprimer !
> BURNS.

CHAPITRE PREMIER.

> Avec la craie gagner son pain,
> Et des tours pour ceux qui les aiment,
> C'est un gentil métier vraiment
> Pour porter la besace.
> *Vieille Chanson.*

Peu de personnes ont été dans mon secret pendant que j'étais occupé à compiler ces récits, et il n'est pas non plus probable qu'ils deviennent jamais publics du vivant de leur auteur. Ceci même dût-il arriver, je ne suis pas ambitieux de l'honorable distinction *digito monstrari*[1]. J'avoue que s'il n'était pas dangereux de s'abandonner à de tels songes, je jouirais surtout de la pensée de rester inaperçu derrière le rideau, comme l'ingénieux directeur de Polichinelle et de sa femme Jeanne, et de jouir ainsi de l'étonnement et des conjectures de mon auditoire. Alors, peut-être, pourrais-je entendre les productions de l'obscur Peter Pattieson louées par les esprits judicieux et admirées par les cœurs sensibles, charmant la jeunesse, et séduisant même jusqu'aux vieillards ; pendant que le critique en ferait remonter la gloire jusqu'à quelque nom célèbre en littérature, et que les discussions sur l'auteur de ces histoires et sur

[1] D'être montré au doigt.

l'époque où elles ont été écrites rempliraient chaque pause des conversations de cent cercles et de cent coteries. C'est ce dont je ne pourrai jouir de mon vivant ; mais je suis certain que ma vanité ne m'a jamais poussé à aspirer au delà.

Je tiens trop à mes habitudes et suis trop peu poli dans mes manières pour envier ou désirer les honneurs réservés aux auteurs mes contemporains. Je ne pourrais penser un iota de plus de mon mérite, lors même que je serais trouvé digne d'occuper pendant un hiver « le poste d'un lion » dans la grande métropole. Je ne pourrais pas me lever, me tourner et montrer tout ce qui me distingue, depuis la crinière hérissée jusqu'à la queue touffue, puis rugir d'une voix de rossignol, puis me recoucher comme une bête curieuse bien dressée, et tout cela au taux modique et facile d'une tasse de café, et d'une tranche de pain beurrée aussi mince qu'une oublie. Et je digérerais mal les flatteries fastidieuses dont en de telles occasions la dame qui préside à la soirée favorise ses pièces curieuses, de même qu'elle bourre ses perroquets de friandises pour les faire jaser devant la compagnie. Je ne puis être tenté de *m'élever* à ces marques de distinction ; et, comme Samson captif, j'aimerais mieux, — si telle devait être l'alternative, — rester toute ma vie à tourner la meule pour gagner mon pain, que d'être produit en guise de distraction pour les Philistins, lords et ladies. Ceci ne provient pas d'une aversion, réelle ou affectée, contre l'aristocratie des trois royaumes. Mais elle a sa place, et moi la mienne ; et, comme le pot de fer et le pot de terre de la fable, nous ne pourrions guère nous trouver en contact sans qu'en tout sens j'en fusse la victime. Il peut en être autrement des feuilles que j'écris en ce moment. Elles peuvent être ouvertes et déposées à volonté ; en s'amusant de leur lecture, les grands n'exciteront pas de fausses espérances, de même qu'en les négligeant ou en les censurant ils ne causeront aucune peine : et combien il est rare qu'ils se trouvent en rapport plus intime avec ceux dont l'esprit a travaillé pour leurs plaisirs, sans faire l'un ou l'autre !

Avec un sentiment plus vrai et mieux senti que n'est celui d'Ovide, qui ne l'exprime dans un vers que pour le rétracter dans le vers suivant, je puis dire :

Parve, nec invideo, sine me, liber, ibis ad Urbem [1].

Je ne partage pas non plus le regret qu'éprouvait l'illustre exilé, de ne pouvoir accompagner en personne le volume qu'il envoyait au marché de la littérature, du plaisir et de la mollesse. N'y aurait-il pas à citer cent exemples semblables, le destin de mon pauvre ami et compagnon d'école, Dick Tinto, suffirait pour me prémunir contre la fai-

---

[1] Allez, petit volume, je ne vous porte point envie ; allez sans moi à Rome

CHAPITRE I.

blesse de chercher le bonheur dans la célébrité qui s'attache à un heureux adepte des beaux-arts.

Dick Tinto, quand il s'intitula artiste, faisait habituellement remonter son origine à l'ancienne famille de Tinto, dans le Lancastre, et de temps à autre donnait à entendre qu'il avait quelque peu dérogé de son noble sang, en faisant du pinceau son principal moyen d'existence. Mais si la généalogie de Dick était exacte, il fallait que quelques-uns de ses ancêtres eussent éprouvé une décadence encore plus forte, puisque son bonhomme de père exerçait le métier de tailleur ordinaire du village de Langdirdum, dans l'Ouest, métier nécessaire, et, je veux le croire, honnête, mais non certainement très-distingué. Richard était né sous son humble toit; et, tout à fait contre son inclination, il avait été de bonne heure destiné au modeste état de son père. Le vieux M. Tinto n'eut cependant pas lieu de se féliciter d'avoir forcé le génie naissant de son fils à dévier de sa tendance naturelle. Il se trouva comme l'écolier qui essaie d'arrêter avec son doigt le jet d'une fontaine, tandis que l'eau, irritée de cet obstacle, se fait jour en mille filets imprévus, et l'inonde pour sa peine. Ainsi en fut-il du vieux Tinto, alors que l'apprenti dont il se promettait tant, non-seulement usait toute la craie à faire des croquis sur l'établi, mais encore y crayonnait la charge des meilleures pratiques de son père, lesquelles commencèrent à se plaindre hautement qu'il était par trop dur de se voir à la fois déformées par les habits du père, et tournées en ridicule par le crayon du fils. Il en résulta discrédit et perte de pratiques, jusqu'à ce que le vieux tailleur, cédant à la destinée et aux supplications de son fils, lui permit de tenter la fortune dans une carrière pour laquelle il était plus fait.

Vers ce temps-là, il y avait dans le village de Langdirdum un confrère péripatéticien de la brosse et du pinceau, qui exerçait sa vocation *sub Jove frigido*[1], à la grande admiration de tous les enfants du village, mais surtout de Dick Tinto. Le siècle n'avait pas encore adopté, parmi d'autres suppressions regrettables, cette mesure peu libérale d'économie, qui, suppléant par des caractères écrits à l'absence de représentations symboliques, ferme aux étudiants des beaux-arts une avenue toujours ouverte et aisément accessible d'instruction et d'émoluments. Il n'était pas encore permis d'écrire au-dessus de la porte d'un cabaret, ou sur l'enseigne suspendue d'une auberge : *A la vieille Pie,* ou : *A la Tête du Sarrazin,* substituant cette froide désignation à la vivante effigie de la babillarde emplumée ou du terrible soudan au front enturbané. Ce siècle, plus jeune et plus simple que le nôtre, avait égard aux besoins de tous les rangs, et représentait les symboles de la bonne chère de manière à ce qu'ils fussent intelligibles pour toutes les capacités; jugeant avec raison qu'un homme qui ne saurait pas lire une syllabe pourrait

---

[1] En plein vent.

néanmoins aimer un pot de bonne ale tout autant que ses voisins plus habiles, ou que le curé lui-même. Agissant sur ce principe libéral, les publicains appendaient encore les emblèmes peints de leur profession, et les peintres d'enseignes, s'ils festoyaient rarement, ne mouraient pas du moins absolument de faim.

Dick Tinto devint donc, comme nous l'avons donné à entendre, aide d'un artiste de cette profession maintenant déchue; et ainsi, ce qui est assez habituel chez les grands génies de cette classe des beaux-arts, il commença à peindre avant d'avoir la moindre notion du dessin.

Son talent pour observer la nature le conduisit bientôt à rectifier les erreurs de son maître, et à s'élever au-dessus de ses instructions. Il excellait particulièrement à peindre des chevaux, image favorite des enseignes villageoises de l'Écosse; et en étudiant ses progrès, il est intéressant d'observer comment il apprit par degrés à raccourcir le dos et à allonger les jambes de ces nobles quadrupèdes, jusqu'à ce qu'ils en vinssent à ressembler à des bidets plus qu'à des crocodiles. La médisance, qui toujours poursuit le mérite d'un pas proportionné à ses progrès, a prétendu, à la vérité, que Dick avait une fois donné cinq jambes à un cheval, au lieu de quatre. J'aurais pu baser sa défense sur la licence accordée à cette branche de sa profession, qui, permettant toutes sortes de combinaisons singulières et hors des règles, peut bien en retour être elle-même autorisée à s'étendre jusqu'à faire don d'un membre surnuméraire à un sujet favori. Mais la cause d'un ami défunt est sacrée; et je dédaigne de la défendre si superficiellement. Je suis allé voir l'enseigne en question, qui se balance toujours glorieusement dans le village de Langdirdum; et je suis prêt à affirmer sous serment que ce qu'on a sottement pris ou voulu faire prendre pour une cinquième jambe de cheval, n'est autre chose, de fait, que la queue du quadrupède, laquelle, eu égard à l'attitude donnée à l'animal, devient une circonstance introduite et ménagée avec autant d'art que de hardiesse et de bonheur. Le cheval étant représenté dans la posture d'un coursier qui se cabre, la queue, prolongée jusqu'à ce qu'elle touche le sol, paraît former un point d'appui, et donne à l'image l'assiette solide d'un trépied : sans quoi il serait difficile de concevoir, placés comme sont les pieds, que l'animal se puisse maintenir sans tomber à la renverse. Cette hardie conception s'est heureusement trouvée entre les mains d'un homme qui sait l'apprécier ce qu'elle vaut; car lorsque Dick, plus avancé dans son art, en vint à douter de la convenance d'une si audacieuse déviation des règles établies, et témoigna le désir d'exécuter un portrait de l'aubergiste lui-même en échange de cette production de jeunesse, l'offre courtoise fut déclinée par le judicieux patron, qui avait remarqué, ce semble, que lorsque son ale faillissait à son devoir de lui concilier ses pratiques, un coup d'œil sur son enseigne les remettait immanquablement en bonne humeur.

CHAPITRE I.

Il serait étranger à mon dessein actuel de suivre pas à pas les progrès de Dick Tinto, améliorant sa touche et corrigeant par les règles de l'art la luxuriance d'une ardente imagination. Les écailles tombèrent de ses yeux à la vue des esquisses d'un contemporain, le Téniers écossais, comme Wilkie a été surnommé à juste titre. Il jeta la brosse, saisit les crayons, et bravant la faim et le travail, l'attente et l'incertitude, il suivit les sentiers de sa profession sous de meilleurs auspices que ceux de son ancien maître. Mais les premières émanations encore grossières de son génie (comme les premiers vers de l'enfance de Pope, si on les pouvait retrouver) seront toujours chères aux compagnons de la jeunesse de Dick Tinto. Il y a un tankard [1] et un gril peints sur la porte d'un obscur cabaret du Back-Wynd [2] de Gandercleugh..... Mais je sens qu'il faut m'arracher à un sujet qui me retiendrait trop longtemps.

Au milieu de ces privations et de ces luttes, Dick Tinto eut l'idée, comme ses confrères, de lever sur la vanité des hommes cette taxe qu'il ne pouvait tirer de leur bon goût et de leur générosité : — en un mot, il peignit des portraits. Ce fut à cette période de ses études, alors que Dick avait pris son essor fort au-dessus du premier genre de ses travaux et dédaignait hautement d'y reporter sa pensée, qu'après une séparation de plusieurs années nous nous rencontrâmes de nouveau dans le village de Gandercleugh, moi y occupant ma situation actuelle, et Dick tirant, à une guinée par tête, des copies de la face humaine faite à l'image de Dieu. C'était une rétribution modique, qui néanmoins, dans les premiers temps, suffisait et au delà aux besoins modérés de Dick ; de sorte qu'il occupait un appartement à l'auberge de Wallace, lançait impunément son bon mot même sur l'hôte, et vivait respecté et considéré de la fille d'auberge, du palefrenier et du garçon de salle.

Ces jours de sérénité étaient trop calmes pour durer longtemps. Quand Son Honneur le laird de Gandercleugh, avec sa femme et ses trois filles, le ministre, le receveur, mon estimable patron M. Jedediah Cleishbotham, et une douzaine de fermiers, eurent reçu l'immortalité du pinceau de Dick, la pratique commença à décliner, et il fut impossible d'arracher plus que des couronnes [3] ou des demi-couronnes des mains calleuses des paysans que l'ambition amenait à l'atelier de Tinto. Cependant, bien que l'horizon fût assombri, quelque temps se passa sans orage. L'hôte avait une charité chrétienne pour un locataire qui avait bien payé tant qu'il en avait eu les moyens ; et un portrait de notre hôte lui-même, groupé avec sa femme et ses filles dans le style de Rubens, vint prouver, par son apparition soudaine dans la plus belle salle, que Dick avait trouvé quelque mode de faire subvenir l'art aux nécessités de la vie.

---

[1] Pot d'étain. (L. V.)
[2] Ruelle de derrière.
[3] La couronne est le quart de la guinée. (L. V.)

Mais rien n'est plus précaire que des ressources de cette nature. On remarqua que Dick devenait à son tour la pierre à aiguiser de l'esprit de l'hôte, sans oser ni se défendre ni riposter; que son chevalet fut transféré dans un galetas où il y avait à peine la place de le dresser; qu'enfin il n'osait plus venir se joindre au club hebdomadaire, dont il avait été jadis la vie et l'âme. En un mot, les amis de Dick Tinto craignirent qu'il n'eût fait comme l'animal appelé *paresseux*, qui, après avoir mangé jusqu'à la dernière feuille verte de l'arbre où il s'est établi, finit par se laisser choir du faîte, et par mourir d'inanition. Je m'aventurai à en toucher quelques mots à Dick, en lui conseillant de transporter l'exercice de son inappréciable talent dans quelque autre sphère, et d'abandonner le terrain qu'il avait mis à nu.

— Il y a un obstacle à mon changement de résidence, répondit mon ami, en me prenant la main d'un air solennel.

— Un mémoire dû à votre hôte, je le crains? répliquai-je avec un ton de profond intérêt; si une part de mes petits moyens peut vous aider dans cette nécessité...

— Non, par l'âme de sir Joshua[1]! interrompit le généreux jeune homme, je n'envelopperai jamais un ami dans les conséquences de ma mauvaise fortune. Il est un moyen de reconquérir ma liberté; et se sauver même par un égout vaut mieux que rester en prison.

Je ne compris pas bien ce que mon ami voulait dire. Le génie de la peinture paraissait lui avoir failli; quel autre dieu pouvait-il invoquer dans sa détresse? C'était un mystère pour moi. Nous nous quittâmes cependant sans autre explication, et je ne le revis que trois jours après, lorsqu'il vint m'inviter à prendre ma part du *foy* ou dîner d'adieu dont son hôte se proposait de le régaler avant son départ, à lui Dick, pour Édimbourg.

Je trouvai Dick en bonne humeur; il bouclait, en sifflant, le petit havresac qui contenait ses couleurs, ses pinceaux, ses palettes et sa chemise blanche. Qu'il se séparât de mon hôte dans les meilleurs termes, c'est ce que montrait évidemment le bœuf froid disposé dans la salle basse, flanqué de deux *mugs*[2] d'excellente ale forte; et j'avoue que ma curiosité fut excitée quant aux moyens par lesquels les affaires de mon ami avaient si soudainement pris une nouvelle face. Je ne suspectais pas Dick d'avoir des rapports avec le diable, et je ne pouvais pas même conjecturer par quels moyens terrestres il s'était si heureusement tiré d'embarras.

Il s'aperçut de ma curiosité, et me prit la main. — Mon ami, me dit-il, j'aurais voulu cacher à tous, même à vous, la dégradation à laquelle il m'a fallu me soumettre pour effectuer une honorable retraite

---

[1] Joshua Reynolds, célèbre peintre anglais. (L. V.)

[2] Pots. (L. V.)

de Gandercleugh. Mais à quoi bon chercher à cacher ce qui nécessairement se doit trahir soi-même par sa propre excellence? Le village, — la paroisse, — le monde entier, — sauront bientôt à quoi la pauvreté a réduit Richard Tinto.

Une pensée soudaine me frappa. — J'avais remarqué que, ce jour mémorable, notre hôte portait une paire de *velvatines*[1] tout à fait neuves, au lieu de ses anciens hauts-de-chausses.

— Quoi! lui dis-je en passant vivement ma main droite, l'index appuyé contre le pouce, de ma hanche droite à mon épaule gauche, vous avez daigné revenir à l'art paternel, pour lequel vous aviez d'abord été élevé, — aux points allongés, Dick?

Il repoussa cette malencontreuse conjecture avec un froncement de sourcils et un peuh! d'indignation méprisante; et me conduisant à une autre chambre, il me montra, posée contre le mur, la tête majestueuse de sir William Wallace, aussi menaçante qu'au moment où elle fut séparée du tronc par les ordres du traître Edward.

Le tableau était exécuté sur des planches d'une grande épaisseur, dont le haut était orné de ferrures destinées à suspendre l'honorable effigie en guise d'enseigne.

— Voilà, mon ami, me dit-il, voilà l'honneur de l'Écosse et ma propre honte. Mais non; — c'est plutôt la honte de ceux qui, au lieu d'encourager l'art dans sa sphère, le réduisent à ces indignes extrémités.

Je m'efforçai d'adoucir la sensibilité blessée et l'indignation de mon malheureux ami. Je lui rappelai qu'il ne devait pas, comme le cerf de la fable, mépriser ce qui l'avait fait sortir d'un embarras dont n'avaient pu le tirer ses talents comme peintre de paysages ou de portraits. Par-dessus tout, je louai l'exécution ainsi que la conception de son tableau, et je lui rappelai que loin de se croire déshonoré de ce qu'un aussi beau spécimen de ses talents serait exposé à la vue de tous, il devait plutôt se féliciter de l'accroissement de renommée que lui vaudrait nécessairement l'exhibition publique de sa tête de Wallace.

— Vous avez raison, mon ami, — vous avez raison! répondit le pauvre Dick, dont les yeux brillaient d'enthousiasme; pourquoi repousserais-je le titre de... de... (il hésitait sur le mot) d'artiste de la rue[2]? Hogarth s'est lui-même introduit sous ce caractère dans une de ses meilleures gravures; — Le Dominicain, ou quelque autre dans les anciens temps, — et Moreland de nos jours, ont exercé leurs talents de cette manière. Et pourquoi limiter aux seules classes riches et élevées les jouissances que l'exposition des œuvres d'art est propre à procurer à toutes les classes? Les statues sont placées en plein air : pourquoi la peinture serait-elle plus avare de produire ses chefs-d'œuvre,

---

[1] Culottes de velours. (L. V.)

[2] *Out-of-doors artist*, littéralement *artiste hors des portes*. (L. V.)

que sa sœur la sculpture? Et cependant, mon ami, il faut nous séparer promptement. Le charpentier va venir dans une heure pour suspendre l'em... l'emblème; et réellement, avec toute ma philosophie et vos consolations encourageantes par-dessus le marché, je préférerais quitter Gandercleugh avant que l'opération ne commence.

Nous allâmes nous asseoir au banquet d'adieu de notre excellent hôte; puis j'escortai Dick à son départ pour Édimbourg. Nous nous séparâmes à un mille environ du village, au moment où nous commençâmes à entendre au loin les joyeuses acclamations dont les enfants saluaient l'inauguration du nouveau symbole, la tête de Wallace. Dick Tinto hâta le pas pour arriver hors de la portée de ces clameurs : — si peu son ancienne pratique et sa philosophie récente l'avaient réconcilié avec le caractère de peintre d'enseignes!

A Édimbourg, les talents de Dick furent découverts et appréciés, et il reçut des dîners et des avis de plusieurs juges distingués en fait d'art. Mais ces messieurs dispensaient leur critique plus volontiers que leur argent, et Dick pensa avoir plus besoin d'argent que de critique. Il se rendit donc à Londres, marché universel du talent, et où, comme il est ordinaire dans les grands marchés de toute nature, on trouve beaucoup plus d'articles de chaque espèce exposés en vente qu'il ne se peut jamais trouver d'acquéreurs.

Dick, qu'on regardait comme ayant réellement de grands talents naturels pour sa profession, et à qui son caractère ardent et vain ne permit jamais de douter un seul instant du succès final, Dick se jeta à corps perdu dans la foule qui se pressait et luttait pour la renommée et la fortune. Il coudoya et fut coudoyé; et enfin, à force d'intrépidité, il parvint à percer quelque peu la foule, concourut pour le prix à l'Institut, eut des tableaux à l'exposition de Somerset-House, et pesta contre le comité de placement[1]; mais le pauvre Dick était destiné à perdre le champ pour lequel il combattait si vaillamment. Dans les arts, il n'est guère d'alternative entre le succès complet ou la chute absolue; et comme le zèle et l'industrie de Dick se trouvèrent insuffisants pour lui assurer le premier, il eut en partage les misères qui, dans sa situation, étaient les conséquences naturelles de la dernière des deux chances. Il fut pendant quelque temps protégé par une ou deux de ces personnes judicieuses qui se font une vertu de se singulariser et d'opposer leurs opinions à celles de tout le monde en affaires de goût et de critique. Mais elles se fatiguèrent bientôt du pauvre Tinto, et elles le déposèrent comme un fardeau, par la même raison qu'un enfant gâté jette le joujou dont il est las. La misère, je le crains, le prit en croupe, et le conduisit à un tombeau prématuré, auquel il fut porté d'un obscur logement

---

[1] Le comité chargé d'assigner l'emplacement de chaque tableau admis à l'exposition. (**L. V.**)

dans Swallow-Street, où à l'intérieur il avait été harassé par son hôtesse, en même temps qu'à l'extérieur il était guetté par les recors, jusqu'à ce que la mort vînt à son secours. Sa mort fut le sujet de quelques lignes dans le *Morning-Post*, qui ajouta généreusement que sa manière révélait un grand génie, quoique son style sentît l'ébauche, et renvoya à un avertissement annonçant que M. Varnish, marchand de tableaux bien connus, avait encore un très-petit nombre de dessins et de peintures de Richard Tinto, esquire, que ceux des seigneurs et des gentlemen qui souhaiteraient compléter leurs collections d'art moderne étaient invités à visiter promptement. Ainsi finit Dick Tinto! déplorable preuve de cette grande vérité, que dans les arts la médiocrité n'est pas permise, et que celui qui ne peut atteindre le haut de l'échelle fera bien de ne pas poser le pied sur le premier échelon.

La mémoire de Tinto m'est chère par le souvenir de tant de conversations que nous avons eues ensemble, et dont beaucoup ont rapport à ma tâche actuelle. Il était enchanté de mes progrès, et parlait d'une édition ornée et illustrée, avec des têtes de chapitres, des vignettes et des culs-de-lampe, le tout devant sortir de son crayon amical et patriotique. Il avait obtenu d'un vieux sergent des invalides qu'il posât comme modèle de Bothwell, le garde du corps de Charles II [1], et du sonneur de Gandercleugh qu'il lui servît de type pour la figure de David Deans [2]. Mais tout en se proposant ainsi d'unir ses facultés aux miennes pour l'*illustration* de ces Récits, il mêlait plus d'une dose de critique salutaire aux panégyriques que ma composition avait parfois le bonheur de provoquer.

— Vos personnages, mon cher Pattieson, me disait-il, font un trop grand usage de la *platine*; ils *pataugent* par trop — (élégante phraséologie que Dick avait apprise tandis qu'il peignait les décorations d'une troupe de comédiens ambulants [3]); — on ne trouve dans des pages entières que bavardage et dialogue.

— L'ancien philosophe, répliquai-je, avait coutume de dire « Parle, pour que je te puisse connaître; » et comment un auteur pourrait-il présenter ses personnages à ses lecteurs d'une manière plus intéressante et plus efficace que par le dialogue, où chacun est représenté soutenant le caractère qui lui est propre?

— C'est une conclusion fausse, dit Tinto; je hais cela, Peter, autant que je hais une pinte vide. Je vous accorderai, à la vérité, que la parole est une faculté de quelque valeur dans le cours des affaires humaines, et je n'insisterai pas même sur la doctrine de ce buveur pythagoricien qui était d'avis que parler devant une bouteille, c'était gâter

---

[1] *Old Mortality.* (L. V.)

[2] *Le Cœur de Midlothian.* (L. V.)

[3] Nous avons dû remplacer les termes d'argot de coulisse qu'emploie l'original, par des expressions analogues, du même caractère et de la même *élégance*. (L. V.)

la conversation. Mais je n'accorderai pas qu'un professeur de beaux-arts ait besoin de corporifier l'idée de sa scène, et de la présenter sous forme de discours, pour pénétrer le lecteur de sa réalité et de son effet. J'en appellerais, au contraire, à la plupart de vos lecteurs, Peter, si ces récits devenaient jamais publics, et je demanderais si vous ne nous avez pas donné une page de parlage pour chaque point que deux mots eussent pu établir, tandis que la posture, la manière, l'incident, exactement indiqués et représentés avec le coloris convenable, tout ce qui était digne d'être conservé l'eût été, et que nous aurions été sauvés de ces éternels *dit-il* et *dit-elle* dont vous vous êtes plu à charger vos pages.

Je répondis qu'il confondait les opérations du pinceau avec celles de la plume; que la peinture, cet art calme et silencieux, comme elle a été qualifiée par un de nos premiers poëtes vivants, en appelait nécessairement aux yeux, parce qu'elle manquait des moyens de s'adresser à l'oreille; tandis que la poésie, ou ce genre de composition qui en approche, est dans la nécessité de faire absolument l'inverse, et qu'il lui faut s'adresser à l'oreille pour exciter cet intérêt qu'elle ne pourrait obtenir par l'intermédiaire des yeux.

Dick ne fut nullement ébranlé par mon argument, qu'il prétendit être fondé sur une équivoque. — La description, dit-il, était pour l'auteur d'un roman exactement ce que le dessin et le coloris étaient pour un peintre; les mots étaient ses couleurs, et, employés à propos, ils ne pouvaient manquer de placer devant les yeux de l'esprit la scène qu'il désirait, avec autant de vérité que la toile la pouvait présenter aux yeux du corps. Les mêmes règles, prétendait-il, s'appliquaient à tous les deux, et une surabondance de dialogue, dans le premier cas, était un mode laborieux de composition verbeuse qui tendait à confondre l'art spécial de la narration fictive avec celui du drame, espèce de composition fort différente, et dont le dialogue était l'essence même, parce que tout, sauf le langage nécessaire, y était offert aux yeux par les costumes, les personnes et les actions des acteurs en scène. Mais, ajoutait Dick, de même que rien n'est plus insipide qu'une longue narration revêtue de la forme du drame, de même, là où vous vous êtes le plus rapproché de ce genre de composition, en vous laissant aller à des scènes prolongées de simple dialogue, la marche de votre histoire est devenue froide et embarrassée, et vous avez perdu le pouvoir de fixer l'attention et d'exciter l'imagination, ce à quoi, en d'autres occasions, vous pouvez être regardé comme ayant assez bien réussi.

Je m'inclinai à ce compliment, qui probablement était jeté en manière de *placebo*, et je manifestai l'intention de faire du moins l'essai d'un style de composition plus rapide, dans lequel mes personnages agiraient plus et parleraient moins que dans mes précédentes tentatives de ce genre. Dick me fit un signe de tête protecteur et approbateur ; et il ajouta que puisqu'il me trouvait si docile il me communiquerait, au profit de ma muse, un sujet qu'il avait étudié sous le point de vue de son art.

— La tradition, me dit-il, affirmait la vérité de l'histoire, bien que plus d'un siècle s'étant écoulé depuis que les événements avaient eu lieu, on pût avec raison concevoir quelques doutes sur l'exactitude de toutes les particularités.

Quand Dick Tinto eut ainsi parlé, il chercha dans son portefeuille l'esquisse d'après laquelle il se proposait d'exécuter un jour un tableau de quatorze pieds sur huit. Cette esquisse, où l'on reconnaissait un bon *chic*, pour nous servir de la phrase consacrée, représentait la grande salle d'un ancien château décorée et meublée dans ce qu'aujourd'hui nous nommons le goût du siècle de la reine Élisabeth. La lumière, pénétrant par la partie supérieure d'une fenêtre élevée, éclairait une figure de femme d'une exquise beauté, paraissant attendre, dans une attitude de terreur muette, l'issue d'un débat entre deux autres personnes. L'une était un jeune homme, revêtu du costume à la Van Dyke commun au temps de Charles Ier, et qui, avec un air de fierté indignée, indiqué par la manière dont il relevait la tête et étendait le bras, semblait réclamer un droit, plutôt qu'une faveur, d'une dame qu'à son âge et à une certaine ressemblance dans leurs traits on reconnaissait pour la mère de la jeune femme, et qui paraissait écouter avec un déplaisir mêlé d'impatience.

Tinto produisit son esquisse d'un air de triomphe mystérieux, et la contempla comme un père plein d'amour regarde un enfant auquel il attache un riche avenir, en songeant à la figure que cet enfant doit un jour faire dans le monde, et au point où il doit porter l'honneur de sa famille. Il la tenait à une longueur de bras de ma vue, — puis il la rapprochait ; — puis il la plaça sur une commode, ferma les volets inférieurs de la fenêtre, pour ménager un jour favorable, — se recula à la distance convenable en m'entraînant après lui, — se fit de sa main un abat-jour, comme pour exclure du rayon visuel tout autre objet que l'objet favori, — finalement arracha un feuillet du cahier d'écriture d'un enfant, et le roula de manière à s'en faire un tube obscur d'amateur. J'imagine que l'expression de mon enthousiasme ne fut pas proportionnée au sien, car il s'écria presque aussitôt avec véhémence : M. Pattieson, j'avais coutume de vous supposer des yeux.

Je revendiquai mon droit à me regarder comme participant à la dispensation habituelle des organes de la vue.

. — Et pourtant, sur mon honneur, continua Dick, je jurerais qu'il faut que vous soyez né aveugle, pour ne pas avoir saisi à la première vue le sujet et la signification de cette esquisse. Je n'entends pas louer mon exécution : je laisse à d'autres ces artifices ; je sens ce qui me manque, et j'ai la conscience que mon dessin et mon coloris peuvent être perfectionnés par le temps que je me propose de consacrer à l'art. Mais la conception, — mais l'expression, — mais les poses : — tout cela dit l'histoire à quiconque jette les yeux sur l'esquisse ; et si je puis achever le tableau sans altérer la conception originelle, le nom de Tinto ne sera plus obscurci par les brouillards de l'envie et de l'intrigue.

Je répliquai que j'admirais fort l'esquisse, mais que pour en comprendre tout le mérite, il me semblait absolument nécessaire d'en connaître le sujet.

— Et voilà précisément ce dont je me plains, repartit Tinto ; vous vous êtes tellement accoutumé à ces détails traînants et obscurs auxquels vous vous complaisez, que vous êtes devenu incapable de recevoir cet éclair de conviction rapide qui jaillit à l'âme quand on voit l'heureuse et expressive combinaison d'une seule scène, et qui montre dans la position, l'attitude, la physionomie du moment, non-seulement l'histoire de la vie passée des personnages représentés, et la nature de l'affaire dans laquelle ils sont actuellement engagés, mais soulève même le voile de l'avenir, et vous donne la prescience subtile de leurs futures destinées.

— En ce cas, dis-je, la peinture l'emporte sur le singe du fameux Ginès de Passamont, qui ne se mêlait que du passé et du présent ; elle l'emporte même sur la Nature qui lui fournit des sujets : car je vous proteste, Dick, que, me fût-il permis de pénétrer dans cette salle du style d'Élisabeth, de voir en chair et en sang les personnages que vous avez esquissés, et de les entendre converser, je n'en devinerais pas pour cela la nature de leur affaire plus que je ne le fais maintenant à la vue de votre dessin. Seulement, à l'air de langueur de la jeune dame, et au soin que vous avez eu de donner une fort belle jambe au cavalier, je présume en général qu'il y a entre eux quelque affaire d'amour sous jeu.

— Osez-vous réellement former une conjecture si hardie ? dit Tinto. Et l'indignation chaleureuse avec laquelle vous voyez le jeune homme soutenir sa demande ; — l'accablement et le désespoir de la jeune dame ; — l'apparence d'inflexible résolution de la dame plus âgée, dont l'air exprime à la fois la conscience d'une mauvaise action et une ferme détermination de persister dans le parti qu'elle a pris....

— Si son air exprime tout cela, mon cher Tinto, dis-je en l'interrompant, votre crayon rivalise avec l'art dramatique de M. Puff dans le *Critique*, qui lisait toute une phrase compliquée dans le remuement de tête expressif de lord Burleigh.

— Peter, mon bon ami, repartit Tinto, je vous ferai remarquer que vous êtes parfaitement incorrigible ; cependant j'ai compassion de votre lenteur de conception, et je ne veux pas que vous soyez privé du plaisir de comprendre mon tableau, et de gagner en même temps un sujet pour votre plume. Vous saurez donc que l'été dernier, pendant que j'étais à prendre des croquis sur la côte du Lothian oriental et du Berwickshire [1], je fus entraîné dans les montagnes de Lammermoor par ce que j'entendis rapporter de quelques restes d'antiquités de ce district. Ceux qui me frappèrent le plus furent les ruines d'un vieux château où avait autrefois été cette chambre du style d'Élisabeth, comme vous l'appelez. Je demeurai deux ou trois jours dans une ferme du voisinage, dont la vieille *bonne femme* [2] était bien au fait de l'histoire du château et des événements qui y avaient eu lieu. Une de ces histoires était d'une nature si intéressante et si singulière, que mon attention fut partagée entre le désir de représenter les antiques ruines dans un paysage, et celui de faire des singuliers événements qui s'y étaient passés le sujet d'un tableau d'histoire. Voici mes notes sur cette légende, ajouta le pauvre Dick en me présentant une liasse de feuillets détachés, en partie couverts de traits au crayon, en partie barbouillés d'écriture, et où des pochades, des esquisses de tourelles, de moulins, de vieilles masures et de pigeonniers, disputaient le terrain aux *memoranda* écrits.

Je me mis néanmoins à déchiffrer aussi bien que je le pus la substance du manuscrit, et je lui donnai la forme du récit qui va suivre, dans lequel, me conformant en partie, quoique non entièrement, à l'avis de mon ami Tinto, je m'efforçai de rendre ma narration plutôt descriptive que dramatique. Ma propension favorite m'a cependant parfois entraîné; et mes personnages, comme beaucoup d'autres dans ce monde bavard, parlent de temps à autre beaucoup plus qu'ils n'agissent.

[1] Districts qui forment l'extrémité S. E. de l'Écosse, vers la frontière anglaise. (L. V.)
[2] *Goodwife*, terme par lequel on désigne communément, dans les campagnes d'Écosse, la *ménagère* ou maîtresse de la maison. (L. V.)

CHAPITRE II.

> Hé bien, mylords, nous n'avons encore triomphé qu'à demi; ce n'est pas assez qu'en ce moment nos ennemis soient en fuite, car ce sont d'infatigables adversaires.
>
> *Seconde Partie d'Henri VI.*

DANS la gorge d'un défilé ou *glen* de montagnes s'élevant des plaines fertiles de l'East-Lothian, existait autrefois un château d'une étendue considérable, dont on ne voit plus maintenant que les ruines. Ses anciens propriétaires étaient une race de puissants et belliqueux barons, portant le nom de Ravenswood, qui était aussi celui du château. Leur généalogie remontait à une antiquité reculée, et ils étaient alliés aux Douglas, aux Hume, aux Swinton, aux Hay, et aux autres nobles et grandes familles du pays. Leur histoire fut souvent mêlée à celle de l'Écosse elle-même, dans les annales de laquelle leurs hauts faits sont consignés. Le château de Ravenswood, occupant et jusqu'à un certain point commandant une passe entre les Lothians et le Berwickshire ou Merse, ainsi qu'on nomme la province sud-est de l'Écosse, était un poste également important dans les temps de guerre étrangère et aux époques de discorde intestine. Il fut fréquemment assiégé avec ardeur et défendu avec opiniâtreté; et naturellement ses propriétaires jouèrent dans l'histoire un rôle éminent. Mais leur maison eut ses révolutions, comme toutes choses sublunaires. Au milieu du dix-septième siècle, elle était grandement déchue de sa splendeur; et vers l'époque de la Révolution [1], le dernier propriétaire du château de Ravenswood se vit contraint d'abandonner l'ancienne demeure de sa famille, et de se retirer dans une tour isolée dont la mer battait les murs, et qui, située sur les côtes stériles qui s'étendent de Saint-Abb's-Head au village d'Eymouth, dominait la plaine déserte et tempêtueuse de l'océan Germanique. Un médiocre domaine de pâtures sauvages, reste de leurs propriétés, entourait la nouvelle résidence des Ravenswood.

Lord Ravenswood, héritier de cette famille ruinée, fut loin de plier son esprit à sa nouvelle condition. Dans la guerre civile de 1689 [2], il avait épousé la cause du parti déclinant; et quoiqu'il s'en fût tiré la vie sauve et sans forfaiture de ses biens, il s'était vu dégrader de noblesse,

---

[1] 1642. (L. V.)

[2] Qui se termina par l'expulsion des Stuarts. (L. V.)

et son titre avait été aboli. Ce n'était plus maintenant que par courtoisie qu'on l'appelait encore lord Ravenswood.

Ce noble déchu avait hérité de l'orgueil et de l'esprit turbulent, sinon de la fortune de sa maison; et comme il imputait particulièrement à un individu la chute totale de sa famille, il l'honorait de toute sa haine. C'était celui-là même qui était devenu, par achat, propriétaire de Ravenswood et des domaines dont l'héritier de la maison était maintenant dépossédé. Il était issu d'une famille beaucoup moins ancienne que celle de lord Ravenswood, et dont la fortune et l'importance politique ne dataient que des grandes guerres civiles. Lui-même avait été destiné au barreau, et, dans les hautes fonctions publiques qu'il avait occupées, il s'était fait la réputation d'un habile pêcheur en eau trouble, au sein d'un état divisé par les factions et gouverné par une autorité déléguée; et on le regardait comme un homme qui avait su amasser des sommes d'argent considérables dans un pays où il n'y en avait guère à recueillir, et qui connaissait aussi bien le prix de la fortune que les divers moyens de l'accroître, et d'en user comme d'un instrument de pouvoir et d'influence.

Doué d'un tel caractère et de tels avantages, c'était un dangereux antagoniste pour l'imprudent et impétueux Ravenswood. Avait-il fourni un juste motif à l'inimitié que ce dernier lui avait vouée? c'était un point sur lequel on s'expliquait de diverses manières. Quelques-uns disaient que la querelle provenait simplement de l'esprit vindicatif et de la disposition jalouse de lord Ravenswood, qui ne pouvait voir patiemment qu'un autre fût devenu, bien que par juste et légitime achat, propriétaire du domaine et du château de ses ancêtres. Mais le plus grand nombre dans le public, aussi porté à médire des riches en leur absence qu'à les flatter quand il est devant eux, professait une opinion moins charitable. Ceux-là disaient que le lord garde des sceaux [1] (car sir William Ashton s'était élevé à ce poste éminent) avait eu, antérieurement à l'acquisition définitive du domaine de Ravenswood, des relations étendues d'affaires d'argent avec le précédent propriétaire; et, paraissant insinuer une probabilité plutôt qu'affirmer une chose positive, ils demandaient qui devait avoir eu le dessus dans les discussions et les débats suscités par cette complication d'affaires, faisant assez clairement entendre que tout l'avantage avait nécessairement dû être au froid légiste, au politique habile, sur un caractère bouillant, imprudent, emporté, qu'il avait su envelopper dans les détours légaux des pièges pécuniaires.

Le caractère des temps aggravait ces soupçons. « Il n'y avait pas alors de roi en Israël. » Depuis le départ de Jacques VI [2] pour aller

---

[1] *Lord Keeper*.
[2] Le premier Stuart d'Angleterre, sous le nom de Jacques Ier. (L. V.)

prendre possession de la couronne plus riche et plus puissante d'Angleterre, il s'était formé en Écosse, au sein de la noblesse, des partis opposés, alternativement investis de la délégation du pouvoir souverain, selon que leurs intrigues parvenaient à l'emporter à la cour de Saint-James. Les maux résultant de ce système de gouvernement ressemblent à ceux qui affligent les tenanciers d'un domaine irlandais dont le propriétaire n'est pas résidant. Il n'y avait pas de pouvoir suprême, ayant de droit et de fait un intérêt identique à celui de la communauté, et à qui les opprimés pussent en appeler d'une tyrannie subalterne pour en obtenir justice ou merci. Quelque indolent, quelque égoïste, quelque disposé au pouvoir arbitraire que soit un monarque, ses propres intérêts, dans un pays libre, sont néanmoins si clairement liés avec ceux de la généralité du peuple, et les conséquences funestes pour l'autorité du prince sont si évidentes et si menaçantes quand on suit une marche différente, que la politique la plus ordinaire, aussi bien que le sens commun, conduisent à l'égale distribution de la justice, et à l'établissement du trône sur l'équité. Aussi les souverains mêmes qui se sont fait remarquer par leurs usurpations et leur tyrannie se sont-ils montrés rigoureux dans l'administration de la justice parmi leurs sujets, toutes les fois que leur propre autorité et leurs passions n'ont pas été intéressées.

Il en est tout autrement quand la puissance souveraine est déléguée au chef d'une faction aristocratique, rivalisé et suivi de près dans la carrière de l'ambition par le chef d'une faction ennemie. L'intervalle court et précaire durant lequel il jouit du pouvoir doit être employé à récompenser ses partisans, à étendre son influence, à opprimer et écraser ses adversaires. Aboû Hassan lui-même, le plus désintéressé de tous les vice-rois, n'oublia pas, durant son khalifat d'un jour, d'envoyer une *douceur*[1] d'un millier de pièces d'or à sa propre famille[2]; et les vice-régents d'Ecosse, portés au pouvoir par l'influence de leur faction, ne manquèrent pas de mettre en usage les mêmes moyens de la récompenser.

L'administration de la justice, en particulier, était infectée de la plus révoltante partialité. Il se présentait à peine une cause importante que les juges n'y trouvassent quelque motif de déviation et de partialité; et ils étaient si peu capables de résister à la tentation, que le dicton « montrez-nous l'homme et je vous montrerai la loi » était devenu un adage aussi prédominant qu'il était scandaleux. Une corruption ouvrait la voie à d'autres corruptions encore plus flagrantes et plus éhontées. Le juge qui dans un cas prêtait sa sainte autorité au soutien d'un ami, et dans un autre à l'anéantissement d'un ennemi et dont les décisions

---

[1] Le mot est en français dans le texte.

[2] *Voyez* l'Histoire du Dormeur Éveillé, dans *les Mille et une Nuits*. (L. V.)

étaient fondées sur des rapports de famille ou des relations politiques, un tel juge ne pouvait être supposé inaccessible à des motifs directement personnels ; et la bourse du riche passait trop souvent pour peser dans la balance contre la cause du client pauvre. Les gens de loi subordonnés n'affectaient guère de scrupule en fait de subornation. Des pièces d'argenterie et des sacs d'argent étaient envoyés en présent aux gens du roi pour influencer leur conduite, et affluaient chez eux, dit un écrivain contemporain, comme des billots de bois, sans même qu'ils y apportassent la pudeur du mystère.

En de tels temps, ce n'était pas manquer par trop de charité que de supposer qu'un homme d'état, élevé dans la pratique des cours de justice et membre influent d'une cabale triomphante, trouvât et employât des moyens de s'assurer l'avantage sur un adversaire moins habile et moins favorisé par les circonstances ; et eût-on même supposé que la conscience de sir William Ashton avait été trop délicate pour profiter de ces avantages, on pensait que son ambition et son désir d'accroître ses richesses et son importance trouvaient dans les exhortations de sa femme un stimulant non moins actif qu'autrefois le but audacieux auquel visait Macbeth.

Lady Ashton était d'une famille plus distinguée que celle de son seigneur circonstance dont elle ne manqua pas de tirer tout le parti possible pour asseoir et augmenter l'influence de son époux sur les autres, ou du moins, c'était la croyance générale, la sienne sur lui-même. Elle avait été belle, et son extérieur était encore plein de noblesse et de majesté. Douée par la nature de puissantes facultés et de passions violentes, l'expérience lui avait appris à diriger les unes, et à cacher les autres, sinon à les modérer. Elle se montrait stricte et rigoureuse observatrice des formes au moins extérieures de dévotion ; son hospitalité était splendide, même jusqu'à l'ostentation ; son ton et ses manières, conformément à ce qu'on y estimait plus en Écosse à cette époque, étaient graves, dignes, sévèrement réglés sur les règles de l'étiquette. Sa réputation avait toujours été au-dessus du souffle de la médisance. Et cependant, avec toutes ces qualités propres à attirer le respect, lady Ashton était rarement mentionnée en termes d'amour ou d'affection. L'intérêt, — l'intérêt de sa famille, sinon le sien, — semblait être le mobile trop évident de ses actions ; et quand il en est ainsi, le public, toujours clairvoyant et porté à juger avec malignité, ne se laisse pas aisément imposer par les dehors. On avait vu avec certitude que dans ses courtoisies et ses compliments les plus gracieux lady Ashton ne perdait pas plus son objet de vue que le faucon, dans les cercles qu'il décrit au haut des airs, ne détourne son regard perçant de la proie qu'il menace ; et il arrivait de là que dans le sentiment avec lequel ses égaux recevaient ses attentions, il se mêlait toujours quelque nuance de doute et de soupçon. Chez ses inférieurs, ces sentiments étaient accompagnés de crainte, impression utile à ses desseins, en tant qu'elle commandait une soumission prompte à ses désirs et une obéissance absolue à ses ordres, mais qui lui nuisait pourtant, parce qu'elle ne saurait exister ni avec l'affection ni avec l'estime.

Son époux même, ainsi qu'on l'a dit, sur la fortune duquel les talents et l'adresse de lady Ashton avaient eu une si puissante influence, avait pour elle une crainte respectueuse plutôt qu'un confiant attachement; et on dit qu'en certains moments il regardait sa grandeur comme chèrement achetée au prix de l'esclavage domestique. Sur ce point, cependant, on pouvait conjecturer beaucoup, mais affirmer fort peu; lady Ashton veillait sur l'honneur de son époux autant que sur le sien propre, et elle sentait combien le premier aurait à souffrir aux yeux du monde si lord William paraissait le vassal de sa femme. Dans tous ses arguments, elle citait l'avis de son époux comme infaillible; elle en appelait à son goût, et recevait son opinion avec l'air de déférence qu'une épouse soumise pouvait sembler devoir à un mari du rang et du caractère de sir William Ashton. Mais sous tout cela il y avait quelque chose qui sonnait faux et creux; et à ceux qui observaient ce couple avec un soin attentif, et peut-être malicieux, il paraissait évident que dans la disposition altière d'un caractère plus ferme, d'une plus haute naissance et de vues d'agrandissement mieux arrêtées, la dame voyait son époux avec un certain mépris, en même temps que celui-ci la regardait avec une crainte jalouse plutôt qu'avec amour ou admiration.

Mais les intérêts favoris et dominants de sir William Ashton et de sa femme n'en étaient pas moins les mêmes, et ils ne manquaient pas d'agir de concert, quoique ce fût sans cordialité, se témoignant, dans toutes les circonstances extérieures, ce respect mutuel qu'ils sentaient être nécessaire pour s'assurer celui du public.

Leur union fut couronnée de plusieurs enfants, dont trois survécurent. L'un, le fils aîné, était absent pour ses voyages; le second, jeune fille de dix-sept ans, et le troisième, jeune homme de trois années de moins, résidaient près de leurs parents à Édimbourg, durant les sessions du Parlement d'Écosse et du Conseil Privé, et le reste du temps dans le vieux château gothique de Ravenswood, auquel le lord garde des sceaux avait fait des additions considérables dans le style du dix-septième siècle.

Allan lord Ravenswood, le dernier propriétaire de cet ancien manoir et du domaine étendu qui en dépendait, continua pendant quelque temps une guerre impuissante contre son successeur, sur différents points de contestation auxquels leurs transactions antérieures avaient donné lieu, et qui furent successivement décidés en faveur du riche et puissant compétiteur, jusqu'à ce que la mort vint mettre fin à la lutte, en appelant Ravenswood à un plus haut tribunal. Le fil de sa vie, affaibli depuis longtemps, se rompit dans un violent accès de fureur impuissante, en recevant la nouvelle de la perte d'un procès fondé peut-être en équité plutôt qu'appuyé sur la loi, le dernier de ceux qu'il avait soutenus contre son puissant antagoniste. Témoin de ses dernières agonies, son fils entendit les malédictions que la voix affaiblie du mourant proférait encore contre son adversaire, comme s'il lui eût transmis un legs de vengeance. D'autres circonstances concoururent à exaspérer une passion qui avait longtemps été et était encore le vice dominant du caractère écossais.

Ce fut par une matinée de novembre, et alors que les rochers dont le front dominait l'Océan étaient enveloppés d'un épais et pesant brouillard, que le portail de la vieille tour à demi ruinée dans laquelle lord Ravenswood avait passé les dernières années de sa triste vie s'ouvrit pour en laisser sortir les restes mortels du vieux laird, portés en ce moment vers une demeure encore plus horrible et plus isolée. La pompe d'entourage, à laquelle les dernières années de la vie du défunt avaient été étrangères, reparut un instant quand il fut sur le point d'être livré au royaume de l'oubli.

Un grand nombre de bannières, couvertes des différentes devises et des armes de cette antique famille et de celles dont elle était l'alliée, sortaient successivement, en lugubre procession, de l'arche basse formant l'issue de la cour extérieure. La principale noblesse du pays suivait le cortége en grand deuil, modérant le pas de la longue file de chevaux qu'elle présentait, et leur donnant l'allure solennelle convenable à l'occasion. Des trompettes enveloppées de longs crêpes faisaient entendre leurs notes prolongées et mélancoliques, sur lesquelles se réglaient les mouvements du cortége. Une suite immense de gens de classe inférieure et de domestiques formait l'arrière-garde, dont les derniers rangs n'avaient pas encore franchi la porte du castel lorsque la tête de la procession atteignit la chapelle où le corps du défunt devait être déposé.

Contrairement à la coutume, et même à la loi alors en vigueur, le corps fut reçu par un prêtre de la communion épiscopale d'Écosse, revêtu de son surplis, et se disposant à lire sur le cercueil du défunt le service funèbre de l'église. Tel avait été le désir de lord Ravenswood à son lit de mort, et la noblesse torie, ou les Cavaliers, comme ils affectaient de se qualifier eux-mêmes, faction dans laquelle la plupart de ses parents étaient enrôlés, y avait adhéré sans peine. Le clergé presbytérien, regardant la cérémonie comme une bravade insultante dirigée contre son autorité, s'était adressé au lord garde des sceaux, comme au membre du Conseil Privé le plus proche, afin d'en obtenir un ordre contre la célébration de cet office; de sorte qu'au moment où le prêtre ouvrit son missel, un officier de loi, soutenu de quelques hommes armés, lui intima l'ordre de garder le silence. Cette insulte, qui remplit d'indignation l'assemblée entière, fut particulièrement et instantanément ressentie par le fils unique du défunt, Edgar, vulgairement nommé le Maître¹ de Ravenswood, jeune homme âgé de vingt ans environ. Il porta la main à son épée, et, avertissant le fonctionnaire officiel que ce serait à ses risques et périls qu'il occasionnerait une seconde interruption, il ordonna au prêtre de continuer. L'homme voulut soutenir sa mission ; mais cent épées brillèrent à la fois dans l'air. Se contentant de protester contre la violence qui lui avait été faite dans l'exécution de son devoir, il se tint à l'écart, spectateur sombre et menaçant de la cérémonie, et murmurant comme quelqu'un qui dirait : « Vous regretterez le jour où j'ai été traité ainsi. »

La scène eût été digne du pinceau d'un artiste. Sous la voute même de la maison de mort, le prêtre, effrayé de ce qui venait de se passer, et tremblant pour sa propre sûreté, répétait à la hâte et à contre-cœur le service solennel de l'église, et rappelait que la poussière retourne à la poussière et les cendres aux cendres, sur cet exemple d'orgueil abattu et de grandeur déchue. Debout et rangés en cercle se tenaient les parents du défunt, la physionomie respirant la colère plus que la douleur, et leurs épées nues qu'ils brandissaient formant un contraste choquant avec leurs habits de grand deuil. Sur le visage du jeune homme seul, le ressentiment parut un moment surmonté par l'angoisse profonde avec laquelle il contemplait son plus proche, presque son seul ami, renfermé dans la tombe de ses aïeux. Un parent vit ses traits se couvrir d'une pâleur mortelle, lorsque, après l'accomplissement de tous les rites funéraires, ce fut au chef du deuil de tenir la corde qui descendait dans le caveau mortuaire, où des cercueils vermoulus montraient leurs lambeaux de velours et leurs plaques dégradées, le cadavre qui allait partager leur corruption. Il s'approcha du jeune homme et lui offrit son assistance, qu'Edgar Ravenswood refusa par un geste muet. Il accomplit ce dernier devoir avec fermeté et sans une larme. La pierre fut reposée sur le sépulcre, la porte de l'aile fut fermée, et la clef massive en fut remise au jeune homme.

Au moment où la foule quittait la chapelle, il s'arrêta sur les marches qui conduisaient au cœur de l'édifice gothique. — Messieurs et amis, dit-il, vous avez aujourd'hui rempli un devoir peu commun près du corps de votre parent défunt. Les rites funéraires, qui sont ailleurs accordés comme une chose due au plus humble chrétien, auraient été aujourd'hui déniés aux restes de votre parent, — qui, assurément, n'est pas issu de la dernière maison d'Écosse, — si votre courage ne les-lui eût assurés. D'autres enterrent leurs morts dans la douleur et les larmes, en silence et avec respect ; nos rites funèbres, à nous, sont troublés par l'intrusion de baillis et de rufians, et l'ex-

---

¹ C'est le titre que reçoit le fils aîné d'un baron ou d'un vicomte. (L. V.)

pression de notre douleur, — de la douleur due à l'ami que nous avons perdu, — est effacée de nos joues par la rougeur de notre juste indignation. Mais il est bien que je sache de quel carquois cette flèche est sortie. Celui-là seul qui a creusé la tombe peut avoir eu la basse cruauté de troubler les obsèques; et que le Ciel me traite de même et pis encore, si je ne rends pas à cet homme et à sa maison la ruine et le déshonneur qu'il a fait tomber sur moi et les miens!

Une nombreuse partie de l'assemblée applaudit à ce discours, comme à la chaleureuse expression d'un ressentiment juste; mais les plus froids et les plus judicieux regrettèrent qu'il eût été prononcé. La fortune de l'héritier de Ravenswood était trop basse pour braver l'accroissement d'hostilités que dans leur opinion ces expressions d'une haine si peu déguisée devaient nécessairement provoquer. Leurs appréhensions, cependant, ne se trouvèrent pas fondées, du moins dans les conséquences immédiates de cette affaire.

Le cortége revint à la tour pour y porter, conformément à une coutume qui n'a été que tout récemment abolie en Écosse [1], de bruyants toasts à la mémoire du défunt, faire retentir la maison mortuaire des sons de jovialité et d'ivresse, et diminuer, par les frais d'une réception où présidait une profusion désordonnée, les revenus bornés de l'héritier de celui dont ils honoraient si étrangement les funérailles. Mais c'était la coutume; et dans l'occasion actuelle, elle fut pleinement observée. Les tables ruisselèrent de vin; la populace festoya dans la cour, les fermiers dans la cuisine et à l'office; et deux années de revenu de ce qui restait des biens de Ravenswood suffirent à peine à défrayer l'orgie des funérailles. Le vin fit son effet sur tous les convives, à l'exception du seul Maître de Ravenswood, titre qu'il conservait toujours, malgré la forfaiture encourue par son père. Tandis qu'il passait à la ronde la coupe à laquelle lui-même ne goûtait pas, il entendit bientôt s'élever mille exclamations contre le lord garde des sceaux, et des protestations passionnées d'attachement pour lui-même et pour l'honneur de sa maison. Il écoutait, le front sombre et soucieux, ces transports, qu'il regardait, avec raison, comme devant s'évanouir avec les bulles vermeilles qui s'élevaient sur les bords de la coupe, ou tout au moins avec les vapeurs que son contenu excitait dans la cervelle de ceux qui l'entouraient.

Quand le dernier flacon fut vidé, tous prirent congé avec de vives protestations; — protestations qui devaient être oubliées le lendemain, à moins, toutefois, que ceux qui les lui prodiguaient en ce moment ne jugeassent nécessaire à leur sûreté d'en faire une rétractation plus solennelle.

Acceptant leurs adieux avec un air de mépris qu'il pouvait à peine

---

[1] Sir Walter Scott écrivait ceci en 1819. (L. V.)

déguiser, Ravenswood vit enfin son habitation délabrée débarrassée de cette affluence tumultueuse, et il revint à la salle maintenant déserte, qui lui parut alors doublement solitaire par le contraste qu'elle lui offrait avec les clameurs qui tout à l'heure la remplissaient. Mais cet espace se peupla de fantômes que l'imagination du jeune héritier évoqua devant lui : — l'honneur terni et la fortune dégradée de sa maison, la destruction de ses propres espérances, et le triomphe de cette famille à qui la ruine en était due. Pour un esprit d'une disposition naturellement sombre, il y avait là ample matière à méditation; et le jeune Ravenswood put se livrer sans témoins à sa profonde rêverie.

Le paysan qui montre les ruines de la tour dont les restes couronnent encore la saillie du rocher et regardent la lutte des vagues, quoique la mouette et le cormoran en soient maintenant les seuls occupants, affirme que dans cette nuit fatale le Maître de Ravenswood, par les exclamations de son amer désespoir, évoqua quelque malin esprit, dont la pernicieuse influence présida aux incidents futurs de sa vie. Hélas! quel démon peut suggérer des conseils plus désespérés que ceux auxquels nous portent nos passions, quand nous nous abandonnons à leur violence?

CHAPITRE III.

> Que le Dieu d'En-Haut me préserve, dit alors le roi,
> que tu tires jamais sur moi!
> *William Bell*, *Clim o'the cleugh*, etc.

Dans la matinée, après les obsèques, l'officier de loi dont l'autorité avait été insuffisante pour interrompre les solennités funéraires du feu lord Ravenswood, se hâta d'aller rendre compte au garde des sceaux de la résistance qu'il avait rencontrée dans l'exécution de ses fonctions.

L'homme d'état était assis dans une spacieuse bibliothèque, jadis la salle des banquets du vieux château de Ravenswood, ce qu'indiquaient évidemment les insignes armoriaux qui se déployaient encore et sur le plafond sculpté dont le chêne d'Espagne formait les arceaux, et sur les vitraux peints des fenêtres, à travers lesquels le soleil dardait une lumière nuancée de riches reflets sur de longues rangées de tablettes ployant sous le poids des commentaires de jurisprudence et des chroniqueurs monastiques, dont les épais volumes formaient la partie essentielle et la plus estimée de la bibliothèque d'un historien écossais de l'époque. Sur la table et sur le pupitre, l'un et l'autre de chêne massif, était un amas confus de lettres, de pétitions et de parchemins, dont l'examen faisait à la fois le charme et le tourment de la vie de sir William Ashton. Il avait cette gravité et même cette noblesse d'extérieur qui conviennent à un homme haut placé dans l'État; et ce n'eût pas été sans une conversation longue et intime avec lui sur des sujets d'un intérêt pressant et personnel, qu'un étranger aurait pu découvrir quelque chose de vacillant et d'incertain dans ses résolutions : faiblesse de caractère provenant d'une disposition défiante et timide, et que par orgueil aussi bien que par politique, sachant quelle influence interne elle exerçait sur son esprit, il mettait le plus grand soin à cacher aux autres.

Il écouta avec une grande apparence de calme le récit exagéré du tumulte qui avait eu lieu aux funérailles, et du mépris déversé sur son autorité ainsi que sur celle de l'Église et de l'État; il ne sembla pas même s'émouvoir au rapport fidèle des expressions d'insulte et de menace proférées par le jeune Ravenswood et d'autres, et qui évidemment étaient dirigées contre lui. Il écouta aussi les versions dénaturées et aggravées, que cet homme avait pu recueillir, des toasts qui avaient été portés et des menaces proférées au banquet. Finalement, il prit soigneusement note de ces diverses particularités et du nom des personnes par lesquelles une accusation fondée sur ces actes et ces paroles de violence pourrait être au besoin appuyée et justifiée ; puis, il congédia son agent, certain que maintenant il était maître du reste de la fortune et même de la liberté personnelle du jeune Ravenswood.

— Quand la porte se fut refermée sur l'officier de loi, le lord garde des sceaux resta un moment plongé dans une profonde méditation ; puis, se levant tout à coup de son siége, il parcourut la salle en homme prêt à prendre une résolution soudaine et énergique. — Le jeune Ravenswood est maintenant à moi, murmura-t-il ; — il est à moi ; — il s'est lui-même placé sous ma main ; il faudra qu'il plie ou qu'il rompe. Je n'ai pas oublié l'entêtement opiniâtre avec lequel son père m'a, jusqu'à la fin, disputé chaque point en litige, ni l'obstination qu'il a mise à repousser toute tentative de compromis, à m'entraîner dans des contestations judiciaires, et à essayer d'attaquer mon caractère, quand il ne pouvait s'en prendre à mes droits. Cet enfant qu'il a laissé après lui, — cet Edgar, — ce cerveau brûlé, ce fou à tête éventée, a brisé son navire avant d'avoir quitté le port. Je dois veiller à ce qu'il ne regagne pas l'avantage de quelque retour de marée qui pourrait le remettre à flot. Cette affaire, convenablement présentée au Conseil Privé, ne peut être regardée que comme une révolte dans laquelle la dignité des autorités civiles et ecclésiastiques est gravement compromise. Une amende considérable peut être prononcée ; un ordre d'emprisonnement contre lui dans le château d'Édimbourg ou dans celui de Blackness paraîtrait convenable, et même une accusation de haute trahison pourrait être basée sur un grand nombre de ces paroles et de ces expressions, quoiqu'à Dieu ne plaise que je pousse les choses aussi loin ! Non, je ne le ferai pas ; — je ne toucherai pas à sa vie, serait-elle en mon pouvoir. — Et cependant, s'il vit jusqu'à un changement de circonstances, que ne peut-il pas arriver ! — Restitution, — vengeance, peut-être ! Je sais qu'Athole avait promis son appui au vieux Ravenswood, et voilà que déjà la faible influence du fils forme une ligue et organise une faction. Quel instrument toujours prêt ne serait-ce pas entre les mains de ceux qui épient la chute de notre administration !

Tandis que ces pensées agitaient l'esprit de l'astucieux politique, et tout en se persuadant à lui-même que l'intérêt de sa propre sûreté et de celle de ses amis et de son parti voulait qu'on profitât dans toute son étendue de l'avantage actuel contre le jeune Ravenswood, le lord garde des sceaux s'assit à son pupitre, et se mit à rédiger pour le Conseil Privé un exposé des actes de désordre qui, au mépris de son warrant, avaient eu lieu aux funérailles de lord Ravenswood. Il savait que les noms du plus grand nombre de ceux qui avaient pris part à ces désordres, aussi bien que le fait en lui-même, sonneraient odieusement à l'oreille de ses collègues en administration, et très-probablement les pousseraient à faire un exemple du jeune Ravenswood, au moins *in terrorem*.

Il y avait néanmoins ici un point délicat : c'était de choisir des expressions telles que la culpabilité du jeune homme en ressortît sans qu'elles parussent la proclamer directement, ce qui, de la part de sir William Ashton, ancien antagoniste du père, n'eût pu que paraître empreint d'une odieuse animosité. Tandis qu'il était tout entier à la composition, s'étudiant à trouver des mots qui pussent indiquer Edgar Ravenswood comme étant la cause du tumulte, sans articuler précisément une telle inculpation, sir William, dans un moment de relâche, vint à porter les yeux sur les armoiries de la famille (contre l'héritier de laquelle il aiguisait en ce moment les traits de la loi et en préparait les atteintes), sculptées sur une des consoles d'où s'élançaient les arceaux de la salle. C'était une tête de taureau noir, avec la devise : *J'attends mon temps ;* et l'occasion à laquelle cette devise avait été adoptée avait avec le sujet de ses réflexions actuelles un rapport singulier et de nature à faire impression.

Une tradition constante disait qu'au treizième siècle un certain Malisius de Ravenswood avait été dépouillé de son château et de ses terres par un puissant usurpateur, qui, pendant un temps, avait joui paisiblement du fruit de sa rapine. Enfin, la veille d'un grand festin, Ravenswood, qui épiait cette occasion, s'introduisit dans le château avec une petite troupe de serviteurs dévoués. Le service du festin annoncé était impatiemment attendu par les convives et bruyamment réclamé par le maître temporaire du château. Ravenswood, qui, en cette occasion, s'était déguisé sous le costume d'un écuyer tranchant, répondit d'une voix menaçante : « J'attends mon temps ; » et au même moment, une tête de taureau, l'ancien emblème de la mort, fut placée sur la table. La conspiration éclata à ce signal, et l'usurpateur fut égorgé avec ses suivants. Peut-être y avait-il dans cette légende encore bien connue et souvent racontée quelque chose qui s'adressait à l'âme et à la conscience du garde des sceaux ; car, repoussant loin de lui le papier où il avait commencé son rapport, et renfermant soigneusement dans une cassette placée près de lui les notes qu'il avait préparées, il sortit dans l'intention d'aller se promener comme pour rassembler ses idées, et réfléchir encore aux conséquences de la démarche qu'il allait faire, avant qu'elles ne fussent devenues inévitables.

En traversant une grande antichambre gothique, sir William Ashton entendit le son du luth de sa fille. La musique, quand nous ne voyons pas ceux qui l'exécutent, produit sur nous un plaisir mêlé de surprise, et nous rappelle le concert naturel des oiseaux cachés au milieu des bosquets feuillus. L'homme d'état, quoique peu habitué à se laisser aller à des émotions si naturelles et si simples, était cependant homme et père. Il s'arrêta donc et prêta l'oreille, tandis que les tons argentins de la voix de Lucy Ashton se mêlaient à l'accompagnement d'un air ancien auquel un poëte plus moderne avait adapté les paroles suivantes :

« N'arrête pas tes yeux sur les charmes de la beauté; reste en repos quand les rois prennent les armes; ne goûte pas à la coupe que remplit une liqueur vermeille; ne parle pas à la foule avide de paroles; ferme l'oreille aux sons de l'harmonie; repousse de ta main l'or qui éblouit : cœur pur, œil et main sans tache, vivent doucement et meurent en paix. »

Les sons cessèrent, et le garde des sceaux entra dans la chambre de sa fille.

Les paroles qu'elle avait choisies semblaient spécialement adaptées à son caractère; car les traits de Lucy Ashton, d'une beauté parfaite, mais quelque peu enfantins, étaient formés pour exprimer la paix d'esprit, la sérénité de l'âme et l'indifférence pour la frivolité des plaisirs du monde. Ses cheveux couleur d'or, d'une nuance légèrement foncée, se partageaient sur un front d'une blancheur exquise, comme un rayon de soleil pâle et brisé sur une colline de neige. L'expression de sa physionomie respirait au plus haut degré la bonté, la douceur, la timidité féminines, et semblait se dérober au moindre regard d'un étranger plutôt que rechercher son admiration. Il y avait en elle quelque chose de la madone ; ce qui peut-être était le résultat d'une santé délicate et de la résidence de Lucy au milieu d'êtres dont le caractère était plus altier, plus résolu, plus énergique que le sien.

Néanmoins, cette disposition passive ne provenait nullement d'une âme indifférente ou insensible. Livrée à l'impulsion de ses goûts et de ses propres sentiments, Lucy Ashton était particulièrement accessible à ceux d'une nature romanesque. Son secret plaisir était dans les vieilles histoires chevaleresques de dévouements pleins d'ardeur et d'inaltérables affections, quelque bigarrées d'aventures étranges et d'horreurs surnaturelles que soient si souvent ces légendes. C'était là son royaume des fées favori ; c'était là qu'elle construisait ses palais aériens. Mais ce n'était qu'en secret qu'elle se livrait aux douces illusions de cette architecture pleine de charmes. Dans sa chambre retirée, ou dans la partie du bois qu'elle avait adoptée et à laquelle elle avait donné son propre nom, elle distribuait en imagination les prix d'un tournoi, ou animait de ses regards les valeureux combattants; ou bien elle errait au désert avec Una, sous l'escorte du lion généreux ; ou bien encore elle s'identifiait avec la simple et noble Miranda, dans l'île des merveilles et des enchantements.

Mais dans ses relations extérieures avec les choses de ce monde, Lucy recevait volontiers l'impulsion régulatrice de ceux qui l'entouraient. L'alternative lui était en général trop indifférente pour qu'elle pût éprouver le désir de la ésistance, et elle puisait volontiers dans l'opinion de ses parents un motif de décision que peut-être elle eût vainement cherché en elle. Chacun de nos lecteurs doit avoir observé dans quelque famille de sa connaissance de ces individus au caractère doux et facile, qui, en contact avec des esprits plus forts et plus ardents, se laissent entraîner par la volonté des autres, avec aussi peu de pouvoir d'opposition que la fleur jetée au courant d'un fleuve. Il arrive habituellement que ces caractères complaisants et dociles, qui se livrent d'eux-mêmes et sans murmure à la direction des autres, deviennent les favoris de ceux aux inclinations desquels les leurs propres semblent être, sans peine et sans regret, offertes en sacrifice.

C'est ce qui était arrivé à l'égard de Lucy Ashton. Son père, quoique livré aux froids calculs de la politique mondaine, éprouvait pour elle une affection dont la force lui causait parfois à son insu une émotion inhabituelle. Son frère aîné, qui parcourait le sentier de l'ambition d'un pas plus décidé que son père, avait aussi en lui plus d'affection humaine. Soldat, et vivant dans un temps de dépravation, il préférait sa sœur Lucy même aux plaisirs, même à l'avancement et aux distinctions militaires. Son plus jeune frère, encore dans l'âge où l'esprit est surtout occupé de bagatelles, la prenait pour confidente de tous ses plaisirs et de toutes ses anxiétés, de ses succès à la chasse ou à la pêche, et de ses querelles avec son gouverneur ou avec ses maîtres. Quelque futiles que fussent ces détails, Lucy leur prêtait une attention patiente et soutenue. Ils agitaient et intéressaient Henry : c'en était assez pour que sa sœur les écoutât avec intérêt.

Mais sa mère ne ressentait pas cette prédilection absolue que le reste de la famille avait pour Lucy. Elle regardait ce qu'elle appelait le manque d'énergie de sa fille comme un indice certain que le sang moins noble de son père dominait dans les veines de Lucy, et elle avait coutume de l'appeler par dérision sa bergère de Lammermoor. Éprouver de l'aversion pour un être si doux et si inoffensif était impossible ; mais lady Ashton préférait son fils aîné, en qui elle retrouvait une grande partie de son caractère ambitieux et inflexible, à une fille dont la douceur naturelle semblait toucher à la faiblesse d'esprit. Elle avait pour son fils aîné une partialité d'autant plus grande, que, contre l'usage ordinaire des grandes familles écossaises, il avait reçu le titre du chef de la maison.

— Mon Sholto, disait-elle, soutiendra l'honneur sans tache de sa famille maternelle, et il portera plus haut celui de son père. La pauvre Lucy n'est faite ni pour les cours ni pour les salons. Il lui faut pour mari quelque laird campagnard, assez riche pour lui assurer toutes les aises de la vie, sans qu'elle ait à faire le moindre effort, de façon à ce qu'elle n'ait jamais une larme à répandre, si ce n'est par la tendre appréhension qu'il ne se rompe le cou en chassant le renard. Mais ce n'est pas ainsi que notre maison s'est élevée, ce n'est pas ainsi non plus qu'on peut la consolider et l'agrandir. La dignité de lord garde des sceaux y est encore nouvelle : il faut qu'elle soit portée comme une charge à laquelle nous serions habitués ; il faut nous montrer dignes d'elle, et prompts à en faire valoir les hautes prérogatives. Devant une autorité ancienne, les hommes se courbent par suite d'une déférence traditionnelle et héréditaire ; en notre présence, ils resteront la tête haute, s'ils ne sont contraints de se prosterner. Une fille faite pour la bergerie ou pour le cloître n'a rien de ce qu'il faut pour exiger un respect rendu avec répugnance ; et puisque le Ciel nous a refusé un troisième fils, il aurait dû donner à Lucy un caractère propre à maintenir son rang. Ce sera un heureux moment que celui où sa main sera donnée à un homme doué de plus d'énergie qu'elle, ou dont les désirs seront aussi bornés que les siens.

Telles étaient les pensées d'une mère à qui les qualités de cœur de ses enfants, ainsi que la perspective de leur bonheur domestique, semblaient de peu de poids en comparaison de leur rang et de leur grandeur temporels. Mais, comme bien des parents d'un caractère impétueux et impatient, elle se trompait dans le jugement qu'elle portait des sentiments de sa fille. Sous les dehors d'une extrême indifférence, Lucy nourrissait le germe de ces passions qui surgissent quelquefois en une nuit, comme la courge du prophète, et frappent d'étonnement l'observateur par leur impétuosité inattendue et leur intensité. Et de fait, les sensations de Lucy ne paraissaient froides que parce que rien ne s'était offert pour les intéresser ou les éveiller. Sa vie s'était écoulée jusque-là uniforme et paisible : heureuse si le calme actuel de son cours n'eût pas ressemblé à celui de la nappe unie et limpide, s'avançant vers la cataracte !

— Ainsi, Lucy, lui dit son père, qui entra au moment où finissait sa chanson, votre rimeur philosophe vous apprend donc à mépriser le monde avant que vous ne le connaissiez ? — c'est assurément quelque chose de prématuré. Ou bien ne parlez-vous qu'à la mode des jolies filles, qui toujours affichent un grand mépris pour les plaisirs de la vie, jusqu'à ce que quelque galant chevalier leur en fasse sentir le prix ?

Lucy rougit, repoussa toute induction que l'on voudrait tirer, touchant ses propres inclinations, du choix qu'elle aurait fait d'une chanson, et, à la prière de son père, mit immédiatement son luth de côté pour l'accompagner dans sa promenade.

Un parc vaste et bien boisé, ou plutôt une *chasse*, s'étendait le long de la colline derrière le château ; Ravenswood-Castle, occupant, comme nous l'avons fait remarquer, une passe qui s'élève de la plaine, semblait avoir été construit dans la gorge même pour défendre les abords du terrain ombreux qui s'élevait au delà dans une sombre majesté. Le père et la fille s'avançaient dans cette région romantique par une avenue d'un noble aspect, composée d'ormes dont les rameaux entrelacés formaient une voûte naturelle, sous laquelle on apercevait parfois au loin des groupes de daims fauves. Ils s'avançaient lentement en se tenant par le bras, et en admirant les différents points de vue de la perspective (car sir William Ashton, malgré la nature de ses occupations habituelles, avait le goût et le sentiment des beautés naturelles), lorsqu'ils furent rejoints par le garde forestier ou garde du parc, qui allait se livrer au délassement de la chasse, et qui se dirigeait vers l'intérieur du bois, son arbalète sur l'épaule et son chien conduit en laisse par un jeune garçon.

— Vous allez nous tirer une pièce de venaison, Norman? dit sir William en rendant le salut du forestier.

— Sur mon âme, Votre Honneur, c'est ce que je vais faire. Vous plairait-il de voir la chasse?

— Oh non, répondit Sa Seigneurie après un coup d'œil jeté à sa fille; car les couleurs de Lucy l'avaient abandonnée à l'idée de voir tuer un daim, quoique, si son père eût témoigné le désir d'accompagner Norman, il est probable qu'elle n'eût pas même laissé voir sa répugnance.

Le forestier haussa les épaules. — C'était une chose décourageante, dit-il, quand pas un des maîtres ne venait voir la chasse. Il espérait que le capitaine Sholto serait bientôt au château, sans quoi il pourrait bien fermer tout à fait boutique; car M. Harry était tenu si serré avec ses balivernes latines, que, malgré qu'il eût bonne envie d'être au bois du matin au soir, c'était un garçon d'espérance de perdu, et on n'en ferait jamais un homme. Il avait entendu dire qu'il n'en était pas de même du temps de lord Ravenswood : — dans ce temps-là, quand il s'agissait de tuer un daim, le père et le fils accouraient pour le voir ; et quand le daim était abattu, le couteau était toujours présenté au chevalier, et il ne donnait jamais moins d'un dollar pour la bonne main. — Il y a bien Edgar Ravenswood, le Maître de Ravenswood, comme on l'appelle maintenant ; — quand il monte au bois, il n'y a pas eu de meilleur chasseur depuis le temps de Tristram. — Quand sir Edgar vise, le daim est à bas, foi de Norman. Mais, de ce côté-ci de la montagne, on ne sait plus ce que c'est que la chasse.

Il y avait dans cette harangue bien des choses hautement blessantes pour les sentiments du lord garde des sceaux ; il ne put s'empêcher de remarquer que cet homme le méprisait presque ouvertement, parce qu'il n'avait pas ce goût pour la chasse qui à cette époque était regardé comme l'attribut naturel et indispensable d'un véritable gentilhomme. Mais le maître de la vénerie est, dans toutes les familles provinciales, un homme de grande importance et qui a son franc-parler. Sir William se contenta donc de sourire, et répondit que ce jour-là il avait autre chose à penser qu'à tuer le daim ; et en même temps tirant sa bourse, il donna un dollar au *ranger*[1] en guise d'encouragement. Le drôle le reçut du même air que le garçon d'un hôtel à la mode reçoit d'un gentilhomme provincial une gratification double de celle qui lui revenait, — c'est-à-dire avec un sourire dans lequel le plaisir causé par le don est mêlé de mépris pour la simplicité du donateur. — Votre Honneur est un mauvais payeur, dit-il, s'il paie avant que la chose ne soit faite. Que feriez-vous si je manquais le daim, après que vous m'avez donné mon pourboire de chasse ?

— Je suppose, répondit le garde des sceaux en souriant, que vous ne sauriez guère ce que je veux dire si je vous parlais de *condictio indebiti*[2].

— Non, sur mon âme ; — je suppose que c'est quelque phrase de loi. — Mais poursuivez un mendiant, et.... Votre Honneur connaît le proverbe[3]. — Au surplus, je serai juste avec vous ; et si l'arc et le chien font leur devoir, vous aurez une pièce de venaison de deux doigts de graisse au bréchet.

Comme il allait s'éloigner, son maître le rappela, et lui demanda, comme par occasion, si le Maître de Ravenswood était réellement aussi brave et aussi bon tireur qu'on le disait.

— Brave ! — oui, oui, il est brave, je vous en réponds, dit Norman. Je me trouvais dans le bois, à Tyningham, où il y avait assez bonne compagnie chassant avec mylord ; sur mon âme ! il y eut un daim aux abois qui nous fit tous reculer : un vigoureux vieux troyen de première tête, un vrai cerf dix cors, et un front aussi large que le front d'un taureau. Jarni ! il se rua sur le vieux lord, et il y aurait eu une vacance aux pairs, si le Maître ne s'était jeté résolument en avant, et n'eût coupé le jarret au cerf d'un coup de son coutelas. Il n'avait alors que seize ans, Dieu le garde !

— Et est-il aussi habile au fusil qu'au couteau ? continua sir William.

— Il me fera sauter ce dollar d'argent du doigt et du pouce à quatre-vingts pas, et je me charge de le tenir pour un marc d'or ; que voulez-vous de plus de l'œil, de la main, du plomb et de la poudre ?

— Oh ! on ne peut rien leur demander de plus, assurément ; mais nous retardons votre chasse, Norman. Bonjour, mon bon Norman.

Et le forestier se remit en route en fredonnant sa chanson rustique, d'une voix dont les rudes accents s'affaiblissaient graduellement à mesure qu'il s'éloignait d'eux :

« Il faut qu'au coup de matines le moine se lève ; l'abbé peut dormir malgré leur carillon, mais le forestier doit être sur pied dès que le cor sonne : il est temps, mes cœurs, il est temps.

---

[1] Maître de la venaison. (L. V.)
[2] Action en restitution d'une chose non due. (L. V.)
[3] Équivalent au nôtre : Où il n'y a rien, le roi perd ses droits. (L. V.)

« Il y a des daims et des chevreaux sur les braes¹ de Bilhope; il y a un troupeau sur Shortwood Shaw : mais il y a par le jardin une daine blanche comme le lis, qui les vaut bien tous. »

— Ce drôle, dit le garde des sceaux, quand les derniers sons de la chanson du forestier se furent éteints dans l'air, a-t-il jamais servi les Ravenswood, pour leur montrer tant d'intérêt? Je suppose que vous savez cela, Lucy, car vous vous faites un point de conscience de recueillir l'histoire de chaque paysan des environs du château.

— Je ne suis pas tout à fait si versée dans les chroniques du pays, mon père; mais je crois que Norman a autrefois servi ici, alors qu'il n'était qu'un enfant, avant d'aller à Ledington, d'où vous l'avez pris à votre service. Mais, si vous voulez savoir quelque chose de l'ancienne famille, la vieille Alice sera la meilleure autorité.

— Et qu'aurais-je à faire avec eux, je vous prie, Lucy, non plus qu'avec leur histoire ou leurs talents?

— Je n'en sais rien, monsieur; c'est seulement parce que vous faisiez des questions à Norman au sujet du jeune Ravenswood.

— Allons donc, enfant! repartit son père; — puis il ajouta aussitôt : Et qu'est-ce que la vieille Alice? Je crois que vous connaissez toutes les vieilles femmes du pays.

— Assurément, je les connais, mon père; car, autrement, comment pourrais-je secourir les vieilles gens quand ils sont dans des temps difficiles? Et quant à la vieille Alice, c'est bien la reine des vieilles femmes, et la reine des commères, aussi, en tout ce qui tient aux anciennes légendes. Elle est aveugle, la pauvre créature; mais, quand elle vous parle, vous croiriez qu'elle a quelque moyen de regarder jusqu'au fond de votre âme. Je suis sûre qu'il m'est souvent arrivé de me couvrir le visage ou de me détourner, car il semble qu'elle voit quand on change de couleur, quoiqu'elle soit aveugle depuis vingt ans. Elle mérite d'être visitée, ne serait-ce que pour dire que vous avez vu une vieille femme aveugle et paralytique qui a une telle finesse de perception et autant de dignité dans ses manières. Je vous assure qu'à son ton et à son langage on la prendrait pour une comtesse. — Allons, il faut venir voir Alice; nous ne sommes qu'à un quart de mille de sa chaumière.

— Tout ceci, ma chère Lucy, reprit le lord garde des sceaux, n'est pas répondre à ma question. Je vous demandais ce qu'est cette femme, et quels rapports elle avait avec la famille des anciens propriétaires.

— Oh! c'était quelque chose comme une nourrice, je crois; et elle est restée ici, parce que ses deux petits-fils sont à votre service. Mais ç'a été à contre-cœur, j'imagine; car la pauvre vieille est toujours à regretter le changement des temps et des propriétaires.

— Je lui en suis fort obligé. Elle et les siens mangent et boivent à

¹ *Brae*, pente de montagne. (L. V.)

ma coupe, et avec cela ils ne font que se lamenter de ce qu'ils ne sont plus sous une famille qui n'a jamais pu faire de bien ni à eux ni à personne !

— En vérité, je suis sûre que vous ne rendez pas justice à la vieille Alice. Elle n'a rien en elle de mercenaire, et elle n'accepterait pas un penny à titre de charité, quand ça devrait l'empêcher de mourir de faim. Elle est seulement causeuse, comme toutes les vieilles gens quand vous les mettez sur les histoires de leur jeunesse ; et elle parle de la famille de Ravenswood, parce qu'elle a vécu sous eux pendant de longues années. Mais je suis sûre qu'elle vous est reconnaissante de votre protection, monsieur, et qu'elle vous parlerait plus volontiers qu'à aucune autre personne au monde. Allons, mon père, allons voir la vieille Alice.

Et avec la liberté d'une enfant aimée, Lucy entraîna son père dans la direction qu'elle désirait prendre.

CHAPITRE IV.

> A travers le sommet des hauts arbres, elle aperçut une légère fumée, dont la vapeur faible et déliée s'élevait en tourbillonnant vers les cieux : indice réjouissant, qui vint l'avertir que là demeurait quelque être vivant.
>
> SPENSER.

Lucy servit de guide à son père, car il était trop absorbé dans ses travaux politiques et par ses relations de société pour bien connaître ses vastes domaines, et d'ailleurs il résidait habituellement à Édimbourg; au lieu que Lucy avait, avec sa mère, passé tout l'été à Ravenswood, et en partie par goût, en partie par manque d'autre distraction, elle avait appris, dans ses courses fréquentes, à connaître chaque ravine, chaque sentier, chaque vallon, chaque gorge boisée,

« Et de chaque torrent les rives ombragées. »

Nous avons dit que le lord garde des sceaux n'était pas indifférent aux beautés de la nature; et nous ajouterons, pour lui rendre justice, qu'il les sentait doublement alors qu'elles lui étaient signalées par la belle et simple jeune fille qui, suspendue à son bras avec un abandon filial, tantôt lui faisait admirer les dimensions de quelque chêne antique, tantôt appelait son attention sur les aspects inattendus que leur offrait le sentier, soit au moment où, dégageant ses détours sinueux d'un enfoncement ou d'un vallon, il atteignait subitement une éminence d'où a vue dominait les plaines qui s'étendaient au-dessous d'eux, soit lorsque, quittant cette élévation pittoresque, il s'enfonçait de nouveau par une pente graduelle parmi les rochers et les bouquets d'arbres, et conduisait vers des scènes d'un plus profond isolement.

Ce fut à une de ces stations d'où la vue s'étendait au loin, que Lucy dit à son père qu'ils se trouvaient maintenant à peu de distance de la cabane de sa protégée aveugle; et, au détour de la petite colline, un sentier qui en tournait le pied, et que foulaient chaque jour les pas de la pauvre vieille, les conduisit en vue de la chaumière, à demi cachée dans l'obscur enfoncement d'une vallée profonde, et qui semblait avoir été placée là à dessein pour mettre sa situation en rapport avec l'état de celle qui l'habitait, à qui depuis si longtemps la lumière était inconnue.

La chaumière était située précisément au pied d'un énorme rocher qui s'avançait en saillie au-dessus d'elle, comme s'il eût menacé d'écraser la frêle habitation sous un fragment détaché de son front. La cabane était construite en gazon et en pierres, et grossièrement recouverte de chaume en partie usé et défoncé. Une légère fumée bleuâtre s'en détachait en colonne déliée, et s'élevait en tourbillonnant le long de la face blanche du rocher, donnant à la scène une teinte de douceur indicible. Dans un petit jardin fort simple, entouré de quelques bouquets de sureaux qui lui formaient une sorte de haie imparfaite, était assise, près des ruches dont le produit était son principal moyen d'existence, cette vieille vers laquelle Lucy amenait son père.

Quels qu'eussent été les désastres de sa fortune, — quelque misérable que fût sa demeure, il était aisé de juger au premier coup d'œil que ni les années, ni la pauvreté, ni les malheurs, ni les infirmités, n'avaient abattu la force d'esprit de cette femme remarquable.

Elle occupait un siége de gazon placé sous un saule pleureur d'un âge et d'une taille peu communs, comme Judah est représentée assise sous son palmier, avec un air empreint à la fois de majesté et d'abattement. Sa stature était grande, imposante, et à peine courbée par les infirmités de la vieillesse. Ses habits, quoique ce fussent ceux d'une paysanne, étaient d'une propreté peu ordinaire, formant en ceci un contraste remarquable avec ceux de la plupart des femmes de sa classe, et ils étaient disposés avec un air de recherche et même de goût également peu commun. Mais c'était l'expression de sa physionomie qui frappait surtout le spectateur, et qui portait bien des gens à lui parler avec un degré de déférence et de civilité fort peu en rapport avec l'état misérable de sa demeure, et que néanmoins elle recevait avec une aisance non affectée qui montrait qu'elle regardait cette déférence et cette civilité comme lui étant dues. Elle avait autrefois été belle, mais de cette beauté mâle et hardie qui ne survit pas à la fraîcheur de la jeunesse ; cependant ses traits exprimaient encore une force de jugement, une profondeur de réflexion et un caractère de fierté tempérée, qui semblaient, ainsi que nous l'avons dit, annoncer en elle la conscience intime d'une supériorité réelle sur ceux de sa classe. On eût à peine cru possible qu'un visage privé de l'avantage de la vue pût conserver une telle puissance d'expression ; mais ses yeux, presque complétement clos, n'altéraient point, par l'opposition de leurs orbites inanimés, la physionomie à laquelle ils ne pouvaient plus rien ajouter. Elle paraissait être dans une attitude méditative, causée peut-être par le bourdonnement de la population travailleuse qui allait et venait autour d'elle, et qui lui procurait une sorte d'isolement mental semblable à un demi-sommeil.

Lucy leva le loquet fermant la barrière du petit jardin, et réveilla l'attention de la vieille femme. — Alice, voici mon père qui est venu vous voir.

— Il est le bienvenu, miss Ashton, et vous aussi, répondit la vieille Alice en tournant et inclinant la tête vers ses visiteurs.

— Voici une belle matinée pour vos ruches, bonne mère, dit le lord garde des sceaux, qui, frappé de l'apparence extérieure d'Alice, éprouva quelque curiosité de savoir si sa conversation y répondrait.

— Je le crois, mylord, répliqua-t-elle ; je sens que le souffle de l'air est plus doux que ces jours derniers.

— Vous ne prenez pas soin vous-même de ces abeilles, bonne mère ? continua l'homme d'état ; — comment les gouvernez-vous?

— Par des délégués, comme font les rois de leurs sujets, repartit Alice ; et je suis heureuse en premier ministre. — Venez, Babie.

Elle fit usage d'un petit sifflet d'argent suspendu à son cou, et dont à cette époque on se servait quelquefois pour appeler les domestiques ; Babie, jeune fille d'une quinzaine d'années, sortit de la cabane, non tout à fait aussi soigneusement vêtue qu'elle l'eût probablement été si Alice avait eu l'usage de ses yeux, mais au total avec un air de propreté qui surpassait ce à quoi on eût pu s'attendre.

— Babie, lui dit sa maîtresse, offrez du pain et du miel au lord garde des sceaux et à miss Ashton ; — ils excuseront votre peu d'habitude, si vous faites preuve de propreté et de promptitude.

Babie exécuta l'ordre de sa maîtresse avec la grâce qu'on devait naturellement attendre d'elle, allant çà et là de l'air d'une écrevisse, ses pieds et ses jambes se portant dans une direction, tandis que ses yeux, tournés dans une direction contraire, étaient fixés avec étonnement sur le laird, dont ses tenanciers et ses dépendants entendaient parler plus souvent qu'ils ne le voyaient. Le pain et le miel, cependant, placés sur une feuille de plantain, furent offerts et acceptés en toute courtoisie. Le lord garde des sceaux, qui continuait d'occuper la place qu'il avait prise en arrivant sur le tronc mort d'un arbre abattu, avait l'air de vouloir prolonger l'entrevue, mais d'être en peine de trouver un sujet d'entretien convenable.

— Vous demeurez depuis longtemps sur cette propriété ? dit-il après une pause.

— Il y a maintenant près de soixante ans que j'ai vu Ravenswood pour la première fois, répondit la vieille femme, dont la conversation, quoique parfaitement civile et respectueuse, semblait se tenir avec soin dans la limite indispensable de ses réponses à sir William.

— Si j'en juge par votre accent, vous n'êtes pas originaire de ce pays ? poursuivit le lord garde des sceaux.

— Non ; je suis Anglaise de naissance.

— Et cependant vous paraissez attachée à ce pays comme si c'était le vôtre.

— C'est ici que j'ai vidé la coupe des joies et des douleurs que me destinait le Ciel. Je fus ici durant plus de vingt ans la compagne d'un époux affectionné; — ici j'ai été mère de six enfants qui semblaient pleins d'avenir. — Ce fut ici que le Ciel me priva de toutes ces bénédictions : — c'est ici qu'ils sont morts, et qu'ils reposent tous en terre, là-bas près de cette chapelle en ruines. — Je n'ai pas eu d'autre pays que le leur tant qu'ils vécurent; — je n'en ai pas d'autre que le leur, maintenant qu'ils ne sont plus.

— Mais votre maison est déplorablement délabrée, dit le lord garde des sceaux en portant les yeux vers la chaumière.

— O mon père, donnez des ordres pour la réparer, dit Lucy, saisissant vivement, quoique avec timidité, l'idée qu'éveillait sir William ; — c'est-à-dire si vous le jugez convenable.

— Elle durera plus longtemps que moi, ma chère miss Lucy, repartit l'aveugle; je ne voudrais pas que mylord s'en mît le moins du monde en peine.

— Mais, reprit Lucy, vous avez eu autrefois une bien meilleure maison, et vous étiez riche ; et maintenant, dans votre vieil âge, vivre dans cette cabane !

— Elle est aussi bonne que je le mérite, miss Lucy ; si mon cœur n'a pas été brisé par ce que j'ai souffert et vu souffrir aux autres, il faut qu'il ait eu bien de la force ; et ce qui reste de ces membres chargés d'années n'est pas en droit de se montrer plus faible.

— Vous avez probablement vu bien des changements, dit le lord garde des sceaux ; mais votre expérience doit vous avoir appris à n'en pas être étonnée.

— Elle m'a appris à les supporter, mylord.

— Cependant vous savez ce que le cours des ans doit infailliblement amener ?

— Oui, comme je savais que le tronc sur lequel ou près duquel vous êtes assis, jadis arbre haut et touffu, devait infailliblement un jour tomber de vieillesse ou sous la hache; mais j'avais espéré que mes yeux ne verraient pas la chute de l'arbre qui ombrageait ma demeure.

— Ne pensez pas que vous perdrez aucun droit à mon intérêt en reportant vos souvenirs avec regret vers le temps où une autre famille possédait mes domaines. Vous avez raison, sans doute, de les aimer, et je respecte votre gratitude. J'ordonnerai de faire quelques réparations à votre chaumière, et j'espère que nous vivrons assez longtemps pour être amis quand nous nous connaîtrons mieux.

— Les gens de mon âge ne font pas de nouveaux amis, mylord. Je vous remercie de votre bonté. — Elle est à bonne intention, sans doute; mais j'ai tout ce dont j'ai besoin, et je ne puis accepter plus des mains de Votre Seigneurie.

— Hé bien, alors, permettez-moi du moins de vous dire que je vous regarde comme une femme douée de plus de sens et d'éducation que ne l'indiquerait votre apparence, et que j'espère que vous continuerez de résider sur cette propriété jusqu'à la fin de votre vie, quitte de toute redevance.

— Je l'espère aussi, dit la vieille femme avec calme ; je crois que c'est un des articles de la vente qui a été faite de Ravenswood à Votre Seigneurie, bien qu'une circonstance si peu importante ait pu échapper à votre souvenir.

— Je m'en souviens, — je me rappelle, dit Sa Seigneurie, quelque peu confus. Je m'aperçois que vous êtes trop attachée à vos anciens amis pour accepter aucun bienfait de leur successeur.

— Loin de là, mylord ; je suis reconnaissante des bienfaits que je refuse, et je voudrais pouvoir reconnaître mieux vos offres que par ce que j'ai maintenant à vous dire.

Lord William la regarda avec quelque surprise, mais sans dire un mot.

— Mylord, continua-t-elle d'un ton grave et solennel, prenez garde à ce que vous faites ; vous êtes sur le bord d'un précipice.

— Vraiment ? dit le lord garde des sceaux, dont la pensée se reporta aux circonstances politiques du pays. Quelque chose est-il venu à votre connaissance ? — quelque complot, quelque conspiration ?

— Non, mylord ; ceux qui font trafic de telles denrées n'appellent pas dans leurs conseils la femme vieille, aveugle et infirme. Mon avertissement est d'une autre sorte. Vous avez poussé les choses bien loin avec la maison de Ravenswood. Croyez-en un adage vrai : — C'est une famille violente, et il y a danger à avoir affaire à des gens poussés au désespoir.

— Bon, bon ! ce qui a eu lieu entre nous a été l'œuvre de la loi, et non le mien ; et ils peuvent recourir à la loi, s'ils croient avoir à s'en plaindre.

— Oui, mais ils peuvent penser autrement, et se faire justice à eux-mêmes, si les autres moyens de redressement leur manquent.

— Que voulez-vous dire ? Le jeune Ravenswood ne voudrait pas avoir recours à la violence personnelle ?

— Dieu me préserve de dire pareille chose ! Tout ce que je sais de lui, c'est que c'est un jeune homme franc et honorable. — Franc et honorable, dis-je ? — j'aurais dû ajouter libéral, noble et généreux. Mais ce n'en est pas moins un Ravenswood, et il peut attendre son temps. Souvenez-vous du sort de sir Georges Lockhart[1].

---

[1] Président de la Cour des Sessions. Il fut tué d'un coup de pistolet, dans High-Street, à Édimbourg, par John Chiesley de Dalry, en 1689. La vengeance de cet homme déterminé fut provoquée par la persuasion où il était d'avoir éprouvé une injustice par une sentence arbitrale prononcée par le président, laquelle assignait une provision alimentaire d'environ 93 liv. st. en faveur de sa femme et de ses enfants. On dit que sa première

Le lord garde des sceaux tressaillit en s'entendant rappeler une catastrophe si récente. La vieille Alice poursuivit : Chiesley, qui fit le coup, était un parent de lord Ravenswood. Dans la salle de Ravenswood, en ma présence et devant beaucoup d'autres, il annonça hautement sa détermination de commettre la cruauté dont il se rendit ensuite coupable. Je ne pus garder le silence, quoiqu'il convînt mal à ma position de parler. — Vous méditez un crime horrible, lui dis-je, dont vous aurez à rendre compte devant le dernier juge. Jamais je n'oublierai l'air dont il me répondit : J'aurai alors à rendre compte de bien des choses, et je rendrai compte aussi de celle-là. J'ai donc bien raison de vous dire de prendre garde d'appesantir la main de l'autorité sur un homme réduit au désespoir. Il y a du sang de Chiesley dans les veines de Ravenswood, et une seule goutte suffirait pour l'enflammer dans les circonstances où il se trouve. — Je vous le répète, prenez garde à lui.

Soit intention, soit hasard, la vieille Alice avait réussi à exciter les craintes du lord garde des sceaux. La ressource obscure et désespérée de l'assassinat privé, si familière à un baron écossais des anciens temps, n'avait été, même en ce siècle, que trop souvent employée, quand une tentation extraordinaire s'était rencontrée, et que l'esprit de vengeance avait été jusqu'à familiariser avec la pensée d'un tel crime. Sir William Ashton ne l'ignorait pas ; et il savait aussi que le jeune Ravenswood avait éprouvé assez d'injustices pour être poussé à une vengeance de cette nature, conséquence fréquente, quoique terrible, d'une administration partiale de la justice. Il s'efforça de cacher à Alice la nature des appréhensions qu'il ressentait, mais avec si peu de succès, qu'une personne même douée de moins de pénétration que la nature n'en avait donné à la vieille aveugle aurait dû nécessairement s'apercevoir qu'elle avait touché une corde sensible. Ce fut d'une voix

---

intention avait été de tuer le juge tandis que celui-ci assistait au service divin, mais qu'il en fut détourné par quelque scrupule suscité par la sainteté du lieu. Après que tout le monde fut sorti de l'église, il suivit sa victime jusqu'à l'entrée du *close* ou petite rue, donnant sur le côté méridional de Lawnmarket, où était située la maison du président, et il l'étendit mort au moment où ce dernier allait rentrer chez lui. Ce meurtre fut commis en présence de nombreux spectateurs. Loin de tenter de s'enfuir, l'assassin se glorifia de son action, en disant : « J'ai appris au président comment on fait justice. » Il l'en avait du moins bien averti, comme disait Jack Cade dans une occasion semblable. Le meurtrier, après avoir supporté la torture, en vertu d'un acte spécial des états du parlement, fut jugé devant le lord prévôt d'Édimbourg, comme haut sheriff, et condamné à être traîné sur une claie jusqu'au lieu de l'exécution, pour y avoir la main droite coupée, lui vivant, puis être suspendu à la potence, ayant attaché au cou le pistolet avec lequel il avait tué le président. Cette exécution eut lieu le 3 avril 1689 ; et l'incident fut longtemps rappelé comme un terrible exemple de ce que les livres de loi appellent le *perfervidum ingenium Scotorum*, le caractère bouillant des Écossais.

(W. S.)

CHAPITRE IV.

altérée qu'il lui répondit que le Maître de Ravenswood était homme d'honneur; et qu'en fût-il autrement, le sort de Chiesley de Dalry était un avertissement suffisant pour quiconque oserait s'ériger lui-même en vengeur des offenses qu'il s'imaginerait avoir reçues. Il prononça ces mots avec précipitation; puis il se leva et quitta la place sans attendre de réponse.

CHAPITRE V.

> Est-elle de la race des Capulets? O ! le Ciel en soit béni ma vie est une dette envers mon ennemie.
>
> SHAKSPEARE.

Le lord garde des sceaux marcha pendant près d'un quart de mille dans un profond silence. Sa fille, naturellement timide, et élevée dans les idées de crainte filiale et d'obéissance aveugle que l'on inculquait à la jeunesse de cette époque, n'osa pas interrompre ses méditations.

— Pourquoi êtes-vous si pâle, Lucy? lui dit son père, qui se tourna subitement vers elle en rompant le silence.

Conformément aux idées du temps, qui ne permettaient pas à une jeune personne de faire connaître ses sentiments sur un sujet quelconque, à moins qu'on ne l'interrogeât directement, Lucy devait paraître ignorer le sens de tout ce qui s'était passé entre Alice et son père, et elle imputa l'émotion que celui-ci avait remarquée à la crainte que lui inspirait le bétail non dompté qui paissait dans cette partie de la vaste *chasse* qu'ils traversaient en ce moment.

La noblesse écossaise se faisait autrefois un point d'honneur d'avoir dans ses parcs un certain nombre de ces animaux, descendants des troupeaux sauvages qui anciennement erraient en liberté dans les forêts calédoniennes. On peut encore se souvenir d'en avoir vu quelques-uns conservés dans trois au moins des principaux châteaux d'Écosse, à Hamilton, à Drumlanrick et à Cumbernauld. Ils avaient dégénéré de l'ancienne race en taille et en force, s'il en faut juger par les descriptions des vieilles chroniques, et par les formidables restes que l'on découvre fréquemment dans les tourbières ouvertes et les marais desséchés. Le taureau avait perdu les honneurs de son épaisse crinière, et la race, devenue mince et petite, était de couleur blanchâtre, ou plutôt jaune pâle, avec les cornes et les sabots noirs. Ils conservaient cependant quelque chose de la férocité de leurs ancêtres; on ne pouvait les apprivoiser, tant était grande leur antipathie contre la race humaine, et souvent ils devenaient dangereux, si on les approchait sans précaution, ou qu'on les provoquât inconsidérément. C'est cette dernière raison qui les a fait exclure des lieux que nous avons mentionnés, et où, sans cela, on les eût probablement conservés, comme des hôtes convenables d'un parc écossais, et de dignes occupants d'une forêt baroniale.

Quelques-uns, si je ne me trompe, existent encore au château de Chillingham, dans le Northumberland, résidence du comte de Tankerville.

Ce fut donc à la proximité de trois ou quatre de ces animaux que Lucy crut devoir attribuer les indices de crainte qu'une tout autre raison avait appelés sur ses traits; car ses promenades dans les bois attenant au parc l'avaient accoutumée à la vue des taureaux sauvages, et ce n'était pas alors, comme ce peut être aujourd'hui, une partie nécessaire de la tenue d'une jeune dame de se laisser aller à des tremblements nerveux sans cause. En cette occasion, cependant, elle ne tarda pas à avoir un légitime sujet de terreur.

Lucy avait à peine fait à son père la réponse que nous avons rapportée, et à peine avait-il eu le temps de la réprimander de sa timidité supposée, qu'un taureau, excité par la couleur écarlate du manteau de miss Ashton, ou poussé par un de ces accès de férocité capricieuse auxquels ils sont sujets, se détacha subitement du groupe occupé à paître à l'autre extrémité d'une clairière herbeuse qui semblait se perdre parmi les branches entrelacées des arbres. L'animal se dirigea vers ceux qui pénétraient ainsi sur ses domaines, d'abord lentement, frappant du pied la terre, poussant de temps à autre de sauvages mugissements, et déchirant le gazon avec ses cornes, comme pour s'exciter lui-même jusqu'à une rage furieuse.

Le lord garde des sceaux, qui observait les mouvements du taureau, comprit qu'il allait devenir dangereux; et passant le bras de sa fille sous le sien, il se mit à descendre rapidement l'avenue, dans l'espoir d'arriver à quelque place où ils seraient hors de sa vue et de son atteinte. C'était le plus mauvais parti qu'il pût prendre; car, excité par leur fuite apparente, le taureau commença à les poursuivre de toute sa vitesse. Menacé d'un danger si imminent, un courage plus ferme que celui du lord garde des sceaux eût pu défaillir. Mais la tendresse paternelle, « cet amour qui défie la mort, » le soutint. Il continua d'encourager et d'entraîner sa fille, jusqu'à ce que, privée de toute faculté par l'excès de sa terreur, Lucy tomba sans mouvement aux pieds de son père. Ne pouvant pas alors l'aider à fuir, sir William se retourna et se plaça entre elle et l'animal furieux, qui, avançant à pleine carrière, et encore animé par la rapidité de sa course, n'était plus à vingt pas d'eux. Le lord garde des sceaux n'avait pas d'armes; son âge et ses fonctions le dispensaient même de l'épée courte que tout gentleman portait habituellement dans ses promenades, — un tel accessoire eût-il pu, en ce moment, lui être de la moindre utilité

Il semblait inévitable que le père ou la fille, ou tous les deux peut-être, tombassent victimes de cet imminent danger, quand un coup de feu parti du fourré voisin arrêta subitement l'animal. Il avait été frappé avec tant de justesse, précisément à la jonction de l'épine dorsale et du crâne, que la blessure, qui dans toute autre partie du corps eût difficilement suspendu sa course, lui donna instantanément la mort. Faisant encore un bond en avant avec un mugissement horrible, la force d'impulsion de sa course, plutôt que sa propre volonté, le porta à cinq pas du stupéfait sir Ashton, où il roula sur la terre, les membres couverts d'une sueur noirâtre et agités par les tremblements convulsifs de sa dernière agonie.

Lucy était étendue sans connaissance, insensible à la merveilleuse assistance qui venait de la sauver. Son père n'avait guère plus qu'elle le sentiment net de sa délivrance, tant avait été rapide et inattendue la transition de la mort horrible qui semblait inévitable, à une parfaite sécurité. Ses yeux étaient fixés sur l'animal, terrible même après sa mort, avec une sorte de stupéfaction muette et confuse qui ne lui permettait pas de comprendre distinctement ce qui venait de se passer ; et tel était le trouble de ses idées, qu'il eût pu croire que le taureau avait été arrêté par la foudre, s'il n'eût aperçu entre les branches du fourré la forme d'un homme, tenant à la main un mousqueton ou fusil court.

Cette vue le rappela sur-le-champ au sentiment de leur situation ; — un regard tombé sur sa fille le fit songer à la nécessité de lui procurer du secours. Il cria à l'homme, qu'il pensa être un de ses gardes forestiers, de venir veiller sur miss Ashton, tandis que lui-même courrait chercher assistance. Le chasseur s'approcha d'eux, et le lord garde des sceaux vit que c'était un étranger ; mais il était trop agité pour s'arrêter à cette remarque. En peu de mots prononcés à la hâte, il chargea l'inconnu, plus fort et plus alerte que lui, de porter la jeune miss jusqu'à une fontaine peu éloignée, tandis que lui-même retournerait jusqu'à la chaumière d'Alice pour s'y procurer d'autres secours.

L'homme dont l'intervention était arrivée si à propos ne paraissait pas disposé à laisser sa bonne œuvre inachevée. Il releva Lucy dans ses bras, et l'emportant à travers les clairières de la forêt par des sentiers qu'il semblait parfaitement connaître, il ne s'arrêta pas avant de l'avoir déposée en sûreté au bord d'une source abondante et limpide, qui avait jadis été revêtue, couverte et décorée d'ornements architecturaux d'un style gothique. Mais maintenant, la voûte qui l'avait abritée étant rompue et entr'ouverte, et le revêtement gothique ruiné et démoli, la source jaillissait des profondeurs de la terre à ciel découvert, et se frayait un passage sinueux entre les sculptures brisées et les pierres revêtues de mousse confusément amoncelées autour de son orifice.

La tradition, toujours empressée, du moins en Écosse, d'orner d'une légende tout lieu offrant quelque intérêt, avait attribué à cette fontaine une cause de vénération spéciale. Une femme jeune et belle avait été rencontrée par un des lords de Ravenswood tandis qu'il chassait non loin de cette place, et, nouvelle Égérie, avait captivé l'affection du Numa féodal. Ils se revirent fréquemment, et toujours après le coucher du soleil, les charmes de l'esprit de la nymphe achevant la conquête que sa beauté avait commencée, et le mystère de l'intrigue y ajoutant une saveur de plus. C'était toujours au bord de la fontaine qu'elle paraissait et disparaissait, ce qui amena son amant à supposer qu'un rapport inexplicable existait entre elle et la source. Elle avait mis à leurs relations certaines restrictions qui sentaient aussi le mystère. Ils ne se voyaient qu'une fois par semaine, — le vendredi était le jour désigné, — et elle avait dit au lord de Ravenswood qu'il fallait qu'ils se séparassent dès que l'heure des vêpres serait sonnée par la cloche d'une chapelle dépendante d'un ermitage situé dans le bois adjacent, et qui aujourd'hui est depuis longtemps en ruines. Dans le cours de sa confession, le baron de Ravenswood révéla à l'ermite le secret de ses singulières amours, et le père Zacharie en tira la conséquence évidente et nécessaire que son patron était enveloppé dans les filets de Satan, et en danger de périr, corps et âme. Il représenta ces périls au baron avec toute la force de la rhétorique monacale, et lui dépeignit, sous les couleurs les plus effrayantes, le caractère réel et la personne de ce qui lui avait paru une Naïade attrayante, qu'il n'hésita pas à dénoncer comme une habitante du royaume des ténèbres. L'amant écoutait avec une incrédulité opiniâtre; et ce ne fut que de guerre lasse, vaincu par l'obstination de l'anachorète, qu'il consentit à soumettre à une certaine épreuve le caractère et la nature de sa maîtresse, et qu'à cet effet il accéda à la proposition que lui fit Zacharie de sonner la cloche de vêpres, lors de leur prochaine entrevue, une heure plus tard que de coutume. L'ermite soutint, en appuyant son opinion de citations tirées du *Malleus Maleficorum*, de *Sprengerus*, de *Remigius* et d'autres doctes démonologistes, que l'Esprit du Mal, ainsi retenu par surprise au delà de l'heure indiquée, reprendrait sa vraie forme, et, après s'être montré à son amant épouvanté sous les traits d'un démon de l'enfer, disparaîtrait à ses yeux au milieu d'un jet de flammes sulfureuses. Raymond de Ravenswood consentit à l'expérience, non sans une certaine curiosité touchant l'issue de cette épreuve, bien qu'avec la confiance qu'elle tromperait l'attente de l'ermite.

A l'heure désignée, les amants se rencontrèrent, et leur entrevue se prolongea au delà de celle où ils se séparaient habituellement, par le retard qu'avait mis le prêtre à sonner son couvre-feu accoutumé. Nul changement ne se fit dans les formes extérieures de la nymphe; mais dès que les ombres plus allongées l'avertirent que l'heure ordinaire du son de vêpres était passée, elle s'arracha des bras de son amant avec un cri de désespoir, lui dit adieu pour jamais, et, plongeant dans la fontaine, disparut à ses yeux. Les bulles d'eau que sa chute fit élever à la surface de la source étaient teintes de sang, d'où le baron désolé conclut que sa malheureuse curiosité avait causé la mort de cet être aimable et mystérieux. Le remords qu'il en éprouva, aussi bien que le souvenir des charmes de la nymphe, firent le tourment du peu de temps qu'il vécut encore, car il périt quelques mois plus tard à la bataille de Flodden. Mais en mémoire de cette Naïade, il avait, avant de mourir, fait orner la fontaine où elle paraissait résider, et avait fait mettre ses eaux à l'abri des profanations et des souillures, par la petite construction voûtée dont les débris étaient encore répandus à l'entour. On supposa que le déclin de la maison de Ravenswood datait de cette époque.

Telle était la légende généralement reçue, légende que quelques gens qui voulaient paraître plus sages que le vulgaire expliquaient comme rappelant obscurément le sort d'une belle et jeune fille de condition plébéienne, la maîtresse de ce Raymond, qu'il tua dans un accès de jalousie, et dont le sang se mêla aux eaux de la *fontaine couverte*, comme on la nommait communément. D'autres pensaient que le conte avait une origine plus éloignée et remontait jusqu'à la mythologie païenne de l'antiquité. Tous cependant convenaient que le lieu était fatal à la famille de Ravenswood, et que boire des eaux de cette source, ou même approcher de ses bords, était d'aussi mauvais augure pour un descendant de cette maison, que pour un Graham porter du vert, pour un Bruce tuer une araignée, ou pour un Saint-Clair traverser l'Ord un lundi.

Ce fut en ce lieu funeste que Lucy Ashton revint enfin à elle après un évanouissement profond et prolongé. Belle et pâle, comme la fabuleuse Naïade au moment de sa douloureuse séparation et de son dernier cri d'adieu, elle était assise de manière à s'appuyer contre un fragment du mur délabré, tandis que sa mante, ruisselante de l'eau que son protecteur avait employée à profusion pour la rappeler à elle, dessinait, en s'y attachant, les formes sveltes et admirablement proportionnées de sa taille.

Sa première pensée, en recouvrant la mémoire, lui retraça le péril qui avait glacé ses sens ; — la seconde rappela à son souvenir le danger de son père. Elle regarda autour d'elle : — il n'était pas là. — Mon père! — mon père! — Ce furent les seuls mots qu'elle put proférer.

— Sir William est en sûreté, répondit la voix d'un étranger ;— il est parfaitement en sûreté, et dans un instant il sera près de vous.

— En êtes-vous certain? s'écria Lucy. — Le taureau était près de nous. — Ne me retenez pas ; — il faut que j'aille chercher mon père!

Et elle se leva dans cette intention ; mais ses forces étaient tellement épuisées, que, loin de pouvoir exécuter son dessein, elle faillit retomber sur la pierre contre laquelle elle était appuyée, et sans doute elle se serait blessée grièvement.

L'étranger était si près d'elle, que pour empêcher sa chute il ne put éviter de la prendre dans ses bras, ce qu'il ne fit néanmoins qu'avec une répugnance momentanée, tout à fait inhabituelle quand la jeunesse intervient pour sauver la beauté du danger. On eût dit que son poids, quelque léger qu'il fût, excédait les forces de son jeune et vigoureux assistant ; car sans éprouver la tentation de la retenir un seul instant dans ses bras, il la replaça sur la pierre d'où elle s'était levée, et, se reculant de quelques pas, il répéta à la hâte : Sir William Ashton est parfaitement en sûreté, et il sera ici dans un instant. N'ayez pas d'inquiétude sur son compte ; — le destin l'a sauvé par une protection singulière. Vous, madame, vous êtes épuisée, et il ne faut pas songer à vous lever avant d'avoir quelque assistance plus convenable que la mienne.

Lucy, qui, sur ces entrefaites, avait plus complétement repris ses sens, fut naturellement portée à regarder l'étranger avec attention. Il n'y avait rien dans son extérieur qui eût dû le faire répugner à offrir le secours de son bras à une jeune dame qui avait besoin d'appui, ou qui dût la porter à refuser son assistance ; et elle ne put, même en ce moment, s'empêcher de penser qu'il semblait froid et montrait bien peu d'empressement. Un habit de chasse de drap sombre indiquait le rang de celui qui le portait, quoiqu'en partie caché par un ample manteau de couleur brun foncé. Un chapeau à la Montéro et une plume noire ombrageaient son front et cachaient à demi ses traits, qui paraissaient, autant qu'on les pouvait voir, nobles et réguliers, quoique offrant dans leur expression quelque chose de sombre et de chagrin. Quelque douleur secrète, ou la préoccupation d'une passion concentrée, avait éteint le feu et la vivacité ingénue de la jeunesse dans une physionomie faite pour les montrer l'un et l'autre à un degré peu commun ; et il était difficile de regarder l'étranger sans une secrète impression de pitié ou de crainte, ou du moins sans un sentiment de doute et de curiosité allié aux deux autres.

L'impression qu'il nous a fallu un certain temps à décrire, Lucy la reçut en un clin d'œil, et elle n'eut pas plutôt rencontré les yeux noirs de l'étranger et son regard pénétrant, que les siens se baissèrent vers la terre avec un mélange de crainte et de timidité embarrassée. Il y avait cependant nécessité de parler, du moins elle le pensa ; et d'une voix encore tremblante, elle rappela le danger auquel elle venait d'échapper d'une manière miraculeuse, certaine, ajouta-t-elle, que l'étranger avait dû être, après le Ciel, l'instrument du salut de son père et du sien.

Il sembla vouloir se soustraire à ses expressions de gratitude, en lui répondant brusquement et d'un ton dont la sévérité donnait à la grave mélodie de sa voix quelque chose non de rude, mais d'imposant : Je vous quitte, madame ; je vous laisse à la protection de ceux dont il est possible qu'aujourd'hui vous ayez été l'ange gardien.

Lucy fut étonnée de ce langage qu'elle ne put comprendre, et avec un sentiment de gratitude naïve et sans affectation, elle s'éleva contre l'idée qu'elle eût voulu offenser son libérateur, comme si une telle chose eût été possible. — J'ai été malheureuse, dit-elle, en m'efforçant d'exprimer mes remercîments. — Je suis sûre qu'il faut qu'il en ait été ainsi, quoique je ne puisse me souvenir de ce que j'ai dit. — Mais voudriez-vous seulement attendre le retour de mon père, — du lord garde des sceaux? — Voudriez-vous seulement lui permettre de vous offrir ses remercîments, et de s'informer de votre nom?

— Mon nom est inutile, répondit l'étranger. — Votre père, — je dirais plutôt sir William Ashton, — l'apprendra assez tôt pour tout le plaisir que probablement il lui causera.

— Vous le méconnaissez, s'écria Lucy avec chaleur; il sera reconnaissant à cause de moi et de lui-même. Vous ne connaissez pas mon père, ou vous m'abusez en me disant qu'il est en sûreté, quand déjà il est tombé victime de la furie du taureau.

Dès que cette idée se fut emparée d'elle, elle se leva précipitamment, et voulut de nouveau se diriger vers l'avenue où l'accident avait eu lieu; et l'étranger, quoiqu'il parût partagé entre le désir de l'assister et la résolution de s'éloigner d'elle, se vit encore obligé, par humanité, de s'opposer à son dessein par ses prières, et même de la retenir malgré elle.

— Sur la parole d'un gentilhomme, madame, je vous dis la vérité; votre père est parfaitement en sûreté, et vous vous exposez vous-même à quelque danger en retournant près du lieu où paissait le troupeau de bétail sauvage. — Si vous voulez y aller, — car, dominée par l'idée que son père était encore en danger, elle continuait malgré lui de se diriger de ce côté, — si vous *voulez* y aller, acceptez mon bras, quoique peut-être je ne sois pas la personne qui puisse le plus convenablement vous offrir un appui.

Mais sans prendre garde à cette restriction, Lucy le prit au mot. — Oh! s'écria-t-elle, si vous êtes homme, — si vous êtes gentilhomme, aidez-moi à trouver mon père! Vous ne me quitterez pas; — il faut que vous m'accompagniez. — Il se meurt peut-être, tandis que nous sommes à parler ici!

Puis, sans écouter ni observations, ni excuses, et s'attachant au bras de l'étranger, quoique sans autre idée que d'y trouver un appui sans lequel elle n'eût pu se soutenir, mêlée peut-être d'un vague désir de l'empêcher de lui échapper, elle l'attirait ou plutôt l'entraînait en avant, quand ils aperçurent sir William Ashton accourant vers eux, suivi de Babie, la petite compagne de la vieille aveugle, et de deux bûcherons qu'il avait rencontrés dans le bois et appelés à son aide. Sa joie en apercevant sa fille hors de danger surmonta la surprise avec laquelle, en tout autre moment, il l'aurait vue s'appuyant sur le bras d'un étranger aussi familièrement qu'elle eût pu le faire sur le sien.

— Lucy, ma chère Lucy, êtes-vous remise? — comment vous trouvez-vous? tels furent les seuls mots qui purent s'échapper de sa poitrine oppressée, tandis qu'il la serrait dans ses bras avec transport.

— Je suis bien, mon père, grâces au Ciel! et plus heureuse encore de vous voir sain et sauf. — Mais monsieur, ajouta-t-elle en quittant le bras de l'étranger et en s'éloignant un peu de lui, que doit-il penser de moi? Et son sang, qui afflua tout à coup à son cou et à son front, attesta éloquemment combien elle était honteuse de la liberté avec laquelle elle avait réclamé et même exigé son assistance.

— Monsieur, dit sir William Ashton, ne regrettera pas, je l'espère, l'embarras que nous lui avons occasionné, quand je l'aurai assuré de la gratitude du lord garde des sceaux pour le plus grand service qu'un homme puisse rendre à un autre, — pour la vie de mon enfant, — pour ma propre vie, que sa bravoure et sa présence d'esprit ont sauvées. Il me permettra, j'en suis certain, de lui demander....

— Ne ME demandez rien, mylord, interrompit l'étranger d'un ton sévère et péremptoire; je suis le Maître de Ravenswood.

Il se fit un silence profond causé par la surprise, à laquelle se mêlaient d'autres sentiments d'une nature plus fâcheuse. Le Maître s'enveloppa de son manteau, salua Lucy d'un air de hauteur, en bégayant quelques paroles de courtoisie, qu'il semblait prononcer à regret et qu'on entendit à peine, et se détournant d'eux, il disparut presque aussitôt dans le fourré.

— Le Maître de Ravenswood! répéta le lord garde des sceaux quand il fut revenu de sa première surprise. — Courez après lui; — retenez-le; — priez-le de venir me parler un seul instant.

Les deux bûcherons se mirent en conséquence à la poursuite de l'étranger. Ils ne tardèrent pas à reparaître, et d'un air gauche et embarrassé, ils dirent que le gentleman n'avait pas voulu revenir. Le lord garde des sceaux prit à l'écart l'un de ces deux hommes, et s'informa plus en détail de ce que le Maître de Ravenswood avait répondu.

— Il a seulement dit qu'il ne voulait pas revenir, dit l'homme avec la prudence d'un véritable Écossais, ne se souciant pas d'être le porteur d'un message désagréable.

— Mais il a dit quelque chose de plus; je veux savoir ce que c'est.

— Hé bien alors, mylord, reprit l'homme en baissant les yeux, il a dit.... Mais ça ne ferait pas plaisir à Votre Seigneurie d'entendre ça, pour ce que j'ose dire que le Maître n'a pas entendu à mal.

— Que cela ne vous occupe pas; je désire entendre ses propres paroles.

— Hé bien donc, il a dit : Dites à sir William Ashton que la prochaine fois que lui et moi nous nous reverrons, il ne sera pas à moitié aussi content de notre rencontre que de notre séparation.

— Fort bien; je crois qu'il veut parler d'un pari que nous avons fait sur nos faucons; — c'est une affaire sans conséquence.

Il se rapprocha de sa fille, qui se trouva alors en état de reprendre le chemin du château. Mais l'effet que les divers souvenirs liés à une scène si terrible firent sur un esprit éminemment impressionnable, s'effaça moins aisément que les suites de la commotion que ses nerfs avaient éprouvée. Des visions de terreur, toujours présentes dans les rêveries de ses veilles ainsi que dans les songes de son sommeil, lui rappelaient la forme de l'animal furieux et le mugissement terrible dont il accompagnait sa course; et c'était toujours l'image du Maître de Ravenswood, avec sa noblesse native de physionomie et de stature, qui semblait s'interposer entre elle et une mort certaine. En tout temps, peut-être, il est dangereux pour une jeune personne de permettre à sa pensée de s'arrêter fréquemment et avec trop de complaisance sur le même individu; mais, dans la situation de Lucy, c'était presque inévitable. Jamais elle n'avait rencontré un jeune homme dont la physionomie fût aussi touchante ni les traits aussi frappants que ceux du jeune Ravenswood; mais en eût-elle vu cent qui l'égalassent ou le surpassassent à cet égard, nul autre n'aurait pu, comme lui, intéresser son cœur par la puissante réunion de tant de circonstances : le danger et la délivrance, la gratitude, l'étonnement et la curiosité. Je dis la curiosité; car il est probable que la contrainte singulière et le peu de prévenance du Maître de Ravenswood, si opposés à l'expression naturelle de ses traits et à la grâce de ses manières, en excitant l'étonnement par le contraste, avaient eu pour effet d'arrêter son attention sur ce souvenir. Elle savait peu de chose de Ravenswood, non plus que des contestations qui avaient existé entre son père et celui d'Edgar; et peut-être la douceur de son âme eût-elle eu peine à comprendre l'amertume des passions haineuses que ces contestations avaient engendrées. Mais elle le savait issu de noble souche; elle savait qu'il était pauvre, quoique descendant d'une famille noble et opulente; et elle se sentait disposée à sympathiser avec les sentiments d'un esprit fier, qui lui faisaient éviter les expressions de reconnaissance des nouveaux propriétaires de la maison et des domaines de son père. Eût-il refusé de même leurs remercîments et évité leur intimité, si les paroles de son père eussent été plus insinuantes et mieux ménagées, et si l'expression en eût été adoucie par la grâce que les femmes savent si bien mettre dans leurs manières, quand elles veulent se porter médiatrices entre les passions effrénées du sexe le plus rude? C'était une question dangereuse à adresser à son cœur, — dangereuse en elle-même et dans ses conséquences.

Lucy Ashton, en un mot, fut enveloppée dans ces labyrinthes de l'imagination, si dangereux pour les âmes jeunes et accessibles aux impressions vives. Le temps, à la vérité, l'absence, le déplacement et la vue de nouveaux visages, eussent probablement détruit l'illusion dans ce cas comme en beaucoup d'autres; mais sa résidence était constamment solitaire, et son esprit n'avait aucun de ces moyens de dissiper les visions auxquelles elle trouvait tant de charme. Cette solitude était principalement due à l'absence de lady Ashton, qui se trouvait alors à Édimbourg, occupée à suivre les progrès de quelque intrigue d'état. Le lord garde des sceaux, naturellement réservé et peu sociable, ne recevait que par politique ou par ostentation ; et ainsi nul cavalier ne venait rivaliser ou affaiblir la peinture idéale de perfection chevaleresque que Lucy s'était faite à elle-même du Maître de Ravenswood.

Tandis que Lucy s'abandonnait à ces songes, elle faisait de fréquentes visites à la vieille aveugle Alice, espérant qu'il lui serait aisé de l'amener à parler d'un sujet auquel maintenant elle avait si imprudemment laissé prendre une telle place dans ses pensées. Mais en ceci Alice ne répondit ni à ses désirs ni à son attente. Elle parlait volontiers, et toujours d'un ton de sensibilité profonde, de la famille en général ; mais elle semblait particulièrement attentive à n'en presque jamais mentionner le représentant actuel. Le peu qu'elle disait de lui n'était pas tout à fait conforme aux idées favorables que Lucy s'en était formées. Elle donnait à entendre qu'il était d'un caractère sombre et implacable, plus disposé à ressentir qu'à pardonner les injures ; et Lucy rapprochait avec inquiétude ce qu'elle entendait dire maintenant de ces dispositions dangereuses, de l'avis donné par Alice à son père avec tant d'emphase : Prenez garde à Ravenswood.

Mais ce même Ravenswood, auquel s'attachaient de si injustes soupçons, en avait montré le peu de fondement presque immédiatement après qu'ils avaient été articulés, en sauvant à la fois la vie de son père et la sienne. S'il eût nourri d'aussi noires pensées de vengeance que semblaient l'annoncer les sombres insinuations d'Alice, il n'eût pas eu de crime à commettre pour satisfaire pleinement cette passion coupable. Il n'avait qu'à retenir un seul instant l'indispensable secours qu'il leur avait apporté, et l'objet de son ressentiment périssait, sans aucune agression directe de sa part, d'une mort aussi terrible que certaine. Elle pensa donc que quelque prévention secrète, ou que les soupçons s'élevant naturellement de l'âge et des malheurs, avaient conduit Alice à des conclusions injurieuses au caractère du Maître de Ravenswood, aussi bien qu'inconciliables avec sa conduite généreuse et ses nobles traits. Et Lucy, reposant son espoir dans cette croyance, partit de là pour former la trame enchantée de son tissu d'illusions, aussi brillant et non moins fragile que ces filets aériens formés du duvet des plantes, alors que, garnis des perles de la rosée matinale, ils étincellent au soleil.

Son père, de son côté, ainsi que le Maître de Ravenswood, faisaient l'un et l'autre des réflexions aussi fréquentes, quoique plus solides que celles de Lucy, sur le singulier événement qui avait eu lieu. Le premier soin du lord garde des sceaux, dès qu'il fut de retour au château, fut de s'assurer, par l'intervention du docteur, que sa fille n'avait aucune suite inquiétante à redouter de la situation dangereuse dans laquelle elle s'était trouvée. Rassuré sur ce point, il s'occupa de revoir les notes qu'il avait recueillies de la bouche de l'agent chargé d'interrompre le service funéraire du feu lord Ravenswood. Élevé dans les subtilités du barreau, et habitué à manier l'arme à double tranchant de l'argumentation légale, il lui en coûta peu d'adoucir les traits de la scène qu'il avait d'abord mis tant de soins à exagérer. Il représenta à ses collègues du Conseil Privé la nécessité d'user de mesures conciliatrices envers des jeunes gens dont le sang et le caractère étaient aussi bouillants que leur expérience de la vie était bornée. Il n'hésita pas à jeter un certain blâme sur la conduite de l'officier, comme ayant été irritante sans nécessité.

Tel était le contenu de ses dépêches publiques. Les lettres qu'il écrivit à ceux de ses amis particuliers à l'examen desquels l'affaire devait probablement être remise, étaient d'une teneur encore plus favorable. Il faisait valoir que dans ce cas la douceur serait à la fois politique et populaire, attendu que le respect éminent que l'on porte en Écosse aux rites funéraires ferait voir d'un fort mauvais œil toute mesure de sévérité dont serait frappé le Maître de Ravenswood, pour avoir protégé les obsèques de son père contre ceux qui les voulaient interrompre. Et finalement, prenant le langage d'une noble générosité, il demandait comme une faveur personnelle que l'on glissât sur cette affaire sans y donner une attention sévère. Il faisait une allusion délicate à la situation dans laquelle il se trouvait à l'égard du jeune Ravenswood, après avoir eu le dessus dans le long enchaînement de contestations litigieuses par suite desquelles la fortune de cette noble maison avait été tellement réduite, et il avoua qu'il lui serait particulièrement agréable de pouvoir trouver quelque moyen de contre-balancer en quelque sorte le mal qu'il avait occasionné à la famille, bien que ce n'eût été que par la poursuite de droits justes et légitimes. Il demandait donc, en son nom privé et personnel, que l'affaire n'eût pas d'autres suites, et insinuait le désir qu'on lui laissât le mérite de les avoir lui-même arrêtées par son rapport favorable et son intercession. Il est à remarquer que, contre son habitude constante, il ne fit pas de communication spéciale à lady Ashton au sujet du tumulte, et que bien qu'il l'eût informée de l'alarme qu'un taureau sauvage avait fait éprouver à Lucy, il ne lui donna cependant pas de détails circonstanciés sur un incident si terrible, et auquel une mère devait prendre tant d'intérêt.

Ce fut une grande surprise parmi les amis politiques et les collègues de sir William Ashton, à la réception de lettres d'une teneur si peu attendue. En les comparant ensemble, l'un sourit, l'autre releva les sourcils, un troisième indiqua par un signe de tête qu'il partageait l'étonnement général, un autre demanda s'ils étaient sûrs que ce fussent bien là *toutes* les lettres que le lord garde des sceaux avait écrites à ce sujet. — J'ai étrangement l'idée, mylords, que pas une de celles-ci ne contient le nœud de l'affaire.

Mais aucune lettre secrète d'une nature contraire n'avait été reçue;

bien que la question parût impliquer la possibilité de leur existence.

— Bon, dit un vieux conseiller à cheveux gris, qui avait su, par l'habileté de sa manœuvre, se maintenir toujours au gouvernail durant tous les changements de marche imprimés au vaisseau de l'État depuis trente ans. Je pensais que sir William aurait justifié le vieil adage écossais qui dit : Aussitôt vient la peau de l'agneau au marché que celle du vieux bélier.

— Nous devons le servir comme il l'entend, dit un autre, quoique ce soit d'une façon à laquelle nous ne nous attendions guère.

— Il faut laisser un entêté faire à sa guise, répliqua le vieux conseiller.

— Le garde des sceaux s'en repentira avant un an et un jour, dit un troisième. Le maître de Ravenswood est homme à lui donner du fil à retordre.

— Eh ! que voudriez-vous faire, mylords, de ce pauvre jeune homme? dit un noble marquis présent. Le lord garde des sceaux possède tous ses biens ; — il ne lui reste plus, comme on dit, une croix [1] pour chasser le diable.

Sur quoi le vieux lord Turntippet [2] repartit :

« S'il n'a pas de biens pour l'amende,
Pour la question il a des jambes ; »

c'était ainsi que nous procédions avant la révolution. *Luitur cum personâ, qui luere non potest cum crumenâ* [3]. — Eh, mylords ! c'est du bon latin de palais ?

— Je ne vois pas le motif que peut avoir aucun des nobles lords pour pousser cette affaire plus loin, reprit le marquis ; laissons au lord garde des sceaux la faculté d'en faire ce que bon lui plaira.

— Agréé, agréé ; — renvoyé au lord garde des sceaux, à qui nous adjoindrons quelque autre conseiller, par égard pour l'usage : — lord Hirplehooly [4], qui est alité ; — la majorité est acquise. — Greffier, insérez la décision au procès-verbal. — Et maintenant, mylords, nous avons à disposer de l'amende de ce jeune dissipateur, le laird de Bucklaw : — je suppose qu'elle reviendra au lord trésorier ?

— Honte soit donc sur mon sac à farine, s'écria lord Turntippet, où votre main est toujours fourrée [5] ! J'avais arrêté qu'il m'en reviendrait une bouchée.

— Pour employer un de vos dictons favoris, mylord, repartit le marquis, vous êtes comme le chien du meunier qui se lèche les lèvres

---

[1] La monnaie d'Écosse portait une croix pour effigie. (L. V.)
[2] Tourne-écharpe. Emblème de ceux qui portent les couleurs de tous les partis. (L. V.)
[3] Qu'il paie de sa personne, celui qui ne peut payer de sa bourse.
[4] Lord Clopinant. (L. V.)
[5] Nous traduisons littéralement le proverbe mis dans la bouche du conseiller. (L. V.)

avant que le sac ne soit délié; — l'amende n'est pas encore prononcée.

— Mais il n'en coûte que deux traits de plume, dit lord Turntippet; et sûrement il n'est pas un des nobles lords qui osera dire que moi, qui depuis trente ans me suis plié à toutes les volontés, qui ai prêté toutes sortes de serments, abjuré tout ce qui était à abjurer, et juré tout ce qui était à jurer; moi qui suis resté attaché à mes fonctions et à mon devoir envers l'État à travers vents et marées, je ne doive pas avoir, de temps à autre, quelque chose pour me rafraîchir la bouche après une besogne si altérante. Eh?

— Ce serait, en effet, très-déraisonnable, mylord, répliqua le marquis, si nous avions pensé que la soif de Votre Seigneurie fût de celles qu'on peut éteindre, ou que nous nous fussions aperçus qu'il vous était resté au gosier quelque chose qui eût besoin qu'on le fît descendre.

Mais il est temps de tirer le rideau sur la séance du Conseil Privé de cette époque.

CHAPITRE VI.

> Est-ce donc pour entendre un conte ridicule que tous ces guerriers sont venus ici ? et de sottes larmes commanderont-elles à nos bras accoutumés à donner la mort ?
> HENRY MACKENZIE.

Dans la soirée du jour où le lord garde des sceaux et sa fille furent sauvés d'un péril si imminent, deux étrangers étaient assis dans la chambre la plus retirée d'une petite auberge, ou plutôt d'un obscur cabaret ayant pour enseigne *A la Tanière du Renard*, à trois ou quatre milles à peu près du château de Ravenswood, et à pareille distance de la tour délabrée de Wolf's Crag, c'est-à-dire à mi-chemin de l'une à l'autre de ces deux places.

Un de ces étrangers était un homme d'environ quarante ans, grand, efflanqué, le nez aquilin, les yeux noirs, le regard perçant, l'air rusé, la physionomie sinistre. L'autre était bien de quinze ans plus jeune, petit, robuste, le teint vermeil et les cheveux rouges. Un air d'indépendance insouciante et d'intrépidité donnait du feu et de l'expression à son œil ouvert, plein de résolution et de jovialité, malgré sa nuance gris-pâle. Une mesure de vin (car à cette époque on le tirait immédiatement de la barrique dans des pots d'étain) était placée sur la table, et chacun d'eux avait devant lui son *quaigh* ou gobelet [1]. Mais il y avait là peu d'apparence de cordialité. Les bras croisés, l'air inquiet et impatient, ils se regardaient l'un l'autre en silence, chacun d'eux absorbé dans ses propres pensées, et ne les communiquant pas à son voisin.

Enfin, le plus jeune rompit le silence en s'écriant : Qui diable peut retenir le Maître si longtemps? Il faut qu'il n'ait pas réussi dans son entreprise. — Pourquoi m'avez-vous détourné d'aller avec lui?

— C'est assez d'un homme pour venger sa propre injure, dit le plus grand et le plus âgé des deux personnages; nous risquons notre vie pour lui en venant jusqu'ici dans un tel dessein.

— Après tout, vous n'êtes qu'un poltron, Craigengelt [2], et c'est ce que bien des gens pensent de vous depuis longtemps.

---

[1] *Bicker.* C'est un gobelet de dimensions variables, fait de douves reliées ensemble. Le *quaigh* ou *bicker* servait principalement à boire du vin ou de l'eau-de-vie; il pouvait communément tenir environ un *gill* (roquille ou *petit pot*), et il était souvent fait de bois rare, curieusement garni d'ornements d'argent. (W. S.)

[2] Cou-de-Babouin.

— Mais c'est ce que personne n'a osé me dire, repartit Craigengelt en portant la main à la garde de sa rapière ; et n'était-ce que je ne fais pas plus de cas d'un étourdi que d'un fou, je...

Il s'arrêta pour attendre la réponse de son compagnon.

— Que *feriez-vous?* dit l'autre froidement ; et pourquoi donc ne le faites-vous pas?

Craigengelt fit sortir un ou deux pouces de sa lame hors du fourreau, et l'y repoussa avec violence. — Parce que, dit-il, il s'agit d'un meilleur enjeu que la vie de vingt étourneaux écervelés comme vous.

— Cette fois vous avez raison, répliqua l'autre ; car si ce n'était que j'ai été laissé tout à fait sans toit et sans foyer par ces forfaitures et par la dernière amende à laquelle le vieux Turntippet tend sa bouche baveuse, et que je puis dire être maintenant prononcée, je serais un véritable étourneau, et un imbécile par-dessus le marché, de me fier à vos belles promesses de m'obtenir une commission dans la brigade irlandaise. — Qu'ai-je à faire avec la brigade irlandaise? — Je suis un simple Écossais, comme l'était mon père ; et ma grand'tante, lady Girnington, ne peut pas vivre éternellement.

— C'est vrai, Bucklaw ; mais elle peut vivre encore longtemps ; et quant à votre père, il avait des terres et des rentes, se gardait des prêteurs sur gage et des usuriers, payait à chacun son dû, et vivait du sien.

— Et à qui la faute si je n'ai pas fait de même? — à qui, sinon au diable et à vous, et à ceux qui vous ressemblent, qui m'ont fait voir la fin d'un beau domaine? Et maintenant, je vais être, je suppose, obligé de m'intriguer comme vous pour trouver des ressources ; de vivre une semaine sur une ligne d'avis secret reçu de Saint-Germain [1] ; une autre, sur la nouvelle d'un soulèvement dans les Highlands ; — d'obtenir mon déjeuner et mon verre de canarie du matin de vieilles jacobites, et de leur donner des boucles de ma vieille perruque pour des cheveux du Chevalier ; — de servir de second à mon ami dans sa querelle jusqu'à ce qu'on soit sur le terrain, et alors de lui fausser compagnie de peur que la vie d'un agent politique d'une telle importance ne soit compromise. Il me faudra faire tout cela pour du pain, et pour m'appeler capitaine!

— Vous croyez faire maintenant un beau discours, et montrer beaucoup d'esprit à mes dépens. Mourir de faim ou être pendu, cela vaut-il mieux que la vie que je suis obligé de mener, parce que la fortune actuelle du roi ne peut suffire à soutenir ses envoyés?

— Mourir de faim est plus honnête, Craigengelt, et être pendu sera probablement la fin de tout ceci. — Mais je ne vois pas ce que vous voulez faire de ce pauvre diable de Ravenswood. — Il ne lui reste pas

---

[1] Où Louis XIV avait, comme on sait, donné asile au dernier Stuart, Jacques II.
(L. V.)

plus d'argent qu'à moi ; — toutes ses terres sont hypothéquées et engagées, et les revenus ne suffisent pas à alimenter les intérêts : qu'espérez-vous donc en vous mêlant de ses affaires?

— Ne vous embarrassez pas, Bucklaw ; je connais mon affaire. Outre que son nom et les services de son père, en 1689, feront qu'une telle acquisition sonnera bien tant à Versailles qu'à Saint-Germain, vous voudrez bien remarquer que le Maître de Ravenswood est un camarade d'une tout autre trempe que vous. Il a de l'esprit et de l'adresse aussi bien que du courage et des talents ; et, sur le continent, il se présentera comme un jeune homme de tête et de cœur, qui sait quelque chose de plus que faire courir un cheval ou lancer un faucon. Depuis quelque temps j'ai perdu de mon crédit, en n'envoyant là-bas personne qui ait assez de sens pour être bon à autre chose qu'à forcer un cerf ou rappeler un gerfaut. Le Maître a de l'éducation, du bon sens et de la pénétration.

— Et pourtant il n'est pas assez fin pour échapper aux piéges d'un voleur d'hommes [1], Craigengelt? Pas de colère ; vous savez bien que vous ne vous battrez pas ; ainsi, il est tout aussi bien de laisser en paix la poignée de votre rapière, et de me dire tranquillement comment vous avez gagné la confiance du Maître?

— En caressant son amour de vengeance, Bucklaw. Il s'est toujours méfié de moi ; mais j'ai pris mon temps, et j'ai battu le fer quand il était chauffé au rouge par le sentiment de l'insulte et de l'outrage. Il est maintenant allé s'expliquer, comme il dit, et peut-être comme il le pense, avec sir William Ashton. Je dis que s'ils se rencontrent, et que le légiste le pousse à bout, le Maître le tuera ; car il avait dans le regard cette étincelle qui ne vous trompe jamais quand vous voulez pénétrer le dessein d'un homme. En tout cas, il lui donnera une telle alerte, qu'on la regardera comme une attaque contre un conseiller privé, de sorte qu'il y aura rupture complète entre lui et le gouvernement ; l'Écosse sera trop chaude pour lui, il sera gagné à la France, et nous ferons tous voile ensemble dans le brick français l'Espoir, qui nous attend en vue d'Eyemouth.

— A la bonne heure. Il ne reste pas grand'chose en Écosse dont je me soucie ; et si, en emmenant le Maître avec nous, nous nous ménageons une meilleure réception en France, hé bien, qu'il vienne, au nom du Ciel! Je crains que notre propre mérite ne nous procure qu'un maigre avancement, et j'espère qu'avant de nous rejoindre, il aura logé une balle dans la cervelle du garde des sceaux. On devrait en faire autant chaque année d'un couple de ces faquins d'hommes d'État, rien que pour apprendre aux autres à se bien conduire.

[1] Le texte emploie l'expression de *kidnapper*, qui désigne spécialement ceux qui font métier d'enlever et de voler les enfants. (L. V.)

— C'est très-vrai ; et cela me fait souvenir qu'il faut que j'aille voir si nos chevaux ont leur provende pour être tout prêts ; car si pareille chose arrive, il ne faudra pas que l'herbe ait le temps de croître sous leurs pieds.

Il s'avança alors jusqu'à la porte ; et là se retournant d'un air préoccupé, il dit à Bucklaw : — Quoi qu'il arrive de cette affaire, je suis certain que vous me rendrez la justice de vous souvenir que je n'ai rien dit au Maître qui puisse impliquer mon adhésion à aucun acte de violence qu'il pourrait lui venir en tête de commettre.

— Non, non, répondit Bucklaw, pas un seul mot qui ressemble à une adhésion. Vous connaissez trop bien le risque attaché à ces deux terribles mots : fauteur et complice.

Puis, comme se parlant à lui-même, il se mit à déclamer deux vers, dont le sens était :

« Le cadran ne parla pas, mais il fit un signe muet, et l'aiguille désigna le coup du meurtre. »

— Qu'avez-vous à vous parler à vous-même ? dit Craigengelt en se retournant avec une expression d'inquiétude.

— Rien ; — seulement deux vers que j'ai entendus sur le théâtre.

— Bucklaw, reprit Craigengelt, j'ai quelquefois pensé que vous-même auriez dû vous faire comédien ; il n'y a en vous que caprice et folie.

— Je l'ai souvent pensé aussi. Je crois que c'eût été moins dangereux que de m'associer à vous dans la fatale conspiration. — Mais allez vous occuper de votre rôle, et voir après les chevaux comme un palefrenier que vous êtes. — Acteur ! — comédien ! se répéta-t-il ; cela eût mérité un coup de dague, si ce Craigengelt était moins lâche. — Et pourtant c'est une profession que j'aimerais assez. — Un instant, — voyons ; — oui, — je voudrais débuter dans Alexandre [1] :

« Ainsi je sors du tombeau pour sauver ce que j'aime ; tirez tous l'épée, et suivez-moi avec la promptitude de l'éclair ! Quand je m'élance en avant, qui oserait rester en arrière ? C'est l'amour qui commande, et la gloire qui nous montre la route. »

Au moment où d'une voix tonnante, et la main sur la garde de son épée, Bucklaw déclamait l'extravagante tirade du pauvre Lee, Craigengelt rentra, la physionomie renversée.

— Nous sommes perdus, Bucklaw ! s'écria-t-il ; le cheval de main de Ravenswood s'est enchevêtré dans son licou à l'écurie, et il boite horriblement ; — sa haquenée sera sur les dents après la besogne de la journée, et voilà qu'il n'a pas de cheval frais ! Il ne s'en tirera jamais !

[1] Tragédie de Nathaniel Lee et de Dryden. (L. V.)

— Parbleu ! il ne s'agit plus cette fois de la promptitude de l'éclair, dit sèchement Bucklaw. Mais attendez : vous pouvez lui donner le vôtre.

— Quoi ! et me faire prendre moi-même ? Merci de la proposition.

— Hé ! s'il était arrivé malheur au lord-garde, ce que pour ma part je ne puis supposer, car le Maître n'est pas homme à tirer sur un vieillard sans armes ; — mais enfin, *s'il* y avait eu une esclandre au château, vous n'êtes ni fauteur ni complice, vous savez ; ainsi vous n'avez rien à craindre.

— C'est vrai, c'est vrai, répliqua l'autre avec embarras ; mais songez à ma mission de la cour de Saint-Germain.

— Que bien des gens pensent être une mission de votre propre fabrique, noble capitaine. — Hé bien, si vous ne lui donnez pas votre cheval, du diable s'il n'a pas le mien.

— Le vôtre ?

— Oui, le mien ; il ne sera jamais dit que j'aurai consenti à soutenir un gentleman dans une petite affaire d'honneur, et que je ne l'aurai aidé ni pendant ni après.

— Vous lui donnerez votre cheval ! et avez-vous pensé à la perte ?

— La perte ! Ma foi, Gris Gilbert me coûte vingt jacobus, c'est vrai; mais sa haquenée vaut bien quelque chose; et puis, son Black Moor [1] vaudrait le double du mien s'il était ingambe, et je sais comment le remettre sur pied. Prenez un jeune chien gras à la mamelle, enlevez-lui la peau et les entrailles, remplissez-lui le corps de limaçons noirs et gris, faites-le rôtir pendant un temps raisonnable, en l'arrosant d'huile d'aspic, de safran, de cannelle et de miel, puis oignez avec le jus qui en sortira, et...

— Oui, Bucklaw ; mais en attendant, avant que l'entorse ne soit guérie, avant même que le chien ne soit rôti, vous serez pris et pendu. Comptez-y, Ravenswood sera serré de près. Je voudrais que nous eussions assigné notre rendez-vous moins loin de la côte.

— Ma foi, alors, le mieux que j'ai à faire est de partir maintenant et de lui laisser mon cheval. — Un moment, un moment ! le voici qui arrive. J'entends les pas d'un cheval.

— Êtes-vous sûr qu'il n'y en a qu'un ? Je crains qu'il ne soit poursuivi ; il me semble que j'entends à la fois trois ou quatre galops. — Je suis sûr d'entendre plus d'un cheval.

— Allons donc ! c'est le bruit des patins de la fille de la maison qui s'en va au puits. Sur ma parole, capitaine, vous devriez renoncer du même coup à votre capitainerie et à votre service secret, car vous

---

[1] Le Maure Noir.

vous laissez épouvanter aussi aisément qu'une oie sauvage. Mais voici le Maître seul, l'air aussi sombre qu'une nuit de novembre.

Le Maître de Ravenswood entra en effet dans la chambre, enveloppé dans son manteau, les bras croisés, le regard à la fois sombre et abattu. En entrant, il jeta son manteau loin de lui, se laissa lui-même tomber sur une chaise, et parut livré à une profonde rêverie.

— Qu'est-il arrivé? Qu'avez-vous fait? demandèrent à la hâte et en même temps Craigengelt et Bucklaw.

— Rien! telle fut la réponse brève et bourrue.

— Rien? après nous avoir quittés bien résolu à demander compte au vieux coquin de tous les outrages que vous, nous et le pays avons reçus de lui! L'avez-vous vu?

— Je l'ai vu.

— Vous l'avez vu? et vous revenez sans avoir réglé un compte qui est dû depuis si longtemps? dit Bucklaw. Je n'aurais pas attendu cela du Maître de Ravenswood.

— Peu importe ce que vous auriez attendu; ce n'est pas à vous, monsieur, que je serais disposé à rendre aucun compte de ma conduite.

— Patience, Bucklaw, dit Craigengelt, interrompant son compagnon, qui semblait prêt à répondre avec aigreur. Le Maître aura été arrêté dans son dessein par quelque accident; mais il doit excuser l'inquiète curiosité d'amis aussi dévoués à sa cause que nous le sommes vous et moi.

— Des amis, capitaine Craigengelt! répliqua Ravenswood avec hauteur; j'ignore quelle familiarité a existé entre nous pour vous mettre en droit d'employer une telle expression. Je crois que notre amitié se borne à ceci, que nous sommes convenus de quitter l'Écosse ensemble dès que j'aurai visité la maison où demeurèrent mes ancêtres, et que j'aurai eu une entrevue, je ne dirai pas avec le propriétaire, mais avec le possesseur actuel.

— C'est très-vrai, Maître, repartit Bucklaw; et comme nous pensions que vous aviez dans l'idée de faire quelque chose qui aurait mis votre cou en péril, Craigie et moi avions eu la courtoisie de retarder de concert notre départ pour vous attendre, bien que les nôtres pussent aussi par là courir quelque risque. Quant à Craigie, il est bien vrai que cela n'eût pas eu une grande importance, car la potence est imprimée sur son front depuis l'heure de sa naissance; mais moi, je n'aimerais pas à déshonorer mon parentage en venant à une telle fin pour la cause d'un autre.

— Messieurs, reprit le Maître de Ravenswood, je serais fâché de vous avoir occasionné quelque embarras; mais je dois réclamer le droit de juger ce qui me convient le mieux pour moi-même, sans avoir d'explication à donner à personne. J'ai changé d'idée, et n'ai pas dessein de quitter encore le pays.

— Ne pas quitter le pays, Maître! s'écria Craigengelt; en rester là, après toutes les peines que je me suis données et toutes les dépenses que j'ai faites, après tous les risques que j'ai courus si on m'avait découvert, après les avances qu'il a fallu faire pour votre passage à bord et le retard causé au navire!

— Monsieur, répliqua le Maître de Ravenswood, quand je pris le parti de quitter ce pays si précipitamment, j'acceptai votre offre obligeante de me procurer des moyens de transport; mais je ne sache pas m'être engagé à partir, si je venais à changer d'idée. Je regrette les embarras que vous avez eus à cause de moi, et je vous en remercie; quant à vos dépenses, ajouta-t-il en mettant la main à sa poche, cela demande une compensation plus solide. — Les frais de passage et de retard sont des choses auxquelles je m'entends peu, capitaine Craigengelt; mais prenez ma bourse, et payez-vous vous-même selon votre propre conscience. Et en même temps il tendit au soi-disant capitaine une bourse où se trouvait un peu d'or.

Mais ici Bucklaw s'interposa à son tour. — Craigie, dit-il, les doigts vous démangent, à ce qu'il me semble, de prendre cette bourse de filet vert; mais je jure Dieu que s'ils en approchent, je les abats d'un coup de ma rapière. Puisque le Maître a changé d'idée, je pense que nous n'avons pas besoin de rester ici plus longtemps; mais d'abord je vous demande la permission de lui dire...

— Dites-lui tout ce que vous voudrez, interrompit Craigengelt, pourvu qu'auparavant vous me laissiez lui montrer les inconvénients auxquels il s'expose en quittant notre compagnie, lui rappeler les obstacles qui s'opposent à ce qu'il reste ici, et le faire souvenir des difficultés d'être convenablement introduit à Versailles et à Saint-Germain sans l'appui de ceux qui y ont établi d'utiles liaisons.

— Outre qu'il y perdra au moins l'amitié d'un homme de courage et d'honneur, ajouta Bucklaw.

— Messieurs, dit Ravenswood, permettez-moi de vous assurer encore une fois que vous avez bien voulu attacher à notre liaison momentanée plus d'importance que mon intention n'a jamais été de lui en donner. Quand j'irai dans les cours étrangères, je n'aurai pas besoin de l'introduction d'un aventurier intrigant; et j'attache fort peu de prix à l'amitié d'un bretteur à tête chaude.

A ces mots, et sans attendre de réponse, il quitta la chambre, remonta à cheval, et bientôt on l'entendit s'éloigner de l'auberge.

— Morbleu! s'écria le capitaine Craigengelt, voilà ma recrue perdue.

— Oui, capitaine, dit Bucklaw, le saumon est parti avec l'hameçon et la ligne. Mais je vais aller après lui, car j'ai eu de son insolence plus que je n'en peux digérer.

Craigengelt offrit de l'accompagner; mais Bucklaw répondit : Non,

non, capitaine, gardez le coin de la cheminée jusqu'à mon retour; est bon de dormir dans une peau non trouée [1].

La bonne femme, au coin du feu,
S'inquiète peu d'où le vent souffle. »

Et tout en chantant, il quitta la salle.

[1] Proverbe écossais. (L. V.)

CHAPITRE VII.

> Allons, Billy Bervick, aie bon courage, et laisse-moi te dire deux mots ; mais si tu es un homme, comme je suis sûr que tu l'es, viens de l'autre côté de la chaussée te battre avec moi. *Vieille Ballade.*

L'ACCIDENT arrivé au cheval de main du Maître de Ravenswood l'avait obligé de monter de nouveau la haquenée d'amble qui venait de l'amener, et pour la ménager il s'éloignait au pas de *la Tanière du Renard* dans la direction de sa vieille tour de Wolf's Crag, lorsqu'il entendit derrière lui le galop d'un cheval, et, en se retournant, s'aperçut qu'il était poursuivi par le jeune Bucklaw, lequel avait été retardé de quelques minutes par l'irrésistible tentation de donner au garçon d'écurie de *la Tanière* une recette pour le traitement des chevaux boiteux. Il avait ensuite pris le grand galop pour regagner ce court délai, et il rejoignait en ce moment le Maître dans un endroit où la route traversait une lande aride. — Arrêtez, monsieur ! cria Bucklaw ; je ne suis pas un agent politique, — je ne suis pas le capitaine Craigengelt, dont la vie est trop importante pour être hasardée dans la défense de son honneur. Je suis Frank Hayston de Bucklaw, et personne ne m'injurie en paroles ou en actions, du geste ou du regard, qu'il ne doive m'en rendre raison.

— Tout cela est fort bien, M. Hayston de Bucklaw, répondit le Maître de Ravenswood du ton le plus calme et le plus indifférent ; mais je n'ai pas de querelle avec vous et ne désire pas en avoir. Les routes de nos demeures, aussi bien que celles que nous parcourons dans la vie, suivent des directions différentes ; nous n'avons pas à nous rencontrer.

— Croyez-vous ? s'écria impétueusement Bucklaw. Par le Ciel ! je dis que si, pourtant ; — vous nous avez appelés aventuriers intrigants.

— Soyez exact dans vos souvenirs, M. Hayston ; c'est à votre compagnon seulement que j'ai appliqué cette épithète, et vous savez qu'il n'est pas autre chose.

— Et qu'importe ? Il était mon compagnon dans le moment, et personne n'insultera mon compagnon, à tort ou à raison, tant qu'il sera dans ma compagnie.

— En ce cas, M. Hayston, répliqua Ravenswood avec le même calme, vous devriez mieux choisir votre société, ou probablement vous aurez fort à faire en votre qualité de champion de ceux que vous fréquenterez. Allez chez vous faire un somme, monsieur, et demain matin, si vous vous fâchez, ce sera plus à propos.

— Non pas, Maître; vous ne connaissez pas votre homme. De grands airs et de beaux adages ne termineront pas ainsi l'affaire. D'ailleurs, vous m'avez appelé bretteur, et vous rétracterez le mot avant que nous nous séparions.

— Ce sera, ma foi, difficile, à moins que vous ne me donniez de meilleures raisons que vous ne le faites en ce moment, pour que je puisse croire que je m'étais trompé.

— Hé bien donc, Maître, quoique je serais fâché d'en venir aux extrémités avec un homme de votre condition, si vous ne justifiez pas votre expression incivile, ou que vous ne la rétractiez pas, ou que vous ne me désigniez pas un rendez-vous, vous aurez à entendre ici de dures paroles et à recevoir le châtiment que vous vous serez attiré.

— Ni l'un ni l'autre ne sera nécessaire; il me suffit d'avoir fait mon possible pour éviter une affaire avec vous. Si vous parlez sérieusement, cet endroit sera tout aussi bon qu'un autre.

— Pied à terre, donc, et dégaînez! s'écria Bucklaw en donnant l'exemple. Je vous ai toujours regardé et cité comme un gentilhomme; j'aurais été fâché d'avoir à me dédire.

— Vous n'en aurez pas de raison, monsieur, dit Ravenswood en descendant de cheval et en se mettant en attitude de défense.

Leurs épées se croisèrent, et le combat commença avec emportement de la part de Bucklaw, qui, outre une grande habitude de ces sortes d'affaires, maniait son arme avec une adresse et une dextérité remarquables. Dans l'occasion actuelle, cependant, il ne sut pas tirer parti de son habileté. La manière froide et méprisante dont le Maître de Ravenswood lui avait longtemps refusé et lui avait à la fin accordé satisfaction l'avait mis entièrement hors de lui, et emporté par la colère, il prit le rôle d'assaillant avec une ardeur inconsidérée. Avec autant d'habileté et beaucoup plus de sang-froid, le Maître se tenait principalement sur la défensive, et même il ne voulut pas profiter d'un ou deux avantages que lui donna la fougue de son adversaire. Enfin, dans une botte désespérée que Bucklaw voulut rendre décisive, le pied lui glissa, et il tomba sur le gazon court qui garnissait la place où ils combattaient.

— Je vous donne la vie, monsieur, dit le Maître de Ravenswood; amendez-la, si vous pouvez.

— Je craindrais que ce ne fût qu'un rapiéçage, dit Bucklaw en se relevant lentement et en ramassant son épée, beaucoup moins déconcerté de l'issue du combat qu'on ne s'y serait attendu d'après l'impétuosité de son caractère. — Je vous remercie de la vie que vous m'accordez, Maître, poursuivit-il. Voici ma main; je ne vous garde rancune ni de ma mauvaise chance, ni de votre supériorité en fait d'escrime.

CHAPITRE VII.

Le Maître le regarda fixement un instant, puis il lui tendit la main.
— Bucklaw, dit-il, vous êtes un brave garçon et je vous ai fait injure. Je vous demande pardon du fond du cœur de l'expression qui vous a offensé; elle avait été prononcée à la hâte et sans réflexion, et je suis convaincu qu'elle était tout à fait mal appliquée.

— En êtes-vous vraiment convaincu, Maître? repartit Bucklaw, dont le visage reprit à la fois l'expression de légèreté insouciante et d'audace qui lui était habituelle. C'est plus que je n'attendais de vous, Maître; car on dit que vous ne rétractez volontiers ni vos opinions, ni votre langage.

— Jamais, lorsqu'ils sont le fruit de la réflexion.

— Alors, vous êtes un peu plus sage que moi; car je commence toujours par donner satisfaction à mon ami, et l'explication après. Si l'un de nous tombe, tous les comptes sont réglés; sinon on n'est jamais si bien disposé pour la paix qu'après la guerre. — Mais qu'est-ce que nous veut ce petit braillard? Plût au Ciel qu'il fût arrivé quelques minutes plus tôt! Et pourtant il fallait en finir dans un moment ou dans l'autre, et peut-être que le mieux était ce qui est arrivé.

Comme il parlait, l'enfant en question approchait, faisant, à coups de bâton, tenir le galop à l'âne sur lequel il était monté, et, semblable à un des héros d'Ossian, « envoyant sa voix devant lui : » — Messieurs! — messieurs, sauvez-vous! car la bonne femme [1] nous envoie vous dire qu'il y a dans sa maison des gens qui ont pris le capitaine Craigengelt, et qui cherchent après M. Bucklaw, et que vous ferez bien de décamper au galop.

— Sur ma foi, c'est très-vrai, mon garçon, dit Bucklaw; voilà une pièce de six pence [2] pour la nouvelle, et j'en donnerais le double à quiconque me dirait quel chemin je dois prendre.

— C'est ce que je vais faire, Bucklaw, dit Ravenswood; venez avec moi à Wolf's Crag. Il y a dans la vieille tour des places où vous pourriez rester caché, quand mille hommes seraient à votre recherche.

— Mais cela vous mettra vous-même dans l'embarras, Maître; et à moins que vous ne soyez déjà fourré dans la pétaudière jacobite, il est tout à fait inutile que je vous y entraîne.

— Nullement; je n'ai rien à craindre.

— En ce cas, je vous accompagne aveuglément; car, à vrai dire, j'ignore où est le rendez-vous où Craigie devait nous conduire ce soir; et je suis sûr que s'il est pris, il dira toute la vérité sur mon compte, et vingt mensonges sur le vôtre, afin de se sauver de la corde.

Ils remontèrent donc à cheval, et partirent de compagnie, ayant soin

---

[1] Nous avons déjà fait remarquer au lecteur que ce titre de bonne femme, *gudewife*, était donné en Écosse aux maîtresses de maison, dans les classes inférieures. (L. V.)

[2] Un demi-shilling, ou environ douze sous. (L. V.)

de se tenir hors des chemins ordinaires, et de suivre les sentiers les moins fréquentés dans les parties les plus sauvages de la lande, quartiers que la chasse leur avait rendus familiers, mais à travers lesquels il eût été fort difficile de les suivre. Ils chevauchèrent quelque temps en silence, avec toute la diligence que permettait l'état du cheval de Ravenswood ; enfin, la nuit s'étant graduellement étendue autour d'eux, ils ralentirent le pas de leurs montures, tant à cause de la difficulté de découvrir leur chemin, que dans l'espérance qu'ils étaient à l'abri de toute poursuite et de tout regard.

— Maintenant que nous avons un peu serré la bride, dit alors Bucklaw, je voudrais bien vous faire une question, Maître.

— Faites, je vous écoute, dit Ravenswood ; mais pardonnez-moi de n'y répondre que si je le juge convenable.

— Hé bien, voici tout simplement ce que c'est : — Qui donc, au nom du vieux Satan, a pu vous mettre un seul moment en tête, à vous qui tenez tant à votre réputation, de vous associer à un coquin tel que ce Craigengelt, et à un gibier d'enfer tel qu'on dit être Bucklaw ?

— Tout simplement parce que j'étais désespéré, et que je cherchais des associés qui ne le fussent pas moins.

— Et qui vous a fait rompre avec nous si vite ?

— C'est que j'ai changé d'idée, et que j'ai renoncé à mon entreprise, du moins quant à présent. Et maintenant que j'ai répondu à vos questions franchement et sans détour, dites-moi qui vous a fait vous associer avec Craigengelt, si fort au-dessous de vous tant par la naissance que par le courage ?

— En simples termes, c'est que je suis un fou qui, dans ces derniers temps, a perdu au jeu tout ce qu'il avait de biens au soleil. Ma grand'tante, lady Girnington, a, je crois, renouvelé son bail ici-bas, et je ne pouvais espérer de gagner quelque chose qu'à un changement de gouvernement. Craigie était une espèce de connaissance de jeu. Il vit ma situation ; et comme le diable est toujours à la piste d'un homme, il me conta cinquante mensonges au sujet des lettres de créance qu'il avait de Versailles, et de son crédit à la cour de Saint-Germain ; puis il me promit un brevet de capitaine à Paris, et j'ai été assez âne pour mettre le pouce dans sa ceinture. J'ose dire qu'à l'heure qu'il est il a fait au gouvernement une douzaine de jolies histoires sur mon compte. Et voilà ce que m'ont valu le vin et les femmes, les dés, les coqs, les chiens et les chevaux.

— Oui, Bucklaw, vous avez en effet nourri dans votre sein les serpents qui maintenant vous rongent.

— Voilà qui est aussi vrai que bien dit, Maître ; mais, avec votre permission, vous avez élevé dans le vôtre un grand et beau serpent qui maintenant a avalé tout le reste, et qui est aussi sûr de vous dévorer que ma demi-douzaine, à moi, l'est de faire un repas de tout ce qui

CHAPITRE VII.

reste à Bucklaw, c'est-à-dire de ce qui se trouve maintenant entre mon bonnet et le talon de ma botte.

— Je ne dois pas trouver à redire à une liberté de paroles dont j'ai donné l'exemple. Quelle est, pour parler sans métaphore, cette passion monstrueuse que vous m'accusez de nourrir?

— La vengeance, mon cher Ravenswood, la vengeance; la vengeance, qui peut bien être un péché aussi comme il faut que le vin et la débauche, avec leurs et cœtera, mais qui n'est pas plus chrétienne et qui est un peu moins pure de sang. Mieux vaut briser une palissade pour se mettre à l'affût d'un daim ou d'une belle, que pour tirer un coup de fusil à un vieillard.

— Je nie cette intention, dit le Maître de Ravenswood. Sur mon âme, je n'avais pas un tel dessein; je ne voulais que confondre l'oppresseur avant de quitter mon pays natal, et lui reprocher sa tyrannie et les conséquences qu'elle a eues. Je lui aurais exposé les maux que je lui dois de manière à ce que son âme n'eût plus connu le repos.

— Oui, et il vous aurait pris au collet en criant au secours, et alors je crois bien que vous lui auriez fait déloger l'âme du corps. Votre air seul et vos manières eussent fait mourir le vieillard de peur.

— Songez à la provocation; — songez à la ruine et à la mort résultats de sa cruauté sans entrailles; — songez à une maison détruite, à un tendre père assassiné! Mais, au temps de notre vieille Écosse, celui qui serait demeuré tranquille après de telles injures aurait été réputé indigne de soutenir un ami et d'affronter un ennemi!

— Hé bien, Maître, je suis ravi de voir que le diable est aussi fin avec les autres qu'avec moi; car chaque fois que je suis sur le point de faire quelque sottise, il me persuade que c'est la chose du monde la plus nécessaire, la plus brave et la plus honorable, et je suis enfoncé dans le bourbier jusqu'à la selle avant de m'apercevoir que le terrain est mou. Et vous, Maître, vous auriez pu devenir meurtr... homicide, rien que par pur respect pour la mémoire de votre père.

— Il y a plus de raison dans votre langage, Bucklaw, qu'on ne s'y serait attendu d'après votre conduite. Il n'est que trop vrai que nos vices s'offrent à nous sous des formes extérieures aussi belles que celles des démons que la superstition représente comme en rapport avec la race humaine, et dont on ne découvre la difformité native qu'après les avoir serrés dans ses bras.

— Mais nous pouvons néanmoins les repousser loin de nous, et c'est ce que je penserai à faire un de ces jours, — c'est-à-dire quand la vieille lady Girnington mourra.

— Avez-vous jamais entendu l'expression du prédicateur anglais : L'enfer est pavé de bonnes intentions? comme pour dire qu'elles sont plus souvent formées qu'exécutées.

— Bien, bien; mais je commencerai dès ce soir, et j'ai résolu de ne plus boire plus d'une quarte de vin, à moins que votre clairet ne soit d'une qualité extraordinaire.

— Vous trouverez peu de tentations à Wolf's Crag. Je ne sais pas ce que je pourrais promettre au delà de l'abri de mon toit ; toute notre provision de vin et de vivres a été épuisée et au delà à la réunion d'hier.

— Puissent de longues années s'écouler avant que des provisions ne soient nécessaires pour le même objet, repartit Bucklaw. Mais vous n'auriez pas dû faire passer jusqu'au dernier flacon à un banquet de funérailles ; ça porte malheur.

— Je crois que le malheur s'attache à tout ce qui m'appartient. Mais nous voici à Wolf's Crag, et tout ce que la tour renferme encore est à votre service.

Le mugissement de la mer leur avait annoncé depuis longtemps qu'ils approchaient des rochers au sommet desquels, comme le nid d'un aigle de mer, le fondateur de la forteresse avait perché son aire. Le disque pâle de la lune, qui jusqu'alors avait lutté avec les nuages rapides qui tour à tour en absorbaient l'éclat, se dégagea en ce moment, et leur permit d'apercevoir la tour solitaire et nue, située sur un rocher en saillie qui dominait l'océan Germanique. De trois côtés le roc était à pic ; du côté qui regardait la terre, l'abord en avait été originairement défendu par un fossé creusé à bras d'hommes et par un pont-levis : mais le dernier était démoli ou en ruines, et le fossé avait été en partie comblé de manière à permettre à un homme à cheval de pénétrer dans l'étroite avant-cour, qu'entouraient de deux côtés des constructions basses et des écuries presque totalement ruinées, et que fermait du côté de l'entrée un mur crénelé peu élevé, le quatrième côté du quadrangle étant occupé par la tour même. Grande, étroite et bâtie en pierres grisâtres, celle-ci se dressait aux rayons de la lune comme le spectre d'un énorme géant enveloppé dans son linceul. Il eût peut-être été difficile d'imaginer une demeure plus sauvage et plus désolée. Le sombre et triste bruit des vagues qui venaient successivement se briser sur les rochers de la plage à une immense profondeur au-dessous de la tour, était à l'oreille ce que le paysage était aux yeux : — un emblème uniforme et monotone de tristesse mêlée d'horreur.

Quoique la nuit ne fût pas fort avancée, nul indice d'être vivant ne se manifestait dans cette demeure abandonnée, si ce n'est qu'une seule des étroites fenêtres garnies de barreaux de fer, qu'on apercevait à des hauteurs et à des distances irrégulières dans les murailles de la Tour, laissait échapper une faible lueur.

— C'est, dit Edgar, la chambre du seul domestique qui reste à la maison de Ravenswood ; et il est heureux qu'il se trouve là, car autrement nous n'aurions guère eu d'espoir d'avoir de la lumière et du feu. Mais suivez-moi avec précaution ; le passage est étroit, et deux chevaux n'y pourraient passer à la fois.

En effet, le sentier longeait une sorte d'isthme dont l'extrémité formait comme une péninsule où était située la tour, montrant ainsi cette recherche exclusive de force et de sécurité qui dictait aux barons écossais, de préférence à toute autre considération, le choix de l'emplacement ainsi que le style d'architecture de leurs constructions.

Grâces aux précautions recommandées par le propriétaire de ce lugubre château-fort, ils arrivèrent sains et saufs dans la cour. Mais il se passa du temps avant qu'on répondît aux coups retentissants dont Ravenswood ébranlait la porte basse qui fermait l'entrée, et à ses appels répétés à Caleb pour qu'il vînt leur ouvrir et les recevoir.

— Il faut que le vieillard soit mort, se prit-il à dire, ou tombé dans un accès de léthargie; car le bruit que j'ai fait aurait réveillé les sept dormeurs.

Enfin une voix timide demanda en hésitant : — Maître... Maître de Ravenswood, est-ce vous?

— Oui, Caleb, c'est moi; ouvre promptement la porte.

— Mais est-ce bien vous en chair et en os? car j'aimerais mieux voir cinquante démons que l'esprit de mon maître, ou même son *double* [1].
— Arrière donc, fussiez-vous dix fois mon maître, à moins que vous ne veniez sous forme humaine, corps et membres.

— C'est moi, vieux fou, répondit Ravenswood; c'est moi sous forme humaine, et en vie, sauf que je suis à demi mort de froid.

La lumière de la fenêtre d'en haut disparut; puis, se remontrant lentement d'ouverture en ouverture, elle annonça que celui qui la portait était en train de descendre avec grande circonspection un escalier tournant pratiqué dans une des tourelles qui ornaient les angles de la vieille tour. La lenteur de sa descente arracha quelques exclamations d'impatience à Ravenswood, et plus d'un juron à son compagnon moins placide et plus emporté. Caleb fit une nouvelle pause avant de débarrer la porte, et s'enquit encore une fois si c'étaient bien des hommes formés de limon qui demandaient à entrer à cette heure de la nuit.

— Si j'étais à vos côtés, vieux fou, cria Bucklaw, je vous donnerais des preuves suffisantes de ma condition corporelle.

— Ouvrez la porte, Caleb, lui dit son maître d'un ton plus conciliant, en partie par égard pour son ancien et fidèle sénéchal, en partie peut-être parce qu'il pensait que des paroles de colère seraient perdues, tant que Caleb aurait entre lui et ses interlocuteurs une forte porte en chêne garnie de verrous et de barres de fer.

Enfin, d'une main tremblante, Caleb souleva les barres et ouvrit la lourde porte, et il parut devant eux. Ses cheveux gris clair-semés, son front dépouillé et ses traits fortement expressifs étaient éclairés

---

[1] *Wraith,* apparition d'une personne vivante dans un autre lieu que celui où elle se trouve en réalité. (L. V.)

par la lueur vacillante de la lampe qu'il tenait d'une main, tandis que de l'autre il en abritait et en protégeait la flamme. Le regard à la fois craintif et respectueux qu'il jeta autour de lui, — l'effet de la lumière sur ses cheveux blancs et ses traits à demi éclairés, auraient pu faire un bon tableau; mais nos voyageurs étaient trop impatients de se voir abrités contre l'orage qui commençait, pour se donner le temps d'étudier le pittoresque. — Est-ce vous, mon cher maître? est-ce bien réellement vous? s'écria le vieux serviteur. Je suis marri que vous ayez attendu à votre propre porte; mais qui est-ce qui aurait pensé vous revoir sitôt, et avec un étranger [1]? — (ici il s'écria, dans une sorte d'*à parte*, et comme s'adressant à quelque habitant de la Tour, d'un ton qu'il ne pensait pas pouvoir être entendu de ceux qui se trouvaient dans la cour:) Mysie! — Mysie! — femme! remuez-vous, au nom du Ciel! et raccommodez un peu le feu; prenez le vieil escabeau à trois jambes, ou n'importe ce qui vous tombera sous la main pour faire une flambée. — Je crains que nous ne soyons un peu au dépourvu, reprit-il en s'adressant à son maître, ne vous attendant pas de quelques mois, et alors asurément vous auriez été reçu conformément à votre rang, comme de juste et de raison; mais néanmoins...

— Néanmoins, Caleb, interrompit le Maître, il faut que nos chevaux soient accommodés, et nous aussi, du mieux que nous pourrons. J'espère que vous n'êtes pas fâché de me revoir plus tôt que vous ne m'attendiez?

— Fâché, mylord! — car, pour sûr, vous serez toujours mylord pour les honnêtes gens, comme vos nobles ancêtres l'ont été ces trois derniers siècles, sans qu'on en demande permission à un whig; — fâché de voir le lord de Ravenswood dans un de ses châteaux! — (Alors, reprenant son allocution à part à son associé invisible): Mysie, tuez la poule couveuse sans y regarder à deux fois; arrive après que pourra! — Ce n'est pas que le château soit notre meilleure habitation, continua-t-il en se tournant vers Bucklaw; c'est seulement une place forte où le lord de Ravenswood peut se réfugier jusqu'à ce que.... c'est-à-dire non pas se *réfugier,* mais se retirer en temps de trouble comme ceux d'aujourd'hui, où il serait mal convenant pour lui de résider plus avant dans le pays, et d'occuper un de ses autres manoirs mieux entretenus et plus importants; quoique pour son antiquité, bien des gens pensent que l'extérieur de Wolf's Crag est digne de beaucoup d'attention.

— Et vous êtes décidé à nous donner tout le temps de l'admirer, dit Ravenswood, qui ne put s'empêcher de sourire des détours qu'employait le vieillard pour les retenir à la porte, jusqu'à ce que son alliée Mysie eût terminé ses préparatifs à l'intérieur.

---

[1] L'auteur a mis dans la bouche du fidèle Caleb un dialecte provincial fortement prononcé; mais on comprend que c'est là un trait de physionomie forcément perdu, au moins en grande partie, dans une traduction. (L. V.)

— Oh! fit Bucklaw, ne vous occupez pas des dehors de la maison, mon bon ami; pourvu que nous voyions le dedans, et nos chevaux l'écurie, c'est tout ce qu'il nous faut.

— Oh! oui, monsieur, — oui, monsieur, — sans aucun doute, monsieur; mylord et chacun de ses honorables compagnons....

— Nos chevaux, mon vieil ami, — nos chevaux! s'écria Bucklaw, ce sont des bêtes perdues s'ils restent ici au froid après la course qu'ils viennent de faire, et le mien est trop bon pour être abîmé. Ainsi donc, encore une fois, occupez-vous de nos chevaux.

— C'est vrai, — oui, — vos chevaux; — oui; — je vais appeler les valets. — Et Caleb se mit à crier de toute la force de ses poumons, jusqu'à en faire retentir la vieille Tour : John!—William!—Saunders! — Les drôles sont sortis ou endormis, reprit-il après un instant de pause, comme s'il eût attendu une réponse qu'il savait bien que nulle voix humaine ne lui pouvait faire. — Tout va de travers quand le maître n'y est pas; mais j'aurai moi-même soin de vos chevaux.

— Je crois, dit Ravenswood, que c'est ce que vous avez de mieux à faire; sans quoi je pense qu'ils courent grand risque de ne pas être soignés du tout.

— Chut! mylord, chut! pour l'amour de Dieu! dit Caleb à part à son maître d'un ton suppliant; si vous n'avez pas égard à votre propre honneur, pensez au mien. Avec tous les mensonges que je pourrai conter, nous aurons encore une assez rude besogne pour que tout se passe décemment ce soir.

— Bien, bien, lui dit son maître; ne vous mettez pas en peine. Allez à l'écurie. Il y a du foin et de l'avoine, j'espère?

— Oui, oui, il ne manque ni de foin ni d'avoine (ceci fut articulé d'un ton haut et assuré; puis il ajouta à demi-voix) : — J'ai trouvé quelques poignées d'avoine et quelques bottes de foin de prairie, qui sont restées après l'enterrement.

— Très-bien, dit Ravenswood en prenant la lampe des mains de son domestique, qui ne l'abandonna qu'à contre-cœur; je montrerai moi-même le chemin à monsieur pour monter les escaliers.

— C'est ce que je ne puis souffrir, mylord; — si vous vouliez seulement patienter pendant huit ou dix minutes, ou tout au plus pendant un quart d'heure, et regarder par ce beau clair de lune la vue que l'on découvre d'ici jusqu'à Bass de Berwick et aux North-Berwick-Law [1], rien que pour me donner le temps d'accommoder les chevaux, je re-

---

[1] *Bass* est une petite île située en avant du havre de North-Berwick, à l'entrée du Frith de Forth; on nomme *North-Berwick-Law*, ou Plaine (littéralement Pays-Bas) de North-Berwick, le pays uni qui s'étend au midi du port de ce nom. Il y a vingt-cinq milles, ou huit lieues, à vol d'oiseau, de Fast-Castle (que l'on croit identique, ainsi qu'on l'a vu dans l'Introduction, avec le château fictif de Wolf's Crag) à North Berwick. (L. V.)

viendrais vous introduire comme Votre Seigneurie et son honorable visiteur doivent être introduits. J'ai renfermé sous clef les chandeliers d'argent, et la lampe n'est pas convenable.

— Ce sera très-bien en attendant, dit Ravenswood; et le manque de lumière ne vous mettra pas en peine dans l'écurie; car, si j'ai bonne mémoire, la moitié du toit est enlevée.

— C'est très-vrai, mylord, répliqua le fidèle serviteur; et avec une grande présence d'esprit il ajouta aussitôt : Et ces paresseux de couvreurs ne sont pas encore venus le réparer, mylord.

— Si j'étais disposé à plaisanter à propos des malheurs de ma maison, dit Ravenswood en précédant Bucklaw dans l'escalier, le vieux Caleb m'en fournirait ample occasion. Sa passion est de représenter toutes les parties de notre misérable *ménage*[1] non comme elles sont, mais comme, dans son opinion, elles devraient être. Et pour dire la vérité, je me suis souvent diverti des expédients du pauvre diable pour suppléer à ce qu'il pensait être essentiel à l'honneur de la famille, et de ses excuses, encore plus ingénieuses, pour l'absence des objets que toute son adresse ne pouvait parvenir à remplacer. Mais, quoique la Tour ne soit pas des plus grandes, j'aurai quelque peine à trouver sans lui la chambre où il y a du feu.

En parlant ainsi, il ouvrit la porte de la grande salle[2]. — Du moins, dit-il, il n'y a ici ni foyer ni préparatifs.

C'était en effet une scène de désolation. Une vaste pièce voûtée, dont les poutres, disposées comme celles de Westminster-Hall, étaient grossièrement sculptées à leurs extrémités, était à peu de chose près dans l'état où elle avait été laissée après le repas de funérailles d'Allan lord Ravenswood. Des cruches et des jarres renversées, des pots d'étain et des flacons, encombraient encore l'immense table de chêne; les verres, ces ustensiles les plus fragiles des festins, et dont un grand nombre avait été volontairement sacrifié par les convives, dans l'enthousiasme de leurs toasts et de leurs santés favorites, jonchaient de leurs débris les dalles du plancher. Quant à l'argenterie que des amis et des parents avaient prêtée en cette occasion, elle avait été soigneusement reprise, dès que cet étalage de fête et d'ostentation, si peu nécessaire et si déplacé en un tel moment, était devenu inutile. Rien ne restait, en un mot, qui indiquât l'opulence; tout ce qu'on voyait n'annonçait plus que la profusion de la veille et la désolation du moment. Les tentures de drap noir, qui, pour la lugubre cérémonie, avaient remplacé les lambeaux de tapisseries vermoulues, étaient en partie détachées, et pendaient le long des murailles en festons irréguliers, laissant à nu les parois en pierres frustes du bâtiment, que n'avaient unies ni le plâtre ni

---

[1] L'expression est en français dans l'original.
[2] *Hall.*

le ciseau. Les siéges renversés ou en désordre disaient assez quelle insouciante confusion avait clos l'orgie funèbre. — Cette salle, dit Ravenswood en tenant la lampe élevée, cette salle, M. Hayston, a été bruyante alors qu'elle eût dû être triste; c'est un juste retour qu'elle soit triste maintenant qu'elle devrait être animée par la gaîté.

Ils laissèrent cette salle désolée et continuèrent de gravir l'escalier; et après avoir vainement ouvert une ou deux portes, Ravenswood précéda son hôte dans une petite antichambre garnie de nattes, où, à leur grande joie, ils trouvèrent un assez bon feu, que Mysie, grâces à quelque expédient de la nature de ceux qu'avait suggérés Caleb, était parvenue à garnir d'une quantité raisonnable de combustible. Charmé au fond du cœur de trouver là plus de *comfort* que le château n'avait encore paru en offrir, Bucklaw se frottait gaîment les mains devant l'âtre, et écoutait maintenant avec plus de complaisance les excuses que lui présentait le Maître de Ravenswood. — Je ne puis, dit-il, vous procurer des aises que je n'ai pas pour moi-même; il y a longtemps que ces murs n'en ont connu, si jamais ils ont su ce que c'était. Abri et sûreté, voilà, je pense, ce que je vous puis promettre.

— Excellentes choses, Maître, repartit Bucklaw; et avec une bouchée de pain et un verre de vin, c'est positivement tout ce que je puis demander ce soir.

— Je crains que vous ne fassiez un pauvre souper, reprit le Maître; j'entends que l'affaire est en discussion entre Caleb et Mysie. Le pauvre Balderston est quelque peu sourd, parmi ses autres qualités, de sorte que presque tout ce qu'il devrait dire à part est entendu par l'auditoire tout entier, et en particulier par ceux à qui il est le plus jaloux de cacher ses manœuvres secrètes. — Écoutez!

Ils prêtèrent l'oreille, et entendirent la voix du vieux domestique qui tenait avec Mysie la conversation suivante :

— Faites seulement pour le mieux, faites pour le mieux, femme; il est aisé de donner à tout une certaine apparence.

— Mais la vieille poule couveuse? — elle sera aussi coriace que des cordes d'arc ou des bandes de cuir!

— Dites que vous avez fait erreur, Mysie, — dites que vous avez fait erreur, répliqua le fidèle sénéchal à demi-voix et d'un ton insinuant. Prenez cela sur vous; ne laissez pas souffrir l'honneur de la maison.

— Mais la couveuse, reprit Mysie, — ouh! elle sera quelque part sous la table dans la grand'salle, et j'ai peur d'aller là pendant la nuit, à cause du bogle[1]; et quand même je ne verrais pas le bogle, je pourrais bien ne pas plus voir la poule, car il fait noir comme dans une fosse, et il n'y a pas d'autre lumière dans la maison que cette

---

[1] Esprit lutin. (L. V.)

bienheureuse lampe que le Maître a entre les mains. Et quand bien même j'aurais la poule, il faudrait la plumer, et la vider, et l'arranger ; comment est-ce que je peux faire tout ça, pendant qu'ils sont assis devant le seul feu que nous ayons?

— Bien, bien, Mysie ; demeurez là une minute. Je m'en vas essayer de leur retirer adroitement la lampe.

Caleb Balderston entra en effet dans la chambre, ne se doutant guère que son prologue eût pu être entendu de là.

— Hé bien, Caleb, mon vieil ami, y a-t-il quelque chance d'avoir à souper? dit le Maître de Ravenswood.

— Quelque *chance* d'avoir à souper, mylord? répéta Caleb, en appuyant sur les mots avec un dédain marqué pour le doute que la question impliquait ; — comment en douterait-on quand nous sommes dans la maison de Votre Seigneurie? — Quelque chance de souper, vraiment ! — Mais vous ne serez pas pour de la viande de boucherie? Nous sommes riches en volailles grasses, qu'il n'y a qu'à mettre à la broche ou au pot. — Le chapon gras, Mysie ! cria-t-il avec autant d'assurance que si pareille chose eût existé.

— C'est tout à fait inutile, dit Bucklaw, qui se crut obligé, par politesse, de soulager le pauvre sommelier d'une partie de ses inquiétudes ; c'est tout à fait inutile, si vous avez quelque chose de froid, ou un morceau de pain.

— Le meilleur des bannocks¹ ! s'écria Caleb très-soulagé ; et quan. à de la viande froide, tout ce que nous avons est assez froid, — quoique la plus grande partie des viandes froides et des pâtisseries ait été donnée au pauvre monde après l'enterrement, comme de juste et de raison ; néanmoins...

— Allons, Caleb, interrompit le Maître de Ravenswood ; il faut que je coupe court à l'affaire. Monsieur est le jeune laird de Bucklaw. Il est obligé de se cacher ; et en conséquence, vous savez...

— Il ne sera pas plus difficile que Votre Seigneurie, je le garantis, interrompit Caleb à son tour, d'un air épanoui et avec un mouvement de tête d'intelligence ; je suis fâché que monsieur soit dans l'embarras, mais je suis charmé qu'il ne puisse trouver grand'chose à redire à notre intérieur, car je crois que sa situation peut aller de pair avec la nôtre. — Non pas que notre situation soit mauvaise, Dieu merci ! ajouta-t-il en rétractant l'aveu qu'il avait laissé échapper dans le premier élan de sa joie ; mais il n'y a pas de doute que nous ne sommes pas ce que nous avons été, ou ce que nous devrions être. Et quant au souper... à quoi bon faire un mensonge? il y a justement la fin du gigot de mouton qui n'a été mis que trois fois sur table, et le plus près de l'os est le plus délicat, comme Vos Honneurs le savent bien ; et puis...

¹ Sortes de gâteaux d'avoine, ou de petits pains de forme plate. (L. V.

il y a le talon du fromage de brebis, avec un peu d'excellent beurre ; et puis... et puis.... c'est tout sur quoi vous pouvez compter. Et avec une extrême prestesse, il apporta ses maigres provisions, qu'il plaça en grande formalité sur une petite table ronde entre les deux convives, que la modestie du repas, non plus que son peu d'abondance, n'empêchaient pas d'être fort disposés à y faire honneur. En même temps, Caleb mettait à les servir un empressement plein de gravité, comme s'il eût voulu compenser, par son assiduité respectueuse, le manque d'un plus nombreux domestique.

Mais, hélas! combien peu, en de telles occasions, la forme, quelque scrupuleuse ponctualité qu'on y mette, peut suppléer au défaut de provisions substantielles! Bucklaw, qui avait avidement expédié une portion considérable du gigot de mouton trois fois assailli, commença alors à demander de l'ale.

— Je n'oserais pas vous vanter notre ale, dit Caleb ; le malt était mal fait, et il y a eu de terribles coups de tonnerre la semaine dernière. Mais vous aurez rarement vu de l'eau comme celle du puits de la Tour, monsieur Bucklaw ; et c'est ce que je vous engagerai à boire.

— Mais si votre ale est mauvaise, vous pouvez nous avoir un peu de vin, répondit Bucklaw, faisant la grimace à la seule mention du pur élément que recommandait si vivement Caleb.

— Du vin? fit celui-ci sans se déconcerter ; il y a assez de vin. — Il y a seulement deux jours, — malheureux souvenir ! — il s'est bu assez de vin dans cette maison pour mettre à flot une pinasse. Il n'a jamais manqué de vin à Wolf's Crag.

— Allez-vous-en donc chercher un peu, au lieu d'en parler, lui dit son maître. Et Caleb sortit hardiment.

Toutes les barriques vides du vieux cellier furent passées en revue ; il n'en laissa pas une sans la dresser et la secouer, dans l'attente désespérée de recueillir assez de fond de clairet pour emplir la large mesure d'étain dont il s'était muni. Hélas! chaque tonneau n'avait été que trop soigneusement mis à sec ; et avec toutes les manœuvres que lui suggéra son expérience comme sommelier, il ne put recueillir au delà d'environ une demi-quarte qui parût présentable. Mais Caleb était trop bon général pour céder le champ de bataille sans essayer de couvrir sa retraite par un stratagème. Il jeta effrontément à terre un flacon vide, comme s'il eût fait un faux pas au moment d'entrer dans la chambre ; et appelant Mysie pour qu'elle étanchât le vin qui n'avait pas été répandu, il plaça l'autre mesure sur la table, espérant, dit-il, qu'il en resterait encore assez pour Leurs Honneurs. Il y en eut assez, en effet ; car Bucklaw lui-même, ami juré de la grappe, ne fut pas tenté de renouveler sa première attaque sur la vendange de Wolf's Crag, et s'en tint, bien qu'à contre-cœur, à un verre d'eau pure. Des arrangements furent faits ensuite pour son repos ; et comme la chambre secrète fut désignée à cet effet, Caleb trouva là de prime abord une excuse très-plausible pour tout ce qui pouvait manquer en ameublement, en objets de couchage, etc.

— Car, qui est-ce qui aurait pensé, dit-il, qu'on aurait besoin de cette chambre secrète? On ne s'en est pas servi depuis le temps de la conspiration de Gowrie ; et puis, je n'ai jamais osé en laisser connaître l'entrée à une femme, sans quoi Votre Honneur conviendra que ce n'aurait pas été longtemps une chambre secrète.

CHAPITRE VIII.

> Le foyer de la salle était noir et froid ; pas une table n'y était parée de feuillées. Là ni coupe joyeuse, ni lit toujours bienvenu :— Il y a triste chère ici, dit l'héritier de Linne.
>
> *Ancienne Ballade.*

Les sentiments de l'héritier prodigue de Linne, tels qu'ils sont exprimés dans cette excellente ballade du vieux temps, lorsque après avoir dissipé toute sa fortune il se vit habitant délaissé « de la loge solitaire, » ces sentiments pouvaient avoir peut-être quelque analogie avec ceux du Maître de Ravenswood dans son habitation déserte de Wolf's Crag. Le Maître, cependant, avait sur le dissipateur de la légende cet avantage que, s'il se trouvait dans une détresse semblable, il ne pouvait du moins l'imputer à son imprudence. Sa pauvreté lui avait été léguée par son père, et c'était, avec son noble sang et un titre que la courtoisie lui pouvait accorder ou la grossièreté lui refuser à leur gré, tout l'héritage qu'il avait reçu de ses ancêtres.

Peut-être cette réflexion à la fois triste et consolante traversa-t-elle l'esprit du malheureux jeune homme, et rafraîchit-elle son âme d'un souffle bienfaisant. Favorable au calme de la réflexion aussi bien qu'aux muses, le matin, à mesure qu'il dissipait les ombres de la nuit, apaisait en même temps les passions orageuses auxquelles le Maître de Ravenswood avait été en proie le jour précédent. Il se sentit alors en état d'analyser les impressions diverses qui l'avaient agité, et bien décidé à les combattre et à les dompter. L'aube, qui s'était levée calme et radieuse, donnait un aspect agréable même à la lande aride sur laquelle la vue s'étendait du château en portant les yeux vers l'intérieur du pays ; et de l'autre côté le majestueux Océan, dont mille vagues d'argent ridaient la surface légèrement soulevée, étendait son imposante perspective jusqu'aux dernières limites de l'horizon. Le cœur humain, même dans ses plus violentes agitations, sympathise avec de telles scènes d'un calme sublime, et leur majestueuse influence a souvent inspiré des actes d'honneur et de vertu.

Aller trouver Bucklaw dans la retraite qu'il lui avait procurée fut le premier soin du Maître, après avoir accompli, avec une sévérité d'enquête peu commune, la tâche importante de son propre examen de conscience. — Comment vous trouvez-vous, Bucklaw? telle fut sa salutation matinale ; — que dites-vous de la couche sur laquelle le comte d'Angus proscrit dormit autrefois en sûreté, alors qu'il était poursuivi avec toute l'ardeur d'un ressentiment royal?

— Hum ! fit le dormeur à peine éveillé, je n'ai guère à me plaindre d'un logement qu'un si grand homme a occupé avant moi ; seulement le matelas n'est pas des plus tendres, la voûte est quelque peu humide, les rats un peu plus mutins que je ne m'y serais attendu d'après l'état du garde-manger de Caleb ; et s'il y avait eu des volets à cette fenêtre grillée ou un rideau au lit, je serais porté à croire qu'au total on n'en serait pas plus mal.

— Il est sûr que c'est assez nu, dit le Maître en parcourant de l'œil la petite chambre voûtée ; mais si vous voulez vous lever et la quitter, Caleb tâchera de vous trouver un déjeuner meilleur que votre souper d'hier au soir.

— Je vous en prie, qu'il ne soit pas meilleur, repartit Bucklaw en se levant, et tâchant de s'habiller aussi bien que le lui permettait l'obscurité du lieu ; — qu'il ne soit pas meilleur, vous dis-je, si vous voulez que je persévère dans ma réforme projetée. Le souvenir seul du breuvage de Caleb a plus fait pour réprimer ma tentation d'ouvrir la journée par un coup du matin, que n'auraient pu faire vingt sermons. Et vous, Maître, avez-vous été capable de livrer vaillamment une bataille au serpent que vous gardez dans votre sein ? Vous voyez bien que je suis en voie d'étouffer mes vipères une à une.

— J'ai du moins commencé le combat, Bucklaw, et j'ai eu la douce vision d'un ange descendu à mon aide.

— Malheur à moi ! je n'ai pas de vision que je puisse attendre, moi, à moins que ma tante, lady Girnington, ne descende au tombeau ; et alors ce serait la substance de son héritage, plutôt que l'apparition de son fantôme, que je considérerais comme le soutien de mes bonnes résolutions. — Mais ce déjeuner, Maître, — est-ce que le daim dont le pâté doit être fait est encore sur pied, comme dit la ballade ?

— Je vais m'en informer, répondit son hôte ; et, quittant la chambre, il se mit à la recherche de Caleb, qu'avec quelque peine il trouva dans une sorte de donjon obscur, qui avait été jadis l'office du château. Le vieillard y était activement occupé de la tâche difficile de faire briller un flacon d'étain jusqu'à ce qu'il eût pris la teinte et l'apparence d'un vase d'argent. — Je pense que ça pourra aller ; — je pense que ça pourra passer, — pourvu qu'ils ne me l'approchent pas trop du jour de la fenêtre ! Telles étaient les réflexions qu'il se faisait à demi-voix de temps à autre, comme pour s'encourager dans son entreprise, quand il fut interrompu par la voix de son maître. — Prends ceci, lui dit le Maître de Ravenswood, et procure-toi ce qui est nécessaire ici ; et en même temps il tendait au vieux sommelier la bourse qui, la veille, avait échappé de si près aux serres de Craigengelt. Le vieillard secoua sa tête blanchie, et, regardant son maître avec une expression de tristesse qui venait du fond de l'âme, il lui dit d'un ton douloureux, en pesant dans sa main le maigre trésor : — Et c'est là tout ce qui reste ?

— Tout ce qui reste quant à présent, répondit le Maître en affectant plus d'enjouement que peut-être il n'en ressentait ; c'est la bourse verte et un peu d'or, comme dit la vieille chanson ; mais nous ferons mieux un jour, Caleb.

— Avant que ce jour ne vienne, reprit ce dernier, je crains qu'on ne voie la fin d'une vieille chanson, et celle d'un vieux serviteur, par-dessus le marché. Mais ce n'est pas à moi qu'il convient de parler de la sorte à Votre Honneur, surtout quand vous paraissez si pâle. Reprenez la bourse, et gardez-la pour faire un peu de montre devant le monde ; car si Votre Honneur voulait seulement écouter un avis, et la sortir de temps en temps devant les gens, en ayant soin de la resserrer ensuite, il n'y a personne qui nous refuserait crédit, malgré tout ce qui est arrivé et passé.

— Mais, Caleb, je suis toujours dans l'intention de quitter ce pays avant peu, et je veux partir avec la réputation d'un honnête homme, sans laisser après moi de dettes, du moins contractées par moi.

— Comme de juste et de raison, vous devez partir en honnête homme, et c'est ainsi que vous partirez ; car le vieux Caleb peut prendre sur lui le blâme de tout ce qui sera fait pour la maison, et il y en aura le fardeau d'un homme. — Je vivrai tout aussi bien dans la tolbooth [1] que hors de la tolbooth ; et l'honneur de la famille sera sain et sauf.

Le Maître s'efforça vainement de faire comprendre à Caleb qu'assumer sur lui la responsabilité personnelle des dettes de la maison, c'était augmenter plutôt que diminuer sa répugnance à ce qu'on les contractât ; il parlait à un premier ministre trop occupé à imaginer des voies et moyens, pour se mettre en peine de réfuter les arguments élevés contre leur justice ou leur nécessité.

— Il y a Eppie Sma'trash [2] qui nous fera crédit pour de l'ale, se dit Caleb à lui-même ; elle a vécu toute sa vie sous la famille. — Elle nous donnera peut-être bien aussi un peu d'eau-de-vie. — Je ne puis rien dire quant au vin ; — c'est une femme seule, et elle n'achète son clairet qu'un *runlet* à la fois ; — mais j'aurai toujours une goutte de boisson chez elle, de manière ou d'autre. Pour des pigeons, le pigeonnier est là ; — il y aura de la volaille chez les tenanciers, quoique la mère Chirnside dise qu'elle a déjà payé deux fois sa redevance. Nous trouverons moyen, sous le bon plaisir de Votre Honneur, — nous trouverons moyen. — Ayez bon courage ; la maison conservera son honneur, tant que le vieux Caleb sera là.

---

[1] Prison. (L. V.)

[2] Littéralement Eppie Petit-Trafic. (L. V.)

Le traitement que les divers stratagèmes du vieillard le mirent à même d'offrir aux deux jeunes gens, pendant trois ou quatre jours, n'était certainement pas d'une nature splendide ; mais on croira aisément que ceux à qui il était destiné ne se montraient pas juges sévères ; et même les embarras de Caleb, ses excuses, ses ressources et son industrie amusaient ses deux convives, et ajoutaient une sorte d'intérêt à l'irrégularité d'un service qui ne s'alimentait que d'expédients. Il est vrai qu'ils étaient en position de saisir tout ce qui pouvait jeter un peu de vie et de diversité sur le temps, qui s'écoulait du reste bien pesamment.

Bucklaw, à qui ses amusements ordinaires dans les bois et la campagne étaient interdits, ainsi que ses joyeuses parties de débauche, par la nécessité où il était de se tenir caché dans l'enceinte du château, devenait un compagnon aussi triste qu'ennuyé. Quand le Maître de Ravenswood ne voulait plus faire des armes ou jouer au palet avec lui ; — quand lui-même avait brossé, étrillé et bouchonné jusqu'à extinction le poil de son cheval ; — quand il l'avait vu manger sa provende, puis se coucher tranquillement dans sa stalle, il pouvait à peine s'empêcher d'envier la facilité apparente avec laquelle l'animal se soumettait à une vie si monotone. — La stupide brute, se disait-il, ne pense ni au champ de course, ni à la chasse, ni à son enclos bien vert de Bucklaw, et il se trouve aussi bien attaché au râtelier de cette écurie à demi ruinée, que s'il y était né ; au lieu que moi qui ai toute la liberté que peut avoir un prisonnier de rôder par les donjons de cette misérable vieille tour, je puis à peine, tout en sifflant et en dormant, trouver moyen de tuer le temps jusqu'à l'heure du dîner.

Et sur cette réflexion désolante, il montait par des escaliers sinueux jusqu'à la *bartisanne*, ou partie crénelée de la tour, pour guetter de là tout ce qui pouvait se montrer au loin sur la lande, ou pour jeter des cailloux ou des décombres aux mouettes et aux cormorans qui avaient l'imprudence de se venir poser à portée d'un jeune homme désœuvré.

Avec un esprit incomparablement plus étendu et plus sérieux que celui de son compagnon, Ravenswood avait aussi ses sujets d'anxieuses réflexions, qui jetaient en lui la même tristesse que son compagnon devait au seul ennui et au manque d'occupation. La première vue de Lucy Ashton avait fait moins d'impression sur lui que n'en fit son image retracée par le souvenir. A mesure que l'intensité et la violence de cette passion de vengeance qui l'avait poussé à chercher une entrevue avec le père diminuaient par degrés, il regardait sa conduite envers la fille comme aussi dure que déplacée à l'égard d'une femme distinguée à la fois par sa naissance et sa beauté. Ses regards si pleins de reconnaissance, ses paroles empreintes d'une politesse si affectueuse, avaient été repoussées d'un ton qui approchait du dédain ; et la conscience du Maître de Ravenswood lui disait que s'il avait reçu des injures de la part de sir William Ashton, sa fille avait été de la sienne l'objet d'indignes représailles. Quand ses pensées prenaient ce tour, et qu'il se faisait à lui-même des reproches de cette nature, le souvenir des traits si beaux de Lucy Ashton, auxquels les circonstances de leur rencontre donnaient encore un intérêt de plus, faisait sur son esprit une impression à la fois délicieuse et pénible. La douceur de sa voix, la délicatesse de ses expressions, la chaleur de son affection filiale, rendaient plus amer le regret qu'il éprouvait d'avoir repoussé avec rudesse l'expression de sa gratitude, en même temps qu'elles offraient à son imagination le tableau le plus séduisant.

La force même du sentiment moral chez le jeune Ravenswood, et la rectitude de ses intentions, augmentaient encore et le danger de se livrer à ces souvenirs, et sa propension à s'y abandonner. Fermement résolu comme il l'était à dompter, s'il était possible, le défaut dominant de son caractère, il recevait avec empressement — il évoquait même dans son imagination — les idées par lesquelles ce défaut pouvait être combattu avec le plus de succès ; et, dans cette disposition d'esprit, le sentiment de sa conduite inhumaine envers la fille de son ennemi le conduisait naturellement, comme par une sorte de compensation, à la parer de plus de grâce et de beauté que peut-être elle n'en possédait réellement.

Si dans ces moments quelqu'un avait dit au Maître de Ravenswood que peu de jours auparavant il avait voué à sa vengeance la race entière de celui qu'il regardait, non sans raison, comme l'auteur de la ruine et de la mort de son père, il eût pu se faire qu'il repoussât d'abord l'accusation comme une infâme calomnie ; et cependant, en s'examinant de près, il aurait été forcé de reconnaître qu'il avait été un moment où cette accusation était fondée en vérité, bien que d'après l'état actuel de son cœur il fût difficile de croire qu'il en eût été ainsi.

Déjà existaient dans son sein deux passions contradictoires : — le désir de venger la mort de son père, étrangement combiné avec l'admiration pour la fille de son ennemi. Il avait lutté contre le premier de ces deux sentiments, jusqu'à ce qu'il pensât s'en être rendu maître ; il ne cherchait aucun moyen de résister au second, car il n'en soupçonnait pas l'existence. Ce qui le prouve surtout, c'est qu'il en était revenu à sa résolution de quitter l'Écosse. Néanmoins, bien que tel fût son dessein, les jours se succédaient à Wolf's Crag, sans qu'il prît des mesures pour le mettre à exécution. Il est vrai qu'il avait écrit à quelques parents qui résidaient dans une partie éloignée de l'Écosse, et notamment au marquis d'A***, pour leur faire part de son intention ; et quand Bucklaw le pressait à ce sujet, il alléguait habituellement la nécessité d'attendre leur réponse, surtout celle du marquis, avant d'en venir à une mesure si décisive.

Le marquis était riche et puissant ; et bien que suspect de nourrir des sentiments défavorables au gouverneur établi par la Révolution[1], il avait néanmoins l'adresse de rester, dans le Conseil Privé d'Écosse, à la tête d'un parti lié avec la faction épiscopale d'Angleterre, et assez puissant pour menacer d'une exclusion probable du pouvoir ceux à qui adhérait le lord garde des sceaux. Se consulter avec un personnage d'une telle importance était une excuse plausible, que Ravenswood présentait à Bucklaw, et probablement à lui-même, pour justifier sa prolongation de résidence à Wolf's Crag ; et cette excuse acquérait d'autant plus de poids, que le bruit d'une mutation de ministres et d'un changement de mesures dans l'administration écossaise commençait à se répandre généralement. Ces rumeurs, affirmées avec force par les uns, et niées non moins résolument par les autres, selon le parti auquel les attachaient leurs vœux et leurs intérêts, avaient pénétré jusque dans la tour délabrée de Wolf's Crag, principalement par l'intermédiaire de Caleb le sommelier, qui, parmi ses autres qualités, était un politique ardent, et qui faisait rarement une excursion de la vieille forteresse au village attenant de Wolf's Hope, sans rapporter avec lui les nouvelles courantes dans le voisinage.

Mais si Bucklaw ne pouvait élever aucune objection satisfaisante contre le retard du Maître de Ravenswood à quitter l'Écosse, il n'en souffrait pas moins avec impatience l'état d'inaction auquel ce retard le réduisait ; et l'ascendant que son nouveau compagnon avait acquis sur lui put seul le déterminer à se soumettre à un genre de vie si étranger à ses habitudes et à ses inclinations.

— On avait coutume de vous regarder comme un jeune compagnon actif et remuant, Maître, lui disait-il souvent ; et ici vous semblez déterminé à vivre au jour le jour, comme un rat dans un trou, avec cette petite différence que le rat, plus sage, choisit du moins un ermitage où il puisse trouver à se nourrir, au lieu que, pour nous, les excuses de Caleb deviennent plus longues à mesure que son régime devient plus écourté, et que je crains que nous ne réalisions les histoires que l'on raconte du paresseux : — nous avons presque dévoré la dernière feuille verte de l'arbre, et il ne nous reste plus qu'à nous laisser choir du faîte et à nous rompre le cou.

— Ne craignez pas cela, dit Ravenswood ; il est une destinée qui veille pour nous. Nous avons aussi notre enjeu dans la révolution qui se prépare, et qui déjà a jeté l'alarme dans plus d'un esprit.

— Quelle destinée ? — quelle révolution ? Je crois qu'en fait de révolution, nous en avons fait une de trop.

Ravenswood l'interrompit en lui mettant une lettre entre les mains.

— Oho ! dit Bucklaw, voici mon rêve expliqué : — j'avais cru en-

---

[1] La branche hanovrienne, qui avait remplacé les Stuarts. (L. V.)

tendre ce matin Caleb presser je ne sais quel pauvre diable de boire un verre d'eau fraîche, en l'assurant que le matin l'eau était meilleure à l'estomac que l'ale ou l'eau-de-vie.

— C'était le messager de lord d'A***; il a été condamné à faire l'expérience de son ostentation d'hospitalité, qui, je crois, s'est résolue en bière sure et en harengs. — Lisez, et vous verrez quelles nouvelles il nous a apportées.

— C'est ce que je vais faire aussi bien que je pourrai; mais je ne suis pas un grand clerc, non plus que Sa Seigneurie ne semble être le plus habile des scribes.

Le lecteur parcourra en quelques secondes, à l'aide des types de notre ami Ballantyne [1], ce qui prit à Bucklaw une bonne demi-heure, bien qu'aidé par le Maître de Ravenswood. La lettre était de la teneur suivante :

« TRÈS-HONORABLE COUSIN,

« Après nos cordials compliments, ces dépêches sont pour vous assurer de l'intérêt que nous vous portons, et de celui que nous mettrons à seconder votre désir de le voir se réaliser. Si nous avons été moins actif à faire preuve de bonne volonté réelle à votre égard que nous ne l'aurions volontiers désiré, comme affectionné parent et lié à vous par le sang, nous vous prions de l'imputer au manque d'occasions de montrer notre bonne amitié, et non à aucune froideur volontaire. Touchant votre résolution de voyager à l'étranger, en ce moment nous la regardons comme peu convenable, à raison des motifs que ceux qui vous veulent du mal pourront, selon la coutume des gens de cette sorte, imputer à votre voyage; et quoique nous vous sachions et croyions aussi irréprochable que nous-même, néanmoins leurs paroles pourront trouver crédit dans des lieux où la créance qu'on leur donnerait pourrait vous préjudicier beaucoup, ce que nous verrions avec plus de regret et de déplaisir que de moyens d'y remédier.

« Vous ayant ainsi, comme il convient à notre parenté, donné notre humble avis au sujet de votre voyage hors d'Écosse, nous ajouterions volontiers des raisons de poids qui pourraient vous avantager matériellement, vous et la maison de votre père, et en même temps vous déterminer à demeurer à Wolf's Crag jusqu'à ce que cette saison de la moisson soit passée. Mais que dit le proverbe? *verbum sapienti* [2], — un mot est plus pour celui qui a la sagesse qu'un sermon pour un fou. Et quoique nous ayons écrit cette humble missive de notre propre main, et que nous soyons bien assuré de la fidélité de notre messager, comme on peut l'être de la fidélité de celui qui nous est attaché par des liens de

---

[1] Imprimeur des premiers romans de sir Walter Scott à Édimbourg. (L. V.)

[2] Un mot au sage. (L. V.)

plus d'une sorte, néanmoins il n'en est pas moins vrai que sur des chemins glissants il faut marcher avec précaution, et que nous ne pouvons pas risquer sur le papier des choses dont nous serions charmé de vous faire part de vive voix. En conséquence, c'était notre intention de vous prier de tout cœur de venir jusqu'à notre pauvre pays de l'Highland pour y tuer un cerf, et traiter de matières qu'il nous est maintenant plus difficile de vous écrire. Mais l'occasion n'est pas favorable en ce moment pour une telle réunion, que conséquemment nous ajournerons jusqu'au temps où nous pourrons en toute joie raconter ces choses sur lesquelles nous nous taisons quant à présent. En attendant, nous vous prions de nous croire ce que nous voulons toujours être, votre affectionné et bienveillant parent, n'attendant que les temps dont nous apercevons en quelque sorte un obscur horizon, pour nous montrer ce que nous espérons être, aussi utile envers vous que nous avons maintenant le désir de l'être. Dans cet espoir, nous nous disons de tout cœur,

« Très-honorable,
« Votre affectionné cousin.
« A***. »

« Écrit de notre humble maison de B***. » etc.

Cette lettre portait pour suscription : « Pour le très-honorable et notre très-honoré parent le Maître de Ravenswood. — Pour lui être portée en toute hâte, train de poste. — Ne quittez pas l'étrier que cette lettre ne lui soit remise. »

— Que pensez-vous de cette épître, Bucklaw? dit le Maître de Ravenswood quand son compagnon en eut mot à mot déchiffré le sens.

— Je pense, en vérité, que l'intention du marquis est une aussi grande énigme que son écriture. Il a réellement grand besoin de l'*Interprète de l'Esprit*, ou *Manuel épistolaire complet;* et si j'étais de vous, je lui en enverrais un exemplaire par le porteur. Il vous demande très-obligeamment de rester à perdre votre temps et votre argent dans ce stupide pays d'ignominie et d'oppression, sans seulement vous offrir l'appui et l'abri de sa maison. A mon avis, il a quelque plan en vue, dans lequel il suppose que vous pouvez lui être utile, et il désire vous garder sous sa main, pour se servir de vous quand ce plan sera mûr, se réservant la faculté de vous abandonner au courant, si son complot ne venait pas à bien.

— Son complot? — Vous supposez donc qu'il s'agit d'une affaire de haute trahison?

— Que pourrait-ce être, sinon cela? Le marquis a été longtemps soupçonné d'avoir un œil à la cour de Saint-Germain.

— Il ne m'engagerait pas témérairement dans une telle aventure; quand je me rappelle les temps du premier et du second Charles, et ceux du dernier Jacques, je vois en vérité peu de raisons, comme homme ou comme patriote, qui me puissent faire tirer l'épée pour leurs descendants.

— Hum! fit Bucklaw. Ainsi vous vous êtes mis à pleurer sur les chiens à oreilles rases que l'honnête Claver'se a traités comme ils le méritaient[1]?

— Ils appelaient les chiens enragés, et puis, ils les pendaient[2], repartit Ravenswood. J'espère voir le jour où la justice sera ouverte au whig et au tory, et où ces sobriquets ne seront plus en usage que parmi les politiques de café, de même que les épithètes de rosse et de coquine le sont parmi les harengères, comme de vains termes d'un argot de colère et d'animosité.

— Nous ne verrons pas ce jour-là, Maître; — le fer est entré trop avant dans nos flancs et dans nos âmes.

— Ce jour viendra pourtant tôt ou tard; les hommes ne sentiront pas toujours leur sang s'allumer à ces sobriquets, comme au son d'une trompette. A mesure que la vie sociale sera mieux protégée, on attachera trop de prix à ses douceurs pour les hasarder sans raison meilleure qu'une politique spéculative.

— C'est bien parler; mais mon cœur est avec la vieille chanson:

« Voir de beau grain sur les guérets,
Et pour les whigs de hauts gibets,
Pour leur rendre bonne justice:
Voilà quels sont tous mes souhaits. »

— Vous pouvez chanter aussi haut que vous voudrez, répliqua le Maître: *Cantabit vacuus*[3]. Mais je crois le marquis trop sage, ou du moins trop prudent, pour faire chorus avec vous. Je soupçonne qu'il fait allusion à un changement dans le Conseil Privé d'Écosse, plutôt qu'à une révolution dans les royaumes britanniques.

— Confusion sur vos manigances d'État! s'écria Bucklaw; confusion sur vos manœuvres froidement calculées, que des vieillards en bonnets de nuit brodés et en robes fourrées exécutent comme autant de parties d'échecs, déplaçant un trésorier ou un lord-commissaire comme ils le feraient d'une tour ou d'un pion! La paume est mon jeu, et la guerre mon affaire sérieuse. Ma raquette et mon épée sont mon instrument de jeu et mon gagne-pain. Et vous, Maître, tout grave et réfléchi que vous voudriez paraître, vous avez en vous quelque chose qui vous fait bouillir le sang plus vite qu'il ne conviendrait à votre humeur actuelle de

[1] Cette phrase rappellera au lecteur quelques-uns des épisodes d'*Old Mortality*, où Claverhouse joue un rôle si brillant. (L. V.)

[2] Proverbe écossais. Nous disons: Quand on veut tuer son chien, on dit qu'il est enragé. (L. V.)

[3] Il chantera dans le désert.

moraliser sur des vérités politiques. Vous êtes un de ces sages qui voient tout avec un grand calme, jusqu'à ce que le sang leur soit monté au cerveau : — et alors, — malheur à quiconque leur rappellerait leurs maximes de prudence !

— Peut-être, dit Ravenswood, lisez-vous mieux en moi que moi-même je n'y puis lire ; cependant, penser avec justesse m'aidera certainement jusqu'à un certain point à agir de même. Mais écoutez ! j'entends Caleb qui sonne la cloche du dîner.

— Ce qu'il fait toujours avec d'autant plus de bruit que la chère qu'il s'est procurée est plus maigre ; comme si l'infernal tintement qui fera quelque jour dégringoler la vieille tour au bas du rocher pouvait changer une poule étique en chapon gras, et une épaule de mouton en un gigot de venaison.

— Je souhaite que le mal n'aille pas au delà de vos conjectures, Bucklaw, à la solennité cérémonieuse avec laquelle Caleb semble placer sur la table cet unique plat couvert.

— Découvrez, Caleb ! découvrez, au nom du Ciel ! dit Bucklaw ; montrez-nous sans préambule ce que vous nous avez pu donner. — Bon, bon ! il est bien comme cela, continua-t-il, en s'adressant d'un ton d'impatience à l'ancien sommelier, tandis que, sans répondre, celui-ci continuait de placer et déplacer le plat, jusqu'à ce qu'enfin il l'eût posé avec une précision mathématique au milieu même de la table.

— Qu'avons-nous là, Caleb ? demanda le Maître à son tour.

— Hem ! hem ! monsieur, vous auriez dû le savoir déjà ; mais Son Honneur, le laird de Bucklaw, est si impatient ! répondit Caleb, continuant de tenir le plat d'une main et le couvercle de l'autre, avec une répugnance évidente à en découvrir le contenu.

— Mais qu'est-ce que c'est, au nom du Ciel ? — J'espère que ce n'est pas une paire d'éperons brillants, à la mode de *borders*[1] de l'ancien temps ?

— Hem ! hem ! réitéra Caleb ; Votre Honneur aime à rire ; — néanmoins, j'oserais dire que c'était une mode convenable, et suivie, à ce que j'ai entendu dire, dans une bonne et honorable famille. Mais, quant à votre dîner présent, j'ai pensé que, comme c'est aujourd'hui la veille de la Sainte-Marguerite, qui fut dans son temps une digne reine d'Écosse, Vos Honneurs pourraient juger à propos, sinon de jeûner tout à fait, du moins de ne soutenir la nature que par quelque légère réfection, comme un hareng salé ou quelque chose du même genre. Et découvrant le plat, Caleb laissa voir quatre des savoureux poissons qu'il venait de mentionner, ajoutant, d'un ton plus humble, que ce n'étaient pourtant pas non plus des harengs communs, étant tous laités

---

[1] Frontières anglo-écossaises. (L. V.)

et salés avec un soin peu commun par l'intendante (la pauvre Mysie) pour l'usage spécial de Son Honneur.

— Assez d'excuses! dit le Maître; et nous, mangeons les harengs, puisqu'il n'y a moyen d'avoir rien de meilleur. — Mais je commence à penser avec vous, Bucklaw, que nous sommes en train de consommer la dernière feuille verte, et qu'en dépit des machinations politiques du marquis, nous serons forcés de lever le camp faute de fourrages, sans en attendre l'issue.

CHAPITRE IX.

> Oui, et quand les chasseurs sonnent le cor joyeux, et que le terrible animal sort de son couvert, qui donc, sentant couler dans ses veines gonflées le sang brûlant de la jeunesse, voudrait rester oisif et renfermé, exclu de toutes les beautés que la nature déploie à nos yeux ?
>
> *Ethwald*, acte Ier, scène Ire

LÉGER repas procure sommeil léger ; il n'est donc pas surprenant, si l'on songe au régime que la conscience de Caleb, ou la nécessité qui en prend quelquefois le masque, avait ménagé aux hôtes de Wolf's Crag, que leur sommeil fût court.

Dès la pointe du jour, Bucklaw se précipita dans l'appartement de Ravenswood, avec un *halloo* bruyant qui eût pu réveiller les morts.

— Debout ! debout, au nom du Ciel ! Les chasseurs sont en campagne, et c'est la seule partie de chasse que j'aie vue de ce mois ; et vous restez couché là, Maître, sur un lit qui n'a pour tout mérite que d'être un peu moins dur que les planchers dallés du donjon de vos ancêtres !

— Je voudrais, dit Ravenswood en soulevant la tête d'un air d'humeur, que vous vous fussiez dispensé d'une plaisanterie si matinale, M. Hayston ; — il n'est réellement pas agréable de perdre le très-court repos dont je commençais seulement à jouir, après une nuit passée à réfléchir sur une situation beaucoup plus dure que ma couche, Bucklaw.

— Bah ! bah ! allons, levez-vous ; les chiens sont lancés. — J'ai sellé les chevaux moi-même ; car le vieux Caleb appelait des grooms et des laquais, et n'aurait rien fait avant de s'être excusé pendant deux heures de l'absence d'hommes qui sont à cent milles d'ici. — Levez-vous, Maître, — je vous dis que les chiens sont lancés. — Levez-vous, vous dis-je ; — la chasse est commencée. Et Bucklaw sortit en courant.

— Et moi je dis, reprit le Maître en se levant lentement, que rien ne peut m'intéresser moins. A qui donc sont les chiens qui viennent chasser si près de nous ?

— A l'honorable lord Bittlebrains, répondit Caleb qui avait suivi l'impatient laird de Bucklaw dans la chambre de son maître ; et vraiment, je ne sais pas à quel titre ils viennent aboyer et hurler dans les limites des droits et immunités forestières de Votre Seigneurie.

— Ni moi non plus, Caleb, si ce n'est qu'ils ont acheté à la fois les terres et les immunités forestières, et qu'on peut se croire autorisé à exercer les droits qu'on a payés de son argent.

— Cela se peut, mylord; mais ça n'est pas le fait d'un gentilhomme de venir jusqu'ici exercer de tels droits, Votre Seigneurie résidant dans son château de Wolf's Crag. Lord Bittlebrains ferait bien de se souvenir de ce qu'était sa famille.

— Et nous, de ce que nous sommes maintenant, repartit le Maître de Ravenswood en réprimant un soupir amer. Mais atteignez-moi mon manteau, Caleb; je ne priverai pas Bucklaw de la vue de cette chasse. Il y a de l'égoïsme à sacrifier le plaisir de mon hôte au mien.

— Sacrifier! répéta Caleb d'un ton qui semblait dire combien il trouvait déraisonnable que son maître fît la moindre concession par déférence pour qui que ce fût; — sacrifier, vraiment!, — Mais je demande pardon à Votre Honneur; — et quel pourpoint vous convient-il de mettre?

— Celui que vous voudrez, Caleb; — je ne suppose pas que ma garde-robe soit très-nombreuse.

— Pas nombreuse! quand il y a le pourpoint gris et argent dont Votre Seigneurie a fait don à Hew Hildebrand, son piqueur; — et celui de velours français que portait mylord votre père (la miséricorde soit avec lui!) — et la vieille garde-robe de mylord votre père distribuée aux amis pauvres de la famille; — et le pourpoint de drap de Berry...

— Que je vous ai donné, Caleb, et qui est, je suppose, le seul vêtement sur lequel vous ayez quelque chance de mettre la main, excepté celui que je portais hier, — et que je vous prie de me donner sans plus de discussion.

— Si c'est l'idée de Votre Honneur, repartit Caleb; et sans doute c'est un habillement de couleur sombre, et vous êtes en deuil. — Néanmoins, je n'ai jamais porté le pourpoint de drap de Berry, — cela aurait été malséant à moi; — et comme Votre Honneur n'a pas en ce moment d'habits de rechange, — et il est bien brossé, — et comme il y a des dames là-bas...

— Des dames! et quelles dames, je vous prie?

— Je n'en sais rien, Votre Honneur; — en les regardant de la Tour du Garde je n'ai pu que les voir passer comme l'éclair, leurs brides sonnant [1] et leurs plumes flottant comme à la cour d'Elfland [2].

— Bien, bien, Caleb; aidez-moi à mettre mon manteau, et donnez-

---

[1] Une des recherches de la mode du vieux temps était d'orner de clochettes le harnais des haquenées des dames. (L. V.)

[2] Terre des Fées. (L. V.)

moi mon ceinturon. — Quel est ce bruit de chevaux que j'entends dans l'avant-cour?

— C'est M. Bucklaw qui sort les chevaux, répondit Caleb après un coup d'œil jeté à la fenêtre ; comme s'il n'y avait pas assez de monde au château, ou que je ne pusse pas remplacer ceux qui en sont partis!

— Hélas, Caleb! il nous manquerait peu de chose si votre pouvoir égalait votre bonne volonté.

— Et j'espère que Votre Seigneurie ne me trouve pas beaucoup en défaut ; car tout bien considéré, j'ai la confiance que nous soutenons l'honneur de la famille aussi bien que les circonstances le permettent.
— Seulement M. Bucklaw est toujours si brusque et si impatient! — Le voilà qui a sorti le palefroi de Votre Seigneurie sans que la selle soit décorée de la housse brodée! Je pourrais l'avoir brossée en une minute.

— C'est très-bien, dit son maître en échappant aux observations du digne Caleb, et en descendant l'étroit et rapide escalier tournant qui conduisait à l'avant-cour.

— Il se *peut* que ce soit très-bien, répliqua Caleb avec un peu d'humeur ; mais si Votre Seigneurie veut tarder un peu, je vous dirai ce qui ne sera *pas* très-bien.

— Et qu'est-ce donc? dit Ravenswood avec un mouvement d'impatience, mais en s'arrêtant.

— Hé bien, ce serait que vous ameniez quelqu'un ici pour dîner ; car je ne peux pas faire d'un jour de fête un autre jour de jeûne, comme quand j'ai fait taire M. Bucklaw avec la reine Marguerite ; — et, pour dire la vérité, s'il plaisait à Votre Seigneurie de s'arranger de façon à dîner avec lord Bittlebrains, je vous garantis que ça me servirait bien pour me mettre en mesure pour demain matin ; ou si, au lieu de cela, vous dîniez avec eux à l'auberge, vous pourriez trouver un expédient pour l'écot. Vous pourriez dire que vous avez oublié votre bourse, — ou que le rustre vous doit une rente, et que vous ferez entrer votre écot dans le règlement.

— Ou tout autre mensonge qui me viendra le premier à l'esprit, n'est-ce pas? Adieu, Caleb ; j'admire le soin que vous prenez de l'honneur de la famille! Et, se jetant sur son cheval, il suivit Bucklaw, qui, au risque manifeste de se rompre le cou, s'était mis à descendre au galop le sentier escarpé qui partait de la Tour, dès qu'il avait vu Ravenswood le pied sur l'étrier.

Caleb Balderstone les suivit d'un œil où se peignait l'anxiété, en secouant sa tête couverte de rares cheveux blancs. — J'espère qu'il ne leur arrivera pas de mal, se dit-il ; mais les voilà arrivés à la plaine, et on ne peut dire autrement que les chevaux ne soient pleins d'ardeur et de feu.

Excité par l'impétuosité naturelle et la fougue de son caractère, le jeune Bucklaw volait avec la rapidité irréfléchie d'un tourbillon. Ravenswood n'était guère plus modéré dans sa course ; car, son esprit, difficile à tirer de son inactivité contemplative, acquérait, une fois mis en mouvement, une irrésistible puissance d'impulsion. Son ardeur n'était pas non plus toujours en proportion de la cause qui l'avait excitée, pareille à la rapidité d'une pierre qui se précipite avec une égale vitesse sur la pente d'une montagne, qu'elle ait été lancée d'abord par le bras d'un géant ou par la main d'un enfant. Il éprouvait donc, à un degré peu ordinaire, l'irrésistible entraînement de la chasse, ce passe-temps si naturel à la jeunesse, à quelque rang qu'elle appartienne, qu'il semble être plutôt une passion inhérente à notre nature animale, laquelle nivelle toutes les inégalités de rang et d'éducation, que l'habitude acquise d'un exercice rapide.

Les éclats répétés du cor, dont alors on se servait toujours pour encourager et diriger les chiens ; — les aboiements lointains et sourds de la meute ; — les cris des chasseurs à demi perdus dans l'espace ; — les formes presque indistinctes que l'on apercevait, tantôt sortant des ravines qui sillonnaient la lande, tantôt la traversant avec la rapidité du vent, ailleurs cherchant leur chemin au milieu des marécages ; — par-dessus tout, la sensation rapide de sa propre course, tout contribuait à animer le Maître de Ravenswood, et à l'arracher, au moins pour le moment, aux pensées d'une nature plus pénible dont il était assiégé. La première chose qui le rappela aux souvenirs de ces tristes circonstances fut de sentir que son cheval, malgré tout l'avantage que lui donnait la connaissance qu'avait du pays celui qui le montait, était hors d'état de suivre la chasse. Au moment où il retenait sa bride, avec la réflexion amère que sa pauvreté l'excluait de la récréation favorite de ses ancêtres, de ce qui même était leur occupation unique quand ils n'étaient pas en guerre, il fut accosté par un étranger bien monté, qui s'était tenu près de lui, sans qu'il s'en fût aperçu, durant la première partie de sa course.

— Votre cheval est essoufflé, lui dit cet homme, avec une complaisance que l'on ne rencontre guère sur un champ de chasse. Pourrais-je prier Votre Honneur de se servir du mien ?

— Monsieur, répondit Ravenswood, plus surpris que flatté d'une telle proposition, je ne sais réellement comment j'ai mérité une telle faveur de la part d'un étranger.

— Pas de questions à ce sujet, Maître, dit Bucklaw, qui, fort à contre-cœur, avait jusqu'alors retenu la fougue de son coursier pour ne pas laisser en arrière son hôte et amphitryon. Prenez les biens que les dieux vous envoient, comme dit le grand Dryden ; — ou plutôt... Approchez, mon ami ; prêtez-moi ce cheval. Je vois que depuis une demi-heure vous avez été en peine de le gouverner ; je me charge pour vous de lui faire sortir le diable du corps. Maintenant, Maître, montez le mien, qui vous portera comme un aigle.

Et jetant la bride de son propre cheval au Maître de Ravenswood, il s'élança sur celui que lui céda l'étranger, et reprit sa course à toute bride.

— Y eut-il jamais pareil écervelé! dit le Maître; et vous, mon ami, comment avez-vous pu lui confier votre cheval?

— Le cheval, répondit l'homme, appartient à quelqu'un près de qui Votre Honneur, et chacun de vos honorables amis, sera toujours le bienvenu, chair et peau¹.

— Et le nom du propriétaire est...?

— Votre Honneur m'excusera; vous l'apprendrez de lui-même. S'il vous plaît de prendre le cheval de votre ami, et de me laisser votre galloway², je vous retrouverai après la chute du cerf, car j'entends que l'on sonne les abois.

— Je crois, mon ami, que ce sera le meilleur moyen de rentrer en possession de votre bon cheval, répliqua Ravenswood; et montant celui de son ami Bucklaw, il se dirigea en toute hâte vers l'endroit où le son du cor annonçait que la carrière du cerf était sur le point de se terminer.

Ces sons joyeux étaient entremêlés des cris des chasseurs : « Hyke a Talbot! Hyke a Teviot! Allons, enfants! allons! » et de halloos d'encouragement semblables usités dans l'ancienne vénerie, auxquels les aboiements impatients des chiens, maintenant arrivés sur l'objet de leur poursuite, formaient un chorus bruyant et prolongé. Les cavaliers dispersés commencèrent alors à se rallier vers le lieu de l'action, se rassemblant de différents points comme à un centre commun.

Bucklaw, qui n'avait pas ralenti sa course, arriva le premier à l'endroit où le cerf, hors d'état de prolonger plus longtemps sa fuite, s'était retourné contre les chiens, et, pour employer la phrase des chasseurs, était aux abois. Sa noble tête tendue en avant, les flancs blanchis d'écume, les yeux exprimant à la fois la rage et la terreur, le cerf était maintenant devenu à son tour un objet de crainte pour ses ennemis. Les chasseurs arrivaient un à un, et épiaient l'occasion de l'attaquer avec quelque avantage, ce qui, dans de telles circonstances, ne peut se faire qu'avec précaution. Les chiens se tenaient à l'écart, leurs bruyants aboiements indiquant à la fois l'impatience et la crainte, et chacun des chasseurs semblait attendre que son compagnon prît sur lui la tâche périlleuse d'assaillir et de désemparer l'animal. Le terrain, qui se trouvait être une partie enfoncée de la lande, offrait peu de facilités pour qu'on pût approcher du cerf à son insu; et ce fut une ac-

---

¹ Façon de parler proverbiale. (L. V.)

² Nom d'une race de chevaux de petite taille, qui doit son nom à la province de Galloway, dans la partie S.-O. de l'Écosse. (L. V.)

clamation de triomphe universelle quand Bucklaw, avec la dextérité qui distinguait un cavalier accompli de l'époque, s'élança de son cheval, et, se précipitant sur le cerf avec autant de soudaineté que de promptitude, le fit tomber d'un coup de son coutelas de chasse, adroitement porté à un des jarrets de derrière. Les chiens, se ruant alors sur leur ennemi abattu, eurent bientôt mis fin à sa pénible lutte et célébrèrent sa chute par leurs clameurs, tandis que la voix et les cors des chasseurs faisaient entendre une *mort* qui retentit au loin sur l'Océan voisin.

Le veneur rappela alors les chiens acharnés sur le cerf étranglé ; puis, un genou en terre, il présenta son coutelas à une dame montée sur un palefroi blanc, et que la frayeur, ou peut-être la compassion, avait jusqu'alors tenue à quelque distance. Elle portait un masque de soie noire, mode ordinaire à cette époque, tant pour préserver le teint du soleil et de la pluie, que d'après une idée de décorum qui ne permettait pas à une dame de se montrer à visage découvert tandis qu'elle était livrée à un exercice violent et entourée d'une réunion où se trouvaient des gens de toute classe. A la richesse de ses vêtements, aussi bien qu'à la finesse des formes de son noble palefroi, ainsi qu'au compliment que lui adressa le veneur, Bucklaw la reconnut cependant pour la principale personne de la chasse. Ce ne fut pas sans un sentiment de pitié, approchant même du mépris, que ce chasseur enthousiaste la vit refuser le coutelas du veneur qui lui était présenté pour qu'elle fît la première incision dans la poitrine du cerf, afin de découvrir ainsi la qualité de la venaison. Il se sentait plus qu'à demi disposé à lui adresser ses hommages ; mais ç'avait été le malheur de Bucklaw que ses habitudes de vie ne l'avaient pas familiarisé avec les classes les plus élevées et les plus respectables de la société féminine, de sorte que, malgré toute son audace naturelle, il se sentait honteux et emprunté quand il lui fallait adresser la parole à une dame de distinction.

Rassemblant enfin tout son courage, il appela en lui assez de résolution pour saluer la belle chasseresse et lui dire qu'il espérait que le divertissement qu'elle avait pris avait répondu à son attente. La réponse de la dame fut très-polie et très-modestement exprimée, et elle témoigna une certaine gratitude au galant cavalier, dont l'exploit avait si adroitement terminé la chasse, quand chiens et chasseurs semblaient quelque peu intimidés.

— Par la dague et le fourreau, madame ! il n'y a dans cette affaire ni grande difficulté ni grand mérite, repartit Bucklaw, que la remarque de la dame rappela tout à coup sur son terrain ; pourvu pourtant qu'un homme n'ait pas trop peur de recevoir une paire d'andouillers dans le ventre. J'ai forcé le cerf cinq cents fois, madame, et il ne m'est pas encore arrivé de le voir aux abois, par terre ou par eau, sans aller résolument sur lui. C'est tout usage et habitude, madame ; et je vous dirai pourtant, madame, qu'avec tout cela il faut s'y prendre avec précaution ; et vous ferez bien, madame, d'avoir votre couteau de chasse à la fois bien affilé de la pointe et à double tranchant, afin que vous puissiez frapper en avant ou en arrière, selon le cas ; car une blessure de corne de cerf est une chose dangereuse et assez sujette à s'envenimer.

— Je crains, monsieur, d'avoir peu d'occasions de mettre de si bonnes précautions en usage, dit la jeune dame ; et son sourire était à peine caché par son masque.

— Mais monsieur n'en a pas moins raison, mylady, dit un vieux veneur qui avait écouté la harangue de Bucklaw avec grande édification ; et j'ai entendu dire à mon père, qui était garde du bois au Cabrach, qu'on guérit plus aisément d'une défense de sanglier que d'une blessure de corne de daim ; et c'est ce que dit la vieille rime du forestier :

« De la corne du hart [1] la blessure est mortelle :
Crains moins le sanglier ; on guérit de ses coups. »

— Si je pouvais donner un avis, reprit Bucklaw, qui se trouvait alors dans son élément, et qui n'était pas fâché de prendre la direction supérieure, comme les chiens sont rendus de fatigue, on devrait leur donner la curée ; et s'il m'était permis, je dirais aussi que le veneur qui dépècera le cerf devrait boire à la santé de mylady un bon et grand gobelet d'ale, ou une tasse d'eau-de-vie ; car s'il le dépèce sans boire, la venaison ne se gardera pas bien.

Cette très-agréable prescription fut, comme on le croira sans peine, fort applaudie du veneur, lequel, en retour, offrit à Bucklaw l'honneur de son couteau que la jeune dame avait refusé. Cette offre polie fut appuyée par sa maîtresse.

— Je crois, monsieur, dit-elle en se retirant du cercle, que mon père, pour l'amusement duquel la meute de lord Bittlebrains a été sortie aujourd'hui, s'en remettra aisément de tous les soins d'usage en semblable occasion à un homme de votre expérience.

Puis, lui faisant une inclination gracieuse, elle prit congé de lui, et, suivie d'un couple de domestiques qui paraissaient attachés à son service immédiat, elle s'éloigna du lieu de l'action. Trop enchanté de trouver l'occasion de déployer son habileté de chasseur pour s'embarrasser d'homme ou de femme au monde, Bucklaw fit peu d'attention à son départ ; mais en un clin d'œil son pourpoint fut à bas, ses manches relevées, et ses bras nus plongés jusqu'au coude dans le sang et la graisse, taillant, coupant et hachant avec la précision de sir Tristrem lui-même, et discutant avec tous ceux qui l'entouraient, à propos de

---

[1] Terme de vénerie anglaise ; cerf de cinq ans. (L. V.)

nombles, de bréchets, de flancarts, de dantiers, termes usuels, à cette époque, de l'art de la vénerie, ou de la boucherie, comme le lecteur voudra l'appeler, et qui, maintenant, sont probablement vieillis.

Ravenswood avait suivi son ami à peu de distance ; mais dès que le cerf fut à bas, son ardeur momentanée pour la chasse fit place au sentiment de répugnance qu'il éprouvait à se voir exposé, dans l'abaissement de sa fortune, au regard de ses égaux ou à celui de ses inférieurs. Il arrêta son cheval au sommet d'une éminence en pente douce, d'où il put observer la scène bruyante et animée qui se passait au-dessous de lui, et entendre les gaies acclamations des chasseurs, qui se mêlaient aux aboiements des chiens et aux hennissements des chevaux. Mais ces sons joyeux affectaient tristement l'oreille de l'héritier ruiné des Ravenswood. La chasse, avec tous ses accessoires et ses plaisirs, avait toujours été regardée, depuis les temps féodaux, comme le privilége presque exclusif de la noblesse, et c'était anciennement en temps de paix l'occupation principale des hautes classes. Sentir que sa situation actuelle lui interdisait un divertissement dont son rang eût dû lui faire une prérogative spéciale, et voir des hommes nouveaux s'y livrer dans la plaine que ses ancêtres avaient réservée pour leur amusement avec un soin jaloux, tandis que lui, l'héritier du domaine, était contraint de se tenir éloigné d'eux : c'étaient là des réflexions propres à frapper douloureusement une âme comme celle d'Edgar, naturellement contemplative et mélancolique. Sa fierté, cependant, secoua bientôt cette disposition à l'abattement, qui fit place à l'impatience, quand il vit que son ami Bucklaw, avec sa légèreté d'esprit accoutumée, ne semblait nullement pressé de ramener son cheval d'emprunt, que Ravenswood, avant de quitter le théâtre de la chasse, voulait voir rendu à son obligeant propriétaire. Comme il se disposait à se diriger vers le groupe de chasseurs assemblés, il fut rejoint par un cavalier, qui, comme lui, s'était tenu à l'écart lors de la chute du cerf.

Ce personnage paraissait avancé en âge. Il portait un manteau écarlate, croisé jusque sur sa figure, et son chapeau à larges bords était rabattu sur ses yeux, probablement par précaution contre le froid. Son cheval, bel et vigoureux palefroi, convenait à un cavalier qui se proposait d'être témoin de l'exercice de la journée, plutôt que d'y prendre part. Un domestique le suivait à quelque distance, et l'ensemble de l'équipement du vieux gentleman annonçait un homme de distinction. Il s'approcha très-poliment de Ravenswood, non pourtant sans un certain embarras.

— Vous semblez un jeune homme plein de feu et d'ardeur, monsieur, lui dit-il en l'accostant, et cependant on vous dirait aussi indifférent à ce noble amusement que si vous étiez chargé du fardeau de mes années.

— J'ai quelquefois suivi la chasse avec plus d'ardeur, répondit le Maître ; aujourd'hui, les événements récents arrivés dans ma famille doivent être mon excuse.—Et puis, ajouta-t-il, j'étais assez mal monté au début de la chasse.

— Je crois qu'un de mes gens a eu le bon esprit de procurer un cheval à votre ami.

— J'ai été très-reconnaissant de sa politesse et de la vôtre, répliqua Ravenswood. Mon ami est M. Hayston de Bucklaw, et je pense que vous êtes sûr de le trouver au milieu des chasseurs les plus ardents. Il rendra le cheval de votre domestique, et prendra mon poney en échange ; — et il joindra ses sincères remercîments aux miens, ajouta-t-il en détournant la tête de son cheval pour lui faire prendre une autre direction.

Le Maître de Ravenswood partit alors dans la direction de Wolf's Crag, de l'air d'un homme qui a pris congé de sa compagnie. Mais il ne lui fut pas si facile de se débarrasser de l'étranger. Celui-ci tourna son cheval en même temps, et suivit la même route que le Maître, et cela si près de ce dernier, qu'à moins de prendre les devants sur lui, ce que la civilité cérémonieuse du temps, aussi bien que le respect dû à l'âge de l'étranger et son obligeance récente, eussent rendu inconvenant, Edgar ne pouvait aisément échapper à sa compagnie.

L'étranger ne resta pas longtemps silencieux. — Voici donc l'ancien château de Wolf's Crag si souvent mentionné dans les annales de l'Écosse, dit-il en portant les yeux vers la vieille Tour, qui se détachait alors obscurément sur un nuage sombre formant son arrière-plan ; car le cerf, ayant fait un circuit à la distance de moins d'un mille, avait ramené la chasse presque au même point où elle se trouvait quand Ravenswood et Bucklaw étaient partis pour la joindre.

Ravenswood répondit à cette observation par un signe d'assentiment froid et réservé.

— Ce fut, à ce que j'ai entendu dire, poursuivit l'étranger, que cette froideur ne découragea pas, une des plus anciennes possessions de l'honorable famille de Ravenswood.

— Leur première, et probablement aussi leur dernière possession, répondit le Maître.

— Je… j'espèrerais que non, monsieur, repartit l'étranger, après avoir toussé à plusieurs reprises pour donner de l'assurance à sa voix, et surmontant avec effort un certain degré d'hésitation. — L'Écosse sait ce qu'elle doit à cette ancienne famille, et se souvient de leurs nombreux et honorables exploits. Je ne doute pas que si l'on représentait convenablement à Sa Majesté l'état de dépérissement, — je veux dire de décadence, — où se trouve une si ancienne et si noble famille, on ne pût trouver des moyens *ad recedificandum antiquam domum* [1] ; et..

---

[1] Pour rééditifier une antique maison.

CHAPITRE IX.

— Je vous épargnerai la peine de discuter ce point plus longtemps, monsieur, interrompit le Maître avec hauteur. Je suis l'héritier de cette infortunée maison, — je suis le Maître de Ravenswood. Et vous, monsieur, qui, par votre éducation et vos manières, paraissez être un homme de distinction, vous devez sentir que s'il est une mortification plus sensible que le malheur même, c'est de se voir chargé d'une commisération qu'on n'a pas désirée.

— Je vous demande pardon, monsieur; — j'ignorais... je sens que je n'aurais pas dû mentionner... rien ne pouvait être plus éloigné de ma pensée que de supposer...

— Ces excuses ne sont pas nécessaires, monsieur; car je suppose que nos routes se séparent ici, et je vous assure que je n'emporte, en vous quittant, aucun sentiment fâcheux.

A ces mots, il dirigeait son cheval vers une étroite chaussée, ancienne approche de Wolf's Crag, dont on eût pu dire avec vérité, en employant les expressions du chantre de l'*Espérance* :

« Bien peu fréquentaient le sentier couvert d'herbe que foulaient seulement les pas du guerrier et ceux du chasseur, et qui conduit à ces hauteurs entre lesquelles la mer est resserrée. »

Mais avant qu'il eût pu se dégager de son compagnon, la jeune dame que nous avons déjà mentionnée rejoignit l'étranger, suivie de ses domestiques.

— Ma fille, dit l'inconnu à la demoiselle masquée, voici le Maître de Ravenswood.

Il eût été naturel que celui-ci répondît à cette introduction; mais il y avait dans les formes gracieuses et la réserve modeste de la femme à qui il était ainsi présenté quelque chose qui, non-seulement l'empêcha de s'enquérir à qui et par qui l'annonce avait été faite, mais qui même le rendit pendant quelques moments absolument muet. En cet instant, le nuage depuis longtemps suspendu au-dessus de la hauteur où Wolf's Crag est situé, et qui, maintenant, à mesure qu'il s'abaissait, se déployait en masses plus sombres et plus denses au-dessus de la terre et de la mer, dérobant la vue des objets distants, et obscurcissant les plus rapprochés, donnant à la mer une teinte plombée, et à la bruyère une couleur plus noire; ce nuage commença, par un ou deux éclats lointains, à annoncer l'orage dont ses flancs étaient chargés, en même temps que deux éclairs, se succédant presque sans intervalle, montrèrent, à quelque distance, les tourelles grisâtres de Wolf's Crag, et, plus près, les vagues soulevées de l'Océan, couronnées subitement d'une clarté rougeâtre et éblouissante.

Le cheval de la belle chasseresse devint impatient et rétif, et il devint impossible à Ravenswood, comme homme et comme gentilhomme, de la quitter ainsi brusquement, en la laissant aux soins d'un père âgé ou de gens à gages. Il fut ou se crut obligé par la courtoisie de prendre la bride du palefroi de la dame, et d'aider celle-ci à gouverner l'animal effrayé. Tandis qu'il était ainsi occupé, le vieillard fit remarquer que l'orage semblait s'accroître, — qu'ils se trouvaient à une distance assez grande de la résidence de lord Bittlebrains, dont ils étaient actuellement les hôtes, — et qu'il serait obligé au Maître de Ravenswood de lui indiquer le chemin de l'endroit le plus rapproché qui pourrait lui offrir un refuge contre l'orage. En même temps, il jeta vers la Tour de Wolf's Crag un regard expressif, quoique embarrassé, qui semblait rendre à peu près impossible au propriétaire de ne pas offrir à un vieillard et à une dame, dans un semblable embarras, l'abri temporaire de sa maison. Réellement, l'état de la jeune dame faisait de cette courtoisie une obligation indispensable ; car, dans le cours des services qu'il lui rendait, il dut nécessairement s'apercevoir qu'elle tremblait beaucoup et était extrêmement agitée, ce qui, sans doute, provenait de la frayeur que lui inspirait l'orage dont ils étaient menacés.

Je ne sais si le Maître de Ravenswood partageait ses terreurs ; mais ce ne fut pas non plus sans éprouver une certaine agitation nerveuse qu'il leur dit : — La Tour de Wolf's Crag n'a rien à offrir que l'abri de son toit ; mais si cet abri peut être agréable en un moment tel que celui-ci.... Il s'arrêta comme si le reste de l'invitation lui fût resté attaché à la gorge. Mais le vieux gentleman, celui qui, de son chef, s'était constitué le compagnon du Maître, ne lui permit pas de rétracter une invitation qu'il avait laissé deviner plutôt qu'il ne l'avait directement exprimée.

— L'orage, dit l'étranger, devait être une excuse pour mettre de côté toute cérémonie. — La santé de sa fille était faible. — Elle avait beaucoup souffert d'une alarme récente ; — et il espérait que l'indiscrétion avec laquelle ils profitaient de l'hospitalité du Maître de Ravenswood ne serait pas absolument impardonnable en de telles circonstances : — la sûreté de son enfant lui devait être plus chère que l'étiquette.

Il n'y avait plus à reculer. Le Maître de Ravenswood ouvrit la route, en continuant de tenir par la bride le cheval de la dame, de peur qu'il ne s'emportât de nouveau à quelque coup de tonnerre inattendu. Il n'était pas tellement absorbé dans ses réflexions confuses, qu'il n'eût remarqué que la pâleur mortelle qui tout à l'heure couvrait le cou et les tempes de la dame, ainsi que les parties de son visage que le masque laissait à découvert, avait fait place à une teinte cramoisie, et il sentait avec embarras qu'une sympathie tacite colorait ses propres joues d'une vive rougeur. L'étranger, avec une attention qu'on pouvait attribuer à ses appréhensions pour la sûreté de sa fille, continuait d'observer l'expression de physionomie du Maître, tandis qu'ils gravissaient la colline de Wolf's Crag. Quand ils furent arrivés au pied de cette antique forteresse, les émotions de Ravenswood étaient d'une nature très-compliquée, et lorsque, suivi de sa compagnie, il entra dans l'avant-cour délabrée et appela Caleb, ce fut d'un ton dont l'expression dure et presque violente semblait contraster quelque peu avec la courtoisie ordinaire chez l'homme qui reçoit chez lui d'honorables hôtes.

Caleb se présenta. Ni la pâleur de la belle étrangère au premier coup de tonnerre qui s'était fait entendre, ni celle de qui que ce fût en toute autre circonstance, n'aurait pu égaler celle qui couvrit subitement les joues amaigries du désolé sénéchal, quand il aperçut cette arrivée d'hôtes au château, et réfléchit que l'heure du dîner allait arriver dans un moment.—Est-il fou? murmura-t-il à part lui,—est-il tout à fait fou, de nous amener des lords et des dames, et une armée de gens après eux, quand midi est sonné? S'approchant alors du Maître, il lui demanda pardon d'avoir permis au reste de ses gens de sortir pour voir la chasse, et ajouta « qu'ils ne croyaient pas que Sa Seigneurie dût revenir avant la nuit fermée, et qu'il craignait qu'ils ne fissent les truands¹. »

— Silence, Balderstone! dit Ravenswood d'un ton sévère; vos folies sont hors de saison. — Puis, se tournant vers l'étranger et sa fille, il ajouta : — Ce vieillard, et une servante encore plus âgée et plus débile, composent toute ma suite. Les rafraîchissements que nous pourrons vous offrir sont encore plus chétifs que ne vous l'annonceraient un domestique si misérable et une demeure si dilapidée; mais tels qu'ils puissent être, ils sont à vos ordres.

Le vieillard étranger, frappé du délabrement de la tour et de son apparence sauvage, auxquels le nuage noir suspendu au-dessus donnait un aspect encore plus désolé, et ému peut-être aussi par le ton grave et décidé de la parole de leur hôte, jeta autour de lui un regard anxieux, comme s'il se fût presque repenti de la facilité avec laquelle il avait accepté l'hospitalité offerte. Mais il ne pouvait plus maintenant sortir de la situation où lui-même s'était placé.

Quant à Caleb, il fut si complètement abasourdi de l'aveu public et sans réserve que son maître venait de faire de la nudité du pays, que pendant deux minutes il ne fit que marmotter dans sa barbe hebdomadaire (car depuis six jours elle n'avait pas senti le rasoir) : — Il est fou, — tout à fait fou, — fou à lier! Mais que le diable enlève Caleb Balderstone, ajouta-t-il en rassemblant toutes ses facultés d'invention et de ressource, si l'honneur de la famille en souffre, fût-il aussi fou que les sept sages!

Il s'avança alors hardiment, et en dépit des marques d'impatience

---

¹ Je conserve le mot anglais (*truant*, vagabond*, fainéant, écolier en maraude), qui appartient aussi à notre vieux langage, et qui est du nombre de ces anciennes expressions si expressives et si colorées dont on regrette la perte. (L. V.)

et de mécontentement de son maître, il demanda gravement s'il ne servirait pas quelque légère réfection pour la jeune leddy, avec un verre de tokai, ou de vieux canarie, ou...

— Trève à cette folie déplacée, interrompit sévèrement le Maître ; — conduisez les chevaux à l'écurie, et ne nous étourdissez pas davantage de vos absurdités !

— La volonté de Votre Honneur doit être faite avant toutes choses, dit Caleb ; néanmoins, quant au canarie et au tokai, que ce n'est pas le bon plaisir de vos nobles hôtes d'accepter...

Mais ici la voix de Bucklaw, qui se faisait entendre même au dessus du piétinement des chevaux et du bruit des cors auxquels elle se mêlait, annonça qu'il était en train de gravir l'approche de la Tour, à la tête de la plus grande partie de la joyeuse chasse.

— Que je sois possédé du diable s'ils me mettent en défaut ! se dit Caleb avec un redoublement de courage, malgré cette nouvelle invasion de Philistins. L'écervelé ! — amener ici une pareille cohue, qui va s'attendre à y trouver de l'eau-de-vie en aussi grande abondance que de l'eau claire, lui qui sait si bien le cas où nous nous trouvons pour le moment ! Pourtant, je crois que si je pouvais me débarrasser de la troupe affamée de ces marauds de valets qui se sont installés dans l'avant-cour à la suite de leurs maîtres, comme tant d'autres qui cherchent à se pousser, je pourrais encore me tirer d'affaire.

Le lecteur va voir dans le chapitre suivant quelles mesures il prit pour exécuter cette manœuvre hardie.

CHAPITRE X.

> Le gosier altéré, les lèvres noires et sèches et la bouche béante, ils entendirent son appel; ils grimacèrent un sourire de remercîment, puis tout à coup ils retinrent leur souffle, comme si déjà ils avaient été occupés à tout boire!
>
> COLERIDGE, *Poëme du vieux Marin.*

Ayston de Bucklaw était un de ces étourdis qui n'hésitent jamais entre leur ami et une plaisanterie. Lorsqu'on annonça que les principaux personnages de la chasse avaient pris le chemin de Wolf's Crag, les chasseurs proposèrent comme marque de civilité d'y transporter la venaison, offre que Bucklaw accepta sans hésiter, s'amusant d'avance de l'étonnement dans lequel leur arrivée en corps allait jeter le pauvre vieux Caleb Balderstone, et songeant fort peu à l'embarras auquel il exposerait son ami le Maître de Ravenswood, si mal préparé à recevoir une telle compagnie. Mais il avait en Caleb un antagoniste aussi rusé qu'actif, prompt à trouver pour tous les cas des évasions et des excuses propres, à ce qu'il pensait, à sauver l'honneur de la famille.

Dieu soit loué! se dit Caleb en lui-même; un battant de la grande porte a été poussé par le vent d'hiver, et je pense que je pourrai réussir à fermer l'autre.

Mais, en gouverneur prudent, il désirait se débarrasser en même temps, s'il était possible, de l'ennemi du dedans (point de vue sous lequel il voyait à peu près tout ce qui mangeait et buvait), avant de prendre des mesures pour empêcher d'entrer ceux que leurs cris joyeux annonçaient alors être près d'arriver. Il attendit donc avec impatience que son maître eût introduit dans la Tour ses deux principaux hôtes, puis il commença immédiatement ses opérations.

— Je crois, dit-il aux domestiques étrangers, que comme on apporte au château la tête du cerf en tout honneur, nous qui en sommes les occupants, nous devons les recevoir à la porte.

Les valets sans défiance n'eurent pas plutôt franchi l'entrée, par suite de cette ouverture insidieuse, et un des battants de la vieille porte se trouvant déjà fermé par le vent, comme nous l'avons dit, que l'honnête Caleb poussa vivement l'autre avec un bruit qui retentit des cachots de la Tour aux créneaux. Ainsi maître du passage, il se mit incontinent à parlementer avec les piqueurs expulsés, ouvrant à cet effet une petite fenêtre ou meurtrière en saillie par laquelle les gardiens avaient autrefois coutume de venir reconnaître ceux qui se présentaient aux portes. Il leur donna à entendre, dans une courte et mielleuse allocution, que la porte du château n'avait jamais, ni en aucun cas, été ouverte pendant le temps des repas [1]; — que Son Honneur le Maître de Ravenswood, et quelques hôtes de qualité, venaient de se mettre à table; qu'il y avait d'excellente eau-de-vie chez l'hôtelière de Wolf's Hope, — et il ajouta obscurément l'insinuation que l'écot serait acquitté par le Maître. Mais cette dernière phrase était conçue dans un véritable style d'oracle; car, de même que Louis XIV, Caleb Balderstone hésitait à pousser la finesse jusqu'à la fausseté directe, et, autant que possible, se contentait de tromper sans mentir précisément.

Cette annonce excita la surprise des uns, l'hilarité des autres, et surtout l'étonnement des laquais évincés, qui s'évertuèrent à démontrer que le droit qu'ils avaient d'être admis pour servir leur maître et leur maîtresse était du moins incontestable. Caleb n'était d'humeur ni à comprendre ni à admettre des distinctions. Il s'en tint à sa proposition originelle, avec cette opiniâtreté tenace, mais commode, qui est cuirassée contre toute conviction et sourde à tout raisonnement. Bucklaw, qui arriva en ce moment de l'arrière-garde de la troupe, cria d'un ton fort irrité qu'on lui ouvrît la porte; mais la résolution de Caleb fut inébranlable.

— Quand le roi sur son trône serait à la porte, déclara-t-il, ses dix doigts ne l'ouvriraient pas contrairement à l'usage établi, et à la coutume de la famille de Ravenswood, et à son devoir comme leur premier serviteur.

La colère de Bucklaw était au comble; et avec plus de jurements et de malédictions que nous ne nous soucierions d'en répéter, il se déclara indignement traité, et demanda péremptoirement à parler au Maître de Ravenswood lui-même. Mais Caleb fit la sourde oreille à ses menaces comme à ses prières.

— Il a aussitôt pris feu qu'une poignée d'étoupes, notre ami Bucklaw, se dit-il; mais du diable s'il voit la face de mon maître avant d'avoir fait un somme sur sa colère. Il aura plus de bon sens demain matin. C'est bien le fait d'un écervelé comme lui, d'amener ici une foule de chasseurs altérés, quand il sait que nous avons à peine assez pour apaiser sa soif à lui! — Et le sénéchal indigné disparut de la fenêtre, les laissant tous digérer leur expulsion du mieux qu'ils pourraient.

Mais une autre personne, dont Caleb, dans la chaleur du débat, n'avait pas aperçu la présence, en était restée témoin silencieux. C'était le principal domestique de l'étranger, — homme de confiance et per-

---

[1] Sir Walter Scott a donné, dans une de ses notes sur *Old Mortality* (ch. VIII,) quelques explications sur cet ancien usage écossais. (L. V.)

CHAPITRE X.

sonnage important, — le même qui pendant la chasse avait prêté son cheval à Bucklaw. Il se trouvait dans l'écurie quand Caleb avait réussi à expulser les autres domestiques, et il avait ainsi évité de partager un sort dont autrement son importance personnelle ne l'aurait certainement pas garanti.

En apercevant la manœuvre de Caleb, il devina sans peine le motif de sa conduite, et comme il connaissait les intentions de son maître à l'égard de la famille de Ravenswood, il ne fut pas en peine quant à la ligne de conduite qu'il devait tenir. Il se montra (sans être aperçu de Caleb) à la fenêtre que celui-ci venait de quitter, et annonça aux domestiques réunis en bas que la volonté de son maître était que ses gens et ceux de lord Bittlebrains descendissent au cabaret adjacent, qu'ils y demandassent les rafraîchissements qui leur seraient nécessaires, et qu'il se chargeait de l'écot.

La troupe bruyante des suivants de la chasse s'éloigna de la porte inhospitalière de Wolf's Crag, et redescendit le sentier rapide qui y conduisait, tout en maudissant la parcimonie et la conduite indigne du propriétaire, et en donnant au diable, avec une licence plus que rustique, le château et ceux qui l'habitaient. Bucklaw, avec de nombreuses qualités qui auraient fait de lui, dans des circonstances plus favorables, un homme estimable et d'un jugement sain, avait été si complétement négligé dans son éducation, qu'il était toujours disposé à modeler ses pensées et ses sentiments sur les idées de ses compagnons de plaisir. Il rapprochait, des malédictions dont en ce moment on accablait Ravenswood, les louanges dont lui-même avait été récemment comblé; — il repassait dans son esprit les jours d'ennui et de monotonie qu'il avait passés à la tour de Wolf's Crag, et les comparait avec la dissipation de sa vie accoutumée; — il était surtout vivement indigné de son expulsion du château, qu'il considérait comme un grossier affront : et toutes ces pensées le portaient à rompre l'union qu'il avait formée avec le Maître de Ravenswood.

En arrivant au cabaret du village de Wolf's Hope, il rencontra inopinément une ancienne connaissance, qui en ce moment descendait de cheval. Ce n'était rien moins que le très-respectable capitaine Craigengelt, qui accourut à lui, et, sans paraître conserver le plus léger souvenir de la manière assez froide dont ils s'étaient quittés, lui secoua la main avec la plus chaude cordialité. Un chaleureux serrement de main était ce que Bucklaw pouvait le moins s'empêcher de rendre avec effusion; et Craigengelt n'eut pas plutôt senti la pression de ses doigts, qu'il sut en quels termes il en était avec lui.

— Bonjour donc, mon cher Bucklaw! s'écria-t-il; il y a donc encore place pour les honnêtes gens dans ce méchant monde!

On remarquera que les jacobites de cette époque, je ne sais sur quel fondement, employaient cette expression, *honnêtes gens*, comme particulièrement applicable à leur parti.

— Oui, et pour d'autres aussi, à ce qu'il paraît, repartit Bucklaw, car autrement comment vous hasarderiez-vous ici, noble capitaine?

— Qui? — moi? — Je suis aussi libre que le vent de la Saint-Martin, qui ne paie ni rentes ni redevances. Tout s'est expliqué; — tout s'est arrangé avec ces honnêtes vieux radoteurs d'Auld Reekie [1]. — Bah! bah! ils n'oseraient pas me tenir huit jours en cage. On a parmi eux de meilleurs amis que vous ne pensez, et qui peuvent servir un ami quand on s'y attend le moins.

— Allons, allons! fit Hayston, qui connaissait parfaitement et méprisait souverainement le caractère de cet homme, trêve à votre jargon de piperie; — dites-moi si vraiment vous êtes libre et en sûreté.

— Libre et en sûreté comme un bailli whig sur la chaussée de son propre bourg, ou comme un ministre presbytérien dans la chaire où il débite son jargon; — et je venais vous dire que vous n'avez pas besoin de rester caché plus long-temps.

— En ce cas, je suppose que vous m'appelez votre ami, capitaine Craigengelt?

— Ton ami? Par le roi des coqs! ton véritable Achates, comme j'ai entendu dire à des savants; la main et le gant, — l'arbre et l'écorce, — ton ami à la vie et à la mort!

— C'est ce que je vais voir dans un moment, répliqua Bucklaw. Tu n'es jamais sans argent, n'importe comment il te vienne. Prête-moi d'abord deux pièces d'or, pour laver la poussière attachée au gosier de ces honnêtes garçons, et alors....

— Deux pièces? il y en a vingt à ton service, mon garçon, — et vingt autres qui les épaulent.

— Oui-dà, — est-ce vous qui parlez ainsi? dit Bucklaw en le regardant fixement; car sa pénétration naturelle le portait à soupçonner que quelque motif extraordinaire se cachait sous un tel excès de générosité. — Craigengelt, ajouta-t-il, ou vous êtes un brave camarade dans toute l'acception du mot, et c'est ce que j'ai peine à croire, — ou vous êtes plus rusé que je ne le pensais, et c'est ce que j'ai peine à croire aussi.

— *L'un n'empêche pas l'autre* [2], dit Craigengelt; vois et juge. — L'or est aussi bon qu'or fut jamais.

Il plaça une poignée de pièces d'or dans la main de Bucklaw; celui-ci les mit dans sa poche sans les compter ni même les regarder, observant seulement que, dans les circonstances où il se trouvait, il fallait qu'il s'enrôlât, le diable lui-même serait-il le raccoleur;

---

[1] La Vieille Enfumée; surnom populaire d'Édimbourg. (L. V.)
[2] L'adage est en français dans l'original.

puis, se tournant vers les gens de la chasse : — Allons, mes enfants, leur cria-t-il, — c'est moi qui régale.

— Vive le laird de Bucklaw! exclama toute la troupe.

— Et confusion sur celui qui prend sa part de la chasse, et laisse les chasseurs aussi secs qu'une peau de tambour! ajouta un des hommes, en guise de corollaire.

— La maison de Ravenswood était autrefois une bonne et honorable maison dans le pays, dit un vieux piqueur; mais elle a perdu aujourd'hui son beau renom, et le Maître ne s'est montré autre chose qu'un vrai ladre.

Et sur cette conclusion, à laquelle agréèrent tous ceux qui l'entendirent, ils se précipitèrent tumultueusement dans l'auberge, où ils restèrent à table jusqu'à une heure avancée. Le caractère jovial de Bucklaw ne lui permettait guère d'être délicat dans le choix de ses compagnons, et, en cette occasion, alors que le plaisir de sa joyeuse débauche était encore relevé par plusieurs jours de sobriété inaccoutumée, et presque d'abstinence, il était aussi heureux, en présidant cette orgie, que si ses commensaux eussent été des fils de princes. Craigengelt avait ses raisons de le pousser et de l'exciter encore; et comme à une certaine dose de gaîté vulgaire il joignait beaucoup d'impudence et le talent de chanter le couplet d'en-train, connaissant d'ailleurs parfaitement le caractère de son associé reconquis, il réussit sans peine à le plonger jusqu'au cou dans tous les excès de l'orgie.

Une scène bien différente se passait dans le même temps à la tour de Wolf's Crag. En quittant l'avant-cour, le Maître de Ravenswood, trop occupé de ses tristes réflexions pour s'apercevoir de la manœuvre de Caleb, avait conduit ses hôtes dans la grande salle du château.

L'infatigable Balderstone, qui, par goût ou par habitude, s'occupait du matin au soir, avait peu à peu remis un certain ordre dans cette pièce désolée, après en avoir fait disparaître les traces du banquet des funérailles. Mais tous ses soins et toute son habileté à disposer de la manière la plus avantageuse le peu de meubles qui y restaient, n'avaient pu dissimuler l'aspect triste et nu de ces antiques murailles dépourvues de tout ornement. Les étroites fenêtres, profondément enfoncées dans l'épaisseur des murs, semblaient disposées pour exclure plutôt que pour admettre la clarté du jour, et l'apparence sombre et lourde des nuages chargés de foudre ajoutait encore à l'obscurité.

Tandis que Ravenswood, avec la grâce d'un galant de cette époque, mais non pourtant sans quelque embarras et sans une certaine roideur de manières, donnait la main à la jeune dame pour la conduire au haut de la salle, l'étranger était resté plus près de la porte, comme pour se débarrasser de son chapeau et de son manteau. En ce moment, le bruit retentissant de la porte d'entrée se fit entendre. L'étranger tressaillit à ce bruit; il s'approcha précipitamment de la fenêtre, et jeta sur Ravenswood un regard alarmé, quand il vit que la porte de la cour était fermée et ses domestiques expulsés.

— Vous n'avez rien à craindre, monsieur, dit Ravenswood d'un ton grave; ce toit conserve encore les moyens de vous protéger, sinon de vous recevoir dignement. — Il me semble, ajouta-t-il, qu'il est temps que je sache quels sont les hôtes qui ont si hautement honoré ma demeure délabrée.

La jeune dame resta muette et immobile, et le père, à qui la question était plus directement adressée, semblait dans la situation d'un acteur qui s'est aventuré dans un rôle dont il se trouve hors d'état de s'acquitter, et qui se tait au moment où on s'attend à ce qu'il parle. Tandis qu'il s'efforçait de cacher son embarras sous le cérémonial extérieur des manières du monde, il était évident qu'en faisant son salut, un pied en avant comme pour approcher de leur hôte, — l'autre en arrière comme s'il eût voulu reculer, — et en détachant le collet de son manteau, en même temps qu'il relevait le chapeau qui lui couvrait le visage, ses doigts semblaient être aussi embarrassés que si l'un eût été retenu par des agrafes de fer rouillé, et que l'autre eût eu le poids d'une masse de plomb. L'obscurité du ciel augmentait de moment en moment, comme pour remplacer ces enveloppes dont il se dépouillait avec une répugnance si visible. L'impatience de Ravenswood s'accroissait aussi en proportion des retards de l'étranger, et il paraissait livré à une vive agitation, quoique probablement par une cause fort différente. Il s'efforçait de réprimer son désir de parler, tandis que, selon toute apparence, l'étranger était en peine de trouver des mots pour exprimer ce qu'il sentait devoir dire. Enfin, l'impatience de Ravenswood rompit les liens dont il l'avait comprimée.

— Je m'aperçois, dit-il, que sir William Ashton répugne à s'annoncer lui-même dans le château de Wolf's Crag.

— J'avais espéré que ce ne serait pas nécessaire, répondit le lord garde des sceaux, tiré de son silence comme le serait un spectre à la voix de l'exorciste; et je vous suis obligé, Maître de Ravenswood, d'avoir rompu la glace tout d'un coup, alors que des circonstances — de malheureuses circonstances, permettez-moi de le dire, — me rendaient particulièrement embarrassant de me servir à moi-même d'introducteur.

— Je ne dois donc pas regarder l'honneur de cette visite comme purement accidentel? reprit le Maître de Ravenswood d'un ton grave.

— Distinguons un peu, repartit le lord-garde, en prenant les dehors d'un laisser-aller auquel, peut-être, son cœur était étranger; c'est un honneur que j'ai vivement désiré depuis quelque temps, mais que j'aurais pu ne jamais avoir sans l'accident de cet orage. Ma fille et moi remercions également le Ciel de cette opportunité d'offrir l'expression de notre gratitude à l'homme courageux à qui elle et moi devons la vie.

La haine qui, aux temps féodaux, divisait les grandes familles, n'avait guère perdu de son intensité, quoiqu'elle ne se manifestât plus par des actes de violence ouverte. Ni les sentiments que Ravenswood avait commencé à ressentir pour Lucy Ashton, ni l'hospitalité due à des hôtes, ne purent dompter entièrement, quoiqu'elles les combattissent avec chaleur, les passions ardentes qui se réveillèrent en lui, en voyant l'ennemi de son père dans la salle de la famille dont il avait en grande partie hâté la chute. Ses regards étincelaient du père à la fille, avec une irrésolution dont sir Ashton ne crut pas à propos d'attendre l'issue. Il s'était débarrassé de son attirail de chasse; et s'approchant de sa fille, il défit le cordon qui retenait son masque.

— Ma chère Lucy, dit-il, en la prenant par la main pour l'aider à se lever de son siége, et en la conduisant vers Edgar, mettez votre masque de côté, et exprimons notre gratitude au Maître de Ravenswood ouvertement et à visage découvert.

— S'il veut bien condescendre à l'accepter, dit Lucy; et ce fut tout ce qu'elle put articuler. Mais elle prononça ce peu de mots d'une voix dont les modulations étaient si douces, et qui semblait exprimer à la fois d'une manière si touchante le reproche et le pardon de la froide réception à laquelle ils étaient exposés, que ces paroles, venant d'une créature si innocente et si belle, allèrent au cœur de Ravenswood comme une accusation de dureté. Il bégaya quelques mots de surprise et de confusion; et finissant par lui exprimer avec une vivacité chaleureuse combien il était heureux d'avoir pu lui offrir l'abri de son toit, il l'embrassa, ainsi que le cérémonial du temps le prescrivait en de telles occasions. Leurs joues s'étaient touchées et leurs visages s'étaient séparés, — Ravenswood n'avait pas quitté la main qu'il avait prise en signe de courtoisie affectueuse, — et une rougeur, qui accusait bien plus de conséquence qu'il n'était habituel d'en attacher à une telle formalité, colorait encore les beaux traits de Lucy Ashton, lorsque la salle fut soudainement illuminée par un éclair qui en bannit complètement l'obscurité. A cette clarté rapide, chaque objet put être vu distinctement. La taille svelte et à demi penchée de Lucy Ashton; — la stature bien prise et majestueuse de Ravenswood, ses traits mâles, l'expression de ses yeux, ardente, quoique irrésolue; les antiques écussons armoriés, sculptés sur les murs de la salle, s'offrirent un instant aux yeux du lord garde des sceaux, vivement éclairés par la lueur rougeâtre de l'éclair, à laquelle un coup de tonnerre succéda presque immédiatement; car la nuée qui recélait l'orage se trouvait très rapprochée du château. Le coup fut si soudain et si retentissant, que le vieux château en fut ébranlé jusque dans ses fondements, et que ceux qu'il renfermait en ce moment crurent qu'il allait s'écrouler sur eux. La suie amoncelée depuis des siècles dans la vaste cheminée en tombait à gros flocons; — des nuages de plâtre et de poussière se détachaient du mur; et, soit que réellement la foudre eût frappé le château, soit seulement par l'effet de la violente percussion de l'air, de lourds fragments de pierre furent précipités du haut des murailles crevassées dans la mer, qui mugissait au-dessous de la Tour. On eût pu croire que l'antique fondateur du château suscitait cette épouvantable tempête comme pour réprouver la réconciliation de son descendant avec l'ennemi de sa maison.

La consternation fut générale, et il fallut les efforts réunis du lord garde des sceaux et de Ravenswood pour empêcher Lucy de s'évanouir. Edgar se trouva ainsi pour la seconde fois engagé dans la plus délicate et la plus dangereuse de toutes les tâches, celle de donner appui et assistance à une créature belle et faible, qui était déjà devenue, ainsi qu'on l'a vu précédemment, dans une situation analogue, l'objet favori des rêves de son imagination, soit pendant ses veilles, soit dans son sommeil. Si le génie de la maison condamnait réellement une union entre le maître de Ravenswood et la fille de William Ashton, les moyens par lesquels il manifestait sa réprobation n'auraient pu être plus malheureusement choisis, eût-il été un simple mortel. La suite de petites attentions indispensables pour calmer les esprits de la jeune miss et l'aider à surmonter sa frayeur établissait nécessairement entre son père et le Maître des rapports de nature à renverser, momentanément du moins, la barrière d'inimitié féodale qui les séparait. Parler avec impolitesse, ou même avec froideur, à un vieillard dont la fille (et une fille telle que Lucy) était là, devant eux, dominée par une terreur bien naturelle, — et cela sous son propre toit, — la chose était impossible; et quand Lucy, tendant une de ses mains à chacun d'eux, fut en état de les remercier de leurs soins, Edgar sentit que son animosité contre le lord garde des sceaux était loin d'être le sentiment qui dominait dans son sein.

Le mauvais temps, la faiblesse de Lucy Ashton et l'absence de ses gens, tout s'opposait à ce qu'elle pût se remettre en route pour Bittlebrains-House, éloignée de cinq grands milles, et la politesse la plus ordinaire imposait au Maître de Ravenswood l'obligation d'offrir l'abri de son toit pour le reste de la journée et pour la nuit. Mais une expression plus sombre, et aussi plus habituelle, se répandit sur ses traits et y reprit le dessus, quand il ajouta combien il était mal pourvu pour la réception de ses hôtes.

— Ne parlez pas de ce qui peut vous manquer, dit le lord-garde, empressé de l'interrompre et de l'empêcher de revenir sur un sujet alarmant; vous vous disposez à partir pour le continent, et il est probable que votre maison doit actuellement être dégarnie. Nous comprenons bien cela; mais si vous parlez de gêne et d'inconvénients, vous nous obligerez d'aller chercher un gîte dans le village.

Le Maître de Ravenswood allait répondre, lorsque la porte s'ouvrit, et que Caleb Balderstone entra précipitamment dans la salle.

CHAPITRE XI.

> Qu'ils aient un repas suffisant, femme : — la moitié d'une poule. Il y a des vieilles sardines pourries : — servez-les-leur aussi ; il ne s'agit que d'un peu d'huile fraîche et de quelques tranches d'oignon fort pour en dissimuler la saveur
> *Le Pèlerinage de l'Amour.*

Le coup de tonnerre qui avait frappé de stupeur tous ceux qui étaient à portée de l'entendre, n'avait servi qu'à éveiller le génie inventif et hardi de la fleur des majordomes. Le retentissement avait à peine cessé, et à peine avait-on l'assurance que le château était encore debout, que Caleb s'écria : Le Ciel soit loué ! — voilà qui vient à point comme l'anse d'une pinte. Il poussa alors la porte de la cuisine au nez du domestique du lord garde des sceaux, qu'il aperçut au moment où cet homme revenait de l'entrée de la Tour, et tout en murmurant : Comment diable celui-là est-il entré ? — mais que le diable s'en mette en peine ! — il cria à Mysie : — Hé bien ! qu'est-ce que vous faites là, assise au coin de la cheminée, à trembler et à pleurer ? Venez ici, ou plutôt restez où vous êtes, et poussez des cris aussi haut que vous pourrez : — vous n'êtes pas bonne à autre chose. — Je vous dis de crier, vieille diablesse ! — de crier, — plus haut, — plus haut, femme ! — Qu'on vous entende de la salle ; — je vous ai entendue du Bass, quand vous n'aviez pas tant sujet de crier. Et, un moment : — A bas toute cette vaisselle.

Et d'un seul coup il balaya d'une planche et fit tomber sur les dalles de la cuisine un certain nombre d'ustensiles d'étain et de poterie. En même temps, il éleva la voix au milieu du tapage, criant et hurlant de telle façon que les terreurs nerveuses que le tonnerre avait causées à Mysie se changèrent en craintes que son vieux camarade n'eût perdu l'esprit. — Il a jeté à bas toute notre pauvre vaisselle, — la seule qui nous restât pour mettre un peu de lait, — et il a répandu le hatted-kitt[1] qui était pour le dîner du Maître. Merci de nous ! le tonnerre a rendu le pauvre vieux tout à fait fou !

— Tenez votre langue, vieille folle ! dit Caleb dans l'impétuosité triomphale d'une invention heureuse ; tout est prêt maintenant, — le dîner et tout : — le tonnerre a tout arrangé en un tour de main !

---

[1] Mélange de lait chaud et de petit-lait. (L. V.)

— Pauvre homme! il a l'esprit tout à fait dérangé, dit Mysie en le regardant avec un mélange de pitié et d'alarme; fasse le Ciel qu'il puisse jamais revenir dans son bon sens!

— Écoutez, vieille radoteuse endiablée, reprit Caleb, toujours dans le ravissement de la manière heureuse dont il s'était tiré d'un embarras qui paraissait d'abord insurmontable, ayez soin que l'étranger n'entre pas dans la cuisine. — Vous jurerez que le tonnerre est tombé par la cheminée, et a perdu le meilleur dîner que vous eussiez jamais apprêté, — bœuf, — lard, — chevreau, — alouettes, — levreau, — canard sauvage, — venaison, et quoi encore? Entassez les plats serré, et ne plaignez pas la dépense. Je vais monter à la salle; — vous, faites tout le tapage que vous pourrez. — Mais ayez bien soin que le domestique étranger n'entre pas ici.

Après ces recommandations à son alliée, Caleb courut à la salle; mais s'arrêtant à la porte pour faire une reconnaissance à travers une fente que le temps, pour la commodité de plusieurs générations de domestiques, y avait ménagée, et voyant dans quelle situation se trouvait miss Ashton, il fut assez prudent pour tarder un instant, tant afin d'éviter d'ajouter à ses alarmes, que pour être certain que l'attention ne serait pas détournée du compte qu'il avait à rendre des désastreux effets de la foudre.

Mais quand il s'aperçut que la dame était revenue à elle, et qu'il entendit la conversation se tourner sur l'état de dénûment du château, il pensa qu'il était temps de se précipiter dans la salle, ce qu'il fit ainsi que nous l'avons dit au dernier chapitre.

— Malheur sur moi! — malheur sur moi! — Un tel malheur tomber sur la maison de Ravenswood, et moi vivre pour le voir!

— Qu'y a-t-il, Caleb? lui demanda son maître, quelque peu alarmé à son tour; quelque partie du château est-elle à bas?

— Le château à bas? — non; mais la suie est tombée, et le tonnerre a descendu droit par le tuyau de la cheminée, et tout est gisant deçà et delà, comme les terres du laird de Hotchpoch; — et quand nous avions à traiter des hôtes honorables et de qualité! — (ici Caleb fit un salut profond à sir William Ashton et à sa fille); — et rien de laissé dans la maison qu'on puisse présenter pour le dîner, — ni pour le souper non plus, à ce que je puis voir!

— Je vous crois, Caleb, dit sèchement Ravenswood.

Balderstone jeta vers son maître un regard moitié de reproche, moitié suppliant, et se rapprocha de lui en ajoutant : — On n'avait pas fait de grands préparatifs; on avait seulement ajouté quelque chose à l'ordinaire de Votre Honneur, — à votre *petit couvert*, comme on dit au Louvre : — trois services et le fruit.

— Gardez pour vous vos insupportables sornettes, vieux fou! dit Ravenswood, mortifié du mensonge officieux de son intendant, et ne sachant cependant comment le contredire sans courir le risque de donner lieu à des scènes encore plus ridicules.

Caleb vit son avantage, et résolut d'en profiter. Mais d'abord, remarquant que le domestique du lord garde des sceaux entrait dans la salle, et parlait à part à son maître, il prit la même occasion de dire quelques mots à l'oreille de Ravenswood : — Tenez votre langue, au nom du Ciel, monsieur ! — si c'est mon plaisir de risquer mon âme en contant des mensonges pour l'honneur de la famille, ce n'est pas votre affaire. — Si vous me laissez aller tranquillement, je serai modéré dans mon banquet ; mais si vous me contredisez, du diable si je ne vous improvise pas un dîner de duc !

Dans le fait, Ravenswood pensa que le mieux était de lâcher la bride à son officieux sommelier, qui se mit à supputer sur ses doigts : — Il n'y avait pas de grandes provisions, — mais il y avait de quoi suffire à quatre personnes honorables ; — premier service, chapons à la sauce blanche, — chevreau rôti, — et du lard, sauf votre respect ; — second service, levreau rôti, — crabes au beurre, — veau à la florentine ; — troisième service, un coq de bruyère, — il est maintenant assez noir de suie ! — gâteau aux prunes, — tarte, — flanc, et quelques autres bagatelles, des friandises et des conserves ; — et c'est tout, ajouta-t-il en voyant l'impatience de son maître, c'est tout ce qu'il y avait, — outre les pommes et les poires.

Miss Ashton avait graduellement repris ses esprits, assez pour donner quelque attention à ce qui se passait ; et remarquant l'impatience mal contenue de Ravenswood, laquelle démentait singulièrement l'air de résolution avec lequel Caleb détaillait son banquet imaginaire, la scène lui parut si plaisante, qu'en dépit de tous ses efforts, elle partit d'un éclat de rire irrésistible, auquel son père se joignit bientôt, quoique avec plus de modération ; et le Maître de Ravenswood finit lui-même par les imiter, quoiqu'il sentît que la plaisanterie était à ses dépens. Leur gaîté, — car une scène dont le récit écrit nous laisse à peu près froids paraît souvent fort comique aux spectateurs, — leur gaîté fit retentir les voûtes de l'antique édifice. Ils cessaient, — ils recommençaient, — ils cessaient de nouveau, — puis ils recommençaient encore leurs bruyants éclats de rire. Caleb, pendant ce temps, gardait son terrain d'un air de dignité grave, mécontente et dédaigneuse, qui n'ajoutait pas peu au ridicule de la scène et à l'hilarité des spectateurs.

Lorsque enfin les rieurs furent sans voix et presque sans force, il s'écria avec fort peu de cérémonie : — Les gens de qualité ont le diable au corps ! ils font de si bons déjeuners, que la perte du meilleur dîner auquel cuisinier ait jamais mis les doigts les rend aussi joyeux que si c'était la meilleure plaisanterie de tout Georges Buchanan. S'il y avait aussi peu de chose dans l'estomac de Vos Honneurs que dans celui de Caleb Balderstone, vous trouveriez moins à rire dans un sujet si calamiteux.

L'expression amère du ressentiment de Caleb éveilla de nouveau l'hilarité de la compagnie, ce qu'il regarda, par parenthèse, non-seulement comme une attaque à la dignité de la famille, mais comme une marque spéciale de mépris pour l'éloquence avec laquelle il avait énuméré leurs pertes supposées : — description d'un dîner qui aurait donné, comme il le dit ensuite à Mysie, de l'appétit à un homme rassasié, et dont ils n'avaient fait que rire!

— Mais toutes ces bonnes choses, dit miss Ashton, en composant sa physionomie aussi bien qu'il lui fut possible, sont-elles donc si totalement détruites que rien n'en puisse être tiré?

— Tiré, myleddy! que voudriez-vous tirer de la suie et des cendres? Vous pouvez descendre vous-même et voir dans notre cuisine, — la cuisinière toute tremblante et bouleversée, — les provisions jetées çà et là, — bœuf, — chapons à la sauce blanche, — florentine et flancs, — lard, sous votre respect, et toutes les friandises et les fantaisies; vous verriez tout cela, myleddy, — c'est-à-dire, ajouta-t-il en se reprenant, vous n'en verriez plus rien maintenant, car la cuisinière a tout enlevé, comme c'était son devoir; mais vous verriez la place, où la sauce blanche a été répandue. J'y ai mis les doigts, et ça avait autant le goût de lait sur que d'autre chose : si ce n'est pas l'effet du tonnerre, je ne sais ce que c'est. Il est impossible que monsieur que voilà n'ait pas entendu le bruit de toute notre vaisselle, porcelaine et argenterie, dansant ensemble?

Le domestique du lord-garde, quoique élevé au service d'un homme d'État, et naturellement habitué à commander en toute occasion à sa physionomie, fut quelque peu décontenancé par cet appel, auquel il ne répondit qu'en inclinant la tête.

— Je crois, monsieur le sommelier, dit le lord garde des sceaux, qui commençait à craindre que la prolongation de cette scène ne finît par déplaire à Ravenswood, — je crois que vous feriez bien de vous retirer avec mon serviteur Lockhard. — Il a voyagé; il est tout à fait accoutumé aux accidents et aux événements de toute sorte, et j'espère qu'à vous deux vous pourrez trouver quelque moyen de sortir d'embarras.

— Son Honneur sait, repartit Caleb, qui, bien que sans espoir de faire lui-même ce qu'il eût désiré, serait plutôt mort à la peine, comme le courageux éléphant, que de souffrir un aide étranger, — Son Honneur sait bien que je n'ai pas besoin d'un conseiller quand il s'agit de l'honneur de la famille.

— Il y aurait injustice à moi à le nier, Caleb, dit son maître; mais votre art est surtout d'imaginer des excuses, sur lesquelles nous ne pouvons pas plus dîner que sur le menu de votre banquet foudroyé.

Or, il est possible que le talent de M. Lockhard consiste à trouver quelque remplacement à ce qui certainement n'existe plus, et selon toute probabilité n'a jamais existé.

— Votre Honneur aime à plaisanter, dit Caleb; mais il est sûr qu'au pis aller je n'aurais qu'à descendre jusqu'à Wolf's Hope pour donner à dîner à quarante personnes; — si ce n'est que ces gens-là ne méritent pas la pratique de Votre Honneur. Ils ont été malavisés dans l'affaire de la redevance d'œufs et de beurre, je ne puis nier cela.

— Allez vous entendre ensemble, reprit le Maître de Ravenswood; descendez au village, et faites du mieux que vous pourrez. Il ne faut pas laisser nos hôtes sans quelques rafraîchissements, pour sauver l'honneur d'une famille ruinée. Tenez, Caleb, — prenez ma bourse; je crois que ce sera votre meilleur auxiliaire.

— Votre bourse? votre bourse, vraiment! fit Caleb s'élançant hors de la salle avec indignation; — que ferais-je de la bourse de Votre Honneur sur vos propres domaines? J'espère que nous n'avons pas à payer nos propres vassaux

Les deux domestiques quittèrent la salle, et la porte ne fut pas plutôt refermée, que le lord-garde commença à s'excuser de l'inconvenance de ses accès d'hilarité, et que Lucy dit au Maître qu'elle espérait ne pas avoir peiné et mortifié le bon vieillard.

— Caleb et moi, madame, répondit Edgar, devons apprendre à supporter avec bonne humeur, ou du moins avec patience, le ridicule qui partout s'attache à la pauvreté.

— Sur mon honneur, Maître Ravenswood, dit sir William, vous êtes injuste envers vous-même. Je crois mieux connaître vos affaires que vous ne les connaissez vous-même; j'espère aussi vous prouver que j'y prendrai intérêt, et que... en un mot, que votre avenir est meilleur que vous ne le pensez. En tout cas, je ne connais rien d'aussi digne de respect que l'esprit qui s'élève au-dessus du malheur, et préfère d'honorables privations à des engagements qui enchaîneraient son indépendance.

Soit par crainte de blesser la délicatesse du Maître de Ravenswood, soit par appréhension de réveiller sa fierté, le lord garde des sceaux s'exprimait avec une apparence d'hésitation et de réserve craintive, et semblait appréhender d'aller trop loin en se hasardant à toucher, quoique légèrement, un pareil sujet, alors même que le Maître y avait donné ouverture. En un mot, il paraissait tout à la fois poussé par le désir de montrer ses dispositions amicales, et retenu par la crainte d'être indiscret. Il n'est pas étonnant que le Maître de Ravenswood, avec le peu de connaissance du monde qu'il avait alors, supposât à ce courtisan consommé plus de franchise qu'on n'en eût probablement trouvé dans vingt hommes de sa caste. Il répondit cependant avec réserve qu'il était reconnaissant envers tous ceux qui avaient de lui une opinion favorable; puis, s'excusant près de ses hôtes, il quitta la salle, afin de prendre pour leur hébergement telles dispositions que permettaient les circonstances.

En se consultant avec la vieille Mysie, les arrangements pour la nuit furent aisément complétés : il est vrai qu'ils laissaient peu à choisir. Le Maître abandonna son appartement pour l'usage de miss Ashton, et il fut convenu que Mysie (personnage autrefois important), vêtue d'une robe de satin noir qui avait jadis appartenu à la grand'mère du Maître, et avait figuré dans les bals de la cour d'Henriette-Marie, remplirait près d'elle les fonctions de femme de chambre. Il s'enquit ensuite de Bucklaw; et apprenant qu'il était à l'auberge avec les gens de la chasse et quelques compagnons, il chargea Caleb d'aller l'informer de la situation dans laquelle on se trouvait à Wolf's Crag, — de le prévenir qu'il serait fort à propos qu'il pût trouver un lit dans le village, attendu que l'étranger devait nécessairement être placé dans la chambre secrète, la seule chambre à coucher de réserve où on pût le recevoir. Le Maître ne vit pas de difficulté à passer la nuit près du feu de la salle, enveloppé dans son manteau de voyage; et les domestiques écossais de l'époque, ceux de la plus haute classe aussi bien que les autres, et même les élégants et les jeunes gens de famille, regardaient de la paille fraîche ou un fenil bien sec comme d'excellents quartiers de nuit en cas de nécessité.

Quant au reste, Lockhard avait reçu de son maître l'ordre d'apporter de l'auberge un morceau de venaison, et Caleb comptait sur ses ressources ordinaires pour sauver l'honneur de la famille. Il est vrai que le Maître avait une seconde fois voulu lui donner sa bourse; mais comme le domestique étranger était présent, le sommelier s'était cru obligé de refuser ce que les doigts lui démangeaient de prendre. — Est-ce qu'il ne pouvait pas me la glisser doucement dans la main? se dit-il; — mais Son Honneur n'apprendra jamais à se conduire en de pareils cas.

Cependant Mysie, selon l'habitude constante des parties écartées de l'Écosse, offrit aux étrangers le produit de sa petite laiterie, « en attendant qu'un meilleur repas fût prêt. » Et selon une autre coutume qui n'est pas totalement tombée en désuétude, comme l'orage était presque dissipé, le Maître conduisit le lord-garde au sommet de la plus haute tour, pour y admirer une immense perspective, « et se fatiguer pour le dîner. »

CHAPITRE XII.

> Maintenant, madame, je vous dis sans doute que n'eussé-je d'un chapon que le foie, et de votre pain blanc qu'un morceau, et après cela que la tête d'un cochon de lait rôti (mais je ne voudrais pas que pour moi on tuât aucun animal), je me trouverais près de vous fort peu à plaindre.
>
> CHAUCER, *Le Conte d'Été*.

Ce ne fut pas sans quelques secrètes appréhensions que Caleb partit pour aller à la découverte. Et de fait, son expédition était entourée d'une triple difficulté. Il n'osait dire à son maître l'offense que le matin il avait faite à Bucklaw (uniquement pour l'honneur de la famille); il n'osait pas reconnaître qu'il avait été trop prompt à refuser la bourse; — et troisièmement, il était quelque peu inquiet des conséquences désagréables que pourrait avoir pour lui une rencontre avec Hayston sous l'impression d'un affront, et probablement maintenant aussi sous l'influence d'une copieuse ration d'eau-de-vie.

Caleb, pour lui rendre justice, était hardi comme un lion partout où l'honneur de la famille était intéressé; mais sa valeur était de cette nature réfléchie qui n'aime pas les risques inutiles. Cette considération, cependant, n'était que secondaire; le point principal était de cacher le dénûment qui régnait au château, et de justifier ce dont il s'était vanté, c'est-à-dire de trouver dans ses propres ressources de quoi pourvoir au dîner, sans l'assistance de Lockhard ni de la bourse de son maître. C'était pour lui un point d'honneur, comme pour le généreux éléphant auquel nous l'avons déjà comparé, et qui, surchargé d'une tâche au-dessus de ses forces, se brisa le crâne au milieu de ses efforts désespérés pour l'accomplir, quand il vit qu'on en amenait un autre à son aide.

Le village dont ils approchaient en ce moment avait fréquemment offert des ressources à l'embarrassé majordome en des cas de nécessité semblable; mais ses rapports avec les habitants avaient depuis quelque temps éprouvé de grands changements.

C'était un petit hameau dont les habitations isolées s'étendaient sur les bords d'une crique formée par un petit courant d'eau au point où il se jetait dans la mer. Du château, dont il avait autrefois été une dépendance, la vue en était interceptée par l'épaulement d'une colline formant une pointe de terre élevée. Il était nommé Wolf's Hope (c'est-à-dire Havre du Loup), et le peu d'habitants qu'il renfermait gagnait une subsistance précaire en conduisant en mer deux ou trois bateaux de pêche au temps du hareng, et en faisant la contrebande du gin et de l'eau-de-vie durant les mois d'hiver. Ils avaient pour les lords de Ravenswood une sorte de respect héréditaire; mais, dans les besoins de la famille, la plupart des habitants de Wolf's Hope avaient réussi à acheter la franchise[1] de leurs petites possessions, de leurs cabanes, de leurs jardinets[2] et de leurs droits de pacage, de sorte qu'ils étaient émancipés des chaînes de la dépendance féodale, et à l'abri des diverses sortes d'exactions que, sous le premier prétexte venu, ou même sans aucun prétexte, les seigneurs écossais de cette époque, eux-mêmes fort pauvres, imposaient à volonté à leurs tenanciers plus pauvres encore. Ils pouvaient donc, en somme, être regardés comme indépendants, circonstance particulièrement mortifiante pour Caleb, qui avait été habitué à exercer sur eux, pour la levée des contributions, la même autorité dévastatrice qui était exercée autrefois en Angleterre quand « les pourvoyeurs royaux, sortant des castels gothiques pour acheter des provisions, non avec de l'argent, mais avec du pouvoir et des priviléges, ramenaient dans leur retraite la dépouille de cent marchés, et tout ce dont on pouvait s'emparer dans un pays dont la population était en fuite ou cachée, puis déposaient leur butin dans cent cavernes[3]. »

Caleb aimait le souvenir et déplorait la chute de cette autorité qui singeait, sur une petite échelle, les larges contributions levées par les souverains féodaux. Et comme il se flattait que la règle vénérable et la juste suprématie qui assignaient aux barons de Ravenswood le premier intérêt et le plus effectif dans toutes les productions de la nature, à cinq milles à la ronde de leur château, que cette règle, dis-je, et cette suprématie sommeillaient seulement, et n'étaient pas perdues à jamais, il était dans l'habitude d'en rappeler de temps à autre le souvenir aux habitants par quelque petite exaction. Ils s'y soumirent d'abord en regimbant plus ou moins; car ils avaient été si longtemps accoutumés à regarder les besoins du baron et de sa famille comme devant passer avant les leurs, que leur indépendance actuelle ne leur apporta pas tout d'abord le sentiment de la liberté. Ils ressemblaient à un homme qui a longtemps été chargé de chaînes, et qui, même en liberté, croit sentir encore la pression des fers autour de ses poignets. Mais la jouissance de la liberté est promptement suivie de la conscience naturelle de ses priviléges, de même que le prisonnier élargi ne tarde pas à dis-

---

[1] *Feu-rights*, c'est-à-dire le droit de propriété absolue, au prix d'une redevance annuelle, qui habituellement n'est qu'une bagatelle, dans les cas pareils à celui que mentionne le texte (W. S.)

[2] *Kail-yards*, littéralement *jardins à choux*. (L. V.)

[3] Discours de Burke sur la réforme économique. *Works*, tome III, page 250. (W. S.)

siper, par le libre usage de ses membres, la sensation douloureuse qu'ils avaient contractée sous les entraves.

Les habitants de Wolf's Hope commencèrent à murmurer, puis à résister, puis enfin ils en vinrent à refuser positivement de se soumettre aux exigences de Caleb Balderstone. Ce fut en vain qu'il leur rappela que quand le onzième lord de Ravenswood, appelé le Marin, à cause de son goût pour tout ce qui tenait à la marine, avait encouragé le commerce de leur port en construisant la digue (jetée de pierres grossièrement amoncelées) qui protégeait les bateaux pêcheurs contre le mauvais temps, il avait été entendu qu'il aurait la première motte de beurre faite du lait de chaque vache qui aurait vêlé dans toute l'étendue de la baronnie, et le premier œuf, appelé de là *œuf du lundi*, que chaque poule pondrait tous les lundis de l'année.

Les *feuars*[1] écoutèrent, puis se grattèrent l'oreille, puis toussèrent et éternuèrent; et enfin, pressés de parler, ils répondirent tout d'une voix « qu'ils ne pouvaient dire : » refuge universel du paysan écossais, quand il se voit pressé d'admettre une réclamation que sa conscience, et peut-être ses sentiments avouent, mais que son intérêt le porte à nier.

Caleb, cependant, remit aux notables de Wolf's Hope la note d'une réquisition de beurre et d'œufs qu'il réclamait comme arrérages de la redevance susdite, payable de la manière mentionnée; et leur ayant fait savoir qu'il ne se refuserait pas à en recevoir l'équivalent en autres denrées ou en argent, s'ils trouvaient quelque inconvénient à l'acquitter en nature, il les laissa débattre entre eux, à ce qu'il espérait, le mode de cotisation pour l'acquit de la taxe. Mais ils se réunirent, au contraire, dans l'intention bien arrêtée de résister à l'exaction; et ils n'hésitaient plus que sur la forme à donner à leur protestation, quand le tonnelier, personnage fort important dans une localité de pêche, et l'un des pères conscrits du village, fit observer « que leurs poules avaient gloussé pendant assez d'années pour les lords de Ravenswood, et qu'il était temps qu'elles gloussissent pour ceux qui leur donnaient le juchoir et l'orge. » Un rire unanime indiqua l'assentiment de l'assemblée. — Et si vous voulez, poursuivit l'orateur, j'donnerons un coup d'pied jusqu'à Dunse, chez Davie Dingwall l'procureux, qu'est venu du Nord pour régler les choses cheux nous, et il mènera l'affaire à bien, j'vous l'garantissons.

Un jour fut conséquemment fixé pour tenir un grand conseil à Wolf's Hope au sujet des réquisitions de Caleb, et il fut invité à se rendre au village à cet effet.

Il arriva les mains ouvertes et l'estomac vide, espérant bien remplir

---

[1] Ceux qui jouissent des *feu-rights*, dont la nature a été expliquée dans une note précédente. (L. V.)

les unes pour le compte de son maître, et l'autre pour son propre compte, aux dépens des *feuars* de Wolf's Hope. Mais, mort de ses espérances ! comme il entrait par l'extrémité orientale dans le village disséminé, il vit arriver au petit trot, de l'extrémité opposée, la redoutable forme de Davie Dingwall, rusé procureur de campagne, fin matois au visage sec et à la poigne serrée, qui déjà avait agi contre la famille de Ravenswood, et était un des principaux agents de sir William Ashton. Davie Dingwall était chargé d'un porte-manteau en cuir bourré des chartes d'affranchissement du village ; il espérait, dit-il, ne pas avoir fait attendre M. Balderstone, et il avait pleines instructions et pleins pouvoirs pour solder ou recevoir, régler ou compenser, enfin pour *agé*[1] selon le cas, touchant toutes réclamations mutuelles et non réglées, appartenant ou se rapportant à l'honorable Edgar Ravenswood, communément appelé le Maître de Ravenswood...

— Le *très*-honorable Edgar *lord* Ravenswood, interrompit Caleb, en appuyant sur les mots avec emphase ; car, bien qu'il sentît que le conflit qui allait s'ensuivre lui offrait bien peu de chances favorables, il était résolu à ne pas sacrifier au moins un iota d'honneur.

— Lord Ravenswood, donc, reprit l'homme d'affaires : nous ne nous querellerons pas avec vous sur des titres de politesse ; — communément appelé lord Ravenswood, ou Maître de Ravenswood, propriétaire par succession des terres et baronnies de Wolf's Crag, d'une part : et d'autre part, à John Whitefish, et autres *feuars* du village de Wolf's Hope.

Caleb sentait, et il en avait fait la triste expérience, que ce champion mercenaire serait un adversaire bien autrement redoutable que les *feuars* eux-mêmes, sur les anciens souvenirs desquels il aurait pu agir, aussi bien que sur leurs prédilections et leurs habitudes de voir et de penser, par cent arguments indirects, auxquels leur représentant était totalement inaccessible. L'issue du débat confirma la réalité de ses craintes. Ce fut en vain qu'il mit en jeu son éloquence et son adresse, et qu'il réunit en un faisceau tous les arguments tirés des antiques coutumes et du respect héréditaire, des anciens bienfaits des lords de Ravenswood envers la communauté de Wolf's Hope et de ce qu'elle pouvait encore attendre d'eux à l'avenir. Le procureur s'attacha à la teneur de ses chartes d'affranchissement : — il ne voyait pas ceci, — cela n'était pas dans les actes. Et lorsque Caleb, déterminé à voir ce que pourrait faire un peu d'audace, fit ressortir les conséquences du mécontentement de lord Ravenswood, qui pourrait bien retirer sa protection au bourg, et donna même à entendre qu'il pour-

---

[1] C'est-à-dire pour agir selon qu'il peut être nécessaire et légal ; phrase de palais usitée en Écosse. (W. S.)

CHAPITRE XII.

rait traduire son ressentiment en mesures effectives, l'homme de loi lui rit au nez.

— Ses clients, dit-il, étaient déterminés à faire du mieux qu'ils pourraient pour leur village, et il pensait que lord Ravenswood, puisque lord il y avait, pourrait avoir assez à faire de veiller sur son propre château. Quant à toute menace d'exaction oppressive à force ouverte, ou *viâ facti*[1], selon le langage de la loi, il priait M. Balderstone de se souvenir que le temps actuel ne ressemblait pas à l'ancien temps; — qu'ils vivaient au sud du Forth et loin des Highlands[2]; que ses clients se croyaient en état de se protéger eux-mêmes; mais que, s'il en était autrement, ils réclameraient du gouvernement la protection d'un caporal et de quatre habits rouges, qui, ajouta Dingwall avec un sourire équivoque, seraient parfaitement suffisants pour les mettre en sûreté contre lord Ravenswood, et tout ce que lui ou les siens pourraient tenter de vive force.

Si Caleb avait pu concentrer dans son regard toutes les foudres de l'aristocratie pour en frapper mortellement ce contempteur des allégeances et des priviléges, il les lui aurait lancées à la tête, sans égard pour les conséquences. Dans l'état des choses, il fut obligé de reprendre sa course vers le château; et là, renfermé dans son donjon privé durant une grande demi-journée, il s'y tint invisible et inaccessible même pour Mysie, frottant le même plat d'étain et sifflant l'air de Maggy Lauder pendant six heures consécutives.

L'issue de cette malheureuse réquisition avait fermé à Caleb toutes les ressources que l'on pouvait tirer de Wolf's Hope et de sa banlieue, le Pérou, la terre d'El-Dorado, d'où, plus d'une fois, il avait réussi, dans des cas d'urgence, à obtenir quelque assistance. Il est vrai qu'il avait juré qu'il voulait que le diable l'emportât si jamais il remettait le pied sur la chaussée du village. Jusque-là il avait tenu parole; et, ce qui est étrange à dire, cette retraite avait eu, jusqu'à un certain point, l'effet qu'il en avait attendu, celui de punir les *feuars* réfractaires. Ils avaient été habitués à voir dans M. Balderstone un homme en rapport avec des êtres d'une nature supérieure, dont la présence embellissait d'habitude leurs petites fêtes, dont, en mainte occasion, les avis leur étaient utiles, et dont les communications jetaient une sorte de considération sur leur village. La place, ils en convenaient, n'avait plus le même air qu'autrefois, et n'était plus ce qu'elle aurait dû être, depuis que M. Caleb se tenait renfermé au château; — mais bien sûr, touchant les œufs et le beurre, c'était une demande tout à fait déraisonnable, comme M. Dingwall l'avait bien fait voir.

[1] Par voie de fait.

[2] C'est-à-dire dans la partie méridionale de l'Écosse, soumise à la police et à l'action des lois, et non dans les parties sauvages de l'Ouest. (L. V.)

Telle était la situation des choses entre les deux partis, lorsque le vieux sommelier se vit contraint, alternative cruellement amère! d'avouer devant un étranger de qualité, et, ce qui était bien pis, devant son domestique, l'impossibilité absolue où se trouvait Wolf's Crag de fournir un dîner, ou de s'en remettre à la compassion des *feuars* de Wolf's Hope. C'était une horrible dégradation ; mais la nécessité n'était pas moins impérieuse. Ce fut en proie à ces tristes pensées qu'il entra dans la rue du village.

Désirant se débarrasser de son compagnon aussitôt que possible, il conduisit M. Lockhard vers le cabaret de la mère Sma'trash, d'où partait un tapage provenant de la bombance à laquelle présidaient Bucklaw et Craigengelt, et qui se faisait entendre jusqu'à l'autre bout de la rue, tandis que la lueur rougeâtre que projetait la fenêtre effaçait la teinte grise du crépuscule qui commençait à tomber, et allait éclairer en plein un monceau de vieux baquets, de caques et de barriques entassés dans la cour du tonnelier, de l'autre côté du chemin.

— Si vous voulez, M. Lockhard, entrer dans le cabaret d'où part cette clarté, dit le vieux sommelier à son compagnon, et où ils sont maintenant en train de chanter, à ce qu'il me semble, « La Soupe froide d'Aberdeen, » vous pourrez faire la commission de votre maître au sujet de la venaison, et moi je ferai la mienne au sujet du lit de Bucklaw en revenant de réunir le surplus des provisions. — Ce n'est pas que la venaison soit bien nécessaire, ajouta-t-il en arrêtant son collègue par un bouton; mais c'est comme politesse aux chasseurs, vous savez. — Et puis, M. Lockhard, — si l'on vous offre un coup d'ale, un verre de vin ou une bouteille d'eau-de-vie, vous ferez sagement de le prendre, au cas où le tonnerre aurait fait tourner les nôtres à l'aigre, au château, — ce qui est fort à craindre.

Il laissa alors partir Lockhard; quant à lui, le pied pesant comme du plomb, et cependant encore plus léger que son cœur, il s'avança lentement dans la rue mal alignée du village, cherchant dans son esprit sur qui diriger sa première attaque. Il fallait trouver quelqu'un près de qui le souvenir d'une ancienne grandeur eût plus de poids que le sentiment d'une indépendance récente, et qui pût regarder la demande qui lui serait faite comme un acte de haute dignité et de gracieuse clémence. Mais il ne voyait personne dont l'esprit fût ainsi disposé. — Je crois que notre soupe aussi sera assez froide, se disait-il, le chorus de la *Soupe froide d'Aberdeen* venant de nouveau frapper ses oreilles. Le ministre? — il devait sa présentation au feu lord; mais ils avaient eu querelle au sujet des dîmes. — La femme du brasseur? — elle avait fait longtemps crédit, — et le mémoire était encore à payer; — et à moins que la dignité de la famille ne le commandât absolument, ce serait péché de mettre une veuve dans la peine. Personne n'était aussi à même — mais aussi personne ne serait proba-

CHAPITRE XII.

blement moins disposé à se montrer son ami, en cette occasion, que Gibbie Girder, l'homme aux baquets et aux barriques déjà mentionné, celui-là même qui s'était mis à la tête de l'insurrection au sujet de la redevance d'œufs et de beurre. — Au surplus, se dit Caleb en lui-même, tout dépend de prendre les gens du bon côté. J'ai eu autrefois le malheur de dire qu'il n'était qu'un Johnny Newcome [1] dans le village, et le rustre s'est toujours montré, depuis ce temps-là, mal disposé pour la famille. Mais il a épousé une jeune et jolie fille, Jeanne Lightbody [2], la fille du vieux Lightbody qui était au service de Loup the Dyke [3]; — et le vieux Lightbody avait lui-même épousé Marion, qui était dans la famille au service de mylady, il y a une quarantaine d'années. — J'ai eu plus d'un jour de gaîté avec la mère de Jeanne, et on dit qu'elle demeure avec eux. — Si quelqu'un a pu amasser des jacobus et des georges [4], c'est le drôle; — et il est sûr que c'est lui faire un honneur qu'il n'a jamais mérité de notre part, le vilain sournois. Et quand bien même il perdrait avec nous, il en serait encore quitte à bon marché. Il peut bien perdre cela.

Secouant donc toute irrésolution, et faisant tout à coup volte-face, Caleb revint promptement sur ses pas jusqu'à la maison du tonnelier, leva le loquet sans cérémonie, et se trouva derrière le *hallan* ou mur de séparation, d'où il pouvait, sans être aperçu, reconnaître l'intérieur du *but*, ou cuisine de la maison.

Ce qu'il vit offrait un contraste saisissant avec le triste ménage du château de Wolf's Crag. Un feu pétillant ronflait dans la cheminée du tonnelier. D'un côté était sa femme, dans ses plus beaux atours, mettant la dernière main à sa parure des jours de fête, tout en contemplant, dans un morceau de miroir, que pour sa commodité elle avait placé sur un des rayons du *bink* ou dressoir, une fort jolie figure qu'épanouissait une expression de bonne humeur. Sa mère, la vieille Luckie [5] Loup the Dyke, aussi joyeuse luronne qu'il y en eût à vingt milles à la ronde, au dire unanime des commères du voisinage, était assise au coin du feu dans toute la splendeur d'une robe de gourgouran, d'un collier d'ambre et d'un *cockernony* [6] bien blanc, fumant une pipe de tabac, et surveillant les affaires de la cuisine. Devant l'âtre flambant, — spectacle plus attrayant pour le cœur anxieux et les entrailles faméliques du désolé sénéchal que la vue de la femme la plus accorte ou de la plus joyeuse commère, — bouillonnait le contenu d'un

---

[1] Littéralement « un Jean Nouveau-Venu. » (L. V.)
[2] Corps-Léger.
[3] Saute-Fossé.
[4] Termes équivalents à nos expressions de *napoléons* et de *louis*. (L. V.)
[5] Terme familier en Écosse pour désigner *la ménagère*, et qui peut se rendre par notre expression *la mère*. (L. V.)
[6] Sorte de coiffe. (L. V.)

arge pot, ou plutôt d'une énorme marmite, d'où s'exhalait une vapeur pénétrante de bouillon de bœuf; en même temps qu'en avant de la marmite deux broches étaient mises en mouvement par les deux apprentis du tonnelier assis aux coins opposés de l'âtre, l'une chargée d'un quartier de mouton, l'autre ornée d'une oie grasse et d'une couple de canards sauvages. La vue et le fumet d'une pareille terre de cocagne achevèrent presque d'abattre les esprits défaillants de Caleb. Il se détourna un moment pour reconnaître le *ben*, ou salle intérieure [1], et ce qu'il y vit n'était guère moins mortifiant : — une grande table ronde dressée pour dix ou douze personnes, et *décorée* (selon son expression favorite) d'une nappe aussi blanche que la neige, de larges flacons d'étain, avec une couple de coupes d'argent, dont le contenu était probablement digne de leur brillant extérieur; de tranchoirs [2] bien propres, de cuillers, de couteaux et de fourchettes, le tout affilé, luisant, tout prêt à l'action, et disposé comme pour un festin.

— Ce misérable rustre de fabricant de barriques a le diable au corps! murmura Caleb, partagé entre l'étonnement et l'envie; c'est une honte de voir de pareilles gens se farcir le gosier d'une aussi bonne chère. Mais si je n'en fais pas passer une partie ce soir par le chemin de Wolf's Crag, je ne m'appelle pas Caleb Balderstone.

Dans cette résolution, il franchit l'entrée de la cuisine, et alla, avec courtoisie, embrasser la mère et la fille. Wolf's Crag était la cour de la baronnie, et Caleb le premier ministre de Wolf's Crag; et on a toujours remarqué que bien que les sujets masculins qui paient les taxes voient parfois d'un mauvais œil les courtisans qui les imposent, ceux-ci n'en sont pas moins bienvenus près du beau sexe, qu'ils mettent au courant des caquetages les plus nouveaux et des modes les plus récentes. Les deux dames accueillirent donc à l'envi le vieux Caleb, et lui tendirent la joue avec un égal empressement.

— Eh, mon Dieu, M. Balderstone, est-ce bien vous? — c'est une consolation de vous voir [3]. — Asseyez-vous, — asseyez-vous; le *bonhomme* sera enchanté de vous voir; — vous ne l'aurez jamais vu si réjoui de votre vie. Nous baptisons notre petit dernier ce soir, comme vous l'aurez su, et sûrement vous resterez à voir la cérémonie. — Nous avons tué un mouton, et un de nos garçons est allé au marais avec son fusil; — vous aimiez le gibier?

— Non, — non, bonne femme, dit Caleb; je ne suis venu que

---

[1] En Écosse on nomme *ben* la pièce intérieure d'une maison qui n'en a que deux; l'autre est ordinairement la cuisine ou *but*, en avant de laquelle s'élève le *hallan*, qui la sépare de la porte d'entrée. (L. V.)

[2] Assiettes de bois. (L. V.)

[3] *A sight of you is gude for sair een*; littéralement: *Votre vue est bonne pour des yeux malades*; phrase proverbiale. (L. V.)

pour vous faire mon compliment, et j'aurais été bien aise de parler au bonhomme. Mais... Et il fit un mouvement comme pour partir.

— Vous ne partirez pas comme ça, reprit la vieille mère en riant et en l'arrêtant, avec une liberté qui leur rappelait leur ancien temps ; qui sait quel mal ça pourrait amener sur le *bairn* [1], si vous vous en alliez de cette façon-là?

— Mais je suis très-pressé, bonne femme, répliqua le sommelier, tout en se laissant entraîner jusqu'à un siège sans beaucoup de résistance ; et quant à manger — car il s'aperçut que la maîtresse du logis courait mettre un tranchoir pour lui, — quant à manger... ouf! nous n'en pouvons plus là-haut à force de manger du matin au soir. — C'est un honteux épicurisme ; mais voilà ce que nous avons gagné à l'arrivée de ces sacs à pouddings anglais.

— Fi donc ! — ne pensez pas aux pouddings anglais, dit la vieille mère Lightbody ; goûtez des nôtres, M. Balderstone. — Il y a là du poudding noir et des saucisses blanches [2] ; — goûtez de ce que vous aimez le mieux.

— Tous deux sont bons, — tous deux excellents, — rien ne peut être meilleur ; mais très-peu de chaque me suffira, car je sors à peine de dîner (le malheureux n'avait rien pris depuis le lever du soleil). Mais je ne voudrais pas faire un affront à vos talents de ménagère, bonne femme ; et, avec votre permission, je vais les envelopper dans ma serviette, et je les mangerai ce soir à mon souper, car je suis las de la pâtisserie et de la sotte cuisine de Mysie. — Vous savez que j'ai toujours préféré les friandises du pays, Marion, — et les filles du pays aussi (en jetant une œillade à la femme du tonnelier). — Que je ne goûte jamais une bouchée de pain si elle n'est pas embellie depuis qu'elle a épousé Gilbert, et c'était déjà la plus jolie fille de la paroisse et des environs. — Mais belle vache, joli veau [3].

Les deux femmes sourirent en elles-mêmes au compliment, et elles sourirent de nouveau en se regardant, quand elles virent Caleb envelopper les pouddings dans une serviette qu'il avait apportée avec lui, comme un dragon emporte son sac à fourrager pour y loger ce qui lui pourra tomber sous la main.

— Et quelles nouvelles au château? demanda la bonne femme.

— Des nouvelles? — les meilleures nouvelles que vous ayez jamais entendues. — Le lord garde des sceaux est là-haut avec sa jolie fille, tout prêt à la jeter à la tête de mylord, si mylord ne voulait pas la lui prendre des bras ; et je garantis qu'il attachera nos anciennes terres de Ravenswood à la queue de sa robe.

---

[1] Enfant. (L. V.)

[2] *White-hass*, hachis blanc. Saucisses de farine d'avoine et de graisse. (L. V.)

[3] *Gawsie cow, goodly calf*; proverbe écossais. L. V.)

— Eh, sirs¹! — en vérité? — Et voudra-t-il d'elle? — Est-ce une fille de bonne mine? — De quelle couleur sont ses cheveux? — S'habille-t-elle à l'anglaise ou à l'écossaise? Telles furent les questions dont les deux femmes accablèrent à la fois le sommelier.

— Ta, ta, ta! — il faudrait la journée d'un homme pour répondre à toutes vos questions, et c'est à peine si j'ai une minute. Où est donc le bonhomme?

— Il est à chercher le ministre, répondit mistress Girder, le précieux² M. Bide-the-Bent de Moss-Head. — Le digne homme a gagné les rhumatismes à se tenir caché dans les montagnes, au temps de la persécution.

— Oui-da! — un whig, un homme des montagnes³, — rien que cela? dit Caleb d'un ton d'aigreur qu'il ne put réprimer. — J'ai vu le temps, Luckie, où le digne M. Cuffcushion et le livre d'heures auraient été votre affaire, — et celle de toute honnête femme en pareille circonstance, ajouta-t-il en se tournant vers la ménagère du tonnelier.

— Et c'est vrai tout de même, répondit mistress Lightbody; mais qu'est-ce qu'on y peut faire? — Il faut que Jeanne chante ses psaumes et mette sa coiffe de la manière qui convient au bonhomme, et non pas d'une autre façon; car il est le maître et plus que le maître à la maison, M. Balderstone, je puis le dire.

— Oui, oui; et c'est aussi lui qui tient les cordons de la bourse? repartit Caleb, aux projets de qui la suprématie masculine ne présageait pas grand'chose de bon.

— Jusqu'au dernier penny, M. Balderstone; — mais il la tient aussi coquette qu'une marguerite, comme vous voyez, — de façon qu'elle n'a pas trop à se plaindre. — Pour une mieux qu'elle, il y en a dix pires.

— Bien, bien, bonne femme : crête basse, mais non arrachée⁴, je comprends. Ce n'était pas par ce chemin-là que vous faisiez marcher votre bonhomme; mais chaque terre a sa coutume⁵. Il faut que je m'en aille. — Je voulais seulement glisser dans l'oreille du bonhomme que je leur ai entendu parler, là-haut, de la mort de Peter Puncheon⁶, le tonnelier des magasins de la reine au Timmer-Burse⁷ de Leith; — de sorte que j'avais pensé que peut-être un mot de mylord au lord

---

¹ (Prononcez *seurs*). Littéralement, eh messieurs! C'est une exclamation très-commune dans la bouche des Écossais des basses classes. (L. V.)

² *Precious*; qualification que les puritains accolaient généralement au nom de leurs ministres. (L. V.)

³ *Mountain-Man*; épithète que l'on donnait aux puritains que la persécution obligea longtemps de demeurer, cachés et errants, au milieu des montagnes. (L. V.)

⁴ *Crest-fallen but not beaten off*; proverbe écossais. (L. V.)

⁵ *Ilka land has its ain lauch*; autre proverbe écossais. (L. V.)

⁶ Pierre Poinçon.

⁷ Marché au Merrain. Leith est le port d'Édimbourg. (L. V.)

garde des sceaux aurait pu être utile à Gilbert. Mais puisqu'il n'est pas ici...

— Oh! il faut que vous l'attendiez, dit la vieille. J'ai toujours dit au bonhomme que vous lui vouliez du bien ; mais il prend la mouche au moindre mot.

— Hé bien, j'attendrai jusqu'à la dernière minute dont je puis disposer.

— Ainsi donc, reprit la gentille ménagère de M. Girder, vous pensez que cette miss Ashton est jolie? — Et vraiment il faut qu'elle le soit, pour convenir à notre jeune lord, qui a une figure, et une main, et une tenue à cheval qui iraient au fils d'un roi. — Savez-vous qu'il regarde toujours à ma fenêtre, M. Balderstone, quand il traverse le village sur son cheval? Aussi, je puis savoir aussi bien que personne comment il est fait.

— Je le crois bien, repartit Caleb ; car j'ai entendu dire à Sa Seigneurie que la femme du tonnelier avait l'œil le plus noir de la baronnie. Et je lui ai dit : Ça peut bien être, mylord, car sa mère était de même avant elle, comme je l'ai su à mes dépens ; — eh! Marion? — Ha! ha! ha! — Ah! c'était un joyeux temps!

— Fi donc! vieux fou, dit la vieille Marion ; est-ce qu'on dit de pareilles balivernes devant les jeunes femmes ? — Hé bien, Jeanne, est-ce que vous n'entendez pas le *bairn* qui crie? Je garantis que c'est cette terrible fièvre qui l'aura encore repris [1].

Mère et grand'mère se levèrent précipitamment, et coururent en se coudoyant vers quelque coin éloigné de la maison où était déposé le petit héros de la soirée. Dès que Caleb se vit le champ libre, il aspira une prise stimulante pour s'affermir et se fortifier dans sa résolution.

— Que je sois débaptisé, se dit-il, si Bide-the-Bent ou Girder goûte ce soir de cette broche de canards sauvages ! Puis, s'adressant au plus âgé des deux tourne-broches, jeune garçon d'une dizaine d'années, il lui dit, en lui mettant un penny [2] dans la main : Voilà deux pennies [3], mon petit ami ; portez-les chez mistress Sma'trash, et dites-lui de remplir ma tabatière ; je tournerai la broche pour vous en vous attendant.

— Et elle vous donnera un morceau de pain d'épice pour votre peine.

L'enfant ne fut pas plutôt parti pour sa commission, que Caleb, regardant en face le second tourne-broche d'un air grave et sévère, ôta du feu la broche portant les canards sauvages dont il avait pris la charge, enfonça son chapeau sur sa tête, et décampa résolument avec son trophée. Il ne s'arrêta qu'un instant à la porte du cabaret, pour

---

[1] *Weid*, froid de fièvre ; c'est le nom qu'on donne en Écosse à une affection à laquelle les enfants et les femmes sont sujets. (W. S.)

[2] Sou anglais ; à peu près dix centimes. (L. V.)

[3] En monnaie d'Écosse. (W. S.)

dire en deux mots que M. Bucklaw ne comptât pas pour ce soir-là sur un lit au château.

Si ce message fut par trop laconique dans la bouche de Caleb, il devint tout à fait grossier en passant par l'intermédiaire d'une hôtelière campagnarde ; et un homme plus calme et plus posé que Bucklaw aurait bien pu en être, comme ce dernier, vivement irrité. Le capitaine Craigengelt proposa, aux applaudissements unanimes de tous les assistants, de donner la chasse au vieux renard (désignant Caleb), avant qu'il n'eût regagné son terrier, et de le berner sur une couverture ; mais Lockhard intima d'un ton d'autorité, aux gens de son maître et à ceux de lord Bittlebrains, que sir William Ashton serait sérieusement mécontent de la moindre insulte faite au serviteur du Maître de Ravenswood. Leur ayant ainsi parlé de manière à prévenir toute agression de leur part, il quitta l'auberge, emmenant avec lui deux domestiques chargés d'autant de provisions qu'il avait pu s'en procurer, et rejoignit Caleb au moment où celui-ci sortait du village.

CHAPITRE XIII.

> Dois-je prendre quelque chose de vous? — Il est vrai que tout à l'heure j'ai demandé, et qui pis est dérobé un présent; et, ce qui est pis que tout le reste, que j'y ai perdu mon latin. *Esprit sans argent.*

La figure du jeune garçon, seul témoin de l'infraction de Caleb aux lois de la propriété et de l'hospitalité, aurait fait un bon tableau. Il était resté immobile, comme s'il eût vu se lever devant lui quelqu'une de ces apparitions de l'autre monde dont il avait entendu raconter des histoires dans les soirées d'hiver; et oubliant son propre devoir, il avait cessé de tourner la broche remise à sa charge, et ajouté ainsi aux malheurs de cette journée celui de laisser réduire le quartier de mouton en une masse charbonneuse. Il fut tiré de sa stupéfaction par un soufflet que lui administra de tout cœur dame Lightbody, qui était une femme d'une charpente vigoureuse (n'importe sous quel autre rapport elle avait pu justifier son nom [1]), et fort experte dans l'usage de ses mains, comme on disait que son défunt mari l'avait éprouvé à ses dépens.

— Pourquoi avez-vous laissé brûler le rôti, mauvais bandit de bon-à-rien?

— Je ne sais pas, dit l'enfant.

— Et où est ce mauvais garnement de Giles?

— Je ne sais pas, répondit en sanglotant le témoin stupéfait.

— Où est M. Balderstone? — et par-dessus tout, au nom du conseil et de l'assemblée de l'Église, sauf respect, où est la broche aux canards sauvages?

Comme mistress Girder rentra en ce moment, et joignit ses exclamations à celles de sa mère, glapissant à une oreille de l'enfant, tandis que l'autre était assourdie par les cris de la matrone, elles réussirent si bien à étourdir le pauvre diable, qu'il fut, pendant quelque temps, hors d'état de dire un seul mot de son histoire; et ce fut seulement au retour de l'aîné des deux garçons que la vérité commença à luire à leurs esprits.

— Bon Dieu! exclama mistress Lightbody, qu'est-ce qui aurait cru Caleb Balderstone capable de jouer un pareil tour à une ancienne connaissance?

---

[1] Nous avons vu que *Lightbody* signifie Corps-Léger. (L. V.)

— Oh! malheur sur lui! s'écria l'épouse de M. Girder; qu'est-ce que je vais dire au bonhomme? — Il va m'assommer, quand il n'y aurait pas d'autre femme dans tout Wolf's Hope.

— Taisez-vous, sotte que vous êtes! repartit la mère; non, non, — il y a assez de mal comme ça, mais ça n'en viendra pas là, pourtant; car s'il vous assomme, il faudra qu'il m'assomme aussi, et j'en ai fait reculer de plus forts. — Jeu de mains, vilain jeu [1]; — il ne faut pas nous effrayer d'un peu de criaillerie.

Le bruit des pas de chevaux annonça en ce moment l'arrivée du tonnelier et du ministre. Ils n'eurent pas plutôt mis pied à terre, qu'ils se dirigèrent vers le feu de la cuisine; car la soirée avait été refroidie par l'orage, et les bois étaient mouillés et fangeux. La jeune femme, forte du charme de sa robe et de sa coiffe du dimanche, se jeta à leur rencontre pour recevoir le premier choc, tandis que sa mère, semblable à la division de vétérans d'une légion romaine, restait à l'arrière, et se tenait prête à la soutenir au besoin. Toutes deux espéraient reculer la découverte de ce qui était arrivé, — la mère, en s'interposant d'un air affairé entre M. Girder et le feu; la fille, par l'extrême cordialité avec laquelle elle reçut le ministre et son mari, et les craintes qu'elle exprima « qu'ils n'eussent pris froid. »

— Froid? dit le mari d'un ton bourru, — car il n'était pas de cette classe de seigneurs et maîtres dont les femmes sont vice-rois souverains, — nous aurons assez froid, j'pense, si vous n'nous laissez pas approcher du feu.

Et en même temps il se fit jour à travers les deux lignes de défense. Or, comme il avait toujours l'œil soigneusement ouvert sur ses propriétés de toute nature, il s'aperçut tout d'abord de l'absence de la broche et de son savoureux fardeau.

— Que diable, femme...

— Fi donc! exclamèrent à la fois les deux femmes; et devant M. Bide-the-Bent!

— J'suis dans mon tort, reprit le tonnelier; mais...

— Avoir à la bouche le nom du grand ennemi de nos âmes, dit M. Bide-the-Bent, c'est...

— J'suis dans mon tort, réitéra le tonnelier

— C'est nous livrer nous-mêmes à ses tentations, poursuivit le révérend moniteur; c'est l'inviter, c'est en quelque sorte le forcer de mettre de côté ses autres machinations près des malheureux qu'il convoite, pour s'attacher à ceux dans les discours desquels son nom revient fréquemment.

— Bien, bien, M. Bide-the-Bent; qu'est-ce qu'un homme peut faire de plus qu'de reconnaître qu'il est dans son tort? Mais laissez-moi

---

[1] *Hands off is fair play;* proverbe écossais. (L. V.)

tant seulement demander aux femmes pourquoi on a mis les canards sauvages sur table avant que j'soyons arrivés.

— Ils ne sont pas sur table, Gilbert, dit sa femme; c'est... c'est un accident...

— Quel accident? s'écria Gilbert, l'œil flamboyant; — y n'leur est pas arrivé malheur, j'espère! Eh?

Sa femme, qui avait grand'peur de lui, n'osa répliquer; mais la mère s'avança vivement à son secours, les deux bras portés en avant, et répondit : — Je les ai donnés à une connaissance à moi, Gibbie Girder; qu'y a-t-il à dire?

Cet excès d'assurance ôta pour un instant la parole à Girder. — Et *vous* avez donné les canards sauvages, l'meilleur d'not' dîner d'baptême, à un ami à vous, vieille sorcière! reprit-il enfin. Et quel peut être *son* nom, s'il vous plaît?

— Rien que le digne M. Caleb Balderstone de Wolf's Crag, répondit Marion, prompte à la réplique et préparée au combat.

La fureur de Girder ne connut plus de bornes. Si quelque chose pouvait ajouter à la colère qu'il éprouvait, c'était que ce don extravagant eût été fait à notre ami Caleb, contre lequel, pour des raisons auxquelles le lecteur n'est pas étranger, il nourrissait un vif ressentiment. Il leva sa houssine contre la vieille matrone; mais celle-ci resta ferme à sa place, brandissant d'un air intrépide la cuiller de fer dont elle venait de se servir pour *flamber* (c'est-à-dire arroser) le quartier de mouton. Son arme était certainement la plus redoutable des deux, et son bras n'était pas le plus faible; de sorte que Gilbert pensa que le plus sûr était de se retourner sur sa femme, laquelle, pendant tout ce temps, n'avait cessé de pousser une espèce de sanglot entrecoupé qui avait grandement ému le ministre, le plus simple et le meilleur des hommes. — Et vous, ignare sans cervelle, vous êtes restée là tranquillement à regarder donner mon bien à un domestique paresseux, à un ivrogne, à un vieux réprouvé, parce qu'il chatouille les oreilles d'une vieille folle par ses belles paroles, où il y a un mensonge sur deux mots? — J'vas vous donner...

Ici le ministre s'interposa de paroles et d'action, en même temps que dame Lightbody se jetait devant sa fille en brandissant sa cuiller à pot.

— Est-ce que j'n'pourrai pas corriger ma femme? s'écria le tonnelier indigné.

— Vous pouvez corriger votre femme si vous voulez, répondit dame Lightbody; mais vous ne lèverez jamais un doigt sur ma fille comptez-y bien.

— Par honte, M. Girder! dit l'ecclésiastique; c'est à quoi je me serais peu attendu de votre part, que vous lâcheriez la bride à vos passions coupables contre votre plus proche et votre plus chère; et ce soir, encore, quand vous êtes appelé à remplir le devoir le plus solennel d'un père chrétien; et tout cela, pourquoi? pour une superfluité de recherche temporelle, aussi méprisable qu'inutile.

— Méprisable! fit le tonnelier; la meilleure oie qui ait jamais marché sur le chaume! les deux plus beaux canards sauvages qui s'soient jamais mouillé une plume!

— D'accord, voisin, répliqua le ministre; mais voyez quelles superfluités sont encore à tourner devant votre feu. J'ai vu le jour où dix des bannocks[1] que voilà sur ce buffet auraient été une friandise recherchée pour autant d'hommes qui souffraient la faim sur les hauteurs et dans les marais, et dans les cavernes de la terre, par amour pour l'Évangile.

— Et c'est c'qui m'vexe plus qu'tout l'reste, repartit le tonnelier, qui aurait voulu voir quelqu'un sympathiser avec sa colère, laquelle, il faut l'avouer, n'était pas tout à fait sans cause. Si la vieille avait donné ça à que'que saint souffrant, ou à tout autre qu'à c't'enragé scélérat, à un tory menteur et oppresseur, qui marchait avec la troupe réprouvée des milices, quand le vieux tyran Allan Ravenswood, qui est allé où sa place était marquée, la commandait à Bothwell-Bridge contre les saints, j'm'en serais moins soucié. Mais donner le meilleur du dîner à un homme comme celui-là!...

— Hé bien, Gilbert, reprit le ministre, ne voyez-vous pas en ceci un jugement d'en-haut? — On n'a pas vu la semence du juste mendier son pain; — pensez au fils d'un puissant oppresseur qui en est arrivé à couvrir sa table du superflu de la vôtre.

— Et puis, dit la femme, ce n'est pas non plus pour lord Ravenswood, comme il le saurait déjà s'il laissait les gens parler; — c'était pour aider à traiter le lord garde des sceaux, comme on l'appelle, qui est là-haut à Wolf's Crag.

— Sir William Ashton à Wolf's Crag! s'écria avec un accent d'étonnement l'homme aux cerceaux et aux douves.

— Et comme la main et le gant avec lord Ravenswood, ajouta dame Lightbody.

— Sotte radoteuse! — le vieux bavard qui vous a tiré les vers du nez vous ferait croire que la lune est faite de fromage mou. Le lord garde des sceaux et Ravenswood! eux qui sont comme chien et chat, comme lièvre et lévrier.

— Je vous dis qu'ils sont comme homme et femme, et qu'ils s'accordent mieux que certains autres qui le sont tout de bon, riposta la belle-mère; et sans compter que Peter Puncheon, le tonnelier des magasins de la reine, est mort, que sa place est à donner, et...

— Le bon Dieu nous protége! Ferez-vous taire vos langues? inter-

---

[1] Gâteaux plats d'avoine. (L. V.)

rompit Girder; — car il est bon de faire remarquer que cette explication fut donnée en chorus par les deux femmes à la fois, la plus jeune, encouragée par le tour du débat, relevant les paroles de sa mère en les répétant sur un diapason plus aigu.

— La maîtresse ne dit rien que de vrai, maître, dit le principal ouvrier de Girder, qui était arrivé durant l'altercation. J'ai vu tout à l'heure les domestiques du lord garde des sceaux boire et godailler chez la mère Sma'trash.

— Et leur maître est là-haut à Wolf's Crag? dit Girder.

— Oui, en vérité, répondit l'homme de confiance.

— Et ami avec Ravenswood?

— C'est tout comme, puisqu'il couche chez lui.

— Et Peter Puncheon est mort?

— Oui, oui; — Puncheon a fini par couler à fond, le vieux coquin; il s'est chargé d'assez d'eau-de-vie dans son temps. — Mais pour ce qui est de la broche et du canard sauvage, la selle n'est pas encore enlevée du dos de votre jument, maître, et je peux courir après et les rattraper; car M. Balderstone n'est pas encore bien loin du village.

— Hé bien, faites, Will; — mais écoutez. — Je vous dirai ce qu'il faudra faire quand vous l'aurez rejoint.

Il soulagea les deux femmes de sa présence, et fut donner à Will ses instructions secrètes.

— Voilà une belle imagination, dit la belle-mère quand le tonnelier rentra dans la cuisine; envoyer cet innocent garçon après un homme armé, vous qui savez que M. Balderstone porte toujours une rapière, et quelquefois un dirk [1] par-dessus le marché!

— J'espère, dit à son tour le ministre, que vous avez bien réfléchi à ce que vous avez fait, et que vous ne vous serez pas rendu le moteur d'un combat au sujet duquel mon devoir est de vous dire que celui qui y donne lieu, quoiqu'il n'ait pas frappé lui-même, n'en est en aucune façon innocent.

— N'tourmentez pas vot' barbe, M. Bide-the-Bent, répliqua Girder; les femmes d'un côté, le ministre de l'autre, il n'y aurait pas moyen d'souffler, ici. — Je sais comment tourner ma caque [2]. — Jeanne, servez l'dîner, et qu'il ne soit plus question d'tout ça.

Dans tout le cours de la soirée, il ne fit plus, en effet, la moindre allusion aux lacunes du souper.

Sur ces entrefaites, le messager de Girder, monté sur le coursier de son maître, et muni de ses ordres spéciaux, courait à toute bride à la poursuite du maraudeur. Caleb, comme on peut bien l'imaginer, ne flânait pas sur la route. Il fit même trêve à son goût décidé pour la

---

[1] Poignard; c'est notre dague. (L.V.)

[2] Proverbe écossais. La caque est une sorte de baril. (L. V.)

causerie, afin de faire plus de diligence, — se bornant à dire à M. Lockhard qu'il avait fait donner quelques tours de broche aux canards par la femme du pourvoyeur, de peur que Mysie, à qui le tonnerre avait fait une peur effroyable, n'eût pas suffisamment réparé la grille à feu de la cuisine. En même temps, alléguant la nécessité d'être de retour à Wolf's Crag le plus tôt possible, il marchait d'un tel pas que ses compagnons avaient peine à le suivre. Il commençait déjà à se croire à l'abri de toute poursuite, ayant gagné le sommet de l'éminence qui sépare Wolf's Crag du village, quand il entendit le galop éloigné d'un cheval, et une voix qui lui criait par intervalles : — M. Caleb, — M. Balderstone ! — M. Caleb Balderstone ! — Holà ! hé ! — Attendez-moi un peu !

— Caleb, on peut le croire, n'avait nullement hâte de répondre à l'appel. D'abord il ne voulut rien entendre, et soutint à ses compagnons que c'était l'écho du vent ; puis il leur dit que ça ne valait pas la peine de s'arrêter ; puis enfin, faisant halte bien à contre-cœur, quand la figure du cavalier se détacha dans l'ombre, il concentra toutes ses pensées sur la tâche de défendre sa proie, prit une attitude pleine de dignité, tint en avant la pointe de la broche, qui pouvait, garnie comme elle l'était, faire à la fois pour lui l'office de pique et de bouclier, et résolut fermement de mourir plutôt que de la rendre.

Quel fut son étonnement, quand le garçon tonnelier, s'approchant de la petite caravane, et s'adressant à lui avec respect, lui dit que son maître était bien fâché de ne pas s'être trouvé chez lui quand M. Caleb y était venu, et qu'il regrettait qu'il n'eût pu rester au dîner du baptême ; et qu'il avait pris la liberté d'envoyer une petite barrique de canarie et un barillet d'eau-de-vie, ayant appris qu'il y avait des hôtes au château, et qu'on y était à court de préparatifs.

J'ai lu quelque part l'histoire d'un homme âgé, qu'un ours qui s'était débarrassé de sa muselière poursuivait à outrance. Tout à fait épuisé, le malheureux, dans un accès de désespoir, se retourna sur *Bruin*[1], la canne levée. A la vue du bâton, l'instinct de la discipline reprit le dessus, et l'animal, au lieu de déchirer l'homme, se dressa sur son train de derrière, et se mit sur-le-champ à danser une sarabande. La joyeuse surprise du vieillard, en se voyant ainsi inopinément hors d'un péril sous lequel il s'était cru sur le point de succomber, fut à peine égale à celle de notre excellent ami Caleb, quand il vit que le poursuivant était disposé à ajouter à sa prise, loin de l'en vouloir dépouiller. Il revint cependant bientôt de sa surprise, quand le garçon tonnelier, perché entre les deux barils attachés de chaque côté de sa monture, se pencha vers le vieux sommelier, et lui dit à l'oreille : Si on pouvait faire quelque chose au sujet de la place de Peter Pun-

---

[1] Nom populaire de l'ours. (L. V.)

CHAPITRE XIII.

cheon, John Girder donnerait au Maître de Ravenswood mieux qu'une paire de gants neufs; et il serait charmé de dire deux mots à ce sujet à M. Balderstone, qui le trouverait pliant comme une baguette d'osier en tout ce qu'il pourrait désirer de lui.

Caleb entendit cette communication de la manière qu'affectionnaient tous les grands, à l'exemple de Louis XIV : Nous verrons cela; puis il ajouta à haute voix, pour l'édification de M. Lockhard :—Votre maître a agi avec la civilité et l'attention convenables, en envoyant les liqueurs, et je ne manquerai pas d'en rendre compte comme je le dois à mylord Ravenswood. Écoutez, mon garçon, ajouta-t-il, vous pouvez pousser jusqu'au château, et si aucun des domestiques n'est de retour, ce qui est à craindre, car ils courent les champs dès qu'on n'a pas les yeux sur eux, vous pourrez mettre les deux barils dans la loge du portier, qui est à droite de la grande entrée. — Le portier a obtenu la permission d'aller voir ses parents; ainsi vous n'y rencontrerez personne.

Le garçon tonnelier, ayant reçu les instructions du sommelier, prit les devants; et après avoir déposé les caques dans la loge déserte et délabrée du portier, il sortit du château sans y avoir vu âme qui vive. Ayant ainsi exécuté les ordres de son maître, et ôté son bonnet à Caleb et à ses compagnons lorsqu'il repassa près d'eux en retournant au village, il revint prendre sa part de la fête du baptême[1].

[1] *Voyez* la note A, à la fin du volume.

CHAPITRE XIV

> De même qu'au souffle du vent d'automne les feuilles desséchées dansent leurs rondes capricieuses, ou que de la porte de la grange la paille légère séparée du blé vanné est emportée vers les nues : ainsi, non moins incertains, non moins mobiles, les desseins des mortels sont détournés par le souffle du Ciel du but qu'ils voulaient atteindre.
>
> *Anonyme.*

Nous avons laissé Caleb Balderstone au milieu du triomphe que lui valait le succès de ses divers exploits pour l'honneur de la maison de Ravenswood. Lorsqu'il eut passé en revue et mis en ordre ses plats de différente sorte, une plus royale abondance n'avait pas été vue à Wolf's Crag depuis le festin de funérailles de son défunt seigneur. Grand fut l'orgueil du majordome en *décorant* la vieille table de chêne d'une nappe blanche, et en y déposant la carbonade de venaison et les rôtis d'oiseaux sauvages, en même temps que de temps à autre il lançait un regard expressif à son maître et à ses hôtes, comme pour leur reprocher leur incrédulité; et durant la soirée, Lockhard fut régalé d'une foule d'histoires plus ou moins vraies, au sujet de l'ancienne grandeur de Wolf's Crag et de la domination de ses barons sur le pays avoisinant.

— Un vassal regardait à peine un veau ou un agneau comme à lui, M. Lockhard, jusqu'à ce qu'il eût d'abord demandé si le bon plaisir du lord de Ravenswood était de les accepter. Dans ce temps-là, on était obligé de demander le consentement du lord pour se marier, et on compte mainte joyeuse histoire sur ce droit, ainsi que sur d'autres. Et quoique le temps d'à présent ne ressemble plus au bon vieux temps, quand l'autorité était en honneur, il n'en est pas moins vrai, M. Lockhard, et vous-même avez pu en partie le remarquer, que nous autres Ravenswood nous nous efforçons de maintenir, par tout exercice juste et légitime de l'autorité baroniale, ces rapports qui doivent exister entre le supérieur et le vassal, et qui courent le risque de tomber en désuétude par suite de la licence générale et de l'absence de discipline de ces malheureux temps d'aujourd'hui.

— Hum! fit M. Lockhard. Et puis-je vous demander, M. Balderstone, si vous trouvez vos gens du village ici près bien traitables? Car je dois vous dire qu'au château de Ravenswood, appartenant maintenant à mon maître le lord garde des sceaux, vous n'avez pas laissé derrière vous les tenanciers les plus dociles du monde.

— Ha! M. Lockhard, il faut considérer qu'il y a eu changement de mains, et que l'ancien lord pouvait attendre deux services de ces gens-là, quand le nouveau venu n'en peut obtenir un. C'était une race hargneuse et remuante, que ces tenanciers de Ravenswood, et il n'était pas aisé de vivre avec eux quand ils ne connaissaient pas leur maître; — et si une fois votre maître les pousse à bout, le pays tout entier n'en pourra pas avoir raison.

— En vérité, si c'est là le cas, je pense que le parti le plus sage pour nous tous serait d'arranger promptement un mariage entre votre jeune lord et notre jolie jeune lady, qui est là-haut; sir William pourrait attacher votre ancienne baronnie à la manche de la mariée, et il en aurait bientôt retrouvé une de manière ou d'autre, habile comme il est.

Caleb secoua la tête. — Je souhaite que cela arrive, M. Lockhard. Il y a d'anciennes prophéties au sujet de cette maison, que je ne voudrais pas que mes vieux yeux vissent s'accomplir; car j'ai déjà vu bien assez de mal.

— Bah! ne vous embarrassez pas des vieilles prophéties; si les jeunes gens s'aiment l'un l'autre, ce sera un charmant couple. Mais, à vrai dire, il y a dans le coin de notre salle certaine dame qui voudra mettre la main à cette affaire-là, comme à toutes les autres. Au surplus, il n'y a pas de mal à boire à leur santé, et je vais remplir pour mistress Mysie un verre de canarie de M. Girder.

Tandis que le bon accord régnait ainsi à la cuisine, les hôtes de la salle n'étaient pas moins agréablement occupés. Dès que Ravenswood se fut décidé à offrir au lord garde des sceaux l'hospitalité de son toit, il se regarda comme obligé de montrer l'air ouvert et les manières courtoises d'un amphitryon heureux de la visite qu'il reçoit. On a souvent fait la remarque que lorsqu'un homme commence par jouer un rôle, il finit souvent par le prendre au sérieux. Au bout d'une heure ou deux, Ravenswood se vit avec surprise dans la situation de quelqu'un qui fait franchement de son mieux pour distraire des hôtes honorables et bienvenus. Jusqu'à quel point ce changement de disposition devait-il être attribué à la beauté de miss Ashton, à la simplicité de ses manières, à la facilité avec laquelle elle s'accommodait aux inconvénients de sa situation? — jusqu'à quel point aussi devait-on l'attribuer aux charmes insinuants de la conversation du lord-garde, que la nature avait doué à un degré remarquable de cette élocution qui captive l'oreille? c'est ce qu'il nous faut laisser à la pénétration du lecteur. Tout ce que nous pouvons dire, c'est que Ravenswood ne fut insensible ni à l'une ni à l'autre de ces deux séductions.

Le lord garde des sceaux était un vétéran politique, bien au fait des cours et des cabinets, et parfaitement au courant des diverses révolutions survenues dans les affaires publiques lors des derniers événements du XVIIe siècle. Il pouvait parler des hommes et des choses d'après ses observations personnelles, et d'une manière qui ne manquait pas de captiver l'attention ; et il avait l'art particulier, tout en ne disant jamais un mot qui pût le compromettre, de persuader à son auditeur qu'il ne mettait dans ses discours ni réserve ni réticence. Ravenswood, en dépit de ses préventions et de ses motifs réels de ressentiment, trouvait à l'écouter plaisir et instruction tout à la fois ; en même temps que l'homme d'état, qui s'était d'abord trouvé si embarrassé quand il s'était agi de se faire connaître, avait alors retrouvé toute l'aisance et la fluidité de paroles d'un des plus éminents légistes à langue dorée.

Sa fille parlait peu, mais elle souriait ; et ce qu'elle disait révélait une douceur, une égalité d'âme et un désir d'être agréable plus séduisants pour un homme aussi fier que Ravenswood que n'eût pu l'être l'esprit le plus brillant. Par-dessus tout, il ne put s'empêcher de remarquer que soit par gratitude, soit par quelque autre motif, il était de la part de ses hôtes, dans cette salle nue et déserte, l'objet d'attentions non moins respectueuses que s'il eût été entouré de toutes les recherches et de tous les moyens d'hospitalité convenables à sa naissance. Jamais une lacune n'était remarquée, ou si elle ne pouvait échapper à l'attention, elle devenait toujours une occasion de louer l'adresse avec laquelle Caleb savait suppléer à l'absence d'objets indispensables. Là où un sourire était inévitable, c'était un sourire non d'ironie, mais de bonne humeur, presque toujours accompagné d'un compliment délicat, propre à montrer combien les mérites du noble amphitryon étaient estimés de ses hôtes, et combien peu ils songeaient aux choses dont ils étaient privés. Je ne pourrais assurer que la satisfaction intérieure de voir son mérite personnel balancer tous les désavantages de la fortune n'ait pas fait sur le cœur altier du Maître de Ravenswood une impression aussi favorable que la conversation du père de Lucy Ashton et la beauté de la fille.

L'heure du repos arriva. Le lord-garde et sa fille se retirèrent à leurs appartements, qui étaient plus convenablement *décorés* qu'on n'eût pu s'y attendre. Il est vrai que Mysie avait été aidée dans les arrangements nécessaires par une commère que la curiosité avait amenée du village à la Tour, et qui avait été arrêtée par Caleb et enrôlée de force pour le service domestique de la soirée. De sorte qu'au lieu de retourner chez elle décrire le costume et la personne de la « jeune grande dame, » elle se vit contrainte de remplir un rôle actif dans l'économie domestique de Wolf's Crag.

Selon la coutume du temps, le Maître de Ravenswood accompagna le lord garde des sceaux jusqu'à son appartement, suivi de Caleb, qui plaça sur la table, avec le cérémonial dû à des bougies, deux chandelles grossièrement fabriquées, telles qu'à cette époque les paysans seuls en faisaient usage, assujetties dans de misérables chandeliers de laiton, en guise de candélabres. Il ressortit aussitôt, et ne tarda pas à reparaître avec deux flacons de poterie (on s'était peu servi de la porcelaine, dit-il, depuis la mort de mylady), l'un rempli de vin des Canaries, et l'autre d'eau-de-vie [1]. Le canarie, sans égard aux chances de démenti qu'il pouvait courir, fut déclaré par lui être depuis vingt ans dans les caves de Wolf's Crag, quoique ce ne fût pas à lui, dit-il, à en parler devant Leurs Honneurs ; et quant à l'eau-de-vie, ajouta-t-il, c'était une liqueur bien connue, douce comme de l'hydromel et forte comme Samson : — elle était dans la maison depuis le mémorable banquet à la suite duquel le vieux Micklestob avait été tué au haut de l'escalier par Jamie de Jenklebrae, au sujet de l'honneur de la respectable lady Muirend, qui était jusqu'à un certain point une alliée de la famille ; et néanmoins....

— Pour abréger, M. Caleb, interrompit le garde des sceaux, voudrez-vous bien me favoriser d'un pot d'eau?

— A Dieu ne plaise que Votre Seigneurie boive de l'eau dans cette famille, répliqua Caleb, à la honte d'une maison aussi honorable !

— Si néanmoins c'est l'idée de Sa Seigneurie, dit le Maître en souriant, je crois que vous pouvez la satisfaire ; car, si je ne me trompe, il n'y a pas bien longtemps qu'on a bu de l'eau ici, et de bon cœur, qui plus est.

— Pour sûr, si c'est l'idée de Sa Seigneurie.... Et Caleb revint bientôt, portant une cruche du pur élément. — Il est sûr que Sa Seigneurie trouvera difficilement ailleurs de l'eau pareille à celle qui sort du puits de Wolf's Crag ; — néanmoins....

— Néanmoins il est temps que nous laissions le lord garde des sceaux prendre quelque repos dans cette modeste chambre, dit le Maître de Ravenswood, interrompant la loquacité de son intendant, lequel, s'avançant immédiatement vers la porte avec un salut respectueux, se disposa à précéder son maître hors de la chambre secrète.

Mais le lord-garde prévint le départ de son hôte. — Je n'ai qu'un mot à dire au Maître de Ravenswood, M. Caleb, et je pense qu'il m'excusera de vous faire attendre un moment.

Caleb sortit en s'inclinant une seconde fois plus bas encore que la première ; — et son maître demeura immobile, attendant, avec un extrême embarras, ce qui allait clore les événements d'une journée si chargée d'incidents inattendus.

— Maître de Ravenswood, dit sir William Ashton avec quelque hésitation, j'espère que vous comprenez trop bien la loi chrétienne pour souffrir que le soleil se couche sur votre colère.

Edgar rougit en répondant qu'il n'aurait pas lieu ce soir-là de mettre en pratique le devoir enjoint par la foi chrétienne.

— C'est ce que je n'aurais pas pensé, reprit sir William, après les

---

[1] *Voyez* la note B, à la fin du volume.

différents sujets de dispute et de litige qui se sont malheureusement présentés plus fréquemment qu'il n'était désirable ou nécessaire entre feu l'honorable lord votre père et moi.

— Je désirerais, mylord, répliqua Ravenswood agité d'une émotion qu'il avait peine à contenir, que s'il était question de ces circonstances, ce fût ailleurs que sous le toit de mon père.

— En tout autre moment, j'aurais senti la délicatesse du sentiment qui vous dicte cette répugnance ; mais maintenant je ne dois pas taire ce que je voulais dire. — J'ai trop souffert moi-même par suite de la fausse délicatesse qui m'empêcha de solliciter plus instamment ce qu'à la vérité j'avais fréquemment demandé, une communication personnelle avec votre père : — bien des peines d'esprit pour lui et pour moi auraient pu être prévenues par cette démarche.

— Cela est vrai, dit Ravenswood après un moment de réflexion ; j'ai entendu dire à mon père que Votre Seigneurie avait proposé une entrevue personnelle.

— Proposé, mon cher Maître? — Je la proposai en effet ; mais j'aurais dû l'implorer, la solliciter comme une grâce ; — j'aurais dû déchirer le voile que des personnes intéressées avaient étendu entre nous, et me montrer ce que j'étais, prêt à faire le sacrifice même d'une partie considérable de mes droits légaux, par égard pour des sentiments aussi naturels qu'il faut avouer qu'étaient les siens. Permettez-moi de dire en ma faveur, mon jeune ami, car c'est ainsi que je veux vous appeler, que si votre père et moi avions passé ensemble autant de temps que je dois à ma bonne fortune d'avoir passé aujourd'hui en votre compagnie, il se peut que le pays jouît encore de l'un des membres les plus respectables de son ancienne noblesse, et que je n'eusse pas eu à supporter le regret de me séparer en ennemi d'un homme dont j'admirais le caractère autant que je l'honorais.

Il porta son mouchoir à ses yeux. Ravenswood aussi fut ému ; mais il attendit en silence la suite de cette communication extraordinaire.

— Il est nécessaire, continua le lord garde des sceaux, il est convenable que vous sachiez qu'il y a eu entre nous un nombre de points dans lesquels, bien que j'aie cru devoir faire déterminer précisément, par l'arrêt d'une cour de justice, l'étendue de mes droits légaux, je n'ai cependant jamais eu l'intention de pousser l'exercice de ces droits au delà des limites de l'équité.

— Mylord, dit le Maître de Ravenswood, il n'est pas nécessaire de nous arrêter plus longtemps sur ce sujet. Ce que la loi vous donne ou vous a donné, vous en jouissez, — ou vous en devez jouir ; ni mon père ni moi n'aurions voulu rien recevoir à titre de faveur.

— De faveur? — Non, sans doute ; — vous m'avez mal compris, ou plutôt vous n'êtes pas légiste. Il est tel droit légalement bon, et soutenu comme tel, dont cependant un homme d'honneur ne voudra pas toujours se prévaloir.

— Tant pis, mylord.

— Allons, allons, vous parlez comme un jeune avocat ; votre passion entraîne votre esprit. Il reste encore entre nous bien des points à décider. Pouvez-vous me blâmer, moi qui aspire après la paix pour mes vieux jours, et quand je me trouve dans le château d'un jeune seigneur qui a sauvé la vie de ma fille et la mienne, de ce que je désire ardemment que ces points soient réglés sur les bases les plus libérales ?

Le vieillard avait pris en parlant la main passive du Maître de Ravenswood, et il mit ce dernier, quelles que pussent être ses dispositions antérieures, dans l'impossibilité de faire une autre réponse qu'une réponse d'assentiment. Souhaitant alors une bonne nuit à Edgar, sir William remit au lendemain matin la suite de leur conférence.

Ravenswood courut dans la salle, où il devait passer la nuit ; et pendant quelque temps, il la parcourut d'un pas pressé et inégal. Son ennemi mortel était sous son toit, et cependant il n'éprouvait à son égard ni les sentiments d'un ennemi féodal ni ceux d'un vrai chrétien. Il lui semblait qu'il était au delà de son pouvoir de lui pardonner comme chrétien, aussi bien que de se venger comme ennemi, et qu'il faisait un compromis bas et déshonorant entre son ressentiment contre le père et son affection pour la fille. Il se maudissait lui-même, en marchant à grands pas dans la salle, aux pâles rayons de la lune et à la lueur rougeâtre d'un âtre expirant. Il ouvrait les fenêtres et les refermait avec violence, comme si le grand air lui eût été à la fois nécessaire et insupportable. A la fin, cependant, ce torrent d'agitation se calma peu à peu, et Ravenswood se jeta dans la chaise où il se proposait de passer la nuit.

— Si réellement (telles furent les pensées plus calmes qui succédèrent à la première effervescence de sa passion), si réellement cet homme ne désire rien de plus que ce que la loi lui accorde ; — si même il est disposé à régler, sur un pied équitable, ses droits reconnus, de quoi pouvait se plaindre mon père ? — De quoi me plaindrais-je moi-même ? — Ceux sur qui nous avons conquis nos anciennes possessions tombèrent sous l'épée de mes ancêtres, laissant les terres et les revenus aux vainqueurs ; nous, nous succombons sous la force de la loi, trop puissante aujourd'hui pour la chevalerie écossaise. Entrons donc en composition avec les vainqueurs du jour, comme si nous avions été assiégés dans notre forteresse, et sans espoir de secours. Cet homme peut être différent de ce que j'avais cru, et sa fille... Mais j'ai résolu de ne pas penser à elle.

Il s'enveloppa dans son manteau, se laissa aller au sommeil, et rêva de Lucy Ashton jusqu'à ce que les premières lueurs de l'aube pénétrassent à travers les barreaux des fenêtres.

CHAPITRE XV.

> Nous autres gens du monde, quand nous voyons des amis, des parents, tombés dans le malheur sans espoir de retour, nous ne leur tendons pas la main pour les relever : nous leur appuyons plutôt le talon sur la tête pour les enfoncer tout à fait. C'est, j'en dois convenir, ce que j'ai fait avec vous ; mais aujourd'hui je vous vois en retour de fortune : je puis, je veux vous aider.
>
> *Nouvelle manière de payer d'anciennes dettes.*

Le lord garde des sceaux porta avec lui, sur une couche plus dure que celle où il était accoutumé de s'étendre, les mêmes pensées ambitieuses, les mêmes perplexités politiques qui chassent le sommeil du plus moelleux duvet dont ait jamais été formé le lit d'un grand. Il avait assez longtemps navigué parmi les courants contraires et les flots agités du temps, pour en connaître le danger et sentir la nécessité de tendre ses voiles au vent dominant, s'il voulait que son navire échappât au naufrage dont le menaçait la tempête. La nature de ses talents, et la disposition timorée qui en était la suite, lui avaient fait contracter la souplesse du versatile comte de Northampton, qui expliquait l'art avec lequel il avait su maintenir sa position au milieu de toutes les vicissitudes politiques depuis le règne d'Henri VIII jusqu'à celui d'Élisabeth, en avouant franchement qu'il tenait du saule et non du chêne. Sir William Ashton avait donc eu pour politique d'épier en toute occasion les changements qui se manifestaient à l'horizon politique, et de se ménager, avant que le conflit éclatât, quelque appui près du parti pour lequel la victoire semblait devoir se déclarer. Son caractère toujours prêt à se plier aux circonstances était bien connu, et excitait le mépris des chefs plus entreprenants des deux factions qui divisaient l'État. Mais ses talents pratiques étaient utiles, et on faisait grand cas de ses connaissances en jurisprudence ; et ces qualités compensaient assez ce qui lui manquait d'ailleurs, pour que les hommes du pouvoir fussent charmés d'en user et de les récompenser, bien qu'ils n'eussent pas en lui une grande confiance, et qu'ils lui accordassent fort peu de considération.

Le marquis d'A*** avait employé toute son influence pour opérer un changement dans le cabinet d'Écosse ; et dans les derniers temps, ses plans avaient été si bien combinés et si habilement soutenus, qu'il semblait très-probable qu'ils finiraient par réussir. Il ne se sentait cependant ni assez fort, ni assez confiant en lui-même pour négliger aucun moyen d'attirer des recrues sous son étendard. L'acquisition du lord garde des sceaux était regardée comme de quelque importance, et un ami commun, parfaitement au fait de ses antécédents et de son caractère, répondit au marquis de sa conversion politique.

Cet ami ayant fait au château de Ravenswood une visite dont l'objet réel était déguisé sous les dehors d'une simple démarche de politesse, il s'aperçut que la crainte prédominante qui en ce moment assiégeait le lord garde des sceaux était celle du danger personnel qu'il pensait courir de la part du Maître de Ravenswood. Le langage tenu par la sibylle aveugle, la vieille Alice ; la soudaine apparition du Maître, armé et dans l'enceinte du parc de Ravenswood, immédiatement après cet avertissement de se tenir en garde contre lui ; l'air froid et hautain avec lequel il avait reçu les expressions de reconnaissance dont on l'avait accablé pour son secours si opportun, étaient autant de circonstances qui avaient fait une vive impression sur l'imagination de sir William.

Dès que l'agent politique du marquis eut vu d'où soufflait le vent, il commença à insinuer des craintes et des doutes d'une autre sorte, mais non moins propres à affecter le lord-garde. Il s'enquit avec un intérêt affecté si tous les incidents du procès compliqué que sir William avait eu à soutenir contre la famille Ravenswood étaient hors de cour, et jugés sans appel ? Le lord garde des sceaux répondit affirmativement ; mais son interrogateur était trop bien informé pour qu'on pût lui en imposer. Il lui fit voir, par des arguments sans réplique, que quelques-uns des points les plus importants qui avaient été décidés en sa faveur contre la maison de Ravenswood étaient, d'après le traité de l'Union des deux royaumes, sujets à la révision de la chambre des pairs d'Angleterre, juridiction à l'équité de laquelle le lord-garde rendait un tribut de crainte instinctive, et qui remplaçait l'appel à l'ancien parlement d'Écosse, ou, comme on disait en termes techniques, « la protestation pour redresser la loi. »

Le lord garde des sceaux, après avoir contesté pendant quelque temps la légalité d'une telle procédure, fut enfin obligé de chercher un motif de consolation dans l'improbabilité que le jeune Maître de Ravenswood trouvât dans le Parlement des amis capables de soulever une affaire si grave.

— Ne vous flattez pas de ce faux espoir, lui dit son insidieux ami ; il est possible qu'à la prochaine session du Parlement, le jeune Ravenswood trouve plus d'amis et de faveur que Votre Seigneurie elle-même.

— Ce serait quelque chose d'assez curieux, dit le lord-garde d'un ton de dédain.

— Et cependant, répliqua son ami, de pareilles choses se sont vues plus d'une fois, même de nos jours. Plus d'un personnage est aujourd'hui à la tête des affaires, qui était, il y a peu d'années, obligé de se cacher pour sauver sa vie ; bien des gens qui mangent aujourd'hui dans de la vaisselle d'argent ont été obligés de manger leur *croudie*[1] sans même avoir un bol de bois[2] ; et tel qui portait la tête bien haut est descendu bien bas en peu de temps. Le curieux *Mémoire sur l'état chancelant des hommes d'état écossais*, de Scott de Scotstarvet, dont vous m'avez montré une copie manuscrite, a, de nos jours, été bien justifié.

Le lord garde des sceaux répondit, en poussant un profond soupir, que ces mutations n'étaient pas chose nouvelle en Écosse, et qu'on en avait vu des exemples longtemps avant l'auteur satirique dont il venait de parler. — Il y a bien des années, ajouta-t-il, que Fordun a cité l'ancien adage : *Neque dives, neque fortis, sed nec sapiens Scotus, prœdominante invidiâ, non diù durabit in terrâ*[3].

— Et soyez assuré, mon estimable ami, reprit l'autre, que même les longs services que vous avez rendus à l'État, non plus que vos profondes connaissances en jurisprudence, ne pourront vous sauver ni assurer la stabilité de votre position, si le marquis d'A*** arrive à se faire un parti dans le Parlement britannique. Vous savez que le feu lord Ravenswood était son proche allié, sa femme descendant au cinquième degré du chevalier de Tullibardine ; et je ne doute nullement qu'il ne veuille prendre le jeune Ravenswood par la main, et ne se montre pour lui patron zélé et bon parent. Pourquoi ne le ferait-il pas ? — Le Maître est un jeune homme actif et remuant, en état de s'aider de la langue et des mains ; ce sont des caractères tels que celui-là qui trouvent des amis parmi leurs parents, et non ces indolents et inutiles Mephiboshets, qui restent toujours sur les bras de ceux qui leur tendent la main. Si donc ces procès entre vous et les Ravenswood reviennent sur l'eau à la chambre des pairs, vous verrez que le marquis aura une corneille à plumer avec vous[4].

— Ce serait mal récompenser les longs services que j'ai rendus à l'État, et la considération que j'ai toujours eue pour l'honorable famille et la personne de Sa Seigneurie.

— Oh ! il est inutile de rappeler les services passés et les anciens témoignages de considération ; — ce seront des services actuels et des preuves d'égards immédiats, qu'en ces temps glissants un homme comme le marquis pourra exiger.

Le lord garde des sceaux vit alors clairement le but où tendait l'argumentation de son ami ; mais il était trop prudent pour répondre d'une manière positive.

---

[1] Bouillie de farine d'avoine. (L. V.)

[2] *Bicker*.

[3] L'Écossais qui, à défaut de force et de richesse, n'aura pas recours à la prudence succombera sous l'envie, et ne restera pas longtemps sur terre.

[4] Proverbe écossais. (L. V.)

CHAPITRE XV.

— Il ne savait pas, dit-il, quel service le marquis pouvait attendre de sa capacité limitée, que lui, sir William, n'eût pas en tout temps été disposé à lui rendre, sous la réserve obligée de son devoir envers le roi et le pays.

Ayant ainsi réussi à ne rien dire, tout en paraissant dire beaucoup, car l'exception était calculée de manière à couvrir tout ce qu'il pourrait juger convenable par la suite de faire entrer sous son abri, sir William Ashton changea d'entretien, et ne laissa pas revenir le même sujet sur le tapis. Son hôte prit congé sans avoir pu amener le rusé vieux politique à se commettre ou à se lier pour l'avenir, mais avec la certitude d'avoir éveillé ses craintes sur un point des plus sensibles, et jeté les fondements d'un traité futur.

Lorsqu'il rendit compte au marquis de sa négociation, ils convinrent ensemble qu'il ne fallait pas laisser le lord-garde retomber dans sa sécurité, et qu'il fallait lui susciter de nouveaux sujets d'alarme, surtout durant l'absence de sa dame. Ils n'ignoraient pas que l'esprit fier et vindicatif de celle-ci, et son influence sur son époux, suppléeraient probablement au défaut de courage de sir William ; — qu'elle était invariablement attachée au parti alors dominant, avec lequel elle était en alliance étroite et en correspondance active, et que, sans craindre la famille des Ravenswood (dont la dignité plus ancienne rejetait dans l'ombre la grandeur de fraîche date de son époux), elle la détestait assez pour mettre en péril les intérêts de sa propre maison, si à ce prix elle entrevoyait la perspective de porter le dernier coup à celle de son ennemi.

Mais lady Ashton était alors absente. L'affaire qui l'avait longtemps retenue à Édimbourg l'avait ensuite conduite à Londres, non sans espoir de contribuer pour sa part à déjouer les intrigues du marquis à la cour ; car elle était fort en faveur près de la célèbre Sarah, duchesse de Marlborough, avec laquelle, quant au caractère, elle avait plus d'un point de ressemblance. Il fallait donc serrer sir William de près avant qu'elle fût de retour ; et, comme démarche préparatoire, le marquis écrivit au Maître de Ravenswood la lettre que nous avons rapportée dans un des chapitres précédents. Elle était conçue en termes assez réservés pour laisser à celui qui l'avait écrite la liberté de prendre aux intérêts de son parent telle part que pourrait exiger le progrès de ses propres plans. Mais bien que comme homme d'État le marquis n'eût pas voulu se commettre, ni se donner des airs de protecteur alors qu'il n'était pas en son pouvoir de donner ce qu'il eût semblé promettre, on doit dire à son honneur qu'il se sentait fortement disposé à aider le Maître de Ravenswood, aussi bien qu'à se servir de son nom comme moyen de tenir en éveil les terreurs du lord garde des sceaux.

Comme le messager qui portait cette lettre devait passer près de l'habitation de sir William Ashton, on mit dans ses instructions que son cheval devait se déferrer d'un pied dans le village attenant à la porte du parc, et que pendant que l'accident serait réparé par le maréchal de l'endroit, il se plaindrait vivement de ce retard, et que, dans l'excès de son impatience, il laisserait à entendre qu'il était porteur d'un message du marquis d'A*** au Maître de Ravenswood sur un objet de la dernière importance.

Cette nouvelle, avec les broderies obligées, parvint bientôt par diverses voies aux oreilles du lord-garde, et chacun des rapporteurs appuya sur l'extrême impatience du courrier, et sur la rapidité surprenante avec laquelle il avait exécuté son voyage. L'anxieux politique écouta ces rapports en silence; mais Lockhard reçut l'ordre secret de guetter le courrier à son retour, de le retenir dans le village, de l'enivrer, s'il était possible, et d'employer tous les moyens, même la séduction, pour apprendre le contenu de la lettre dont il était porteur. Mais comme ce complot avait été prévu, le messager fit un détour pour revenir par une route différente, et il échappa ainsi au piége qu'on lui avait tendu.

Après qu'on l'eut vainement attendu assez longtemps, M. Dingwall eut ordre de s'informer en particulier chez ses clients de Wolf's Hope si un domestique, appartenant au marquis d'A***, était en effet arrivé au château voisin. La chose fut aisément vérifiée; car Caleb était venu au village le matin dès cinq heures, afin d'y emprunter « deux chappins[1] d'ale et un kipper[2] » pour le rafraîchissement du messager; et le pauvre diable avait été malade pendant vingt-quatre heures chez la mère Sma'trash, pour avoir dîné de saumon salé et de boisson aigre. La réalité d'une correspondance entre le marquis et son infortuné parent, correspondance que sir William Ashton avait quelquefois traitée d'épouvantail, était donc prouvée sans qu'il restât sur ce point l'ombre d'un doute.

Le lord garde des sceaux fut sérieusement alarmé. Depuis la *Réclamation du Droit*, la faculté d'appeler des décisions du tribunal civil aux États du Parlement, qu'antérieurement on tenait pour incompétents, avait été invoquée en plusieurs cas et accordée en quelques-uns, et il n'avait pas peu de raisons de redouter l'issue d'une révision de ses procès avec le feu lord Ravenswood, dans le cas où la chambre des lords d'Angleterre en serait saisie sur appel du Maître de Ravenswood, « pour redresser la loi[3]. » Il pourrait arriver alors que la décision des juges suprêmes fût basée sur les principes plus larges de l'équité, qui n'étaient pas tout à fait aussi favorables au lord garde des sceaux que la lettre stricte de la loi. Jugeant en outre de ce haut tribunal, quoique fort à

---

[1] Chopine. La chopine vaut une demi-pinte. (L. V.)

[2] Saumon salé et fumé. (L. V.)

[3] C'est-à-dire sur un appel *comme d'abus*. (L. V.)

CHAPITRE XV.

tort, par ceux que lui-même avait connus dans les malheureux temps qui avaient précédé l'union de l'Écosse à l'Angleterre, le lord-garde pouvait avoir lieu de penser que dans la Chambre où ses procès devaient être transférés, la vieille maxime, trop bien reconnue en Écosse dans les temps antérieurs, prévalait peut-être aussi : Montrez-moi l'homme, et je vous montrerai la loi. Le caractère élevé et intègre de la jurisprudence anglaise était alors peu connu en Écosse ; et l'extension de cette jurisprudence sur ce dernier pays fut un des précieux avantages qu'il retira de l'Union. Mais ce fut là un bienfait que ne pouvait prévoir le lord garde des sceaux, qui avait vécu sous un système tout autre. Dans la perte de son influence politique, il voyait la perte de son procès. Cependant chaque rapport qui lui parvenait lui montrait de plus en plus probable le succès des intrigues du marquis, et le lord-garde commença à regarder comme indispensable de chercher autour de lui quelque protection contre l'orage qui s'approchait. La timidité de son caractère le portait à recourir à des compromis et à des mesures de conciliation. L'affaire du taureau sauvage, convenablement conduite, pouvait, pensa-t-il, faciliter un rapprochement et une réconciliation entre le Maître de Ravenswood et lui. Il tâcherait alors d'apprendre du Maître lui-même, s'il était possible, quelle idée il avait de l'étendue de ses droits et des moyens de les faire valoir ; et peut-être les choses pourraient-elles être amenées à un arrangement, là où l'une des parties était riche et l'autre si pauvre. Une réconciliation avec Ravenswood devait probablement lui fournir l'opportunité de faire ses conditions avec le marquis d'A***. — D'ailleurs, se disait-il, ce sera un acte de générosité de relever l'héritier de cette famille ruinée ; et s'il arrivait qu'il fût chaudement et efficacement protégé par le nouveau gouvernement, qui sait si cette générosité ne trouvera pas sa récompense ?

Telles étaient les pensées de sir William Ashton, couvrant ainsi, par une illusion assez commune, ses vues intéressées d'un vernis de générosité. Arrivée à ce point, son imagination alla plus loin. Il commença à se dire que si Ravenswood était destiné à occuper au pouvoir un poste distingué, — et que si cette union devait assurer la partie la plus essentielle de ses droits encore en échec, — il pourrait y avoir de plus mauvais mariages pour sa fille Lucy. — Le Maître de Ravenswood pouvait être relevé de forfaiture ; — la noblesse des lords de Ravenswood était ancienne ; enfin, l'alliance sanctionnerait certainement sa propre possession de la plus grande partie des dépouilles du Maître, et rendrait moins amère la restitution du reste.

La tête occupée de ces plans nombreux et complexes, le lord garde des sceaux profita de l'invitation que lord Bittlebrains lui avait souvent faite de venir passer quelques jours à sa résidence, et il vint ainsi habiter à peu de milles de Wolf's Crag. Il trouva le maître de la maison absent, mais il fut reçu avec empressement par sa dame, qui attendait son mari d'un moment à l'autre. Elle manifesta un plaisir tout particulier de voir miss Ashton, et ordonna de faire sortir les chiens pour l'amusement spécial du lord garde des sceaux. Il accepta aussitôt la proposition, qui lui fournissait une occasion de reconnaître Wolf's Crag, et peut-être de se rencontrer avec le propriétaire, si la chasse l'attirait hors de son manoir désolé. Lockhard eut ordre de tâcher de son côté de lier connaissance avec les habitants du château, et nous avons vu comment il s'acquitta de son rôle.

L'incident de l'orage fit plus pour la réalisation du plan de liaison personnelle avec le jeune Ravenswood, que sir William n'aurait osé l'espérer. Les craintes que lui avait inspirées le ressentiment du jeune Maître avaient grandement diminué, depuis qu'il le regardait comme non moins redoutable par ses droits légaux et par les moyens qu'il pouvait avoir de les appuyer. Mais bien qu'il pensât, non sans raison, que les circonstances désespérées poussent seules les hommes aux mesures extrêmes, ce ne fut pas sans une terreur secrète, qui le fit tressaillir jusqu'au fond du cœur, qu'au premier moment il se sentit enfermé dans la Tour désolée de Wolf's Crag, lieu si bien fait, par sa force et son isolement, à devenir une scène de violence et de vengeance. La réception austère que leur avait d'abord faite le Maître de Ravenswood, et l'embarras que sir William éprouva pour apprendre à ce seigneur offensé quels hôtes il avait reçus sous l'abri de son toit, ne calmèrent pas ses alarmes; de sorte qu'en entendant la porte de l'avant-cour se refermer derrière lui avec violence, il crut entendre retentir à son oreille les paroles d'Alice : « Qu'il avait poussé les choses trop rigoureusement avec une race aussi violente que celle des Ravenswood, et qu'ils attendaient leur temps pour la vengeance. »

La franchise que mit ensuite le Maître dans son hospitalité, à mesure que leur connaissance devenait plus intime, calma les appréhensions que ces souvenirs étaient de nature à exciter; et il n'échappa point à sir William Ashton que c'était aux grâces et à la beauté de Lucy qu'était dû le changement de conduite de leur hôte.

Toutes ces pensées vinrent l'assaillir quand il prit possession de la chambre secrète. La lampe de fer, les murs nus de cette retraite, qui ressemblait à une prison plus qu'à un lieu ordinaire de repos; enfin, le mugissement sourd et incessant des vagues, se brisant contre la base du rocher sur lequel le château était assis, tout attristait son âme et la remplissait de perplexité. C'était au succès de ses machinations qu'était principalement due la ruine de la famille; mais son caractère était astucieux et non cruel. Aussi, lorsqu'il eut sous les yeux la désolation et la détresse que lui-même avait occasionnées, il éprouva la sensation pénible à laquelle serait exposée la sensibilité d'une maîtresse de maison forcée de surveiller en personne l'exécution des agneaux et des poulets égorgés par ses ordres. Lorsqu'en même temps il songeait à l'alternative de restituer à Ravenswood une portion considérable de ses dépouilles, ou d'adopter comme allié et membre de sa propre famille l'héritier de cette maison appauvrie, il éprouvait ce qu'on peut supposer qu'éprouve une araignée quand elle voit détruire d'un coup de balai la toile dont elle avait formé les réseaux avec tant d'art. Et puis, s'il s'engageait trop avant en cette affaire, il s'élevait une question scabreuse, que plus d'un bon mari, éprouvant la tentation d'agir d'après son libre arbitre, s'est adressée sans pouvoir y répondre d'une manière satisfaisante. Que dira ma femme?—que dira lady Ashton? Tout bien considéré, il en vint enfin à la résolution dans laquelle se réfugient si souvent les esprits d'une faible trempe : il résolut d'attendre les événements, afin de tirer avantage des circonstances à mesure qu'elles s'offriraient, et de régler sa conduite en conséquence. Dans cette disposition de politique temporisatrice, son esprit se calma enfin, et il put se livrer au repos.

CHAPITRE XVI.

> Je suis chargé pour vous d'un petit message, de la remise duquel vous voudrez bien m'excuser. C'est un service que l'amitié a exigé de moi, et qui n'est nullement offensant pour vous, puisque je ne désire rien que justice des deux côtés.
>
> *Le roi qui n'est pas roi.*

QUAND Edgar et son hôte se revirent le lendemain matin, la sombre humeur du Maître de Ravenswood avait en partie repris le dessus. Lui aussi avait passé la nuit dans les réflexions plutôt que dans le sommeil; et les sentiments dont il ne pouvait se défendre pour Lucy Ashton avaient eu à soutenir un rude conflit avec ceux que depuis si longtemps il nourrissait contre le père. Serrer en ami la main de l'ennemi de sa maison, le recevoir sous son toit, échanger avec lui les courtoisies et les prévenances de la familiarité domestique, c'était une dégradation à laquelle son esprit fier ne pouvait se plier sans lutte.

Mais la glace étant une fois rompue, le lord garde des sceaux avait décidé qu'elle n'aurait pas le temps de se rejoindre. Il entrait dans son plan de brouiller et de confondre les idées de Ravenswood par un exposé technique et compliqué des affaires qui avaient divisé leurs familles; pensant avec raison qu'il serait difficile à un jeune homme de suivre un légiste consommé dans l'inextricable dédale d'actions en compte et en règlement, de saisies, d'adjudications, d'hypothèques, d'expropriations, d'expirations de délai légal. De cette façon, pensa sir William, j'aurai tout l'honneur d'une entière franchise apparente, et ma partie tirera fort peu d'avantage de tout ce que je lui pourrai dire. Il prit donc Ravenswood à part dans la profonde embrasure d'une des fenêtres de la salle, et revenant sur l'entretien du soir précédent, il exprima l'espoir que son jeune ami s'armerait de quelque patience pour l'entendre lui expliquer en détail les malheureux débats qui s'étaient élevés entre feu son père, l'honorable lord Ravenswood, et le lord garde des sceaux. Le front du Maître se colora d'une vive rougeur, mais il se tut; et le lord garde, bien que peu satisfait de la coloration soudaine du teint de son auditeur, commença l'histoire d'un billet de vingt mille marcs avancés par son père au père d'Allan lord Ravenswood, et se disposait à entrer dans le détail des poursuites judiciaires par suite desquelles cette somme importante était devenue *debitum fundi* [1], quand il fut interrompu par le Maître.

— Ce n'est pas ici, dit-il, que je puis entendre les explications de sir William Ashton sur les débats élevés entre nous. Ce n'est pas dans le lieu même où mon père mourut le cœur brisé, que je puis avec convenance et sang-froid rechercher la cause de ses malheurs. Je pourrais me souvenir que j'ai été fils, et oublier les devoirs d'un hôte. Mais le temps doit venir où ces choses seront discutées en un lieu et devant un auditoire qui nous laisseront à l'un et à l'autre une égale liberté de parler et d'écouter.

— Le temps et le lieu, repartit le lord-garde, étaient indifférents à ceux qui ne cherchaient que la justice. Cependant, il lui semblait qu'en équité il avait droit de demander quelques explications au sujet des fondements sur lesquels le Maître se proposait d'attaquer une longue suite de procédures légales, objets de délibérations si reposées et si bien mûries de la part des seuls tribunaux compétents.

— Sir William Ashton, répondit le Maître avec chaleur, les terres que vous possédez maintenant furent anciennement concédées à un de mes aïeux en récompense de services rendus par son épée contre les invasions anglaises. Comment ont-elles glissé de nos mains par une suite d'actes qui semblent n'être ni ventes, ni hypothèques, ni adjudications pour dette, mais un mélange inextricable et indéfinissable de toutes ces choses? — Comment les intérêts se sont-ils accumulés avec le principal, comment pas un coin d'avantage légal n'est-il resté inoccupé, jusqu'à ce que nos droits sur les propriétés héréditaires de nos ancêtres semblent s'être fondus comme la glace au dégel? — c'est ce que vous entendez beaucoup mieux que moi. Je supposerai cependant volontiers, d'après la franchise de votre conduite envers moi, que j'ai pu me tromper en grande partie sur votre caractère personnel, et que certaines choses peuvent vous avoir paru justes et convenables, à vous, légiste habile et expérimenté, quand mon jugement ignorant y a vu des actes très-rapprochés de l'iniquité et d'une révoltante oppression.

— Et vous, mon cher Maître, repartit sir William, vous vous êtes également, permettez-moi de le dire, offert à moi sous un faux jour. On m'avait appris à vous regarder comme un jeune homme emporté, impérieux, bouillant, prêt, à la moindre provocation, à jeter son épée dans la balance de la justice, et à recourir à ces moyens de violence grossière contre laquelle la police civile protège depuis longtemps les habitants de l'Écosse. Or donc, puisque nous nous étions mutuellement trompés sur le compte l'un de l'autre, pourquoi le jeune homme ne serait-il pas disposé à écouter le vieux légiste, du moins quand il explique les différends qui les partagent?

---

[1] **Dette** du fonds ou de la terre.

— Non, mylord, répondit Ravenswood; c'est devant la Chambre des pairs d'Angleterre, dont la loyauté doit égaler le haut rang [1], — c'est devant une cour qui prononcera en dernier ressort, que nous devons parlementer ensemble. Les lords militaires et les anciens pairs de la Grande-Bretagne auront à décider si c'est leur volonté qu'une maison qui ne tient pas la dernière place entre leurs rangs doive être dépouillée de ses possessions, récompense du patriotisme de ses membres, comme le gage d'un misérable artisan devient la propriété de l'usurier dès l'instant où l'heure du rachat est passée. S'ils donnent gain de cause à la rigueur envahissante du créancier, et à l'usure dévorante qui s'engraisse de nos biens, comme la mite ronge nos vêtements, eux et leur postérité en éprouveront de pires conséquences qu'Edgar Ravenswood. — Il me restera mon épée et mon manteau, et je pourrai suivre la profession des armes partout où résonnera le son d'une trompette.

Comme il prononçait ces mots d'un ton triste mais ferme, il leva les yeux et rencontra ceux de Lucy Ashton, qui s'était glissée près d'eux sans être aperçue. Il vit les regards de la fille de sir William fixés sur lui avec une expression d'enthousiasme et d'admiration qu'elle ne cherchait pas à cacher. La noble stature et les traits expressifs de Ravenswood, animés par le sentiment d'un orgueil héréditaire et celui d'une dignité intérieure ; — les accents doux et pénétrants de sa voix, la triste situation de sa fortune, l'indifférence avec laquelle il paraissait la supporter et défier les nouveaux coups du sort, tout faisait de lui un dangereux objet de contemplation pour une jeune fille qui déjà n'était que trop disposée à s'arrêter sur les souvenirs se rattachant à lui. Ils rougirent l'un et l'autre quand leurs yeux se rencontrèrent, sous la conscience mutuelle d'une vive émotion intérieure, et chacun d'eux évita de rencontrer de nouveau le regard de l'autre.

Sir William Ashton avait naturellement observé avec attention l'expression de leur physionomie. — Je n'ai besoin de craindre, se dit-il en lui-même, ni Parlement, ni protestation ; j'ai un moyen sûr de me réconcilier avec ce bouillant jeune homme, dans le cas où il deviendrait formidable. Tout ce que j'ai à faire en ce moment, c'est, à tout événement, d'éviter de nous commettre. L'hameçon a mordu ; il ne faut pas tirer la ligne trop tôt : — il est aussi bien de nous réserver la faculté de laisser retomber le poisson à l'eau, s'il se trouve ne pas valoir la peine d'être pêché.

Dans ce calcul égoïste et cruel sur l'attachement supposé de Ravenswood pour Lucy, il fut si loin de songer à la peine qu'il pourrait causer au premier en se faisant un jeu de ses affections, qu'il ne pensa même pas au danger d'envelopper sa propre fille dans les périls d'une passion malheureuse ; comme si la prédilection qu'elle éprouvait déjà,

---

[1] *Voyez* la note C, à la fin du volume.

et qui n'avait pu échapper à sa pénétration paternelle, était comme la flamme d'un flambeau qu'on peut allumer ou éteindre à son gré. Mais la Providence réservait un châtiment terrible à cet habile observateur des faiblesses humaines, qui avait passé sa vie à chercher son propre avantage dans l'exploitation des passions des autres.

Caleb Balderstone vint annoncer en ce moment que le déjeuner était prêt; car à cette époque de chère substantielle, les débris du souper fournissaient amplement au repas du matin. Il n'oublia pas non plus de présenter au lord garde des sceaux, en grande révérence, un *coup du matin* dans un large gobelet d'étain, garni de feuilles de persil et de cochléaria. Il va sans dire qu'il demanda pardon de ne l'avoir pas servi, comme il eût convenu, dans la grande coupe d'argent ordinaire, attendu qu'elle était en ce moment chez un orfévre d'Édimbourg pour la faire dorer.

— Il est assez probable, en effet, qu'elle est à Édimbourg, dit Ravenswood; mais chez qui, et à quel effet, c'est ce que je crains que ni vous ni moi ne sachions.

— Hé bien, repartit Caleb d'un ton d'humeur, il y a déjà à l'heure qu'il est un homme à la porte : — voilà ce que je sais. — Votre Honneur sait-il s'il voudra lui parler ou non?

— Demande-t-il à me parler, Caleb?

— Il dit qu'il ne veut parler qu'à Votre Honneur; mais vous feriez bien de jeter un coup d'œil sur lui à travers le guichet, avant d'ouvrir la porte. — Nous ne devons pas recevoir le premier venu dans ce château.

— Quoi! supposez-vous que ce soit un messager qui vienne m'arrêter pour dettes?

— Un messager arrêter Votre Honneur pour dettes, et dans votre château de Wolf's Crag! — Votre Honneur se moque du vieux Caleb, ce matin. Néanmoins, en suivant son maître qui sortait de la salle, il lui dit à demi-voix : — Il me répugnerait de nuire à un honnête homme dans la bonne opinion de Votre Honneur; mais j'y regarderais à deux fois avant de recevoir cet homme-là dans nos murailles.

Ce n'était pas un officier de loi, cependant; ce n'était rien moins que le capitaine Craigengelt, le nez aussi rouge qu'avait pu le lui rendre un confortable verre d'eau-de-vie, son chapeau à cornes galonné posé un peu de côté sur le sommet de sa perruque de voyage non poudrée, une rapière au côté, des pistolets dans ses arçons, et sa personne accoutrée d'un habit de cavalier garni de galons ternis; — le vrai portrait d'un individu qui crierait à un galant homme : Arrêtez!

Dès que le Maître de Ravenswood l'eut reconnu, il lui fit ouvrir la porte. — Capitaine Craigengelt, lui dit-il, je ne suppose pas qu'il y ait de vous à moi d'affaires assez graves pour ne pouvoir les discuter ici. J'ai en ce moment de la compagnie au château, et les termes dans lesquels nous nous sommes séparés dernièrement me doivent servir d'excuse pour vous demander de me faire part ici même de ce qui vous amène.

Craigengelt, quoique doué d'une parfaite impudence, fut quelque peu décontenancé par la froideur de cette réception. — Son intention, dit-il, n'était pas de s'imposer à l'hospitalité du Maître de Ravenswood; — il était chargé de l'honorable commission de lui apporter un message de la part d'un ami, sans quoi le Maître de Ravenswood n'aurait pas eu lieu de se plaindre de son indiscrétion.

— Soyez bref, monsieur, repartit le Maître; ce sera la meilleure apologie. Quel gentleman a le bonheur d'avoir vos services comme messager?

— Mon ami M. Hayston de Bucklaw, répondit Craigengelt d'un air pénétré de son importance, et avec cette confiance que lui inspirait le courage reconnu de celui au nom de qui il était venu; mon ami M. Hayston de Bucklaw, qui se regarde comme ayant été traité par vous avec un peu moins d'égards qu'il n'avait droit d'en attendre, et qui en conséquence a résolu d'en exiger satisfaction. J'apporte avec moi, ajouta-t-il en tirant de sa poche une bande de papier, la longueur précise de son épée, et il vous requiert de vous rencontrer avec lui, accompagné d'un ami, et également armé, en un lieu quelconque situé à un mille du château, où moi-même je l'accompagnerai comme second.

— Satisfaction! — armes égales! répéta Ravenswood, qui, le lecteur s'en souviendra, n'avait aucun motif de supposer qu'il eût donné le plus léger sujet d'offense à son ci-devant commensal. — Sur ma parole, capitaine Craigengelt, ou vous avez inventé la fausseté la plus improbable qui se soit jamais présentée à l'esprit d'un homme comme vous, ou votre coup du matin a été un peu trop copieux. Quelle raison pourrait déterminer Bucklaw à m'envoyer un tel message?

— Quant à cela, monsieur, je suis chargé de vous reporter à ce que, dans mon devoir d'amitié, je dois appeler votre inhospitalité, en l'excluant de votre maison sans lui en assigner de raisons.

— C'est impossible; il ne peut être assez fou pour regarder comme une insulte ce qui a été le résultat de la nécessité. Je ne puis croire non plus que connaissant mon opinion sur vous, capitaine, il eût employé pour une telle mission les services d'une personne si peu digne d'égards et de considération, et je ne pourrais certainement compter sur aucun homme d'honneur pour remplir avec vous l'office de second.

— Moi, digne de peu d'égards et de considération! dit Craigengelt en élevant la voix et portant la main à sa rapière; n'était-ce que la querelle de mon ami doit avoir la préséance et passer avant la mienne, je vous ferais bien entendre....

CHAPITRE XVI.

— Je ne puis rien entendre de vos explications, capitaine Craigengelt. Contentez-vous de cela, et obligez-moi de vous retirer.

— Damnation! murmura le fanfaron; et c'est cette réponse qu'il faut que je reporte à un honorable message?

— Dites au laird de Bucklaw, si vous êtes réellement envoyé par lui, que lorsqu'il me fera connaître ses motifs de plainte par une personne qui puisse convenablement s'acquitter d'un tel message de lui à moi, je m'expliquerai ou j'y répondrai.

— En ce cas, Maître, vous me ferez du moins remettre pour Hayston ce qu'il a laissé chez vous.

— Quelque chose que Bucklaw puisse avoir laissé derrière lui, monsieur, je le lui renverrai par mon domestique, attendu que vous ne me montrez aucune lettre de lui qui vous autorise à le recevoir.

— Fort bien, Maître! dit le capitaine Craigengelt avec un emportement que même la crainte des conséquences ne put réprimer; — vous m'avez fait ce matin une injure et un affront des plus graves, mais l'injure et l'affront retombent sur vous bien plus que sur moi. Un château! continua-t-il en promenant ses regards autour de lui; sur ma foi, ceci a plus mauvaise apparence qu'un *coupe-gorge*[1], où on reçoit les voyageurs pour les dépouiller.

— Insolent drôle! s'écria le Maître en levant sa canne et en saisissant la bride du capitaine, si vous ne partez pas sans proférer un mot de plus, je vous fais périr sous le bâton.

Au mouvement que le Maître fit vers lui, le fanfaron fit si rapidement volte-face, qu'il eut quelque peine à se maintenir sur son cheval, dont les fers faisaient jaillir le feu du pavé dans toutes les directions. Il parvint cependant à maîtriser sa monture, lui fit repasser vivement la porte, et reprit au grand galop le chemin du village.

Au moment où, après ce dialogue, Ravenswood allait quitter l'avant-cour, il aperçut le lord-garde, qui était descendu de la salle, et qui avait été témoin, quoiqu'à la distance prescrite par la politesse, de son entrevue avec Craigengelt.

— J'ai vu la figure de ce gentleman il n'y a pas bien longtemps, dit le lord garde des sceaux. — Son nom est Craig.... Craig.... N'est-ce pas quelque chose comme cela?

— Le nom du drôle est Craigengelt, répondit le Maître; c'est du moins celui qu'il se donne quant à présent.

— *Craig-in-guilt*[2], dit Caleb, jouant sur le mot *craig*, qui, en écossais, signifie *cou;* et s'il est à présent *Craig-in-guilt,* il est probable qu'avant peu il sera *Craig-en-péril* autant qu'homme au monde. — Le coquin a

---

[1] L'expression est en français dans l'original.
[2] Littéralement *Cou-en-crime, cou-en-coulpe.* (L. V.)

le mot potence écrit sur la physionomie, et je gagerais deux pence et un plack ¹ que sa cravate est déjà tissée en chanvre.

— Vous vous connaissez en physionomies, mon bon monsieur Caleb, dit le lord garde des sceaux en souriant. Je puis vous assurer que l'honnête homme s'est déjà trouvé en passe d'une telle fin ; — car je me souviens très-bien maintenant que dans un voyage que j'ai fait à Édimbourg, il y a une quinzaine, j'ai vu M. Craigengelt, ou n'importe quel que soit son nom, subir un sévère interrogatoire devant le Conseil Privé.

— A quel sujet? demanda le Maître de Ravenswood avec un certain intérêt.

La question conduisait directement à un sujet d'entretien que le lord garde des sceaux était très-impatient d'aborder, et pour lequel il n'avait attendu qu'une occasion naturelle et convenable. Il prit le bras du Maître de Ravenswood, et le reconduisit vers la salle. — La réponse à votre question, dit-il, quoique ce soit une ridicule affaire, ne doit être entendue que de votre oreille seule.

Arrivés à la salle, il prit de nouveau le Maître à part dans l'embrasure d'une fenêtre, où on croira sans peine que miss Ashton ne s'aventura pas de nouveau à troubler leur conférence.

---

¹ Phrase proverbiale en Écosse. Le *plack* est le tiers d'un penny ou sou d'Écosse.

(L. V.)

CHAPITRE XVII.

> Voici un père qui sacrifierait sa fille à l'entreprise la plus hasardeuse, qui la donnerait en pâture à quelque querelle invétérée, ou qui la jetterait aux poissons comme Jonas, pour apaiser les flots soulevés. *Anonyme.*

Sir William Ashton commença son discours de l'air le plus indifférent, tout en ayant soin d'observer avec attention l'effet de sa communication sur le jeune Ravenswood.

— Vous savez, mon jeune ami, lui dit-il, que la méfiance est le vice naturel de nos temps d'agitation, et qu'elle expose les plus prudents et les plus réservés d'entre nous à être trompés par d'astucieux intrigants. Si dernièrement j'avais été disposé à prêter l'oreille à des gens de cette espèce, ou si même j'avais été le rusé politique que l'on vous a appris à voir en moi, au lieu d'être ici dans votre château, Maître de Ravenswood, et en pleine liberté de solliciter et d'agir contre moi à votre plaisir, pour défendre ce que vous croyez être vos droits, vous seriez maintenant dans le Château d'Édimbourg ou dans quelque autre prison d'état; ou si vous aviez échappé à cette destinée, ce n'eût pu être qu'en vous réfugiant dans un pays étranger, et au risque d'une sentence d'émigration.

— Mylord, dit le Maître, je ne pense pas que vous vouliez plaisanter sur un tel sujet; — néanmoins, il me semble impossible que vous parliez sérieusement.

— L'innocence est confiante aussi, et quelquefois, bien que ce soit fort excusable, elle pousse la confiance jusqu'à la présomption.

— Je ne comprends pas comment la conscience intime de l'innocence peut, en aucun cas, être regardée comme présomptueuse.

— On peut du moins la taxer d'imprudence, puisqu'elle peut nous conduire à regarder à tort, comme suffisamment évident pour les autres, ce qui, par le fait, ne l'est que pour notre conscience. J'ai connu un coquin qui, par cette raison même, se défendit mieux qu'un innocent n'aurait pu le faire dans les mêmes circonstances accusatrices. N'ayant pas pour le soutenir la conscience de son innocence, un tel drôle s'attachera à tous les avantages que la loi lui aura laissés, et quelquefois (si son avocat est habile) il réussira à forcer les juges de le proclamer innocent. Je me rappelle la célèbre cause de sir Coolie Condiddle de Condiddle, qui fut mis en jugement pour abus de confiance, ce dont tout le monde le savait coupable, et qui pourtant fut non-seulement acquitté, mais qui vécut assez pour juger à son tour de plus honnêtes gens que lui.

— Permettez-moi de vous prier de revenir à la question, dit le Maître ; vous sembliez dire que j'avais souffert de quelques soupçons?

— Des soupçons, Maître? — oui, vraiment, — et je puis vous en montrer les preuves, pourvu seulement que je les aie avec moi. — Écoutez, Lockhard. — Son domestique s'approcha. — Apportez-moi le petit coffret à cadenas dont je vous ai recommandé d'avoir un soin tout particulier ; — m'entendez-vous?

— Oui, mylord.

Lockhard sortit, et le lord-garde poursuivit, presque comme se parlant à lui-même : — Je crois avoir ces papiers avec moi ; — je crois les avoir, car, devant rester dans ce pays, il était naturel de les apporter avec moi. Je suis sûr, en tout cas, de les avoir au château de Ravenswood ; — et si vous vouliez me faire l'honneur....

En ce moment Lockhard revint, chargé du portefeuille, qu'il remit entre les mains de son maître. Le lord-garde en tira quelques papiers relatifs à l'information portée devant le Conseil Privé relativement à l'émeute, c'est ainsi qu'on la qualifiait, survenue aux funérailles d'Allan lord Ravenswood, et à la part active que lui-même avait prise à l'assoupissement des poursuites dont le Maître était menacé. Ces documents avaient été choisis avec soin, de manière à irriter, sans la satisfaire, la curiosité naturelle de Ravenswood sur un tel sujet, et à montrer cependant que sir William Ashton avait rempli, en cette occasion délicate, le rôle d'un avocat de concorde et d'oubli entre le Maître et les autorités ombrageuses du jour. Ayant muni son hôte de tels sujets d'examen, sir William s'approcha de la table du déjeuner, et se mit à causer de choses indifférentes, tantôt avec sa fille, tantôt avec Caleb, dont le ressentiment contre l'usurpateur du château de Ravenswood commençait à être adouci par la familiarité du lord garde des sceaux.

Après avoir lu les papiers que ce dernier lui avait remis, le Maître de Ravenswood resta pendant quelques minutes le front appuyé sur sa main, et paraissant plongé dans une profonde méditation ; puis il les parcourut une seconde fois rapidement des yeux, comme s'il eût cherché à y découvrir quelque secret dessein ou quelque trace de supposition qui lui eussent échappé à la première vue. Apparemment la seconde lecture confirma l'opinion que la première avait fait naître ; car il se leva subitement du banc de pierre où il était assis, et, allant vers sir William, il lui prit la main, la pressa fortement, et lui demanda pardon à plusieurs reprises de l'injustice dont il avait été coupable envers lui, quand, au lieu de chercher à lui nuire, il protégeait sa personne et défendait son honneur.

CHAPITRE XVII.

L'homme d'État reçut ces expressions de gratitude d'abord avec un air de surprise bien joué, puis avec tous les dehors d'une franche cordialité. Les larmes commençaient déjà à mouiller les beaux yeux bleus de Lucy, à la vue d'une scène aussi touchante qu'inattendue. Voir le Maître de Ravenswood, naguère si hautain et si réservé, et qu'elle avait toujours regardé comme la partie injuriée, implorer le pardon de son père, c'était un changement si surprenant et si flatteur, qu'il était impossible qu'elle n'en fût pas émue.

— Essuyez vos yeux, Lucy, lui dit sir Ashton ; faut-il pleurer parce que votre père, quoique homme de loi, est reconnu pour homme d'honneur ? — De quoi avez-vous à me remercier, mon cher Maître, continua-t-il en s'adressant à Ravenswood, que vous n'eussiez pas fait à ma place ? *Suum cuique tribuito*[1], c'était la maxime du droit romain, et je l'ai apprise quand j'étudiais Justinien. D'ailleurs, ne m'avez-vous pas payé au centuple en sauvant la vie de cette chère enfant ?

— Oui, répliqua le Maître, dominé par le remords d'un crime imaginaire dont il s'accusait lui-même ; mais le léger service que *moi* je vous ai rendu n'a été qu'un acte d'instinct irréfléchi : *votre* défense de ma cause, alors que vous saviez quelles étaient mes dispositions à votre égard, et combien j'étais porté à être votre ennemi, cette défense a été un acte de force d'âme et de généreuse délicatesse.

— Bah ! repartit le lord-garde, chacun de nous a agi selon sa nature : vous en courageux soldat, moi en juge, en conseiller intègre. Peut-être n'aurions-nous pu changer de rôle ; — du moins j'aurais fait un triste *toreador*, et vous, mon cher Maître, malgré l'excellence de votre cause, il peut se faire que vous l'eussiez moins bien plaidée devant le Conseil que je ne l'ai fait pour vous.

— Mon généreux ami ! s'écria Ravenswood ; — et par ce seul mot d'*ami*, que le lord-garde lui avait déjà prodigué, mais que lui-même prononçait pour la première fois, il assurait à son ennemi héréditaire la confiance absolue d'un cœur altier, mais plein d'honneur. Le Maître s'était toujours fait remarquer par la droiture et la pénétration de son esprit, aussi bien que par son caractère réservé, opiniâtre et irascible. Ses préventions, quelque invétérées qu'elles fussent, devaient donc céder à l'amour et à la reconnaissance ; et les charmes réels de la fille, joints aux services supposés du père, effacèrent de sa mémoire les serments de vengeance qu'il avait faits au fond de son âme sur le lit de son père mourant. Mais ces serments avaient été entendus, et inscrits au livre du Destin.

Caleb était présent à cette scène singulière, et il ne put imaginer d'autre raison d'une chose si extraordinaire, qu'une alliance entre les deux maisons, avec le château de Ravenswood assigné en dot à la

---

[1] A chacun ce qui lui est dû.

jeune miss. Quant à Lucy, lorsque Ravenswood lui fit les excuses les plus passionnées pour son ingrate froideur, elle ne put s'empêcher de sourire à travers ses larmes, et tout en lui abandonnant sa main, elle l'assura, en mots entrecoupés, du plaisir avec lequel elle voyait une réconciliation complète entre son père et son libérateur. L'homme d'État lui-même fut ému et affecté de l'abandon sans réserve avec lequel l'ardent mais généreux Maître de Ravenswood abjura son inimitié héréditaire, et n'hésita pas à implorer le pardon de celui qu'il croyait avoir mal jugé. Ses yeux brillèrent lorsqu'il les arrêta sur deux jeunes gens déjà évidemment unis par les liens d'un secret attachement, et qui semblaient faits l'un pour l'autre. Il songea à quelle hauteur pouvait s'élever le caractère fier et chevaleresque de Ravenswood, dans nombre de circonstances où lui-même serait écrasé et tenu dans la foule par le peu d'ancienneté de sa généalogie et la timidité de son caractère. Et puis, sa fille, — son enfant favori, — la compagne constante de ses délassements,—semblait formée pour vivre heureuse dans son union avec un aussi noble esprit que Ravenswood; et il semblait aussi que les formes si belles, mais si délicates et si fragiles de Lucy Ashton, exigeassent l'appui de la force physique et du mâle caractère d'un époux tel qu'Edgar. Et ce ne fut pas seulement durant quelques minutes que sir William Ashton vit dans ce mariage un événement probable et même désirable ; une heure entière s'écoula avant que son imagination fût traversée par le souvenir de la pauvreté du Maître, et par la certitude du déplaisir de lady Ashton. Il n'est pas douteux que l'accès tout à fait inhabituel de sensibilité affectueuse dont le lord garde des sceaux avait ainsi été surpris, contribua plus que tout le reste à donner un encouragement tacite à l'attachement mutuel d'Edgar et de Lucy, et laissa croire aux deux amants qu'il serait heureux de leur union. Lui-même fut supposé l'avoir admis en effet, quand, longtemps après la catastrophe de leur amour, il avait coutume de recommander à ceux qui l'entouraient de ne pas laisser leurs sentiments l'emporter sur leur jugement, et affirmait que le plus grand malheur de sa vie était dû à ce qu'un seul instant la sensibilité avait pris le dessus sur l'intérêt personnel. On doit avouer que s'il en fut ainsi, il fut longtemps et cruellement puni d'une faute de bien courte durée.

Après un instant de silence, le lord garde des sceaux reprit l'entretien. — Dans votre surprise, dit-il, de me trouver plus honnête homme que vous ne vous y attendiez, vous avez perdu de vue votre curiosité au sujet de ce Craigengelt, mon cher Maître ; et cependant votre nom se présenta aussi dans le cours de cette affaire.

— Le misérable ! s'écria Ravenswood. Ma liaison avec lui a été aussi courte que possible ; et néanmoins ce fut une grande folie à moi d'avoir avec lui un rapport quelconque. — Qu'a-t-il dit de moi ?

CHAPITRE XVII.

— Assez pour exciter les très-loyales[1] terreurs de quelques-uns de nos sages conseillers, qui pensent que l'on peut procéder contre les gens sur de simples soupçons, ou sur des délations mercenaires. — Quelques niaiseries au sujet du dessein que vous auriez eu d'entrer au service de France ou à celui du prétendant, je ne sais plus lequel, mais auxquelles le marquis d'A***, un de vos meilleurs amis, et une autre personne que quelques gens représentent comme un de vos ennemis les plus acharnés et les plus intéressés, ne voulurent en aucune façon prêter l'oreille.

— Je suis obligé à mon honorable ami ; — et cependant (serrant avec effusion la main du lord garde des sceaux) je suis plus obligé encore à mon honorable ennemi.

— *Inimicus amicissimus*[2], repartit le lord-garde en lui pressant la main à son tour; mais ce gentleman, — ce M. Hayston de Bucklaw, — je crains que le pauvre jeune homme — j'ai entendu le drôle citer son nom — ne soit sous une bien mauvaise influence.

— Il est cependant assez grand pour se gouverner lui-même.

— Assez grand, c'est possible ; mais assez sage, c'est ce que j'ai peine à croire, s'il a choisi cet homme pour son *fidus Achates*[3]. Il fit, ma foi, une dénonciation contre lui ; — c'est-à-dire qu'elle aurait pu résulter de l'interrogatoire de ce Craigengelt, si nous n'avions considéré le caractère du témoin plutôt que la teneur du témoignage.

— M. Hayston de Bucklaw est, je crois, un homme fort honorable, et incapable de rien faire de vil ni de déshonorant.

— Mais capable de faire bien des choses déraisonnables, pourtant; c'est ce dont vous ne pouvez disconvenir, Maître. La mort ne tardera pas à le mettre en possession d'un beau domaine, si ce n'est déjà fait: la vieille lady Girnington, — une excellente personne, sauf que son mauvais caractère la rendait insupportable à tout le monde, — est probablement morte au moment où je parle. Elle a successivement réuni six héritages. — Je connais bien ses propriétés; elles confinent aux miennes.

— C'est un domaine magnifique.

— Je suis charmé de ce que j'apprends, et je le serais plus encore si je pouvais penser que Bucklaw changeât de compagnie et d'habitudes en changeant de fortune. Cette apparition de Craigengelt agissant pour lui en qualité d'ami est d'un bien mauvais présage pour sa considération future.

— C'est assurément un oiseau de mauvais augure ; son croassement annonce prison et potence. — Mais je m'aperçois que M. Caleb s'impatiente de notre lenteur à nous mettre à table.

---

[1] L'expression *loyal* est prise ici dans son acception politique, comme synonyme de dévoué au gouvernement. (L. V.)

[2] Ennemi très-ami.

[3] Pour son fidèle Achate.

CHAPITRE XVIII.

> Monsieur, demeurez chez vous, et suivez l'avis d'un vieillard ; ne cherchez pas à vous chauffer à un âtre étranger. Notre propre fumée est plus chaude que le feu des autres. La nourriture que l'on prend chez soi est salutaire, bien que modeste ; les recherches étrangères cachent un poison sous leur saveur. *La Courtisane française.*

Tandis que les hôtes du Maître de Ravenswood se préparaient pour leur départ, lui-même prit le peu d'arrangements indispensables avant l'absence d'une couple de jours qu'il se disposait à faire de Wolf's Crag. Il était nécessaire de communiquer avec Caleb en cette occasion, et il trouva ce fidèle serviteur dans son réduit sombre et délabré, en grande joie du départ de leurs visiteurs, et computant combien de temps, en les ménageant convenablement, ce qui restait des provisions pourrait entretenir la table de son maître. Il est bien heureux, se disait-il, qu'il ne fasse pas un dieu de son ventre ; et nous n'avons plus ce Bucklaw, qui aurait mangé un cheval tout sellé. Du cresson ou du pourpier, avec un morceau de pain d'avoine, peuvent faire le déjeuner du Maître aussi bien que celui de Caleb ; puis, pour le dîner, — il ne reste pas grand'chose autour de cette carcasse ; ça sera bon grillé, pourtant, — ce sera très-bon grillé.

Au milieu des jubilations de ses calculs économiques, il fut interrompu par le Maître, qui lui fit part, non sans quelque hésitation, de son dessein d'accompagner le lord garde des sceaux jusqu'au château de Ravenswood, et d'y rester un jour ou deux.

— La merci du Ciel vous en préserve ! s'écria le vieux serviteur, qui devint aussi pâle que la nappe qu'il était en train de plier.

— Pourquoi cela, Caleb ? Pourquoi la merci du Ciel me devrait-elle préserver de rendre la visite du lord garde des sceaux ?

— O monsieur ! — ô monsieur Edgar ! répliqua Caleb ; je suis votre domestique, et il est malséant à moi de parler. — Mais je suis un vieux serviteur, — j'ai servi votre père et votre grand-père, et je me souviens d'avoir vu lord Randal, votre bisaïeul ; — seulement j'étais alors un enfant.

— Et que résulte-t-il de tout ceci, Balderstone ? Qu'est-ce que cela peut avoir de commun avec la politesse très-ordinaire que je veux rendre à un voisin ?

— O monsieur Edgar! — c'est-à-dire mylord — votre propre conscience vous dit que ce n'est pas au fils de votre père de voisiner avec ses pareils ; — ça ne serait pas à l'honneur de la famille. Si une fois il venait à composition, et qu'il vous rendît votre bien, quand même vous devriez honorer sa maison de votre alliance, je ne dirais pas non ; — car la jeune leddy est une douce et jolie créature. — Mais gardez votre rang avec eux. — Je connais bien leur race ; — ils n'en penseront que mieux de vous.

— Eh mais! vous allez maintenant plus loin que moi, Caleb, répondit le Maître, qui tâcha d'étouffer sous un rire forcé la conscience que le vieux serviteur avait en grande partie frappé juste ; vous allez me marier dans une famille que vous ne voulez pas me permettre de visiter : — que signifie ceci ? — et d'où vient que vous êtes pâle comme la mort ?

— O monsieur! vous ne feriez qu'en rire, si je vous le disais ; et pourtant Thomas le Rimeur [1], dont la langue ne pourrait pas mentir, a fait sur votre maison une prophétie qui se trouvera trop vraie, si vous allez aujourd'hui à Ravenswood. — Oh! faudrait-il que cela arrivât moi vivant !

— Qu'est-ce donc, Caleb? demanda Ravenswood, désirant calmer les craintes du vieillard.

Caleb répondit qu'il n'avait jamais répété les vers à âme qui vive ; — il les avait appris d'un vieux prêtre, qui avait été le confesseur de lord Allan, du temps que la famille était catholique. — Mais bien des fois, ajouta-t-il, je me suis dit à moi-même ces paroles sinistres, et je ne pensais guère, hélas! à ce qu'elles me revinssent aujourd'hui en tête.

— Trêve à vos folies! dit le Maître d'un ton d'impatience ; et répétez-moi les rimailleries qui vous ont mis martel en tête.

D'une voix tremblante, et les joues pâles de terreur, Caleb balbutia le centon suivant :

> Quand le dernier des Ravenswood à Ravenswood ira,
> Et pour fiancée une morte prendra,
> Dans le Kelpie's flow son cheval il logera,
> Et pour jamais son nom perdu sera.

— Je connais assez bien le Kelpie's Flow [2], dit le Maître ; du moins je suppose que vous voulez parler des sables mouvants qui s'étendent de cette tour à Wolf's Hope. Mais qu'un homme dans son bon sens y loge son cheval....

— Oh! pas de questions là-dessus, monsieur ; — Dieu nous garde

---

[1] Espèce de Nostradamus écossais. (L. V.)

[2] *Flux des Kelpies.* Les *kelpies* sont des lutins, dans la mythologie populaire d'Écosse, qui peuplent les eaux et les rivières, et prennent plaisir à y attirer les voyageurs pour qu'ils s'y noient. (L. V.)

de savoir jamais ce que la prophétie signifie ! — Mais restez à la maison, monsieur Edgar, et laissez les étrangers s'en aller seuls à Ravenswood. Nous avons assez fait pour eux ; faire davantage serait plus contre l'honneur de la famille qu'en sa faveur.

— Bien ! bien ! Caleb ; je vous sais tout le gré possible de votre bon avis en cette occasion ; mais, comme je ne vais pas à Ravenswood pour y chercher une fiancée, morte ou en vie, j'espère choisir une meilleure écurie pour mon cheval que les sables mouvants de Kelpie, moi surtout qui ai toujours eu une crainte toute particulière de cet endroit, depuis que le détachement de dragons y fut englouti il y a dix ans. Mon père et moi, nous les vîmes du haut de la tour lutter contre la marée montante, et ils étaient perdus longtemps avant qu'aucun secours pût leur arriver.

— Et ils le méritaient bien, les gueux du Sud ! Qu'est-ce qu'ils avaient besoin de caracoler sur nos sables, et d'empêcher quelques honnêtes gens d'amener à terre une couple de barils d'eau-de-vie ? Je les avais vus si affairés, que je leur aurais envoyé un coup de la vieille coulevrine ou demi-sacre qui est sur la bartisane du sud, si je n'avais pas eu peur qu'elle éclatât en partant.

Toutes les pensées de Caleb se portèrent alors sur les vexations de la soldatesque anglaise et des douaniers, de sorte que son maître put lui échapper aisément pour aller rejoindre ses hôtes. Tout était prêt pour leur départ ; et un des valets du lord-garde ayant sellé le cheval d'Edgar, tout le monde se mit en selle dans l'avant-cour.

Caleb avait réussi, non sans peine, à ouvrir les deux battants de la porte principale, et il s'y était placé en station, s'efforçant de suppléer, par l'air de conséquence et de respect à la fois qu'il donnait à sa personne maigre et voûtée, à l'absence de toute la suite baroniale de portiers, de gardiens et de livrée.

Le lord-garde répondit à son profond salut par un adieu plein d'affabilité ; et se baissant en même temps sur son cheval, il glissa dans la main du sommelier le cadeau qu'à cette époque un hôte faisait toujours en partant aux domestiques de la famille où il avait été reçu. Lucy sourit au vieillard avec sa douceur habituelle, et elle lui dit adieu et déposa son offrande avec une telle grâce et un accent si pénétrant, qu'elle n'aurait pu manquer de captiver le cœur du fidèle suivant, n'eussent été Thomas le Rimeur et l'issue désastreuse des procès soutenus par sir William contre son maître. Dans les circonstances où ils se trouvaient, il aurait pu dire avec le duc dans *Comme il vous plaira*[1] :

« Ce que tu fais m'eût convenu bien mieux,
Si tu m'avais parlé d'un autre père. »

[1] Comédie de Shakspeare. (L. V.)

Ravenswood tenait la bride de miss Lucy, encourageant sa timidité et guidant attentivement son cheval dans la descente du sentier rocailleux qui conduisait à la lande, quand un des domestiques accourut de l'arrière annoncer que Caleb les appelait de la porte, et désirait parler à son maître. Ravenswood sentit qu'il eût paru singulier qu'il n'allât pas savoir ce que son domestique avait à lui dire, bien que dans son cœur il maudît le zèle déplacé de Caleb ; il lui fallut donc remettre à M. Lockhard l'agréable soin dont il s'était chargé, et retourner sur ses pas jusqu'à la porte de l'avant-cour. Il se disposait, avec quelque humeur, à demander à Caleb la cause de ses clameurs, quand le bon vieillard s'écria : — Paix ! monsieur, paix ! et laissez-moi seulement vous dire un mot que je ne pourrais dire devant le monde. — Voilà trois pièces d'or (et il mit dans la main de son maître l'argent qu'il venait de recevoir), et vous allez manquer d'argent là-bas ; — mais, encore une fois, paix donc, monsieur ! (car le Maître allait se récrier contre ce transfert) pas un mot, et voyez seulement à les changer dans la première ville que vous traverserez ; car elles sont toutes neuves sorties de la monnaie, et un peu trop reconnaissables.

— Vous oubliez, Caleb, lui dit son maître en tâchant de le forcer de reprendre l'argent et de lui faire lâcher la bride, vous oubliez qu'il me reste aussi quelques pièces d'or. Gardez celles-ci pour vous, mon vieil ami ; et encore une fois, au revoir. Je vous assure que je suis abondamment pourvu. Vous savez que vous avez arrangé les choses de manière à ce que nous n'ayons rien ou presque rien à dépenser pour vivre.

— Hé bien, elles serviront une autre fois. Mais voyez si vous avez assez ; car sans doute, pour l'honneur de la famille, il faudra faire quelque honnêteté aux domestiques, et il faudra que vous ayez quelque chose à montrer à ces gens-là quand ils vous diront : Maître, voulez-vous parier une pièce d'or ? Alors il faudra atteindre votre bourse, et leur dire : Bien volontiers ; puis avoir soin de ne pas s'accorder sur les conditions de la gageure, faire seulement sonner votre bourse, puis...

— Ceci est insupportable, Caleb ; — il faut réellement que je parte.

— Ainsi donc vous voulez partir ? dit Caleb en lâchant le manteau du Maître, et passant du ton didactique au ton lamentablement pathétique ; — vous *voulez* partir, malgré tout ce que je vous ai dit au sujet de la prophétie, et de la fiancée morte, et des sables mouvants de Kelpie ? — Hé bien, soit ! Il faut qu'un homme volontaire fasse ses volontés ; — celui qui veut aller à Cupar doit aller à Cupar [1]. Mais par pitié, monsieur, si vous allez chasser dans le parc, prenez garde

---

[1] Il est aisé de voir que le fidèle Caleb traduit ses sentiments en proverbes.
(L. V.)

de boire à la fontaine des Mermaïdes¹... Le voilà parti! il descend le sentier après elle avec la vitesse d'une flèche! — La famille de Ravenswood a perdu la tête aujourd'hui, aussi vrai que je ferais sauter la tête d'une ciboule!

Le vieux sommelier suivit longtemps son maître des yeux, en essuyant fréquemment les larmes qui lui obscurcissaient la vue, et tâchant de distinguer aussi longtemps que possible la riche stature d'Edgar au milieu des autres cavaliers. — Le voilà à côté de sa bride! — oui, tout à côté d'elle. — Le saint homme a eu bien raison de dire : « Par là aussi vous pouvez connaître que la femme a empire sur tous les hommes »; — et sans cette fille, notre ruine n'aurait pas été tout à fait parachevée.

Le cœur gonflé de ces tristes présages, Caleb revint aux occupations qui le réclamaient à Wolf's Crag, dès qu'il cessa de pouvoir discerner l'objet de ses anxiétés dans le groupe des cavaliers que la distance rendait de moins en moins distinct.

Cependant la petite troupe poursuivait gaîment sa route. Sa résolution une fois prise, le Maître de Ravenswood n'était d'un caractère ni à hésiter ni à reculer. Il s'abandonna au plaisir qu'il éprouvait en compagnie de miss Ashton, et déploya une galanterie empressée qui approchait de la gaîté autant que le permettaient sa nature d'esprit et l'état de ses affaires de famille. Le lord garde des sceaux fut frappé de la profondeur de ses observations, et du parti peu commun qu'il avait tiré de ses études. La profession et les habitudes de sir William Ashton faisaient de lui un excellent juge en ces matières; et il sut aussi apprécier une qualité à laquelle il était lui-même absolument étranger, — la disposition ferme et décidée du caractère du Maître de Ravenswood, qui ne semblait connaître ni la crainte ni l'hésitation. Le lord garde des sceaux se réjouit au fond de l'âme de s'être concilié un adversaire si formidable, en même temps qu'avec un plaisir mêlé d'inquiétude il jouissait d'avance des grandes choses que son jeune compagnon pourrait accomplir, si le souffle de la faveur de cour venait à enfler ses voiles.

— Que pourrait-elle désirer? pensait-il, habitué qu'était son esprit à toujours évoquer, dans la personne de lady Ashton, une opposition à ce que lui-même souhaitait; — que pourrait désirer une femme dans un mariage, plus que d'assoupir une revendication fort dangereuse, et de s'assurer l'alliance d'un gendre noble, brave, de talents distingués et d'un haut parentage, — assuré de rester à flot de quelque côté que vienne la marée, — fort précisément où nous sommes faibles, par la généalogie et le courage d'un homme d'épée? — Assurément nulle femme raisonnable n'hésiterait. — Mais, hélas!.... Ici son argumentation fut coupée court par la conscience que lady Ashton n'était pas

---

¹ Littéralement Filles de la Mer ou des Eaux; Sirènes. (L. V.)

CHAPITRE XVIII.

toujours raisonnable, dans le sens qu'il attachait au mot. — Préférer quelque laird campagnard, quelque rustre du Merse, à un jeune homme noble et brave, et à la possession paisible de Ravenswood aux termes d'un compromis facile, — ce serait le fait d'une femme en démence!

Telles furent les pensées qui occupèrent l'esprit du vétéran politique jusqu'au moment où ils atteignirent Bittlebrain's-House, où il avait été préalablement convenu qu'ils dîneraient et se reposeraient avant de se remettre en route.

Ils y furent reçus avec une hospitalité empressée, et leurs nobles amphitryons eurent surtout pour le Maître de Ravenswood les attentions les plus marquées. La vérité est que lord Bittlebrains était parvenu à la dignité de pair, grâce à une bonne dose de *plausibilité*, art qui consiste à édifier une réputation d'habileté sur les fondements tout à fait communs d'une éloquence banale, jointe à l'observation attentive des changements de temps, et à la faculté de rendre certains services politiques à ceux qui pouvaient le mieux les récompenser. Lady Bittlebrains et son époux, ne se sentant pas parfaitement à l'aise sous leurs nouveaux honneurs, avaient le plus grand désir de se procurer l'appui fraternel de ceux qui étaient nés dans les régions où eux-mêmes avaient été élevés d'une sphère plus basse. Les égards qu'ils témoignèrent au Maître de Ravenswood eurent leur effet habituel, celui de relever son importance aux yeux du lord garde des sceaux, lequel, tout en ayant un degré raisonnable de mépris pour le caractère et les talents de lord Bittlebrains, avait néanmoins une haute opinion de la pénétration de son esprit en tout ce qui touchait à son intérêt personnel.

— Je voudrais que lady Ashton eût vu ceci, se disait-il intérieurement: personne ne sait aussi bien que Bittlebrains de quel côté le pain est beurré, et il cajole le Maître comme le messan[1] d'un mendiant câlinerait un cuisinier. Et mylady, elle aussi, qui met en avant la mine refrognée de ses filles pour les faire piailler et grincer du clavecin, comme si elle lui disait: Choisissez et prenez. Elles ne sont pas plus comparables à Lucy qu'une chouette à un cygne; elles peuvent porter leurs gros sourcils noirs sur un autre marché.

La réception terminée, nos voyageurs, qui avaient encore à mesurer la plus grande partie de leur route, remontèrent à cheval; et après que le lord garde des sceaux, le Maître de Ravenswood et les domestiques eurent bu le *doch-an-dorroch* ou coup de l'étrier, composé pour chacun d'une liqueur relative à son rang, la cavalcade se remit en marche.

La nuit était arrivée quand ils atteignirent l'avenue de Ravenswood, allée longue et droite conduisant directement au front du château, et que formait une double ligne d'ormes gigantesques, dont les feuilles,

---

[1] **Sorte** de petits chiens. (L. V.)

agitées par le vent du soir, semblaient faire entendre des soupirs de compassion sur l'héritier de leurs anciens propriétaires, qui maintenant revenait à leurs ombrages en compagnie et presque à la suite de leur nouveau maître. L'esprit d'Edgar lui-même était oppressé de sensations de même nature. Il devint graduellement silencieux, et se retira un peu en arrière de miss Ashton, près de qui il s'était tenu jusqu'alors avec tant de bonheur. Il se souvenait encore du jour où, vers la même heure de la soirée, il avait quitté avec son père l'habitation à laquelle ils devaient leur nom et leur titre, et que le noble vieillard ne devait plus revoir. La large façade du vieux château, vers laquelle il se souvenait de s'être souvent retourné, était alors « noire comme un vêtement de deuil; » maintenant elle étincelait d'un grand nombre de lumières, les unes paraissant de loin dans l'ombre comme une lueur fixe et stationnaire, les autres passant rapidement de fenêtre en fenêtre, et indiquant les préparatifs que l'on s'empressait de faire pour leur arrivée, qu'avait annoncée un courrier dépêché en avant. Le contraste fit sur le cœur du Maître de Ravenswood une impression assez pénible pour réveiller quelques-uns des sentiments les plus âpres qu'il avait été habitué à nourrir contre le nouveau seigneur de son domaine paternel, et pour imprimer sur ses traits un air de gravité sombre, lorsque, descendu de cheval, il se trouva dans la salle qui n'était plus la sienne, entouré des nombreux domestiques de celui qui actuellement en était le propriétaire.

Quand le lord-garde se tourna vers lui pour lui adresser un compliment de bienvenue avec la cordialité que leurs derniers rapports semblaient autoriser, il s'aperçut de ce changement; ajournant alors son dessein, il se contenta de faire à son hôte, comme cérémonial de réception, un profond salut, paraissant ainsi s'associer avec délicatesse aux sentiments dont l'expression s'était répandue sur le front du Maître.

Deux domestiques de classe supérieure, portant chacun une couple de grands chandeliers d'argent, introduisirent alors la compagnie dans un vaste salon, où de nouveaux changements, dont Ravenswood fut frappé, annonçaient l'opulence des occupants actuels du château. La tapisserie rongée de vers, dont les lambeaux couvraient à demi, du temps de son père, les murs de cette pièce d'apparat, avait été remplacée par un lambrissage complet, dont les corniches, ainsi que les différents panneaux, étaient ornés d'oiseaux et de guirlandes de fleurs sculptés dans le chêne, et qui semblaient, tant l'art du ciseau y excellait, enfler leurs gosiers et battre des ailes. Plusieurs anciens portraits de famille représentant des héros armés de la maison de Ravenswood, et quelques vieilles armures jadis suspendues aux murs, avaient fait place aux portraits du roi Guillaume et de la reine Marie, et à ceux de sir Thomas Hope et de lord Stair, deux légistes distingués d'Écosse.

CHAPITRE XVIII.

On y voyait aussi les portraits du père et de la mère du lord garde des sceaux ; celle-ci à l'air refrogné, grondeur et solennel, avec sa mante noire, ses *pinners* ou coiffes serrées à longues barbes, et un livre de dévotion à la main; l'autre montrant, sous une calotte de soie noire à la genevoise, collant à la tête d'aussi près que si elle eût été rasée, un ensemble de traits pincés et revêches, se terminant par une chétive barbe rousse taillée en pointe, véritable figure de puritain, où l'hypocrisie semblait aux prises avec la friponnerie et l'avarice. — Et c'est pour faire place à de pareils épouvantails, pensa Ravenswood, que mes ancêtres ont été arrachés de ces murailles qu'ils avaient élevées ! Il y reporta de nouveau les yeux ; et à mesure qu'il les regardait, le souvenir de miss Ashton (qui n'était pas entrée au salon avec eux) semblait s'effacer de son imagination. Il y avait là aussi deux ou trois *drôleries* hollandaises, comme on appelait alors les tableaux d'Ostade et de Teniers, ainsi qu'un beau morceau de l'école italienne. Enfin, on y voyait encore le portrait en pied du lord garde des sceaux dans le grand costume de sa dignité, à côté de celui de lady Ashton, couverte de soie et d'hermine : beauté altière, portant dans son regard tout l'orgueil de la maison de Douglas dont elle était issue. L'habileté du peintre, vaincue par la vérité ou cédant peut-être à un petit mouvement d'humeur satirique, n'avait pu sur la toile réussir à donner à l'époux cet air d'autorité et de suprématie légitime qui inspire le respect et indique la pleine possession de l'autorité domestique. Il était évident, au premier coup d'œil, qu'en dépit de la masse et des autres insignes de sa haute dignité, le lord garde des sceaux ne marchait chez lui qu'au second rang[1]. Le parquet de ce beau salon était recouvert de splendides tapis ; de grands feux flamboyaient dans deux cheminées, et dix candélabres d'argent, multipliant, dans leurs brillants réflecteurs métalliques, les lumières dont ils étaient chargés, rendaient la clarté de l'ensemble comparable à celle du jour.

— Voudriez-vous accepter quelque rafraîchissement, Maître? dit sir William Ashton, bien aise de rompre un silence embarrassant.

Il ne reçut pas de réponse, le Maître étant tellement absorbé dans l'examen des nombreux changements qui avaient eu lieu dans le salon, qu'il entendit à peine ce que lui disait le lord-garde. La répétition de cette offre, avec l'observation additionnelle que le repas de famille ne tarderait pas à être servi, le tira enfin de sa distraction, et lui fit sentir qu'il jouait un rôle faible, peut-être même ridicule, en se laissant ainsi dominer par les circonstances dans lesquelles il se trouvait. Il fit donc

---

[1] *Was somewhat henpecked*, dit le texte; littéralement « était quelque peu béqueté de la poule ; » image admirable de vérité et d'énergie, qui retrace d'un seul mot l'état d'abaissement d'un coq dégradé, livré aux persécutions méprisantes du sérail emplumé dont la nature l'avait fait roi. (L. V.)

un effort sur lui-même pour lier avec sir William Ashton une conversation dans laquelle il tâcha d'apporter un air aussi indifférent qu'il lui fut possible d'affecter.

— Vous ne serez pas surpris, sir William, que je m'intéresse aux changements que vous avez faits pour l'embellissement de cette pièce. Du temps de mon père, lorsque nos malheurs l'eurent contraint de vivre dans la retraite, elle n'était guère occupée, si ce n'est par moi qui en avais fait une salle de récréation, quand le temps ne me permettait pas de sortir. Dans cet enfoncement était mon petit établi, où je resserrais le petit nombre d'outils de menuisier que le vieux Caleb m'avait procurés, et dont il m'apprenait à me servir ; — là, dans ce coin, sous ce beau candélabre d'argent, je serrais mes lignes, mes épieux de chasse, mes arcs et mes flèches.

— J'ai un petit bambin, dit sir William, désirant changer le ton de la conversation, qui a à peu près les mêmes goûts ; — il n'est heureux que quand il court les champs. Je suis étonné qu'il ne soit pas ici. — Écoutez, Lockhard ; — envoyez William Shaw chercher M. Henry. — Je suppose que, comme de coutume, il est pendu au tablier de Lucy ; — car cette petite folle mène toute la famille à volonté.

Cette allusion à sa fille, quoique jetée avec adresse, ne put même arracher Ravenswood du cercle d'idées où il était entré.

— Nous fûmes obligés, dit-il, de laisser dans cette salle quelques armures et plusieurs portraits. — Puis-je vous demander où on les a relégués?

— Mais... répondit le lord-garde avec quelque hésitation, l'appartement a été décoré en notre absence, — et *cedant arma togæ*[1] est, comme vous savez, la maxime des légistes. — Je crains qu'on ne s'y soit conformé un peu trop à la lettre. J'espère... je pense qu'il ne leur est pas arrivé d'accident. — Je suis sûr d'avoir donné des ordres. — Puis-je espérer que lorsqu'on les aura retrouvés et convenablement restaurés, vous me ferez l'honneur de les accepter de ma main, comme expiation de leur déplacement accidentel?

Le Maître de Ravenswood fit un salut froid et réservé, et, les bras croisés, reprit l'examen de la pièce.

Henry, enfant gâté d'une quinzaine d'années, y entra en ce moment, et courut sauter au cou de son père. — Voyez donc Lucy, papa! elle est revenue à la maison si contrariante et de si mauvaise humeur, qu'elle ne veut pas descendre à l'écurie voir mon nouveau poney que Bob Wilson m'a ramené du Mull de Galloway.

— Il me semble que vous étiez fort peu raisonnable de le lui demander, dit le père.

— Allons! vous voilà aussi contrariant qu'elle, s'écria l'enfant mais

---

[1] L'épée cède à la toge.

quand maman sera revenue, elle vous nettoiera vos mitaines à tous deux [1].

— Faites taire votre langue impertinente, petit démon que vous êtes ! — Où est votre gouverneur ?

— Il est allé à la noce à Dumbar ; — j'espère qu'il y aura un haggis [2] à son dîner. Et l'enfant se mit à chanter la vieille chanson écossaise :

> « A Dumbar y' avait du haggis
> Fal de ral, fa deri deral,
> Y' en a d' meilleur et guèr' de pis,
> Fa dera deri. »

— Je suis fort obligé à M. Cordery de ses attentions, dit le lord garde des sceaux ; et dites-moi, s'il vous plaît, monsieur Henry, qui a eu les yeux sur vous depuis qu'il est parti ?

— Norman et Bob Wilson, — sans me compter.

— Un palefrenier, un garde-chasse, et votre étourderie ; — jolis précepteurs pour un jeune avocat ! — Vous ne connaîtrez jamais d'autres lois que celles sur la chasse, sur la pêche et....

— A propos de chasse, dit le petit garnement, interrompant son père sans scrupule ni hésitation, Norman a tué un daim. J'en ai montré les bois à Lucy, et elle dit qu'il n'avait que huit andouillers ; et elle dit que vous avez tué un cerf avec la meute de lord Bittlebrains, pendant que vous étiez là-bas, et elle dit que c'était un cerf dix cors ; — est-ce vrai ?

— Je serais fort en peine de vous dire s'il en avait dix ou vingt ; mais si vous voulez aller à monsieur, il pourra vous dire ce qui en est. — Allez lui parler, Henry ; c'est le Maître de Ravenswood.

Pendant ce dialogue, le père et le fils étaient près du feu ; le Maître s'était éloigné jusqu'à une des extrémités de l'appartement, et, le dos tourné de leur côté, paraissait occupé à examiner un des tableaux. L'enfant courut vers lui, et le tira par la basque de son habit avec la liberté d'un enfant gâté, en lui disant : — Monsieur, monsieur, — voudriez-vous me dire.... Mais quand le Maître se retourna, et que Henry vit son visage, il parut tout à coup complètement déconcerté, — recula de deux ou trois pas, — puis regarda de nouveau Ravenswood d'un air de crainte et d'étonnement, qui avait totalement banni de ses traits leur expression habituelle de vivacité et d'assurance.

— Approchez-vous, monsieur Henry, lui dit Edgar ; je vous dirai tout ce que je sais au sujet de la chasse.

---

[1] Proverbe écossais. Nous disons un peu dans le même sens : Elle vous lavera la tête. (L. V.)

[2] Terme qui paraît une altération de notre mot hachis ; c'est une espèce de *pudding* ou boudin. (L. V.)

— Approchez-vous de monsieur, Henry, ajouta son père ; vous n'avez pas coutume d'être si réservé.

Mais ni invitation ni exhortation n'eurent d'effet sur l'enfant. Au contraire, il eut à peine achevé son examen du Maître de Ravenswood, qu'il fit un demi-tour, et, marchant à reculons avec autant de précautions que s'il se fût avancé entre des œufs, il se glissa jusqu'à son père, contre lequel il se pressa autant que possible. Ravenswood, pour éviter d'entendre la dispute qui s'éleva entre le père et l'enfant gâté, crut plus poli de se tourner de nouveau du côté des tableaux, sans faire attention à ce qu'ils disaient.

— Pourquoi n'avez-vous pas parlé au Maître, petit sot? dit le lord-garde.

— J'ai peur, répondit Henry d'un ton de voix très-bas.

— Peur, oison que vous êtes! fit son père en le secouant légèrement par le collet ; — et qui vous fait peur ?

— Pourquoi donc qu'il ressemble tant au portrait de sir Malise Ravenswood ?

— Quel portrait, imbécile ? Je ne vous croyais qu'écervelé, mais je crois que vous allez devenir idiot.

— Je vous dis que c'est tout le portrait du vieux Malise de Ravenswood, et qu'il lui ressemble comme s'il s'était détaché de la toile. Il est là-haut, dans la vieille salle du baron, où les filles font la lessive ; il a une armure, et son habit ne ressemble pas à celui du gentleman ; — et le gentleman n'a pas une barbe ni des moustaches comme le portrait ; — et le portrait a autre chose autour du cou que le gentleman n'a pas, — et....

— Et... et qu'y a-t-il d'étonnant à ce que le gentleman ressemble à son ancêtre, sot enfant que vous êtes ?

— Oui ; mais s'il vient nous chasser du château, et qu'il ait derrière lui vingt hommes déguisés, — et qu'il vienne nous dire, avec une grosse voix : *j'attends mon temps!* — Et s'il vous tue sur le foyer comme Malise tua l'autre, dont on voit encore le sang ?

— Paix ! cessez vos sottises ! dit le lord garde des sceaux fort peu flatté lui-même d'entendre ces désagréables coïncidences forcément rappelées à sa mémoire. — Maître, voici Lockhard qui vient nous prévenir que le dîner est servi.

Au même instant, Lucy entra par une autre porte; elle avait complétement changé de costume. L'exquise beauté de sa douce physionomie, maintenant ombragée seulement par une profusion de beaux cheveux blonds ; ses formes aériennes dégagées de son lourd costume de voyage, et se dessinant sous une robe de soie bleu de ciel ; la grâce de ses manières et le charme de son sourire, chassèrent, avec une promptitude dont le Maître lui-même fut surpris, les sinistres pensées qui depuis une heure avaient enveloppé son esprit comme d'un sombre

CHAPITRE XVIII.

nuage. Dans ces traits si doux et si naïfs, il ne pouvait découvrir le moindre rapport avec le visage refrogné du puritain à barbe en pointe et à cape noire, ni avec les traits ridés et l'air guindé de sa compagne, non plus qu'avec l'astuce peinte dans la physionomie du lord garde des sceaux, ou avec la hauteur arrogante qui dominait dans celle de sa digne épouse; et en reposant ses yeux sur Lucy Ashton, il crut voir en elle un ange descendu sur terre, et n'ayant rien de commun avec les êtres d'une nature plus grossière parmi lesquels elle daignait demeurer pour un temps. Tel est le pouvoir de la beauté sur une imagination jeune et enthousiaste.

CHAPITRE XIX.

> Je fais mal en ceci, et je ne puis ignorer que les plaintes d'un père attireront sur la tête d'un fils désobéissant tous les malheurs que peut déverser le Ciel. Mais la raison nous dit que les parents suivent une fausse route quand ils veulent tenir la bride trop serrée aux affections de leurs enfants, et contrôler cet amour que Dieu lui-même leur a mis au cœur. *Le Pourceau qui a perdu sa Perle.*

Le festin du château de Ravenswood fut aussi remarquable par sa profusion, que celui de Wolf's Crag l'avait été par sa pénurie mal déguisée. Ce contraste put donner quelque orgueil secret au lord garde des sceaux ; mais il avait trop de tact pour le laisser paraître. Il semblait au contraire se rappeler avec plaisir ce qu'il appelait le dîner de garçon de M. Balderstone, et se montrait plutôt dégoûté que satisfait de la prodigalité qui faisait gémir sa table sous le poids des mets.

— Nous en agissons ainsi, dit-il, parce que les autres le font ; — mais j'ai été élevé très-simplement à la table frugale de mon père, et je voudrais de tout mon cœur que ma femme et ma famille me permissent de revenir à mes sowens [1] et à mon pauvre-homme de mouton [2].

Il y avait là quelque exagération. Le Maître se borna à répondre que la différence des rangs, — c'est-à-dire, se reprit-il, la différence de la fortune, exigeait un train de maison différent.

Cette remarque, faite d'un ton sec, coupa court à ce sujet d'entretien, et il est inutile de mentionner celui qui lui fut substitué. La soirée se passa avec enjouement, et même avec cordialité ; et Henry avait si bien surmonté ses premières appréhensions, qu'il arrangea une partie pour courre le cerf avec le représentant et image vivante de l'effrayant sir Malise de Ravenswood, surnommé le Vengeur. Cette partie fut fixée au matin du jour suivant. Il éclaira une chasse aussi active qu'heureuse. Naturellement, le banquet vint ensuite ; et une invitation pressante de rester un jour de plus fut faite et acceptée. L'intention de Ravenswood avait été de ne passer qu'un jour chez le lord-garde ; mais il se rappela qu'il n'avait pas encore été voir la vieille Alice, l'ancienne protégée de sa famille, et il pensa devoir cette marque d'amitié à une femme qui avait montré tant de zèle et de dévouement aux siens.

---

[1] Nous avons déjà vu que le *sowen* est une sorte de pudding de farine d'avoine. (**L. V.**)
[2] *Voyez* la note **D**, à la fin du volume.

CHAPITRE XIX.

Le jour suivant fut donc destiné à visiter Alice, et Lucy servit de guide au Maître. Il est vrai qu'Henry les accompagna, enlevant ainsi à leur promenade l'apparence d'un tête-à-tête; mais en réalité ce ne fut guère autre chose, attendu le grand nombre de circonstances variées qui se présentèrent pour empêcher l'enfant de donner la moindre attention à ce qui se passait entre ses compagnons. Tantôt c'était un freux perché sur une branche, à portée de son trait d'arbalète; — une autre fois, un lièvre qui traversait leur chemin, et à la poursuite duquel Henry se détournait avec son lévrier. — Puis il eut à soutenir une longue conversation avec le garde forestier, qui le retint assez longtemps en arrière; — puis il fut examiner le terrier d'un blaireau, ce qui l'entraîna assez loin en avant.

Cependant la conversation entre sa sœur et le Maître de Ravenswood prit un tour intéressant et presque confidentiel. Elle ne put s'empêcher de lui témoigner combien elle s'associait à l'impression pénible que lui devait faire éprouver la vue de lieux qui lui avaient été si familiers, et qui maintenant avaient un aspect si différent de ce qu'il les avait connus; et sa sympathie avait une expression si douce, que Ravenswood se crut un instant amplement dédommagé de tous ses malheurs. Quelque chose de ce sentiment lui échappa, et Lucy l'entendit avec plus de confusion que de déplaisir; et on lui pourra pardonner l'imprudence de prêter l'oreille à un tel langage, si l'on songe que la situation dans laquelle son père l'avait placée semblait autoriser Ravenswood à le lui tenir. Elle fit cependant un effort pour détourner la conversation, et elle y réussit; car le Maître aussi s'était plus avancé qu'il ne l'avait voulu, et le cri de sa conscience l'avait aussitôt arrêté quand il s'était vu sur le point de parler d'amour à la fille de sir William Ashton.

Ils approchaient alors de la cabane de la vieille Alice; on y avait fait depuis peu quelques réparations qui lui laissaient une apparence moins pittoresque, peut-être, mais aussi bien moins délabrée qu'auparavant. La vieille aveugle occupait son siége accoutumé, sous les rameaux inclinés du bouleau, jouissant, avec la nonchalance habituelle de l'âge et des infirmités, de la douce chaleur d'un soleil d'automne. A l'arrivée de ses visiteurs, elle tourna la tête de leur côté. — J'ai entendu votre pas, miss Ashton, dit-elle; mais le gentleman qui vous accompagne n'est pas mylord votre père.

— Qui vous fait penser cela, Alice? répondit Lucy; et comment pouvez-vous juger d'une manière si sûre au seul bruit des pas sur le sol et en plein air?

— L'ouïe, mon enfant, a été chez moi rendue plus subtile par la privation de la vue, et je puis maintenant tirer de sûrs indices des sons les plus légers, qui, auparavant, ne faisaient pas sur mes oreilles plus d'impression qu'ils n'en font maintenant sur les vôtres. La nécessité est une maîtresse sévère, mais excellente ; et celle qui a perdu la faculté de voir doit chercher dans ses autres sens de nouveaux moyens de correspondre avec ce qui l'entoure.

— Hé bien, Alice, je vous accorde que vous entendiez le pas d'un homme ; mais pourquoi ne serait-ce pas celui de mon père ?

— Le pas de la vieillesse, ma chère miss Lucy, est timide et prudent ; — le pied quitte lentement le sol, et s'y replace avec hésitation. C'est le pas vif et déterminé de la jeunesse que j'entends maintenant ; et — si je pouvais m'arrêter à une pensée si étrange — je dirais que c'est le pas d'un Ravenswood.

— Ceci dénote, en effet, dit Ravenswood, une finesse d'organe à laquelle je n'aurais pu croire si je n'en avais été témoin. — Je suis en effet le Maître de Ravenswood, Alice, — le fils de votre vieux maître.

— Vous ? dit la vieille aveugle, avec un cri de surprise étouffé ; — vous, le Maître de Ravenswood, — ici, — en ce lieu, et ainsi accompagné ? — Je ne puis croire cela. — Laissez-moi passer mes vieilles mains sur votre visage, afin que l'attouchement confirme le témoignage de mes oreilles.

Le Maître s'assit près d'elle sur le banc de terre, et permit à la main tremblante d'Alice de se promener sur ses traits.

— Cela est pourtant vrai ! s'écria-t-elle ; ce sont les traits aussi bien que la voix de Ravenswood, — les lignes saillantes de la fierté, aussi bien que leur accent impétueux et hardi. — Mais que faites-vous ici, Maître de Ravenswood ? — que faites-vous sur les domaines de votre ennemi, et en compagnie de sa fille ?

Et en parlant ainsi, le visage de la vieille Alice s'enflammait, comme l'eût probablement fait celui d'un vassal des anciens temps féodaux, si, en sa présence, son jeune seigneur lige eût paru dégénérer de l'esprit de ses ancêtres.

— Le Maître de Ravenswood est en visite chez mon père, dit Lucy, à qui le ton de ce débat ne plaisait nullement, et qui désirait l'abréger.

— Vraiment ! repartit la vieille aveugle avec l'accent de la surprise.

— Je savais que je lui ferais plaisir, continua Lucy, en le conduisant à votre chaumière.

— Où, pour dire la vérité, Alice, j'attendais une réception plus cordiale.

— Voilà qui est bien étonnant, murmura la vieille en se parlant à elle-même ; mais les voies de la Providence ne ressemblent pas aux nôtres, et ses jugements s'accomplissent par des moyens qui dépassent notre pénétration. — Écoutez, jeune homme, reprit-elle : la haine de vos pères fut implacable, mais toujours honorable ; ils ne méditaient pas la ruine de leurs ennemis sous le masque de l'hospitalité. Qu'avez-vous de commun avec Lucy Ashton ? — Pourquoi vos pas suivraient-ils le même sentier que les siens ? — Pourquoi le son de votre voix s'unirait-il à la voix de la fille de sir William Ashton? — Jeune homme, celui qui vise à la vengeance par des moyens déshonorants...

— Silence, femme! interrompit Ravenswood avec impétuosité; est-ce le démon qui souffle votre voix? — Sachez que cette jeune dame n'a pas sur terre un ami qui ferait plus que moi pour lui sauver une injure ou une insulte.

— En est-il ainsi? reprit la vieille d'un ton de voix altéré et mélancolique; — en ce cas, que Dieu vous protége tous les deux!

— Amen, Alice! repartit Lucy, qui n'avait pas compris le sens de l'insinuation de la vieille aveugle; et qu'il vous renvoie votre bon sens et votre bonne humeur. Si vous tenez ce langage mystérieux, au lieu de souhaiter la bienvenue à vos amis, ils penseront de vous ce qu'en pensent les autres.

— Et que pensent donc les autres? demanda Ravenswood; car il commençait à croire que la vieille avait l'esprit dérangé.

— Ils pensent, dit Henry Ashton qui arrivait en ce moment, et qui répondit bas à l'oreille de Ravenswood, que c'est une sorcière qu'on aurait dû brûler avec celles qui l'ont été à Haddington.

— Qu'est-ce que vous dites? s'écria Alice en se tournant vers l'enfant, le visage enflammé de colère; ne dites-vous pas que je suis une sorcière, et que j'aurais dû être brûlée avec les malheureuses vieilles créatures qui ont été assassinées à Haddington?

— Écoutez ce qu'elle dit, reprit l'enfant toujours à voix basse; moi qui ai parlé plus bas qu'un roitelet ne chante!

— Si l'usurier, continua Alice, si l'oppresseur, si celui qui insulte au pauvre, enlève les bornes des anciens héritages et renverse les anciennes maisons, si celui-là était attaché avec moi à un même poteau, oh! alors je pourrais dire : Allumez le feu, au nom du Ciel!

— Ceci est affreux, dit Lucy; je n'ai jamais vu l'esprit de la pauvre abandonnée dans un pareil état; mais il conviendrait mal d'adresser des paroles de reproche à la vieillesse et à la pauvreté. — Venez, Henry, éloignons-nous; — elle désire parler au Maître seul. Nous allons reprendre le chemin du château, et nous nous reposerons (ajouta-t-elle en regardant Ravenswood) près de la fontaine des Mermaïdes.

— Alice, dit l'enfant, si vous connaissez quelque lièvre qui vienne parmi les daims pour les faire avorter, vous pouvez lui faire mes compliments, et lui dire que si Norman n'a pas à lui envoyer une balle d'argent[1], je lui prêterai pour cela un des boutons de mon pourpoint.

Alice ne répondit rien jusqu'à ce que le bruit des pas l'eût avertie que la sœur et le frère ne pouvaient plus l'entendre; alors elle dit à

---

[1] C'était une ancienne superstition, que le plomb ne pouvait rien sur les sorciers ou sur ceux qui avaient sur eux quelque charme diabolique, et qu'une balle d'argent pouvait seule les atteindre. (L. V.)

Ravenswood : — Et vous aussi, êtes-vous irrité contre moi parce que je vous aime? — Il est juste que des étrangers en soient offensés; mais vous, en êtes-vous fâché aussi?

— Je ne suis pas irrité, Alice, répondit le Maître ; je suis seulement surpris que vous, dont j'ai si souvent entendu vanter le bon sens, vous puissiez vous livrer à des soupçons aussi offensants que mal fondés.

— Offensants? — Oui, la vérité offense toujours ; — mais mal fondés, non assurément.

— Je vous dis, Alice, qu'ils sont sans le moindre fondement.

— Le monde a donc changé de nature et les Ravenswood de caractère, ou les yeux de l'esprit de la vieille Alice sont encore plus aveugles que ceux de son visage. Quand un Ravenswood est-il entré dans la maison de son ennemi, si ce n'est dans un but de vengeance? — Vous avez été conduit ici, Edgar Ravenswood, ou par un fatal ressentiment, ou par un amour encore plus fatal.

— Ni par l'un ni par l'autre, sur mon honneur ; — c'est-à-dire, je vous l'atteste.

Alice ne put voir la rougeur qui couvrit les joues d'Edgar ; mais elle remarqua son hésitation, et il ne lui échappa point qu'il rétractait le serment par lequel il semblait d'abord vouloir appuyer sa dénégation.

— Il en est donc ainsi, dit-elle, et voilà pourquoi elle s'arrêtera à la fontaine des Mermaïdes! On l'a souvent nommée un lieu fatal à la race des Ravenswood, — et elle l'a souvent été ; — mais jamais probablement elle n'aura justifié de vieux adages aussi complétement qu'aujourd'hui.

— Vous me feriez devenir fou, Alice ; vous êtes encore plus folle et plus superstitieuse que le vieux Balderstone. Êtes-vous si mauvaise chrétienne que vous puissiez supposer que je voudrais aujourd'hui susciter la guerre contre la famille Ashton, selon la coutume sanguinaire de l'ancien temps? ou me supposez-vous assez fou pour ne pouvoir me promener aux côtés d'une jeune dame, sans m'éprendre d'amour pour elle.

— Mes pensées sont à moi, répliqua Alice ; et si mes yeux corporels sont fermés aux objets placés devant moi, peut-être n'en puis-je que mieux plonger un regard assuré dans les événements futurs. Êtes-vous disposé à occuper à contre-cœur la dernière place à la table qui fut celle de votre père, comme allié de son orgueilleux successeur? — Êtes-vous prêt à vivre de sa libéralité, — à le suivre dans les détours de l'intrigue et de la chicane, que personne mieux que lui ne peut vous faire connaître ; — à ronger les os de sa proie, quand il en aura dévoré la chair? — Pouvez-vous parler comme parle sir William Ashton, — penser comme il pense, — opiner comme il opine, et donner avec respect et vénération, au meurtrier de votre père, les titres de beau-père et de protecteur? — Maître de Ravenswood, moi qui suis le plus ancien serviteur de votre maison, j'aimerais mieux vous voir dans votre linceul, j'aimerais mieux vous voir dans la tombe !

Un trouble peu ordinaire agitait l'esprit de Ravenswood ; Alice avait touché et fait vibrer une corde que depuis quelque temps il avait réussi à assoupir. Il parcourut à grands pas le petit jardin ; et enfin, s'arrêtant vis-à-vis de la vieille aveugle, il s'écria : — Femme, sur le bord de la tombe, osez-vous bien pousser le fils de votre maître au sang et à la vengeance ?

— A Dieu ne plaise ! dit Alice d'un ton de voix solennel ; et c'est pourquoi je voudrais vous voir loin de ces limites fatales où votre amour, aussi bien que votre haine, ne présage à vous et aux autres que malheurs certains, ou tout au moins déshonneur assuré. Si cette main flétrie en avait le pouvoir, je voudrais protéger les Ashtons contre vous, de même que vous contre eux, et vous tous contre vos propres passions. Vous ne pouvez, — vous ne devez rien avoir de commun avec eux. — Éloignez-vous d'eux ; et si Dieu garde une vengeance contre la maison de l'oppresseur, n'en soyez pas l'instrument.

— Je penserai à ce que vous m'avez dit, Alice, reprit Ravenswood avec plus de calme. Je crois que vos intentions à mon égard sont celles d'un cœur sincère et attaché ; mais vous poussez un peu trop loin la liberté d'un ancien serviteur. Adieu ; et si le Ciel améliore ma fortune, je ne manquerai pas de contribuer à votre bien-être.

Il voulut lui glisser dans la main une pièce d'or qu'elle refusa de recevoir ; et dans le léger débat qui s'ensuivit entre eux, la pièce tomba à terre.

— Laissez-la un instant sur le sol, dit Alice, comme le Maître se baissait pour la ramasser ; et croyez-moi, cette pièce d'or est un emblème de celle que vous aimez : Lucy n'est pas moins précieuse, j'en conviens, mais il vous faut vous abaisser jusqu'à l'avilissement avant de l'obtenir. Quant à moi, je n'ai plus rien de commun avec l'or, non plus qu'avec les passions de ce monde ; et la meilleure nouvelle que cette terre puisse encore me tenir en réserve, c'est qu'Edgar Ravenswood est à cent milles de la demeure de ses ancêtres, et qu'il est décidé à ne la jamais revoir.

— Alice, repartit le Maître, qui commençait à croire que cette insistance avait quelque motif secret, autre que celui que la vieille aveugle avait pu puiser dans sa visite accidentelle, je vous ai entendu vanter par ma mère pour votre bon sens, votre pénétration et votre fidélité. Vous n'êtes pas assez simple pour vous laisser effrayer par des ombres, ni pour craindre de vieilles histoires superstitieuses, comme Caleb Balderstone ; si donc vous connaissez quelque danger dont je serais menacé, dites-le-moi simplement. Si je me connais bien, je suis libre de vues telles que vous m'en imputez sur miss Ashton. J'ai des affaires indispensables à régler avec sir William ; — cela fait, je pars, et avec aussi peu de désir, vous pouvez aisément m'en croire, de revenir en des lieux si pleins de sujets de tristes réflexions, que vous en avez de me revoir ici.

Alice baissa vers la terre ses yeux privés de lumière, et resta quelques moments plongée dans une profonde méditation. — Je vous parlerai avec vérité, dit-elle enfin en relevant la tête ; — je vous dirai la cause de mes appréhensions, que ma franchise soit pour le bien ou pour le mal.—Lucy Ashton vous aime, lord de Ravenswood !

— Cela est impossible, dit le Maître.

— Mille circonstances m'en ont donné la preuve, repartit l'aveugle. Ses pensées n'ont pas eu d'autre objet que vous depuis que vous lui avez sauvé la vie : c'est ce que mon expérience a vu sans peine dans ses entretiens. Sachant cela, — si vous êtes gentilhomme et digne fils de votre père, — vous y trouverez un motif de plus de fuir sa présence. Sa passion s'éteindra comme une lampe, faute de ce qui pourrait en alimenter la flamme ; mais si vous restez ici, sa perte ou la vôtre, celle de tous les deux, peut-être, sera l'inévitable conséquence de son attachement mal placé. Je vous dis ce secret à contre-cœur ; mais il n'aurait pu échapper longtemps à votre observation, et il vaut mieux que vous le deviez à la mienne. Partez, Maître de Ravenswood ;— vous avez mon secret. Si vous demeurez une heure sous le toit de sir William Ashton sans avoir la résolution d'épouser sa fille, vous n'êtes pas gentilhomme ; — si vous y restez dans l'intention de vous allier avec lui, vous êtes un insensé que rien ne peut sauver du sort qui vous menace.

A ces mots, la vieille aveugle se leva, prit son bâton, et se dirigeant vers sa chaumière d'un pas mal assuré, elle y entra et en referma la porte, laissant Ravenswood à ses propres réflexions.

CHAPITRE XX.

> Plus belle dans sa retraite solitaire qu'une Naïade aux bords d'un ruisseau de l'ancienne terre hellénique, — ou que la Dame de Mère assise sur les rivages isolés d'une vieille romance.
> WORDSWORTH.

LES pensées les plus contradictoires assaillirent l'esprit de Ravenswood. Il se voyait placé tout à coup dans l'alternative que depuis quelque temps il avait redoutée. Le plaisir qu'il éprouvait dans la compagnie de Lucy avait à la vérité approché de la fascination, et cependant ce plaisir n'avait jamais surmonté tout à fait la répugnance intérieure que lui causait l'idée d'épouser la fille de l'ennemi de son père; et même, en pardonnant à sir William Ashton le mal qu'il avait fait à sa famille, et en lui tenant compte des intentions bienveillantes qu'il avait montrées, il ne pouvait s'habituer à regarder comme possible une alliance entre leurs maisons. Il n'en sentait pas moins qu'Alice avait raison, et que l'honneur exigeait maintenant ou qu'il s'éloignât sur-le-champ du château de Ravenswood, ou qu'il se déclarât aspirant à la main de Lucy Ashton. Et puis, la possibilité de voir ses avances repoussées par le père riche et puissant de Lucy, — de demander la main d'une Ashton et d'être refusé, — était une éventualité par trop humiliante. — Je fais des vœux pour son bonheur, se dit-il intérieurement, et je pardonne à cause d'elle les injures que son père a faites à ma maison; mais jamais, — non, jamais je ne la reverrai!

Avec une angoisse douloureuse, il s'arrêta à cette détermination au moment même où il arrivait au point de bifurcation de deux sentiers dont l'un se dirigeait vers la fontaine des Mermaïdes, où il savait que Lucy l'attendait, l'autre plus sinueux conduisant au château. Il fit halte un instant avant de prendre ce dernier sentier, cherchant en lui-même quelle excuse il donnerait d'une conduite qui nécessairement paraîtrait extraordinaire, et il murmurait entre ses dents : « des nouvelles subites d'Édimbourg, — tout prétexte sera bon, — seulement ne demeurons pas plus longtemps ici, » quand il vit le petit Henry accourir à lui hors d'haleine. — Maître, Maître, lui cria l'enfant, il faut que vous donniez le bras à Lucy jusqu'au château, parce que je ne puis lui donner le mien; Norman m'attend, et je vais avec lui dans sa tournée. Je ne voudrais pas n'en pas être pour un jacobus d'or, et Lucy a peur de s'en retourner seule, malgré qu'on ait donné la chasse à tout le bétail sauvage. Ainsi, il faut que vous veniez bien vite.

Quand deux plateaux sont également chargés, le poids d'une plume fera pencher la balance. — Je ne puis laisser la jeune dame seule dans le bois, se dit Ravenswood; la voir une fois de plus est d'ailleurs de peu de conséquence, après nos fréquentes rencontres; — et puis, la politesse me fait un devoir de l'informer de l'intention où je suis de quitter le château.

S'étant ainsi persuadé que sa démarche était non-seulement convenable, mais indispensable, il prit le chemin de la source fatale. Henry ne l'eut pas plutôt vu en voie de rejoindre sa sœur, qu'il disparut comme l'éclair dans une autre direction, pour aller jouir de la compagnie du garde, et se livrer avec lui à son goût favori. Ravenswood, sans vouloir donner une seconde pensée à la convenance de sa conduite, se dirigea d'un pas rapide vers la fontaine, où il trouva Lucy seule près des ruines.

Elle était assise sur une des pierres détachées de l'ancienne fontaine, et semblait suivre d'un œil attentif le progrès du courant qui s'en épanchait, à mesure que l'eau s'échappait, en bouillonnant et en étincelant au soleil, de la sombre voûte gothique dont la vénération ou peut-être le remords avait abrité sa source. Enveloppée de sa mante bigarrée, et ses longs cheveux s'échappant à demi du swood[1], et retombant sur son cou d'albâtre, Lucy Ashton eût pu éveiller dans un esprit superstitieux l'idée de la nymphe assassinée de la fontaine. Mais Ravenswood ne vit en elle qu'une femme délicieusement belle, et embellie encore à ses yeux — en pouvait-il être autrement? — par la pensée secrète qu'elle avait mis en lui ses affections. Il sentit, en la regardant, sa résolution se fondre comme la cire au soleil, et pour échapper à cette dangereuse influence, il se hâta de sortir du fourré voisin d'où il l'avait contemplée. Elle le salua, mais sans se lever de la pierre où elle était assise.

— Mon étourdi de frère m'a quittée, lui dit-elle, mais je l'attends d'ici dans quelques instants; — car, heureusement, si tout lui plaît une minute, rien ne le retient beaucoup plus longtemps.

Ravenswood ne se sentit pas la force d'apprendre à Lucy que son frère méditait une longue excursion, et qu'il ne se hâterait pas de revenir. Il s'assit sur l'herbe, à quelque distance de miss Ashton, et tous deux restèrent silencieux pendant deux minutes.

— J'aime cet endroit, dit enfin Lucy, comme si elle eût trouvé ce silence embarrassant; le murmure de la fontaine, l'agitation de la feuillée, la profusion de l'herbe et des fleurs sauvages qui s'élèvent du milieu des ruines, en font une scène toute romantique. Je crois,

---

[1] Cordon ou réseau qui retient les cheveux d'une vierge écossaise. (L. V.)

d'ailleurs, en avoir entendu parler comme d'un lieu mêlé aux récits des vieilles légendes que j'aime tant.

— On l'a regardé comme un lieu fatal à ma famille, répondit Ravenswood; et j'ai quelque raison de le qualifier ainsi, car c'est ici que j'ai vu miss Ashton pour la première fois, — et c'est ici qu'il me faut lui dire adieu pour jamais.

La vive rougeur que les premières paroles d'Edgar avaient appelée sur les joues de Lucy en fut rapidement chassée par la fin de sa phrase.

— Nous faire vos adieux, Maître! s'écria-t-elle; que vous est-il donc arrivé qui vous presse ainsi? — Je sais qu'Alice hait mon père, — ou du moins qu'elle a de l'éloignement pour lui, — et j'ai à peine compris son humeur d'aujourd'hui, tant elle était mystérieuse. Mais je suis certaine que mon père est sincèrement reconnaissant du service éminent que vous nous avez rendu. Laissez-moi espérer que si nous avons difficilement conquis votre amitié, nous ne la perdrons pas légèrement.

— La perdre, miss Ashton? — Non; — partout où mon destin m'appellera, — quelques malheurs qu'il me réserve encore, — je suis et resterai votre ami, — votre ami sincère. Mais un sort contraire pèse sur moi, et je dois partir si je ne veux entraîner les autres dans ma ruine.

— Ne vous éloignez pas de nous, Maître, reprit Lucy; — et dans l'innocente simplicité de son âme, elle porta la main au pan de son habit, comme pour le retenir. — Il ne faut pas que vous vous sépariez de nous. Mon père est puissant, et il a des amis qui le sont encore plus; — ne vous en allez pas avant de voir ce que sa gratitude fera pour vous. Croyez-moi, il travaille déjà en votre faveur près du Conseil.

— Cela peut être, dit le Maître avec fierté; et cependant ce n'est pas à votre père, miss Ashton, mais à mes propres efforts que je veux devoir le succès dans la carrière où je suis sur le point d'entrer. Mes préparatifs sont déjà faits : — une épée et un manteau, un cœur intrépide et un bras résolu.

Lucy se couvrit le visage de ses deux mains, et, en dépit d'elle-même, des larmes se firent jour entre ses doigts. — Pardonnez-moi, continua Ravenswood, en prenant sa main droite qu'elle lui abandonna après une légère résistance, tout en continuant de se cacher le visage de sa main gauche; — je suis trop rude, — trop inculte, — trop intraitable pour me trouver en contact avec un être si doux et si aimant. Oubliez la vision attristante qui aura traversé le sentier de votre existence, — et laissez-moi poursuivre le mien, avec la certitude que le sort ne peut me préparer maintenant de chagrin plus amer que celui que j'éprouve en m'arrachant d'auprès de vous.

Lucy continuait de pleurer, mais ses larmes avaient moins d'amertume. Chaque tentative que faisait Edgar pour lui expliquer ses intentions de départ ne faisait qu'apporter un nouveau témoignage de son désir de demeurer ; jusqu'à ce qu'enfin, au lieu de lui faire ses adieux, il lui engagea à jamais sa foi, et reçut la sienne en échange. Tout cela se passa si subitement, et fut tellement le résultat de l'irrésistible impulsion du moment, qu'avant que le Maître de Ravenswood eût pu réfléchir aux conséquences de l'engagement qu'ils venaient de contracter, leurs lèvres, aussi bien que leurs mains, avaient échangé le gage d'une affection mutuelle.

— Maintenant, dit-il après un instant de réflexion, il convient que je parle à sir William Ashton ; — il doit être instruit de notre engagement. Ravenswood ne peut paraître demeurer sous son toit pour solliciter en secret les affections de sa fille.

— Vous ne voudriez pas parler de cela à mon père? dit Lucy d'un air de doute; puis elle ajouta avec plus de feu : Oh non! — non ! Attendez que votre sort soit assuré, — que votre position et vos desseins soient fixés, avant de vous adresser à mon père. Je suis sûre qu'il vous aime, — je pense qu'il consentira ; — mais ma mère !

Elle s'arrêta, honteuse d'avoir laissé percer le doute qu'elle éprouvait que son père osât prendre une résolution positive sur un objet si important sans le consentement de lady Ashton.

— Votre mère, ma Lucy ! répliqua Ravenswood; elle est de la maison de Douglas, qui, même au temps de sa plus haute splendeur, a contracté plusieurs alliances avec la mienne. — Que pourrait objecter votre mère?

— Je ne dis pas qu'elle ferait aucune objection, dit Lucy ; mais elle est jalouse de ses droits, et pourrait revendiquer celui qu'a une mère d'être d'abord consultée.

— Soit ; Londres est loin, mais une lettre y parviendra et aura une réponse dans la quinzaine.— Je n'exigerai pas du lord garde des sceaux une réponse immédiate à ma demande.

— Mais, reprit Lucy en hésitant, ne vaudrait-il pas mieux attendre, — attendre quelques semaines? Si ma mère vous voyait... si elle vous connaissait.... je suis sûre qu'elle consentirait; mais elle ne vous connaît pas personnellement, et l'ancienne division qui a existé entre nos familles....

Ravenswood fixa sur elle son œil pénétrant, comme s'il eût voulu lire au fond de son âme.

— Lucy, dit-il, je vous ai sacrifié des projets de vengeance nourris depuis longtemps, et auxquels je m'étais engagé avec des cérémonies peu différentes de celles des païens ; — je les ai sacrifiés à votre seule image, avant de connaître tout le prix de votre âme. Dans la soirée qui suivit les funérailles de mon pauvre père, je coupai une mèche de mes cheveux, et tandis qu'elle se consumait sur un brasier, je jurai que ma rage et ma vengeance poursuivraient ses ennemis jusqu'à ce qu'ils fussent anéantis, comme ce symbole de destruction que la flamme dévorait.

— C'est un terrible péché, dit Lucy en pâlissant, d'avoir fait un vœu si fatal.

— Je le reconnais ; et c'en eût été un plus grand de le tenir. C'est pour l'amour de vous que j'ai abjuré ces projets de vengeance, quoique je susse à peine à quel sentiment j'obéissais avant de vous avoir revue et d'avoir pu me rendre compte à moi-même de votre influence sur moi.

— Et pourquoi rappeler maintenant des sentiments si coupables, — des sentiments si incompatibles avec ceux que vous me témoignez, — avec ceux dont vous m'avez arraché l'aveu ?

— Parce que je voulais vous faire connaître de quel prix j'ai payé votre amour, — quel droit j'ai à votre constance. Je ne dis pas que j'aie donné en échange l'honneur de ma maison, le dernier bien qui lui reste ; — mais quoique je ne le dise ni ne le pense, je ne puis me cacher à moi-même que le monde le pensera et le dira.

— Si tels sont vos sentiments, vous avez joué avec moi un jeu cruel. Mais il n'est pas encore trop tard pour revenir sur nos pas. — Reprenez la foi que vous ne pouviez m'engager sans que votre honneur en souffrît ; — que ce qui s'est passé soit comme non avenu. — Oubliez-moi : — je m'efforcerai de tout oublier moi-même.

— Vous êtes injuste envers moi, Lucy ; par tout ce que je tiens pour vrai et honorable, vous êtes souverainement injuste envers moi ! — Si j'ai parlé du prix dont j'ai payé votre amour, c'est seulement pour montrer celui que j'y attache, resserrer notre engagement dans un lien encore plus étroit, et vous faire voir, par ce que j'ai fait pour obtenir votre affection, combien je souffrirais si jamais vous manquiez à votre foi.

Et pourquoi, Ravenswood, regarderiez-vous cela comme possible ? — pourquoi parler d'infidélité ? — Est-ce parce que je vous demande d'attendre quelque temps avant de vous adresser à mon père ? Liez-moi par tels serments qu'il vous plaira ; si des serments ne sont pas nécessaires pour assurer la constance, ils peuvent cependant prévenir le soupçon.

Ravenswood employa à deux genoux les prières et les supplications pour apaiser le déplaisir de Lucy ; et celle-ci, aussi bonne que sincère, pardonna aisément l'offense née des doutes qu'Edgar avait exprimés. La dispute ainsi soulevée finit cependant par une cérémonie symbolique de leur foi engagée, qu'accomplirent les deux amants, et dont on retrouve encore quelques vestiges parmi le peuple en Écosse. Ils rompirent entre eux la pièce d'or qu'Alice avait refusé de recevoir.

— Jamais elle ne quittera mon sein, dit Lucy en suspendant à son cou le fragment de pièce d'or qu'elle cacha sous son fichu, jusqu'à ce que vous-même, Edgar Ravenswood, me demandiez de vous la rendre ;

— et tant que je la porterai, jamais ce cœur n'avouera d'autre amour que le vôtre.

Ravenswood, avec les mêmes protestations, plaça sur son cœur sa portion de la pièce. Et alors pour la première fois ils s'aperçurent que le temps s'était rapidement écoulé durant cette entrevue, et que leur absence pourrait être au château un sujet de remarque, sinon d'alarme. Comme ils se levaient pour s'éloigner de la fontaine témoin de leur mutuel engagement, une flèche siffla dans l'air et vint frapper un corbeau perché sur la branche desséchée d'un vieux chêne non loin duquel ils étaient assis. L'oiseau blessé vola quelques instants et vint tomber aux pieds de Lucy, dont la robe fut tachée de quelques gouttes de sang.

Miss Ashton fut fort alarmée, et Ravenswood, surpris et irrité, chercha des yeux autour de lui le chasseur qui leur avait ainsi donné une preuve de son adresse aussi peu attendue que peu désirée. Le tireur ne tarda pas à se découvrir de lui-même; car ce n'était autre qu'Henry Ashton, qui accourut une arbalète à la main.

— Je savais bien que je vous ferais peur, dit-il; je vous voyais si affairés, que j'espérais qu'il vous tomberait sur la tête avant que vous vous en soyez aperçu. — Qu'est-ce que le Maître vous disait, Lucy?

— Je disais à votre sœur que vous étiez un étourdi de nous tenir si longtemps à vous attendre ici, dit Ravenswood pour cacher la confusion de Lucy.

— M'attendre? Hé mais, je vous avais dit de reconduire Lucy au château, et que j'allais faire une tournée avec le vieux Norman dans le fourré de Hayberry. Vous pouviez bien être sûr que ça prendrait une bonne heure; et nous avons reconnu toutes les marques et toutes les retraites du daim, pendant que vous étiez assis ici avec Lucy en vrai paresseux.

— Bien, bien, M. Henry; mais voyons comment vous vous justifierez d'avoir tué le corbeau. Ne savez-vous pas que les corbeaux sont tous sous la protection des lords de Ravenswood[1], et qu'en tuer un en leur présence est de si mauvais augure, que cela mérite un coup de poignard?

— C'est ce que disait Norman; il était venu avec moi jusqu'à une portée de flèche d'ici, et il me disait qu'il n'avait jamais vu un corbeau se percher si près d'êtres vivants, et qu'il souhaitait que ça ne portât malheur à personne; car le corbeau est un des oiseaux les plus sauvages qu'il y ait, à moins qu'il ne soit apprivoisé; — de façon que je me suis glissé bien doucement jusqu'à ce que j'aie été à soixante pas de lui, et alors j'ai lâché la flèche, et le voilà étendu là, ma foi! Est-ce que ce

---

[1] Ravenswood signifie littéralement Bois-du-Corbeau (*raven*). (L. V.)

CHAPITRE XX.

n'est pas bien tiré? — et je puis dire que je n'ai pas tiré de l'arbalète.... peut-être pas dix fois.

— C'est un coup admirable, en vérité; et vous serez un adroit tireur si vous pratiquez longtemps.

— C'est ce que dit Norman; mais il est sûr que ce n'est pas ma faute si je ne pratique pas assez; car, moi, je ne demanderais pas mieux de ne faire que cela; seulement, mon père et mon gouverneur se fâchent quelquefois, et miss Lucy que voilà se donne aussi les airs de me gronder et de dire que je ne travaille pas, elle qui restera toute une journée assise au bord d'une fontaine, pourvu qu'elle ait un beau jeune homme à babiller avec elle. — C'est ce que je l'ai vue faire vingt fois, si vous voulez me croire.

En parlant ainsi, l'enfant regardait malicieusement sa sœur; et au milieu de son espiègle bavardage, il eut assez de pénétration pour voir qu'il l'affligeait réellement, bien qu'il ne pût comprendre ni pourquoi ni jusqu'à quel point.

— Allons, Lucy, dit-il, ne pleurez pas; et si j'ai dit quelque chose à côté du but, je me dédirai. — Est-ce que le Maître de Ravenswood se soucie que vous ayez cent amoureux? — Il ne faut donc pas vous en mettre le doigt dans l'œil [1].

Le Maître de Ravenswood ne fut, au premier moment, qu'à demi content de ce qu'il entendait; mais son bon sens le fit bientôt n'y voir que le caquetage d'un enfant gâté, qui cherchait à mortifier sa sœur sur le point où elle paraissait le plus vulnérable en ce moment. Mais, bien que d'un caractère non moins lent à recevoir une impression que constant à la conserver, le babil d'Henry eut pour effet d'éveiller dans son esprit un soupçon vague que l'engagement qu'il venait de contracter pourrait n'avoir pour résultat que de l'exposer comme un ennemi captif à la suite d'un triomphe romain, prisonnier attaché au char d'un vainqueur qui ne voulait que rassasier son orgueil aux dépens du vaincu. Il n'y avait pas, nous le répétons, le moindre fondement dans une telle appréhension, et on ne peut dire non plus qu'il l'eût sérieusement éprouvée un seul instant. Il est vrai qu'il était impossible de rencontrer le regard pur et limpide du grand œil bleu de Lucy, et de conserver encore le plus léger doute sur la sincérité de son âme. Mais la fierté d'Edgar et le sentiment de sa pauvreté ne s'en réunissaient pas moins pour donner une disposition soupçonneuse à un esprit qui, dans des circonstances plus heureuses, n'eût pas été moins étranger à un tel penchant qu'il l'était à tout autre sentiment indigne d'un noble cœur.

A leur arrivée au château, sir William Ashton, que leur longue absence avait inquiété, vint à leur rencontre dans la grande salle

— Si Lucy, dit-il, se fût trouvée en toute autre compagnie qu'avec

---

[1] **Façon de parler proverbiale.** (L. V.)

quelqu'un qui s'était montré si capable de la protéger, il convenait qu'il eût été fort en peine, et qu'il aurait envoyé à leur recherche. Mais en compagnie du Maître de Ravenswood, il savait que sa fille n'avait rien à craindre.

Lucy voulut excuser leur long retard ; mais, troublée par le cri de sa conscience, elle s'embarrassa bientôt dans ses explications. Et quand Ravenswood, venant à son aide, s'efforça de les compléter, il ne fit que s'envelopper dans le même embarras, semblable à celui qui, tâchant de dégager son compagnon d'un bourbier, finit par s'y enfoncer lui-même. On ne peut supposer que la confusion des deux jeunes amants eût échappé à l'observation du pénétrant légiste, accoutumé, par habitude et par profession, à suivre la nature humaine dans tous ses replis. Mais il n'entrait pas dans les vues de sa politique actuelle de rien voir de ce qu'il observait. Il voulait tenir le Maître de Ravenswood enchaîné, tout en restant libre lui-même ; et il ne songea pas un instant que son plan pourrait être déjoué par le retour que Lucy accorderait à la passion qu'il désirait qu'elle inspirât. Si elle se laissait aller à quelque sentiment romanesque pour Ravenswood, et que les circonstances, ou bien l'opposition positive et absolue de lady Ashton, ne permissent pas de le tolérer, le lord garde des sceaux s'imaginait pouvoir le lui faire oublier sans peine au moyen d'un voyage à Édimbourg, ou même à Londres, d'un nouvel assortiment de points de Bruxelles, et des doux soupirs d'une demi-douzaine d'amants, empressés de remplacer celui à qui il conviendrait qu'elle renonçât. Telles étaient ses réserves pour le pis-aller de l'affaire. Mais, en considérant l'issue la plus probable d'un semblable attachement, tout sentiment favorable qu'elle pourrait concevoir pour le Maître de Ravenswood voulait être encouragé plutôt que réprimé.

Sir William fut encore confirmé dans cette disposition par une lettre qu'il avait reçue le matin même, et dont il s'empressa de communiquer le contenu à Ravenswood. Un exprès était arrivé avec un message de cet ami du lord garde des sceaux dont nous avons déjà fait mention, lequel travaillait activement, quoique sous main, à organiser en Écosse une forte opposition au parti anglais, opposition à la tête de laquelle se trouvait l'homme que sir William redoutait le plus, l'actif et ambitieux marquis d'A***. Le succès de cet ami à double face avait été tel qu'il avait obtenu de sir William Ashton, non, à la vérité, une réponse précisément favorable, mais certainement une oreille très-complaisante. Il en fit part à son patron, qui répondit par l'ancien adage français : *Château qui parlemente et femme qui écoute sont bien près de se rendre.* Un homme d'état qui reste muet quand vous lui proposez un changement de mesures politiques, était, selon la manière de voir du marquis, dans la même situation que le château et la femme ; aussi résolut-il de presser le siége du lord garde des sceaux.

CHAPITRE XX.

Le paquet contenait donc une lettre de son ami et allié, et une autre du marquis lui-même au lord garde des sceaux, à qui il demandait franchement la permission de lui faire une visite sans cérémonie. Le marquis et son ami traversaient le pays pour se rendre dans le Sud ; — les routes étaient assez mauvaises, — les auberges aussi détestables que possible; — enfin le lord garde des sceaux avait été longtemps lié intimement avec un de ses correspondants; et bien que plus légèrement connu du marquis, il s'était cependant trouvé assez en contact avec Sa Seigneurie pour rendre la visite suffisamment naturelle, et fermer la bouche de ceux qui pourraient être disposés à l'attribuer à une intrigue politique. Sir William accepta donc sans hésiter la visite offerte, bien résolu, toutefois, à ne pas s'engager avec eux d'un pouce plus loin que la *raison* (c'est-à-dire son intérêt personnel) ne lui indiquerait évidemment qu'il dût le faire.

Deux circonstances lui faisaient un plaisir particulier : la présence de Ravenswood et l'absence de lady Ashton. La première semblait lui assurer une défense et un soutien dans toute circonstance difficile où pourraient l'entraîner ses rapports avec le marquis; et il prévoyait que, pour son plan actuel de tergiversations et de temporisation, Lucy serait une meilleure maîtresse de maison que sa mère, dont le caractère altier et implacable n'aurait certainement pas manqué de déconcerter, d'une manière ou de l'autre, ses combinaisons politiques.

Le Maître de Ravenswood céda sans peine, ainsi qu'on peut le supposer, aux sollicitations empressées de sir William pour qu'il attendît son parent au château, ce qui s'était passé à la fontaine des Mermaïdes ayant banni de son esprit toute idée de départ subit. Lucy et Lockhard eurent donc ordre de veiller, chacun dans leur département respectif, à ce que tout fût prêt pour recevoir les hôtes attendus avec une pompe et un déploiement de luxe fort peu communs en Écosse à cette époque déjà éloignée.

CHAPITRE XXI.

>   MARALL.
> Monsieur, l'homme d'honneur est arrivé; il met pied à terre...
>   OVERREACH.
> Qu'il entre; pas de réplique, et faites ce que j'ordonne. — La musique bruyante que j'ai commandée est-elle prête à le recevoir?
>
> *Le nouveau moyen de payer de vieilles dettes.*

BIEN que sir William Ashton fût un homme de sens, non moins distingué par son grand savoir en jurisprudence que par sa connaissance pratique du monde, son caractère offrait cependant quelques points plus en rapport avec la disposition méticuleuse de son esprit et les moyens d'intrigue par lesquels il s'était élevé, qu'avec la position éminente à laquelle il était parvenu; et ces taches tendaient à révéler une médiocrité d'esprit native, en dépit d'une éducation distinguée, et une bassesse originelle de sentiments qu'il s'attachait soigneusement à dissimuler. Il aimait l'apparat et l'ostentation, moins en homme à qui l'habitude en a fait une nécessité, qu'en parvenu qui jouit encore de la nouveauté de son opulence. Le détail le plus trivial ne lui échappait pas; et Lucy apprit bientôt à observer la rougeur de mépris qui passait sur les joues de Ravenswood, quand il entendait son père discuter gravement avec Lockhard, et même avec la vieille femme de charge, des circonstances dont on ne s'inquiète jamais dans des familles de haut rang, parce qu'on n'y croit pas possible qu'on les puisse négliger.

— Je pardonnerais à sir William, dit un soir Ravenswood après avoir quitté le salon, une certaine préoccupation générale dans l'occasion actuelle, parce que la visite du marquis est un honneur, et qu'elle doit être reçue comme telle; mais ma patience est mise à bout par ces misérables minuties d'office, de garde-manger, et même de basse-cour : — je n'y saurais tenir. J'aimerais mieux endurer la pauvreté de Wolf's Crag, que d'être ainsi harcelé avec l'opulence du château de Ravenswood.

— Et cependant, répliqua Lucy, c'est par une attention continuelle à ces minuties que mon père a pu acquérir les biens...

— Que mes ancêtres ont vendus pour ne s'en être pas occupés. Soit; on ne porte toujours qu'un fardeau, ce fardeau serait-il d'or.

CHAPITRE XXI.

Lucy soupira; elle voyait trop clairement que son amant méprisait les manières et les habitudes d'un père qu'elle regardait depuis longtemps comme son meilleur, son plus indulgent ami, et dont la tendresse l'avait souvent consolée de la dureté dédaigneuse de sa mère.

Les deux amants ne tardèrent pas à découvrir qu'ils différaient sur d'autres points non moins importants. La religion, cette mère de la paix, était, dans ces jours de discorde, si mal interprétée et si peu comprise, que ses prescriptions et ses formes extérieures étaient autant d'objets des opinions les plus opposées et des plus vives animosités. Le lord garde des sceaux était whig, et, par suite, presbytérien, et, à différentes époques, il avait cru devoir manifester pour l'église un zèle plus grand que peut-être il ne l'éprouvait réellement. Par une conséquence naturelle, sa famille avait été élevée dans les mêmes principes. Ravenswood, nous le savons, professait les opinions épiscopales ou de la haute église, et fréquemment il opposait à Lucy le fanatisme de quelques-uns de ses frères en croyance, tandis que, de son côté, elle laissait entrevoir, plutôt qu'elle ne l'exprimait ouvertement, son horreur pour les principes latitudinaires, qu'elle avait été habituée à regarder comme liés avec la forme prélatique du gouvernement de l'église.

Aussi, quoique leur mutuelle affection semblât plutôt s'accroître que diminuer à mesure que leur caractère s'ouvrait plus librement l'un à l'autre, les sentiments de chacun d'eux étaient mêlés de quelques sensations moins agréables. Une crainte secrète se glissait au milieu de l'affection de Lucy pour Ravenswood. L'âme d'Edgar était d'une nature plus fière et plus élevée que ceux au milieu desquels Lucy avait vécu jusqu'alors; ses idées étaient plus ardentes et plus libres, et il méprisait nombre d'opinions qu'on avait inculquées en elle comme principalement dignes de sa vénération. D'un autre côté, Ravenswood voyait en Lucy un caractère doux et flexible, qui semblait, à ses yeux du moins, trop susceptible de recevoir telle empreinte que lui voulaient donner ceux avec qui elle vivait. Il sentait que son propre caractère voulait une compagne d'un esprit plus indépendant, qui pût faire voile avec lui sur l'océan de la vie, aussi résolue que lui-même à affronter indifféremment l'orage ou la brise favorable. Mais Lucy était si belle, elle l'aimait avec tant de dévouement, son caractère était d'une douceur et d'une égalité si parfaites, que, tout en désirant qu'il fût possible de lui inspirer un plus haut degré de fermeté et de résolution, et tout en s'impatientant quelquefois des craintes extrêmes qu'elle manifestait que leur attachement ne fût prématurément découvert, il sentait qu'une douceur d'esprit qui allait presque jusqu'à la faiblesse ne faisait que la lui rendre plus chère, comme un être qui s'était volontairement attaché à lui pour recevoir de lui appui et protection, et le rendre l'arbitre de sa destinée, pour le bonheur ou le malheur d'une vie qu'elle lui avait consacrée. En de tels moments, il éprouvait pour elle ce que notre immortelle Joanna Baillie a depuis si heureusement exprimé :

> « Toi, la plus délicate des plantes qui ait jamais fixé à l'âpre rocher les fibres déliées de sa frêle racine, oh! voudrais-tu t'attacher à moi? Je suis rude et battu par les orages; — aime-moi, cependant, de toute la sincérité de ton âme : moi je te rendrai l'amour d'un cœur honnête et vrai, quelque peu digne que je sois d'avoir pour compagne une nature si douce et si aimable. »

Les points mêmes sur lesquels ils différaient semblaient donc en quelque sorte assurer la durée de leur mutuelle affection. Si, à la vérité, ils avaient pu de part et d'autre apprécier aussi complétement leur caractère avant le moment d'entraînement où ils s'étaient si précipitamment engagé leur foi, peut-être Ravenswood eût-il inspiré trop de crainte à Lucy pour qu'elle pût l'aimer, et lui peut-être, de son côté, eût-il regardé la douceur de miss Ashton et sa docilité comme une faiblesse d'esprit qui la rendait indigne de son attachement. Mais ils étaient liés l'un à l'autre; et Lucy craignait seulement que la fierté d'Edgar ne lui fît un jour regretter son engagement, de même que toute la crainte de Ravenswood était qu'un esprit aussi malléable que celui de Lucy ne pût être amené, par l'absence ou les difficultés, par les prières ou l'influence de ceux qui l'entouraient, à renoncer à la foi qu'elle avait jurée.

— Ne craignez pas cela, dit Lucy en une occasion où son amant avait laissé entrevoir un soupçon de cette nature ; les miroirs, qui réfléchissent successivement tous les objets, sont formés des matières les plus dures, telles que le verre et l'acier : — les substances plus molles, quand elles reçoivent une impression, la conservent fidèlement.

— Ceci est de la poésie, Lucy, repartit Ravenswood ; et la poésie vit de sophismes, et parfois de fictions.

— Croyez-moi donc, encore une fois, quand je vous dis en simple prose que bien que jamais je n'épouserai quelqu'un sans le consentement de mes parents, cependant ni force ni persuasion ne disposeront de ma main avant que vous renonciez au droit que je vous y ai donné.

Les occasions ne manquaient pas aux deux amants pour de telles explications. Henry était alors plus rarement leur compagnon, car lorsque la nécessité ne l'enchaînait pas aux leçons de son précepteur, son goût l'entraînait à celles des gardes-forestiers ou des grooms. Quant au garde des sceaux, il passait ses matinées dans son cabinet, entretenant des correspondances de tout genre, et balançant avec anxiété dans son esprit les divers avis qu'il recevait de toutes parts au sujet des changements politiques qui se préparaient en Écosse, et de la force probable des partis entre lesquels la lutte pour le pouvoir était sur le point de s'engager. D'autres fois, il s'occupait d'arranger, puis de contremander, puis de redisposer les préparatifs qu'il jugeait nécessaires pour la réception du marquis d'A***, dont l'arrivée avait été deux fois retardée par différents motifs indispensables.

Au milieu de ces diverses occupations politiques ou domestiques, il ne semblait pas s'apercevoir jusqu'à quel point sa fille et son hôte étaient livrés à la société l'un de l'autre; et il était blâmé par la plupart de ses voisins, selon la coutume des voisins de tous les pays, de souffrir qu'une liaison si intime s'établît entre deux jeunes gens. La seule explication naturelle était qu'il les destinait l'un à l'autre; tandis qu'en réalité, son seul motif était de temporiser jusqu'à ce qu'il se fût assuré de l'étendue réelle de l'intérêt que le marquis prenait aux affaires de Ravenswood, et du pouvoir qu'il paraîtrait avoir de les avancer. Jusqu'à ce que ces deux points lui fussent devenus clairs et manifestes, le lord garde des sceaux avait résolu de ne rien faire qui pût l'engager, de quelque manière que ce fût; mais, comme bien d'autres personnes qui veulent jouer au fin, il se prit lui-même dans ses propres filets.

Parmi ceux qui avaient été disposés à censurer avec le plus de sévérité la facilité de sir William Ashton à permettre la résidence prolongée de Ravenswood sous son toit, et ses constantes assiduités près de miss Ashton, étaient le nouveau laird de Girnington et son fidèle écuyer et compagnon de bouteille, personnages que nous avons précédemment connus sous les noms de Hayston de Bucklaw et du capitaine Craigengelt. Le premier avait enfin succédé aux vastes propriétés de sa vieille grand'tante, et de plus à des sommes considérables d'argent comptant qu'il avait employées à libérer de toute hypothèque ses sillons héréditaires (dont il avait voulu continuer de porter le titre), malgré le conseil que lui avait donné le capitaine Craigengelt de placer l'argent dans les plans de Law, qui venaient d'être produits et qui offraient de si belles chances, et l'offre qu'il lui avait faite d'aller exprès à Paris à cet effet. Mais Bucklaw avait assez profité de l'adversité pour ne vouloir écouter aucune des propositions que Craigengelt put inventer, qui auraient eu la plus légère tendance à lui faire risquer sa nouvelle fortune. Celui qui a une fois mangé des galettes de farine de pois, bu du vin sur, et couché dans la chambre secrète de Wolf's Crag, doit, disait-il, connaître tant qu'il vivra le prix de la bonne chère et d'un lit moelleux, et bien prendre garde de ne plus avoir besoin d'une telle hospitalité.

Craigengelt se vit donc déçu dans l'espoir qu'il avait eu d'abord de trouver une dupe dans le laird de Bucklaw. Mais il n'en retirait pas moins de grands avantages de la bonne fortune de son ami. Bucklaw, qui n'avait jamais été scrupuleux dans le choix de ses compagnons, s'était fait une habitude et une distraction d'un homme avec lequel et duquel il pouvait rire, selon sa disposition; qui recevait également, selon la phrase écossaise, « le mors et le soufflet; » qui s'entendait à tous les jeux, soit au coin du foyer, soit en plaine et en bois; qui, enfin, quand le laird avait la fantaisie d'une bouteille de vin (circonstance assez fréquente), était toujours prêt à lui sauver le scandale de s'enivrer seul. A ces conditions Craigengelt était devenu le commensal presque constant du manoir de Girnington.

En aucun temps et dans aucune circonstance il ne pouvait résulter rien de bien d'une semblable intimité, bien que les mauvaises conséquences en pussent être neutralisées par la parfaite connaissance qu'avait Bucklaw du caractère de son parasite, et par le souverain mépris dans lequel il le tenait. Mais en définitive, cette fâcheuse fréquentation eut pour résultat de corrompre ce que la nature avait implanté de bons principes dans le cœur du patron.

Craigengelt n'avait jamais pardonné le mépris avec lequel Ravenswood lui avait arraché du visage le masque de courage et d'honnêteté dont il se couvrait; exaspérer contre le Maître le ressentiment de Bucklaw fut le mode de vengeance le plus sûr qui se présenta à son esprit aussi lâche qu'astucieux et méchant.

Il remettait sur le tapis, en toute occasion, l'histoire du défi que Ravenswood avait refusé d'accepter, et il s'efforçait par toutes les insinuations possibles de persuader à son patron que son honneur était intéressé à amener cette affaire à fin par une nouvelle discussion avec Ravenswood. Mais sur ce sujet Bucklaw lui imposa enfin silence d'une manière péremptoire.

— Je pense, dit-il, que le Maître n'en a pas agi avec moi comme il en devait agir avec un gentilhomme, et je ne vois pas de quel droit il m'a renvoyé une réponse cavalière quand je lui demandais satisfaction du peu de gêne qu'il avait déjà montré. — Mais il m'a donné la vie une fois; — et en regardant l'affaire comme finie, je ne fais que me mettre avec lui à termes égaux. S'il lui arrivait de me manquer de nouveau, je regarderais l'ancien compte comme balancé, et le Maître ferait bien de prendre garde à lui.

— Que ça lui arrive donc, répéta Craigengelt, car quand vous vous êtes tenu la main un peu en exercice, je gagerais un magnum [1] que vous le transperceriez avant la troisième passe.

— En ce cas vous n'y entendez rien, dit Bucklaw, et vous ne l'avez jamais vu sur le terrain.

— Je n'y entends rien? — Bonne plaisanterie, en vérité! — Et quoique je n'aie jamais vu Ravenswood sur le terrain, n'ai-je pas été à l'école de M. Sagoun, qui était le premier maître d'armes de Paris? n'ai-je pas été à l'école du signor Poco à Florence, et à celle de meinherr Durchtossen à Vienne, et n'ai-je pas vu tous leurs coups?

— J'ignore si vous les avez vus ou non ; mais si vous les avez vus, qu'en résulte-t-il?

---

[1] La plus grande mesure de liquides. (L. V.)

CHAPITRE XXI.

— Seulement que je veux être damné si j'ai jamais vu Français, Italien ou Allemand faire aussi bien que vous, Bucklaw, du pied, de la main et de l'œil, et se tenir à moitié aussi ferme sous les armes.

— Je crois que vous mentez, Craigie ; pourtant je puis faire ma partie à la simple rapière, à l'espadon, à l'épée, à la dague, au sabre ou au falchion[1] ; — et c'est autant qu'un gentilhomme a besoin d'en savoir sur la matière.

— Et le double de ce qu'en savent quatre-vingt-dix-neuf sur cent ; ils apprennent à échanger quelques feintes à l'épée courte, et puis, vraiment, ils s'imaginent entendre quelque chose au noble art de l'escrime ! Je me souviens qu'étant à Rouen, en 1695, et me trouvant à l'Opéra avec un certain chevalier du Chapon, il y avait là trois petits freluquets d'Anglais...

— Est-ce une longue histoire que vous allez me conter là ? dit Bucklaw, l'interrompant sans cérémonie.

— Aussi peu longue que vous voudrez, répondit le parasite ; car nous en fîmes courte besogne.

— Hé bien, qu'elle soit courte. Est-ce sérieux ou gai ?

— Diablement sérieux, je vous assure, à ce que trouvèrent nos Anglais ; car le chevalier et moi...

— En ce cas, je n'en veux pas du tout ; ainsi donc, versez-nous une pleine rasade du clairet de ma vieille tante, — que son cœur repose en paix ! et, comme dit le Hielandman[2], *skioch doch na skiaill*[3].

— C'est ce qu'avait coutume de me dire ce vieux dur-à-cuire de sir Evan Dhu, à l'époque où j'étais en campagne avec les braves garçons en 1689. — Craigengelt, qu'il me disait souvent, vous êtes un aussi brave compagnon que quiconque ait jamais manié l'acier ; mais vous avez un défaut.

— S'il vous avait connu aussi longtemps que moi, interrompit Bucklaw, il vous en aurait trouvé vingt autres. Mais au diable les longues histoires ! Portez votre toast, capitaine.

Craigengelt se leva, fut jusqu'à la porte sur la pointe du pied, avança la tête en dehors, referma soigneusement la porte, et revint à sa place ; — puis il enfonça sur l'oreille son chapeau à galon d'or terni, prit son verre d'une main, et appuyant l'autre sur la poignée de sa rapière, il dit : — Au roi de l'autre côté de l'eau !

— Écoutez, capitaine Craigengelt, reprit Bucklaw, je vais vous dire ce qui en est. Je garderai ma façon de penser en moi-même sur ces sortes de sujets, attendu que j'ai trop de respect pour la mémoire de ma vénérable tante Girnington pour mettre ses terres et tènements

---

[1] Espèce de coutelas recourbé. (L. V.)
[2] Le Highlander, c'est-à-dire l'homme des hautes terres d'Écosse (*Highland*). (L. V.)
[3] *Coupez le boire par une histoire* ; adage gaélique équivalent à celui des bons vivants anglais : Ne prêchez pas sur votre vin. (W. S.)

en voie de haute trahison contre l'autorité établie. Amenez-moi le roi Jacques à Édimbourg, capitaine, à la tête de trente mille hommes, et je vous dirai ce que je pense de ses droits ; mais pour ce qui est de mettre mon cou dans un nœud coulant, et mes bonnes terres dans la catégorie des pénalités légales, « selon les cas déterminés et prévus, » comptez-y bien, capitaine, vous ne me trouverez pas si fou. Ainsi donc, quand vous voudrez faire le rodomont avec vos toasts qui sentent la trahison, vous irez chercher ailleurs votre vin et votre compagnie.

— Hé bien donc, repartit Craigengelt, portez le toast vous-même, et qu'il soit ce qu'il voudra, je vous y ferai raison, le verre fût-il creux d'un mille.

— Et je vais vous proposer un toast qui le mériterait, mon garçon. Que dites-vous de miss Lucy Ashton ?

— Vivat ! répondit le capitaine ; et il vida son verre d'un trait. — La plus jolie fille du Lothian. Quelle pitié que son père, le vieux tire-loquet de whigamore [1], soit sur le point de la jeter à la tête de cet orgueilleux mendiant, le Maître de Ravenswood !

— Ce n'est pas encore fait, repartit Bucklaw d'un ton qui, malgré son apparente indifférence, n'en excita pas moins la vive curiosité de son compagnon ; et non-seulement sa curiosité, mais aussi l'espoir de s'insinuer assez dans la confiance de son patron pour lui devenir nécessaire, n'étant nullement satisfait d'être seulement souffert chez lui, et désirant ardemment se créer près de lui, par art ou industrie, un titre plus solide à sa faveur.

— Je croyais, dit-il après un instant de silence, que c'était une affaire arrangée ; — ils sont toujours ensemble, et on ne parle d'autre chose depuis Lammerlaw jusqu'à Traprain.

— On peut dire ce qu'on veut, répliqua le patron, mais j'en sais plus long que personne ; et je vous porte une seconde fois la santé de miss Lucy Ashton, mon garçon.

— Et je vous ferais raison à genoux, si je pensais que la fille a l'esprit de faire aller [2] ce damné Matamore [3].

— *Faire aller !* Je vous recommanderai de ne pas accoler une telle expression avec le nom de miss Ashton, dit gravement Bucklaw.

— Ai-je dit *faire aller ?* — Congédier, mon garçon des acres ; — par Jupiter, c'est congédier que je voulais dire, et j'espère qu'elle l'écar-

---

[1] Terme de mépris que les tories appliquaient aux whigs, leurs adversaires politiques. Le lecteur trouvera à ce sujet quelques explications dans les notes de *Waverley*. (L. V.)

[2] Nous sommes obligés de rendre par une expression basse et vulgaire l'expression de bas lieu qu'emploie l'ignoble estafier, *jilt*, tromper, duper, en parlant d'une coquette dans la pire acception du mot. (L. V.)

[3] Ce damné fils d'Espagnol, dit le texte. On sait que la morgue castillane est proverbiale. (L. V.)

fera¹ comme une basse carte au piquet, et qu'elle le remplacera par le roi de cœur, mon garçon ! — Mais pourtant....

— Mais pourtant quoi ?

— Mais pourtant, je sais pour certain qu'ils sont seuls ensemble des heures entières, et qu'ils courent ensemble les champs et les bois.

— C'est la faute de son imbécile de père ; — mais cela sortira bientôt de la tête de la fille, si jamais ça y est entré. Et maintenant remplissez votre verre, capitaine ; je vais vous rendre heureux. — Je vais vous mettre d'un secret, — d'un complot, — d'un complot où il s'agit aussi de nœud coulant ; — si ce n'est que le nœud coulant n'est que symbolique.

— Une affaire de mariage ? s'écria Craigengelt ; et sa physionomie s'allongea en faisant cette question, car il soupçonnait que le mariage de Bucklaw rendrait sa propre position à Girnington beaucoup plus précaire que durant le joyeux célibat de son patron.

— Oui, un mariage, mon garçon ; mais pourquoi cet air d'abattement ? Pourquoi les rubis de tes joues deviennent-ils si pâles ? La table aura toujours un coin de libre, et sur ce coin il y aura une assiette, et à côté de l'assiette il y aura un verre ; et le coin de table sera occupé par toi ; et l'assiette et le verre seront remplis pour toi, tous les jupons du Lothian auraient-ils juré le contraire. — Quoi donc, capitaine ! suis-je un enfant à mettre en lisières ?

— C'est ce qu'ont dit bien des honnêtes gens, et notamment plus d'un de mes amis ; mais, du diable si je sais pourquoi, les femmes n'ont jamais pu me supporter, et m'ont toujours fait tourner les talons avant la fin de la lune de miel.

— Si vous aviez pu garder votre terrain jusqu'après ce mois-là, vous auriez bien pu passer l'année.

— Mais je ne l'ai jamais pu. Il y avait mylord Castle-Cuddy ² ; — nous étions comme la main et le gant ; — je montais ses chevaux, — j'empruntais de l'argent pour lui et pour moi ; — je dressais ses faucons ; — je lui apprenais à bien poser ses paris ; et quand il lui prit fantaisie de se marier, je le mariai à Katie Glegg ³, dont je me croyais aussi sûr qu'un homme peut l'être d'une femme. Hé bien, il n'y avait pas quinze jours qu'elle était sa femme, qu'elle me fit déguerpir de la maison comme sur des roulettes.

— Hé bien ! je crois ne pas plus ressembler à Castle-Cuddy que Lucy à Katie Glegg. Mais vous pensez bien que la chose ne s'en fera pas moins,

---

¹ Craigengelt joue sur le mot *discard*, qui signifie à la fois congédier et écarter.
(L. V.)

² *Cuddie*, en écossais, signifie âne. (L. V.)

³ Katie (Catherine) Rusée. (L. V.)

qu'elle vous plaise ou non. — La seule question est de savoir si vous voulez être utile?

— Utile? exclama le capitaine; — et à toi, mon lord des terres, mon enfant chéri, toi pour qui je ferais pieds nus le tour du monde. — Désigne-moi le temps, le lieu, la manière et les circonstances, et tu verras si je ne serai pas utile à tout ce qu'on peut imaginer.

— Hé bien, alors, il faut que vous fassiez deux cents milles pour moi.

— Mille, et je regarderai cela comme le saut d'une puce; je vais de ce pas faire seller mon cheval.

— Vous ferez mieux de rester jusqu'à ce que vous sachiez où vous devez aller, et ce que vous avez à faire. Vous savez que j'ai dans le Northumberland une parente, lady Blenkensop, que j'eus le malheur de voir oublier notre vieille connaissance à l'époque de ma pauvreté, mais qui a fait luire sur moi les rayons de sa faveur depuis que le soleil de la prospérité a commencé à poindre de nouveau pour moi.

— Au diable toutes ces coquines à double visage! s'écria Craigengelt d'un ton héroïque; je puis du moins dire pour John Craigengelt qu'il est l'ami de ses amis dans la bonne comme dans la mauvaise fortune, dans la pauvreté comme dans la richesse; et vous en savez quelque chose, Bucklaw.

— Je n'ai pas oublié vos mérites, capitaine; je me souviens que dans mon extrémité, vous avez voulu me raccoler pour le service du roi de France ou du Prétendant, et de plus que vous m'avez ensuite prêté une vingtaine de pièces d'or, dans un moment où, j'en ai la ferme croyance, vous aviez appris la nouvelle de l'attaque de paralysie dont la vieille lady Girnington est morte. Mais ne prenez plus cet air piteux, John; je crois qu'après tout vous m'aimez beaucoup à votre manière, et le malheur veut que je n'aie pas, quant à présent, de meilleur conseiller. Mais pour revenir à cette lady Blenkensop, vous devez savoir qu'elle est en alliance intime avec la duchesse Sarah.

— Quoi! Sall[1] Jennings? Alors ce doit être une bonne personne.

— Tenez votre langue, et gardez pour vous vos sottises jacobites, si c'est possible; je vous dis que par l'intermédiaire de la duchesse de Marlborough, cette mienne cousine northumbrienne est devenue intime de lady Ashton, la femme du lord garde des sceaux; que celle-ci a favorisé lady Blenkensop d'une visite à son retour de Londres, et qu'elle est en ce moment chez elle, dans son vieux manoir des bords de la Wansbeck. Or, monsieur, de même que l'us et coutume de ces dames a toujours été de regarder leurs maris comme de nulle importance dans le gouvernement de leur propre famille, ç'a été leur bon plaisir actuel de mettre sur le tapis, sans consulter sir William Ashton, le projet d'une

---

[1] Forme populaire du nom de Sarah. (L. V.)

alliance matrimoniale entre Lucy Ashton et ma très-honorable Seigneurie, lady Ashton agissant comme plénipotentiaire constituée de sa propre autorité au nom de sa fille et de son mari, et la respectable Blenkensop me faisant l'honneur de se constituer de même mon représentant. Vous pouvez supposer que j'ai été quelque peu étonné quand j'ai appris qu'un traité où j'avais un tel intérêt était en bonne voie d'être conclu avant même que j'eusse été consulté.

— Que je sois capot si je pense que c'était dans les règles du jeu. Et quelle réponse avez-vous faite, s'il vous plaît?

— Ma foi, ma première pensée fut d'envoyer le traité au diable et les négociateurs aussi, comme un couple de vieilles folles; la seconde fut d'en rire de bon cœur; et la troisième et dernière fut que la chose était raisonnable et me conviendrait assez bien.

— Hé mais, je croyais que vous n'aviez vu la demoiselle qu'une seule fois, — et encore avait-elle son masque; — je suis sûr que vous me l'avez dit.

— Oui, — mais je la trouvai fort de mon goût. Et puis l'indigne traitement de Ravenswood envers moi: — me fermer la porte au nez et m'obliger de dîner avec les laquais, parce qu'il avait le lord garde des sceaux, oui vraiment, le lord garde des sceaux et sa fille dans son château de Famine! — Dieu me damne, Craigengelt, si je lui pardonne jamais avant de lui avoir rendu la pareille!

— C'est parler en brave garçon! dit Craigengelt, l'affaire prenant alors un tour qui commençait à lui plaire; et si vous lui enlevez la demoiselle, le cœur lui en crèvera de dépit.

— Nullement; son cœur est tout bardé de raison et de philosophie, — choses que vous ne connaissez pas, Craigie, non plus que moi, Dieu me garde! — Mais cela humiliera sa fierté, néanmoins, et c'est à quoi je vise.

— Dites ce que vous voudrez; je vois maintenant la raison de sa conduite incivile dans sa vieille tour délabrée. — Honteux de votre compagnie? — non, non! — Sur ma foi, il craignait que vous ne lui coupiez l'herbe sous le pied, et que vous ne lui enleviez la fille.

— Eh! le croyez-vous réellement, Craigie? — Mais non, non! — il est diablement plus beau garçon que moi.

— Qui, — lui? fit le parasite; — il est noir comme la crémaillère. Et quant à sa taille, — c'est un garçon assez grand, pour sûr: — mais parlez-moi d'un homme mince, bien découpé, de moyenne taille....

— La peste vous étouffe! interrompit Bucklaw, et moi aussi pour vous écouter! — Je serais bossu que vous en diriez tout autant. Mais quant à Ravenswood, — il s'est mis dans de mauvais termes avec moi; — je n'ai pas de ménagements à garder avec lui. — Si je *peux* lui enlever cette petite fille, je la lui enlèverai.

— La lui enlever? — Morbleu! vous la lui enlèverez, point, quinte et quatorze, mon roi d'atout; — vous le ferez pic, **repic et capot.**

— Trêve un instant, je vous prie, à votre jargon de joueur. Les choses en sont venues au point que j'ai accueilli la proposition de ma parente, que je suis convenu des conditions du contrat, telles que dot *et cœtera*, et que l'affaire doit se terminer au retour de lady Ashton, car c'est elle seule qui règle ce qui touche à sa fille et à son fils. Maintenant on me mande d'envoyer une personne de confiance avec quelques papiers.

— Par cet excellent vin! j'irai au bout du monde; — j'irai pour toi aux portes même de Jéricho, au pied du tribunal du Prêtre Jean!

— Oui, je crois que vous feriez quelque chose pour moi, et beaucoup pour vous-même. Au surplus, le premier venu pourrait porter les papiers; mais vous aurez quelque chose de plus à faire. Il faudra vous arranger de manière à laisser échapper devant lady Ashton, seulement comme s'il s'agissait d'une chose de peu de conséquence, quelques mots de la résidence de Ravenswood au château de son mari, et de ses rapports intimes avec miss Ashton; et vous pourrez lui dire que tout le pays parle d'une visite du marquis d'A***, qu'on suppose avoir pour objet de terminer le mariage de Ravenswood et de sa fille. J'aimerais à savoir ce qu'elle dit de tout ceci; car du diable si j'ai la moindre envie de courir pour le prix dans le cas où Ravenswood devrait avoir le dessus, et il a déjà des avantages sur moi.

— Pas le moins du monde; — la petite a trop de bon sens, — et dans cette croyance-là, je bois une troisième fois à sa santé. Et si c'était en temps et lieux convenables, je boirais un genou en terre, et celui qui ne me ferait pas raison, je lui ferais des jarretières de ses boyaux.

— Écoutez, Craigengelt, reprit Bucklaw; comme vous allez vous trouver en société de femmes de haut rang, je vous serai obligé d'oublier vos étranges jurons de chenapan. — Je leur écrirai, au surplus, de voir en vous un homme de manières brusques, et dont l'éducation a été négligée.

— Oui, oui; un soldat tout simple, bien brusque et bien honnête.

— Non, pas trop honnête, ni trop d'humeur guerrière non plus; mais tel que tu es, mon étoile me condamne à avoir besoin de toi, attendu qu'il faut que je fasse donner de l'éperon à lady Ashton.

— De l'éperon? je lui en enfoncerai un pouce dans les côtes; elle arrivera ici au galop, comme une vache qui a tout un essaim de guêpes à ses trousses, et la queue roulée sur les reins en tire-bouchon.

— Écoutez-moi encore, Craigie. Vos bottes et votre pourpoint sont assez bons pour y loger du vin, comme dit l'homme dans la comédie; mais ils sont quelque peu trop graisseux pour figurer à une table à thé.

— Aie soin, je te prie, de t'équiper un peu mieux; voici de quoi pourvoir aux frais.

CHAPITRE XXI.

— Sur mon âme, Bucklaw, — mon cher ami, — vous en usez mal avec moi. — Si pourtant vous voulez que je sois jusque-là votre obligé, ajouta-t-il en empochant la bourse, je dois vous obéir.

— Bien ; maintenant, à cheval et en route, dès que votre équipement sera prêt. Vous pouvez monter le noir à oreilles coupées ; — et écoutez-moi, je vous en fais cadeau par-dessus le marché.

— Je bois cette rasade d'une demi-pinte à la réussite de ma mission, répondit l'ambassadeur.

— Je vous remercie, Craigie, et je vous fais raison ; — je ne vois contre nous qu'une velléité d'indépendance du père ou de la petite, et on dit que la mère les fait tourner tous les deux autour de son petit doigt. Ayez bien soin de ne pas l'effaroucher de votre jargon jacobite.

— Ah ! oui, c'est vrai ; — c'est une whig, et une amie de la vieille Sall de Marlborough. — Mais, grâces à mon étoile, je puis au besoin arborer toutes les couleurs. Je me suis aussi bien battu sous John Churchill que sous Dundee ou le duc de Berwick.

— Je vous crois sans peine, Craigie ; mais, dites-moi, mon garçon, descendez, je vous prie, à la cave, et rapportez-nous-en une bouteille de bourgogne de 1678 : — il est dans la quatrième case à main droite.

— Écoutez, Craigie ; vous pourrez en monter une demi-douzaine pendant que vous y serez. — Ma foi, nous en ferons notre soirée !

CHAPITRE XXII.

> Et bientôt ils aperçurent les gens vêtus de vert, avec l'équipage à quatre chevaux.
> *Duc à duc.*

CRAIGENGELT se mit en route dès que son équipement fut complété, fit son voyage en toute diligence, et s'acquitta de sa mission avec toute l'adresse dont Bucklaw lui avait fait honneur. Comme il arrivait porteur de lettres de crédit de Bucklaw, il fut parfaitement bien accueilli des deux dames : ceux qui sont prévenus en faveur d'une nouvelle connaissance peuvent, pour un temps du moins, découvrir des qualités même dans ses défauts, et des perfections jusque dans ses vices. Quoique les deux dames fussent accoutumées à la bonne société, cependant, déterminées d'avance à trouver dans l'ami de M. Hayston un homme agréable et de bonnes manières, elles réussirent merveilleusement à se tromper elles-mêmes. Il est vrai que Craigengelt avait maintenant une fort belle tenue, et ce n'était pas un point de peu de conséquence. Mais indépendamment de ce que son extérieur avait de prévenant, son impudence de mauvais lieu fut transformée en honnête brusquerie, appartenant à sa prétendue profession militaire ; ses vanteries passèrent pour du courage, et son effronterie pour de l'esprit. Dans la crainte, cependant, qu'on ne nous accuse d'outre-passer les bornes de la probabilité, nous devons ajouter, pour rendre justice aux deux dames, que leur discernement fut grandement aveuglé, et leur bonne disposition singulièrement favorisée, par l'arrivée opportune du capitaine Craigengelt, dans un moment où elles aspiraient après un tiers pour organiser leur parti de tredrille, jeu dans lequel, ainsi que dans tous les autres jeux de hasard ou d'adresse, ce digne personnage était passé maître.

Dès qu'il se vit en faveur, son premier point fut de chercher à en tirer parti pour l'avancement des projets de son patron. Il trouva lady Ashton parfaitement disposée en faveur de la proposition que lady Blenkensop n'avait pas hésité à lui faire, en partie par considération pour son parent, en partie par goût naturel pour des négociations de cette nature. La tâche de notre ambassadeur fut donc facile. Bucklaw, corrigé de sa prodigalité, était précisément l'espèce de mari que lady Ashton désirait pour sa *Bergère de Lammermoor*, et dès l'instant que le mariage assurait à sa fille une belle fortune, et pour époux un honorable gentilhomme provincial, elle regardait les destinées de Lucy comme pleinement accomplies, et de la manière la plus favorable possible. Il se trouva aussi que les nouvelles acquisitions de Bucklaw lui avaient donné une petite part d'influence politique dans un comté voisin, où la famille des Douglas avait originairement de vastes possessions. Une des plus chères espérances de lady Ashton était que son fils aîné, Sholto, devînt le représentant de ce comté dans le parlement britannique, et cette alliance avec Bucklaw lui parut éminemment propre à favoriser ses vues d'ambition maternelle

Craigengelt, qui, à sa manière, ne manquait nullement de sagacité, n'eut pas plutôt découvert d'où soufflait le vent des désirs secrets de lady Ashton, qu'il régla sa course en conséquence. — Rien n'empêchait Bucklaw de siéger pour le comté; — il n'avait qu'à se mettre sur les rangs. Deux cousins germains, — six parents plus éloignés, — son facteur et son régisseur, — étaient autant de voix assurées; et par amour ou par crainte, l'influence des Girnington en avait toujours entraîné beaucoup d'autres. Mais Bucklaw ne se souciait pas plus d'enfourcher ainsi le premier cheval, que lui, Craigengelt, ne se souciait d'une partie de *birkie;* — c'était grand dommage que son crédit ne fût pas employé en faveur de quelque personne convenable.

Lady Ashton prêtait à tout ceci une oreille attentive et complaisante, résolue intérieurement à être elle-même la personne qui prendrait le gouvernement de l'influence politique de son futur gendre, pour l'avantage de son fils aîné Sholto et des autres parties intéressées.

Quand le capitaine vit Sa Seigneurie ainsi favorablement disposée, il suivit sa pointe, et, pour employer l'expression du laird de Bucklaw, il donna de l'éperon à sa résolution, par quelques propos jetés en l'air sur la situation des choses à Ravenswood-Castle, sur la longue résidence que l'héritier de cette famille y avait faite avec le lord garde des sceaux, et sur les propos (bien qu'il voulût être damné s'il en croyait un mot) qui avaient sottement circulé dans le voisinage. Le capitaine se garda bien de paraître inquiet au sujet de ces bruits; mais aux joues ardentes de lady Ashton, à l'agitation de sa voix, aux éclairs de ses yeux, il lui fut aisé de voir qu'il avait réussi à lui faire prendre l'alarme. Elle n'avait reçu des lettres de son mari ni aussi souvent ni aussi régulièrement qu'elle le regardait comme obligé par son devoir à lui en faire parvenir, et il avait souffert que sa dame restât complètement ignorante de nouvelles aussi intéressantes que sa visite à la Tour de Wolf's-Crag, et la cordiale hospitalité avec laquelle il avait ouvert le château de Ravenswood à l'hôte qu'il y avait reçu, nouvelles dont elle ne devait maintenant la connaissance qu'au hasard, et qu'elle apprenait de la bouche d'un étranger. Un tel mystère, elle le craignait, approchait tout au moins de la trahison, si ce n'était pas même une rébellion flagrante contre son autorité matrimoniale; et elle jura au fond du cœur de tirer vengeance du lord garde des sceaux, comme d'un sujet surpris en projet de révolte. Son indignation était d'autant plus ardente, qu'elle se voyait contrainte de la dissimuler en présence de lady Blenkensop et de Craigengelt, la parente et l'ami de confiance de Bucklaw, dont maintenant elle désirait doublement l'alliance, depuis qu'il s'était offert à son imagination alarmée que, par politique ou par timidité, son époux pourrait préférer celle de Ravenswood.

Le capitaine était assez bon ingénieur pour s'apercevoir que la mèche avait pris feu; aussi apprit-il sans la moindre surprise, dans le cours de cette même journée, que lady Ashton avait résolu d'abréger sa visite chez lady Blenkensop, et qu'elle partirait le lendemain dès la pointe du jour pour retourner en Écosse, dans l'intention de faire toute la diligence que comportaient l'état des routes et la manière de voyager.

Malheureux sir William! — Il ne se doutait guère qu'un orage s'avançait vers lui, de toute la rapidité avec laquelle un carrosse à l'ancienne mode, traîné par six chevaux, pouvait achever sa traversée. Comme don Gaiferos, « il oubliait sa belle et légitime dame, » et ne s'inquiétait que de la visite attendue du marquis d'A***. Une annonce positive l'avait assuré que ce noble personnage devait enfin, et sans faute, honorer son château de sa présence ce jour-là même, à une heure de relevée, ce qui était une heure tardive pour le dîner; et grand était le mouvement occasionné par cette annonce. Le lord garde des sceaux parcourait les chambres, tenait consultation avec le sommelier dans les celliers, et s'aventurait même à faire une pointe dans la cuisine, au risque d'un démêlé avec un chef dont l'esprit était assez fier pour ne tenir aucun compte des admonitions de lady Ashton elle-même. Bien assuré enfin que tous les préparatifs étaient en aussi bon train que possible, il engagea Ravenswood et sa fille à venir faire avec lui un tour sur la terrasse, dans le dessein d'épier, de cette station élevée, les premiers indices de l'approche de Sa Seigneurie. A cet effet, il parcourait à pas lents et sans but cette longue terrasse qui s'étendait, flanquée d'un lourd parapet en pierre, en avant du château, de niveau avec le premier étage; tandis que les visiteurs avaient accès dans la cour par un portail en saillie dont le dessus plat et crénelé, nommé *bartisane*, était accessible de la terrasse par une suite en pente douce de marches larges et basses. L'ensemble ressemblait partie à un château fort, partie à une résidence de grand seigneur; et quoique ces abords de Ravenswood-Castle fussent, à quelques égards, disposés pour la défense, on voyait que la construction en avait été dirigée sous l'impression de sécurité qui naissait du pouvoir des anciens lords de Ravenswood.

Cette agréable promenade commandait une vue aussi étendue que belle; mais ce qui importe plus à notre objet actuel, c'est que de la terrasse on apercevait deux routes, l'une venant de l'est, et l'autre de l'ouest, lesquelles, traversant sous différents angles une rangée de collines opposée à l'éminence sur laquelle le château était assis, se rapprochaient graduellement et venaient se joindre non loin de la tête de l'avenue. C'était dans la direction de l'ouest que se portaient tous les regards pour apercevoir les précurseurs de l'approche du marquis, le lord garde des sceaux avec une sorte d'impatience inquiète, sa fille par soumission pour lui, et Ravenswood par complaisance pour Lucy, mais non pourtant sans quelques mouvements d'impatience intérieure.

L'attente ne fut pas longue. Deux coureurs vêtus de blanc, la tête couverte de chapeaux noirs, et de longs bâtons à la main, ouvraient le cortége; et telle était leur agilité, qu'ils pouvaient sans peine conserver, devant la voiture et les cavaliers, l'avance qu'exigeaient les règles de leur office. Leur trot allongé dévorait l'espace, et ils fournissaient leur longue carrière sans paraître éprouver la moindre fatigue de la rapidité de leur course. Il est souvent fait allusion à ces sortes de coureurs dans les anciennes comédies (je citerai en particulier, pour exemple, « Le monde est fou, mes maîtres [1], » de Middleton), et peut-être plus d'un vieillard écossais se souvient-il encore de les avoir vus dans le cortége des anciens seigneurs, quand ils voyageaient en grand apparat [2]. Derrière ces météores étincelants, qui rasaient le sol comme si l'ange exterminateur eût été à leur poursuite, venait un nuage de poussière soulevé par les hommes à cheval qui précédaient, entouraient et suivaient la voiture de cérémonie du marquis.

Le privilége de la noblesse à cette époque avait en soi quelque chose tout à fait propre à frapper l'imagination. Le costume et les livrées de

[1] *Mad World, my Masters.*

[2] Sur quoi, moi, Jedediah Cleishbotham, je demande la permission de faire remarquer, *primo* (ce qui signifie premièrement), qu'ayant vainement demandé au cabinet de lecture de Gandercleugh, qui cependant abonde en semblables frivolités, ce Middleton et son *Mad World*, on me l'a enfin montré parmi d'autres anciennes niaiseries soigneusement compilées par un certain Dodsley, lequel, sans doute, a sa récompense pour le temps précieux qu'il a perdu ; et qu'ayant sacrifié du mien ce qu'il en fallait pour l'objet que j'avais en vue, je trouvai là qu'un personnage est introduit comme coureur et qu'on le fait saluer facétieusement par un chevalier de l'épithète de « Bas de fil, soixante milles par jour. »

Secundo (ce qui, en langage vulgaire, signifie secondement), qu'avec la permission de M. Pattieson, quelques gens qui ne sont pas tout à fait aussi vieux qu'il voudrait les représenter, se souviennent de cette sorte de domestiques, ou coureurs. En témoignage de quoi, moi, Jedediah Cleishbotham, bien que mes yeux me fassent encore un bon service, je me souviens d'avoir vu un homme de cette classe, vêtu de blanc et portant un bâton, qui courait journellement devant la voiture de cérémonie du feu comte de Hopeton, John, père du comte actuel, Charles, de qui on peut dire avec justice que la Renommée remplit pour lui le rôle de coureur, ou de précurseur ; et, comme a dit le poëte :

« Mars se tient à ses côtés et soutient sa cause ; la Renommée vole après lui une palme à la main. »
(W. S.)

ses nombreux suivants, sa manière de voyager, l'air imposant et presque belliqueux des hommes armés qui l'entouraient, plaçaient le grand seigneur bien au-dessus du simple laird voyageant avec un couple de laquais ; et quant à être rivalisé par la partie mercantile de la communauté, le négociant aurait tout aussi bien songé à se donner un équipage pareil à la voiture d'apparat du souverain. Maintenant, c'est bien différent ; et moi-même, Peter Pattieson, dans un voyage que j'ai fait dernièrement à Édimbourg, j'ai eu l'honneur, pour employer la phrase de la malle-poste, de *changer une jambe*[1] avec un pair du royaume. Il n'en était pas ainsi au temps dont nous parlons ; et l'arrivée du marquis, si longtemps attendue en vain, eut lieu avec toute la pompe de l'ancienne aristocratie. L'attention de sir William Ashton était tellement captivée par ce qu'il voyait, et son esprit tellement absorbé par l'inquiétude que quelque chose eût été omis dans le cérémonial de réception, qu'il entendit à peine l'exclamation de son fils Henry : — Voilà une autre voiture à six chevaux qui arrive par la route de l'est, papa ; — est-ce qu'elles peuvent appartenir toutes les deux au marquis d'A*** ?

Lorsque enfin l'enfant eut réussi à attirer son attention en s'attachant à sa manche, « il détourna les yeux, et une terrible vision lui apparut. »

La chose n'était que trop sûre : une autre voiture attelée de six chevaux, et qu'escortaient quatre domestiques à cheval, descendait la colline par la route de l'est, et s'avançait assez rapidement pour qu'il fût difficile de prévoir lequel des deux équipages, arrivant ainsi de deux directions différentes, atteindrait le premier l'entrée de l'avenue. Une des voitures était verte, l'autre bleue ; et jamais les chars verts et bleus des cirques de Rome ou de Constantinople n'excitèrent plus de trouble parmi les citadins des deux métropoles, que la double apparition n'en occasionna dans l'esprit du lord garde des sceaux. Nous nous rappelons tous la terrible exclamation d'un libertin mourant, quand un ami, pour détruire ce qu'il regardait comme une vision enfantée par un esprit hypocondriaque, imagina de placer devant le moribond une personne extérieurement semblable au spectre qu'il dépeignait comme lui apparaissant sous une certaine forme et à une heure donnée. — Mon Dieu, s'écria le pécheur expirant, qui, à ce qu'il semble, voyait à la fois l'apparition fantastique et son imitation réelle, — mon Dieu, il y en a deux !

La surprise du lord-garde ne fut guère moins désagréable en voyant ainsi deux arrivées au lieu d'une qu'il attendait ; son esprit fut assailli d'étranges appréhensions. Nul voisin ne se fût présenté avec si peu de cérémonie, à une époque où le cérémonial était tenu en un tel respect.

---

[1] *To change a leg*, entrecroiser ses jambes avec celles de son voisin de face dans une voiture publique. (L. V.)

CHAPITRE XXII.

— Ce doit être lady Ashton, lui disait sa conscience; et à cette prévision se joignait le pressentiment inquiet du motif de ce retour subit et non annoncé. Il sentait qu'il était pris en flagrant délit. Que la société dans laquelle lady Ashton allait si mal à propos le surprendre fût de sa part l'objet d'une haute réprobation, cela ne faisait pas question; et le seul espoir qui lui restât se fondait sur le sentiment de convenance et de dignité qu'elle possédait à un degré éminent, et qui pourrait, du moins s'en flattait-il, prévenir une explosion publique. Mais tels étaient ses doutes et ses craintes, qu'il en oublia le cérémonial projeté pour la réception du marquis.

Ces sentiments d'appréhension n'étaient pas seulement le partage de sir William Ashton. — C'est ma mère, — c'est ma mère! dit Lucy, dont les joues s'étaient couvertes d'une pâleur mortelle, et qui, les mains jointes, regardait Ravenswood.

— Et quand ce serait lady Ashton, lui répondit son amant à voix basse, d'où vient une telle alarme? — Assurément le retour d'une épouse et d'une mère au milieu de la famille d'où elle est depuis si longtemps absente, devrait exciter d'autres sensations que celles de la crainte et de l'effroi.

— Vous ne connaissez pas ma mère, repartit miss Ashton d'une voix presque étouffée par la terreur; que dira-t-elle quand elle vous verra ici?

— Mon séjour y a été trop long, dit Ravenswood avec quelque hauteur, si ma présence lui doit causer un déplaisir si formidable. — Ma chère Lucy, poursuivit-il d'un ton plus doux et plus encourageant, vous avez de lady Ashton une crainte trop puérile; c'est une femme de noble famille, — une dame à la mode, — une personne qui doit connaître le monde, ainsi que ce qui est dû à son époux et aux hôtes de son époux.

Lucy secoua la tête; et comme si sa mère, de la distance d'un demi-mille où elle était encore, eût pu voir et scruter sa conduite, elle s'éloigna des côtés de Ravenswood, et prenant son frère Henry par le bras, elle le conduisit vers une autre partie de la terrasse. Le lord-garde, de son côté, descendit précipitamment vers le portail de l'entrée principale, sans inviter Ravenswood à l'accompagner; et ce dernier resta ainsi seul sur la terrasse, délaissé, en quelque sorte, par les habitants du château.

Ceci convenait mal à la disposition d'esprit d'un homme d'autant plus fier qu'il était plus pauvre, et qui croyait qu'en sacrifiant ses ressentiments profondément enracinés, au point de devenir l'hôte de sir William Ashton, il accordait une faveur, loin de la recevoir. — Je puis pardonner à Lucy, se dit-il en lui-même; elle est jeune, timide, et elle a la conscience d'un engagement sérieux contracté sans la sanction de sa mère; cependant elle devrait se souvenir avec qui cet engagement a été contracté, et ne pas me donner lieu de soupçonner qu'elle rougisse de son choix. Quant au garde des sceaux, toutes ses facultés semblent l'avoir abandonné dès le premier instant qu'il a entrevu la voiture de lady Ashton. Il faut voir quelle sera la fin de tout ceci; et si l'on me donne lieu de me regarder ici comme un hôte mal venu, ma visite y sera bientôt terminée.

L'esprit agité de ces soupçons, il quitta la terrasse et descendit aux écuries du château, où il donna ordre de tenir son cheval tout sellé, dans le cas où il voudrait partir.

Sur ces entrefaites, les cochers des deux voitures dont l'approche avait occasionné tant d'effroi au château avaient commencé à s'apercevoir l'un l'autre, à mesure que de deux points différents ils approchaient de la tête de l'avenue, comme d'un centre commun. Le cocher et les postillons de lady Ashton reçurent immédiatement l'ordre de prendre l'avance, s'il était possible, mylady désirant avoir un moment d'entretien avec son époux avant l'arrivée de ces hôtes, quels qu'ils pussent être. De son côté, le cocher du marquis, pénétré de sa propre dignité et de celle de son maître, et s'apercevant que l'équipage rival redoublait de vitesse, résolut, en digne membre de la confrérie du fouet, ancienne ou moderne, de soutenir son droit de préséance. Ainsi donc, pour accroître encore la confusion de ses esprits, le lord garde des sceaux vit le peu de temps qui lui restait pour réfléchir abrégé par la lutte de vitesse que se livraient les deux cochers, lesquels, les yeux fixés l'un sur l'autre avec une expression farouche, et leurs fouets sillonnant le flanc de leurs chevaux, se mirent à descendre la colline à l'envi l'un de l'autre avec la rapidité de la foudre, en même temps que les cavaliers qui les accompagnaient étaient obligés de prendre le galop.

La seule chance qui restât alors a sir William était la possibilité d'un accident, dans lequel sa femme ou son visiteur pourraient se rompre le cou. Je ne sais s'il forma à cet égard un vœu positif, mais je n'ai nulle raison de croire que dans l'un ou l'autre cas sa douleur eût été tout à fait inconsolable. Cette chance, toutefois, lui fut bientôt enlevée; car lady Ashton, quoique insensible à la crainte, commença à sentir le ridicule d'une semblable lutte soutenue avec un visiteur de distinction, alors que le but était la porte de son propre château, et elle ordonna à son cocher, au moment où ils approchaient de l'avenue, de ralentir le pas et de céder la préséance à l'équipage étranger : ordre auquel le cocher obéit de grand cœur, car il venait à temps pour sauver son honneur, les chevaux du marquis étant meilleurs ou du moins plus frais que les siens. Il prit donc le petit pas, et laissa la voiture verte et toute sa suite entrer dans l'avenue avec la rapidité d'un tourbillon. Le conducteur galonné de l'équipage du marquis ne vit pas plutôt que l'avance lui était cédée, qu'il mit ses chevaux à un pas plus modéré; et il s'avança ainsi sous la voûte naturelle des ormes gigantesques, entouré de tout son cortége, tandis que la voiture de lady Ashton suivait encore plus lentement à quelque distance.

Au front du château, sous le portail qui donnait accès à la cour intérieure, se tenait sir William Ashton, l'esprit en proie à une vive perplexité, ayant près de lui son plus jeune fils et sa fille, et un peu en arrière une suite nombreuse de domestiques de tout rang, avec et sans livrée. La noblesse et la *gentry* [1] d'Écosse portaient à cette époque jusqu'à l'extravagance le nombre de leurs serviteurs, dont il était aisé d'acheter les bras dans un pays où le nombre des hommes était hors de proportion avec leurs moyens d'emploi.

Un homme élevé comme l'avait été sir William Ashton a trop d'empire sur ses manières pour rester longtemps déconcerté par le concours de circonstances le plus fâcheux. Il reçut le marquis, au moment où celui-ci descendit de voiture, avec les compliments ordinaires de bienvenue; et tout en l'introduisant dans le grand salon, il lui exprima l'espoir que son voyage avait été agréable. Le marquis était un homme bien fait et de haute stature, à la physionomie grave et intelligente, et dont l'œil, depuis quelques années, avait cessé de respirer la vivacité de la jeunesse, remplacée par le feu de l'ambition : au total, ses traits avaient une expression fière et hardie, adoucie cependant par l'habitude de la circonspection, et par le désir que comme chef de parti il devait nécessairement avoir d'acquérir de la popularité. Il répondit avec courtoisie aux informations empressées du lord garde des sceaux, et fut formellement présenté à miss Ashton; mais en s'acquittant de ce cérémonial, le lord-garde laissa percer le premier symptôme de sa préoccupation dominante, en annonçant sa fille comme « son épouse, lady Ashton. »

Lucy rougit; le marquis parut étonné de l'air d'extrême jeunesse de son hôtesse, et le lord-garde eut peine à se remettre assez pour rectifier sa méprise. — J'aurais dû dire ma fille, mylord; mais la vérité est que j'ai vu la voiture de lady Ashton entrer dans l'avenue peu après celle de Votre Seigneurie, et....

— Pas d'excuse, mylord, interrompit son noble visiteur; laissez-moi vous prier d'aller au-devant de votre dame, et permettez-moi de cultiver la connaissance de miss Ashton. Je regrette que mes gens aient pris le pas sur notre hôtesse à sa propre porte; mais Votre Seigneurie n'ignore pas que je croyais lady Ashton encore dans le sud. Permettez-moi de vous conjurer d'écarter toute cérémonie, et de vous hâter d'aller à sa rencontre.

C'était précisément ce qu'il tardait de faire au lord-garde, et il profita sur-le-champ de l'obligeante permission de Sa Seigneurie. Voir lady Ashton et recevoir en particulier le premier choc de son déplaisir pou-

---

[1] *Nobility and gentry*, la haute et la petite noblesse. (L. V.)

vait la disposer jusqu'à un certain point à accueillir avec le décorum convenable ses hôtes malencontreux. Au moment donc où la voiture s'arrêta, le bras de l'époux attentif était prêt pour aider lady Ashton à en descendre. Sans paraître l'apercevoir, elle écarta la main qu'il lui présentait, et réclama celle du capitaine Craigengelt, qui se tenait près de la voiture, son chapeau galonné sous le bras, ayant rempli, durant le voyage, le rôle d'un *cavaliere servente* ou écuyer de service. Appuyée sur le bras de ce respectable personnage, lady Ashton traversa la cour en adressant çà et là quelques mots aux domestiques en guise d'instructions, mais sans en adresser un seul à sir William, qui s'efforça vainement d'attirer son attention, tandis qu'il la suivait plutôt qu'il ne l'accompagnait dans la grande salle, où ils trouvèrent le marquis en conversation intime avec le Maître de Ravenswood, Lucy ayant saisi la première occasion de s'échapper. L'embarras était peint sur toutes les physionomies, excepté sur celle du marquis d'A***; car l'impudence même de Craigengelt pouvait à peine déguiser la crainte que lui inspirait Ravenswood, et chacune des autres personnes présentes sentait la fausseté de la position dans laquelle elles se trouvaient ainsi inopinément placées.

Après avoir attendu un moment que sir William Ashton le présentât, le marquis se décida à se servir lui-même d'introducteur. — Le lord garde des sceaux, dit-il en saluant lady Ashton, m'a tout à l'heure présenté à sa fille comme à son épouse; — il pourrait très-aisément présenter lady Ashton comme sa fille, tant elle diffère peu de ce que je me souviens de l'avoir vue il y a quelques années. — Accordera-t-elle à une ancienne connaissance le privilége d'un hôte?

Il s'avança vers la dame pour l'embrasser, de trop bonne grâce pour craindre un refus; puis il reprit : — Cette visite, lady Ashton, est une visite de pacification, et en conséquence j'ose vous présenter mon cousin, le jeune Maître de Ravenswood, et réclamer vos bontés pour lui.

Lady Ashton ne put se dispenser d'une révérence; mais il y eut dans son salut un air de hauteur et de réserve presque méprisant. Ravenswood ne put non plus se dispenser de s'incliner, mais ses manières exprimèrent un dédain égal à celui qu'on lui témoignait.

— Permettez-moi, dit-elle, de présenter *mon* ami à Votre Seigneurie. Craigengelt, avec cette assurance impudente que les gens de sa classe prennent pour de l'aisance, salua le marquis de la jambe et du chapeau. La dame se tourna alors vers son mari. — Vous et moi, sir William, lui dit-elle (et c'étaient les premiers mots qu'elle lui adressait), nous avons acquis de nouvelles connaissances depuis notre séparation; — permettez-moi de vous présenter la mienne, — le capitaine Craigengelt.

Un nouveau salut du capitaine, accompagné d'un nouveau mouvement de son chapeau à galon d'or, fut rendu par le lord-garde sans que rien dans ses manières parut indiquer le souvenir d'une rencontre antérieure, et avec l'empressement inquiet d'un homme qui ne désire que la paix et une amnistie générale entre les parties hostiles, en y comprenant les auxiliaires de part et d'autre : — Permettez-moi de vous présenter au Maître de Ravenswood, dit-il au capitaine Craigengelt sous l'inspiration de ce système de conciliation. Mais le Maître se redressa de toute sa hauteur, et sans même jeter un regard sur la personne ainsi présentée, il répondit d'un ton de mépris marqué : Le capitaine Craigengelt et moi nous nous connaissons déjà parfaitement l'un l'autre.

— Parfaitement, — parfaitement, balbutia le capitaine comme un écho, et en abaissant de nouveau vers le parquet son chapeau qu'il tenait à la main, mais auquel pourtant il fit décrire cette fois un cercle beaucoup moins étendu que ceux dont il avait si cordialement accompagné sa présentation au marquis et au lord garde des sceaux.

Lockhard, suivi de trois domestiques, entra en ce moment, avec du vin et des rafraîchissements, que l'usage était alors d'offrir avant dîner en guise de préparation ; et quand ces rafraîchissements furent placés devant les visiteurs, lady Ashton s'excusa de leur enlever son mari pendant quelques minutes, pour une affaire d'un intérêt tout particulier. Le marquis, naturellement, pria mylady d'agir sans contrainte ; et Craigengelt, vidant précipitamment un second verre de vieux canarie, se hâta de quitter le salon, ne trouvant pas un grand plaisir dans la perspective de rester en tiers avec le marquis d'A*** et le Maître de Ravenswood, la présence du premier lui inspirant une sorte de crainte respectueuse, et celle du second une véritable terreur.

Quelques soins à donner à son cheval et à son bagage furent le prétexte dont il couvrit sa retraite précipitée, sur laquelle il insista nonobstant les ordres que lady Ashton avait donnés à Lockhard d'avoir le plus grand soin de mettre à la disposition du capitaine Craigengelt tous les moyens de service dont il pourrait avoir besoin. Le marquis et le Maître de Ravenswood restèrent ainsi seuls à se communiquer mutuellement leurs remarques sur la réception qu'on leur avait faite, tandis que lady Ashton avait pris le chemin de son cabinet de toilette, où son seigneur la suivait dans l'attitude d'un criminel à qui on va lire sa sentence.

Dès que les deux époux furent entrés dans le cabinet de mylady, celle-ci donna issue à cet emportement de caractère que jusque-là elle avait réprimé avec effort, par respect pour les apparences. Elle ferma la porte sur l'alarmé sir William, ôta la clef de la serrure, et fixant sur son époux une physionomie que les années n'avaient pas dépouillée de son altière beauté, et des yeux où se lisaient à la fois la résolution et la colère : Mylord, lui dit-elle, je suis peu surprise des liaisons qu'il vous a plu de former durant mon absence ; — elles sont tout à fait en rapport avec votre naissance et votre éducation. Si j'en avais attendu autre chose, j'avoue mon erreur, et je reconnais que par là je mérite le désappointement que vous m'avez ménagé.

— Ma chère lady Ashton, répondit le lord garde des sceaux, — ma chère Éléonore, écoutez la raison un moment, et je vous convaincrai que j'ai agi avec tous les égards dus à la dignité aussi bien qu'aux intérêts de ma famille.

— Je vous crois en effet parfaitement capable de veiller aux intérêts de *votre* famille, repartit la dame indignée, — et même aussi à sa dignité, autant que la dignité de *votre* famille exige qu'on y veille; — mais comme il se trouve que l'honneur de la *mienne* y est inséparablement attaché, vous m'excuserez si je crois devoir tenir moi-même les yeux ouverts sur tout ce qui s'y rapporte.

- Que voulez-vous dire, lady Ashton? — qu'est-ce qui vous déplaît? — Par quelle raison, à peine de retour d'une si longue absence, m'accusez-vous ainsi?

— Demandez à votre propre conscience, sir William, ce qui vous a poussé à devenir renégat de votre parti politique et de vos opinions; demandez-lui ce qui vous a amené, autant que je le puis savoir, à être sur le point de marier votre fille à un misérable mendiant jacobite, à l'ennemi invétéré de notre famille.

— Hé quoi! au nom du sens commun et de la civilité la plus ordinaire, madame, que voudriez-vous que je fisse? — Puis-je décemment expulser de ma maison un jeune homme qui a sauvé, il n'y a pour ainsi dire qu'un instant, la vie de ma fille et la mienne?

— Qui vous a sauvé la vie! J'ai entendu parler de cette histoire; — le lord garde des sceaux s'est laissé effrayer par une vache noire, et il prend le jeune drôle qui l'a tuée pour un Guy de Warwick. — Il n'est pas de boucher à Haddington qui ne puisse bientôt avoir un droit égal à votre hospitalité.

— Lady Ashton, balbutia le lord garde, ceci est intolérable: — et quand je suis tout prêt encore à vous satisfaire par tous les sacrifices!
— Dites-moi seulement ce que vous désirez.

— Que vous descendiez vers vos hôtes, répondit l'impérieuse lady Ashton, et que vous fassiez vos excuses à Ravenswood de ce que l'arrivée du capitaine Craigengelt et de quelques autres amis vous met dans l'impossibilité de lui offrir un logement au château. — J'attends le jeune M. Hayston de Bucklaw.

— Juste Ciel, madame! — Ravenswood céder la place à Craigengelt, un joueur de bas étage, un dénonciateur! — C'est tout ce que j'ai pu faire de réprimer l'envie que j'avais de le chasser de ma maison, et j'ai été fort étonné de le voir à la suite de Votre Seigneurie.

— Puisque vous l'y avez vu, répliqua sa douce moitié, vous pouvez être assuré qu'il y pouvait être. Quant à Ravenswood, il ne fera que recevoir le traitement qu'à ma connaissance certaine il a fait subir à un de mes amis les plus dignes d'estime, qui, il y a peu de temps, eut le malheur d'être son hôte. Mais prenez une résolution; car si Ravenswood ne quitte pas la maison, c'est moi qui partirai.

Sir William Ashton parcourut la chambre, en proie à toutes les angoisses d'une extrême agitation : la crainte, la honte et la colère livrant un combat violent à la déférence habituelle qu'il avait coutume d'avoir pour sa dame. Il finit enfin, comme il est ordinaire aux esprits timides en de telles circonstances, par adopter un *mezzo termine*, une demi-mesure.

— Je vous dirai franchement, madame, reprit-il, que je ne puis ni ne veux me rendre coupable envers le Maître de Ravenswood de l'impolitesse que vous me proposez; — il ne l'a pas méritée de ma part. Si vous avez assez peu de raison pour vouloir insulter sous votre propre toit un homme de qualité, je ne puis vous en empêcher; mais du moins je ne serai pas l'instrument d'un procédé aussi inconvenant.

— Vous ne voulez pas faire ce que je demande?

— Non, par le Ciel, madame! Demandez-moi ce qui peut s'accorder avec la plus simple civilité, comme, par exemple, de cesser graduellement de cultiver sa connaissance, ou quelque chose de semblable, à la bonne heure; — mais lui enjoindre de quitter ma maison, c'est ce que je ne ferai pas, c'est à quoi je ne puis consentir.

— En ce cas, la tâche de soutenir l'honneur de la famille retombera sur moi, comme cela est souvent arrivé déjà, dit la dame.

Elle s'assit, et écrivit à la hâte quelques lignes. Le lord garde des sceaux fit un nouvel effort pour l'empêcher de prendre un parti décisif, au moment où elle ouvrit la porte pour appeler sa femme de chambre qui se tenait dans la pièce voisine. — Pensez à ce que vous faites, lady Ashton; — vous allez nous faire un ennemi mortel d'un jeune homme qui, selon toute probabilité, aura bientôt les moyens de nous nuire...

— Avez-vous jamais connu un Douglas qui ait craint un ennemi? interrompit la dame d'un ton méprisant.

— Soit; mais il est aussi fier à lui seul et aussi vindicatif que cent Douglas, et cent démons par-dessus le marché. Pensez-y pendant une nuit seulement.

— Pas pendant un seul instant de plus. — Mistress Patullo, remettez ce billet au jeune Ravenswood.

— Au Maître, madame? dit mistress Patullo.

— Oui, au Maître, si c'est ainsi que vous l'appelez.

— Je m'en lave tout à fait les mains, dit le lord-garde; je vais descendre au jardin, et veiller à ce que le jardinier cueille du fruit d'hiver pour le dessert.

— Allez, dit la dame en le suivant des yeux avec une expression de souverain mépris ; allez, et remerciez Dieu de ce que vous laissez derrière vous quelqu'un aussi propre à protéger l'honneur de la famille que vous l'êtes à veiller sur les pommes et les poires.

Le lord garde des sceaux resta assez longtemps dans le jardin pour que l'explosion pût avoir lieu en son absence, et, du moins il le pensait, pour que la première violence du ressentiment de Ravenswood fût amortie. Quand il rentra dans la salle, il y trouva le marquis d'A*** donnant quelques ordres à ses gens. Il paraissait fort mécontent, et il interrompit dès les premiers mots une excuse que commençait sir William d'avoir laissé Sa Seigneurie seule.

— Je présume, sir William, dit-il, que vous n'êtes pas étranger à ce singulier billet dont mon parent de Ravenswood (appuyant sur le mot *mon*) a été honoré par votre dame ;—et naturellement je vous suppose préparé à recevoir mes adieux. — Mon parent est déjà parti, ayant jugé inutile d'en faire présenter aucun de sa part, toute civilité antérieure ayant été effacée par cette insulte inexplicable.

— Je vous proteste, mylord, dit sir William tenant le billet à sa main, que j'ignore absolument le contenu de cette lettre. Je sais que lady Ashton est une femme d'un caractère bouillant et aisément accessible aux préventions, et je regrette sincèrement toute offense qui aura été faite ou reçue ; mais j'espère que Votre Seigneurie considérera qu'une dame....

— Devrait se conduire envers les personnes d'un certain rang avec le savoir-vivre attaché à ce titre, dit le marquis, complétant la phrase commencée.

— C'est vrai, mylord, reprit l'infortuné garde des sceaux ; mais lady Ashton n'en est pas moins une femme....

— Et comme telle, interrompit de nouveau le marquis, il me semble qu'elle devrait connaître les devoirs relatifs à sa position. Mais la voici venir, et j'apprendrai de sa propre bouche la raison de cet affront aussi extraordinaire qu'inattendu fait à mon proche parent, tandis que lui et moi étions les hôtes de Sa Seigneurie.

En ce moment, en effet, lady Ashton entrait dans le salon. Sa dispute avec sir William, et une entrevue qu'elle avait eue ensuite avec sa fille, ne l'avaient pas détournée des soins que réclamait sa toilette. Elle était en grande parure, et le caractère de sa physionomie et de ses manières était parfaitement en rapport avec la splendeur dans laquelle en de telles occasions se montraient alors les dames de qualité.

Le marquis d'A*** salua avec hauteur, et elle rendit le salut avec non moins de fierté et de réserve. Le marquis prit alors de la main passive de sir William Ashton le billet qu'il lui avait remis un instant auparavant, et il allait ouvrir la bouche quand elle le prévint. — Je m'aperçois, mylord, lui dit-elle, que vous allez aborder un sujet peu agréable. Je suis désolée que pareille chose se soit présentée en un tel moment, pour

CHAPITRE XXII.

troubler le moins du monde la réception respectueuse due à Votre Seigneurie; — mais il en est ainsi. M. Edgar Ravenswood, à qui j'ai adressé le billet que tient Votre Seigneurie, a abusé de l'hospitalité de cette famille et de la facilité de caractère de sir William Ashton, pour entraîner une jeune personne dans des engagements pour lesquels elle n'avait pas le consentement de ses parents, et que ceux-ci ne peuvent approuver.

Les deux auditeurs se récrièrent à la fois.

— Mon parent est incapable....

— J'ai la confiance que ma fille Lucy est encore plus incapable....

Lady Ashton les interrompit tous les deux à son tour, et leur répondit en même temps : — Mylord marquis, votre parent, si M. Ravenswood a l'honneur de l'être, a tenté en secret de capter les affections de cette jeune fille inexpérimentée. Sir William Ashton, votre fille a été assez simple pour donner à un aspirant si peu convenable plus d'encouragement qu'elle n'eût dû le faire.

— Et moi je crois, madame, dit le lord garde des sceaux, à qui le calme et la patience échappèrent, que si vous n'avez rien de mieux à nous dire, vous auriez mieux fait de garder aussi pour vous ce secret de famille.

— Vous me pardonnerez, sir William, repartit la dame avec le plus grand sang-froid; le noble marquis a droit de connaître la cause du traitement dont j'ai cru devoir user envers un gentleman auquel il donne le titre d'allié par le sang.

— Voilà un motif, murmura le lord-garde, qui s'est produit après l'effet; car s'il a le moindre fondement, je suis certain qu'elle n'en avait pas la moindre connaissance quand elle a écrit sa lettre à Ravenswood.

— C'est la première fois que j'entends parler de ceci, dit le marquis; mais puisque mylady a mis sur le tapis un sujet si délicat, permettez-moi de dire que la naissance du Maître de Ravenswood et ses relations de parenté lui donnaient droit à être entendu patiemment, et du moins à un refus civil, même dans le cas où il aurait été assez ambitieux pour élever ses regards jusqu'à la fille de sir William Ashton.

— Vous voudrez bien vous souvenir, mylord, de quel sang miss Lucy Ashton est issue du côté maternel, repartit la dame.

— Je n'ai pas oublié votre origine, madame : — une branche cadette de la maison d'Angus; — et Votre Seigneurie, — pardonnez-moi, madame, — ne doit pas oublier que les Ravenswood se sont alliés trois fois à la souche principale. Allons, madame; — je sais quelle est la situation des choses. — D'anciennes préventions longtemps entretenues sont difficiles à surmonter; — je leur fais toute concession. — Je n'aurais pas dû, et en tout autre cas je n'aurais pas voulu que mon parent partît seul, et comme expulsé de cette maison; — mais j'ai eu l'espoir de servir de médiateur. Je ne voudrais pas vous quitter avec aigreur; — je ne partirai pas avant ce soir, pour rejoindre le Maître de Ravenswood sur la route, à quelques milles d'ici. Parlons de cette affaire avec plus de sang-froid.

— C'est ce que je désire ardemment, mylord, s'écria sir William Ashton. Lady Ashton, vous ne voudrez pas que mylord nous quitte fâché. Il faut le forcer de rester à dîner au château.

— Le château et tout ce qu'il renferme, dit la dame, sont aux ordres du marquis, aussi longtemps qu'il lui plaira d'y résider; mais quant à toute discussion ultérieure sur ce désagréable sujet....

— Pardonnez-moi, madame, interrompit le marquis; mais je ne veux pas vous laisser exprimer une détermination hâtive sur un sujet si important. Je vois que de la compagnie vous arrive; et puisque j'ai la bonne fortune de renouveler mon ancienne connaissance avec lady Ashton, j'espère qu'elle me permettra de ne pas mettre en péril, dans aucune discussion désagréable, ce que je tiens en si haute estime; — du moins jusqu'à ce que nous ayons parlé d'objets moins déplaisants

La dame sourit, fit une révérence et présenta sa main au marquis, qui la conduisit ainsi jusqu'à la salle à manger avec toute la galanterie cérémonieuse de l'époque, qui ne permettait pas à un convive de placer sous son bras le bras d'une maîtresse de maison, comme un villageois fait de celui de son amoureuse pendant une veillée.

En ce moment ils furent rejoints par Bucklaw et Craigengelt, et par d'autres voisins que le lord garde des sceaux avait précédemment invités à se trouver au château avec le marquis d'A***. Une légère indisposition fut alléguée comme excuse de l'absence de miss Ashton, dont le siége resta inoccupé. Le repas fut splendide jusqu'à la profusion, et ne se termina qu'à une heure avancée.

CHAPITRE XXIII.

> Tel fut le sort de notre père déchu; mais plus triste encore est le mien. Une compagne partagea son exil, et moi je suis banni seul.
> WALLER.

JE n'essaierai pas de décrire le mélange d'indignation et de regrets avec lequel Ravenswood quitta la résidence qui avait été celle de ses ancêtres. Les termes dans lesquels le billet de lady Ashton était conçu lui rendaient impossible, sans manquer à cette fierté dont peut-être il n'avait qu'une trop grande part, de rester un instant de plus dans ses murs. Le marquis, qui avait sa part de l'affront, voulut encore, néanmoins, faire quelques efforts de conciliation. Il laissa donc partir son parent seul, en lui faisant promettre, toutefois, qu'il l'attendrait à la petite auberge appelée la *Tanière du Renard*, située, nos lecteurs voudront bien s'en souvenir, à mi-chemin entre Ravenswood-Castle et Wolf's Crag, et à environ cinq milles écossais de chaque. C'est là que le marquis se proposait de rejoindre le Maître de Ravenswood, ou le soir même ou le lendemain matin. Ses propres sentiments l'eussent conduit à quitter le château immédiatement, s'il ne lui eût répugné d'abandonner, sans faire au moins un effort, les avantages qu'il s'était proposés de sa visite au lord garde des sceaux; et le Maître de Ravenswood ne voulut pas, même dans la chaleur de son ressentiment, renoncer à la chance de réconciliation que lui pouvait fournir la bienveillance que lui avait témoignée sir William Ashton, aussi bien que l'intercession de son noble parent. Quant à lui, il s'éloigna sans autre retard que le temps rigoureusement nécessaire pour cet arrangement.

Il pressa d'abord son cheval de l'éperon, et lui fit parcourir rapidement une des avenues du parc, comme s'il eût pu, par la rapidité de sa course, étouffer les sensations tumultueuses dont il était assailli. Mais à mesure que la route devint plus sauvage et plus solitaire, et quand les arbres lui eurent caché les tourelles du château, il ralentit graduellement son pas comme pour s'abandonner aux réflexions pénibles qu'il s'efforçait vainement d'écarter de sa pensée. Le sentier dans lequel il se trouvait conduisait à la fontaine des Mermaïdes et à la cabane d'Alice; et la fatale influence qu'une croyance superstitieuse attachait au premier de ces deux endroits, ainsi que les avertissements que lui avait inutilement donnés la vieille aveugle, se représentèrent spontanément à son souvenir. — Les vieux adages disent vrai, se dit-il à lui-même ; et la source des Mermaïdes a vu en effet le dernier acte de folie de l'héritier de Ravenswood. — Alice avait raison, continua-t-il, et me voici dans la situation qu'elle m'avait prédite ; — ou plutôt, mon déshonneur est encore plus complet : — car si je ne suis pas le dépendant et l'allié du destructeur de la maison de mon père, ainsi que l'avait présagé la vieille sibylle, je suis un misérable dégradé qui a aspiré à cette situation subalterne, et qui a été repoussé avec dédain !

Nous sommes obligé de reproduire notre récit tel qu'il nous a été transmis ; et eu égard à l'éloignement du temps et à la propension au merveilleux de ceux par la bouche de qui elle a passé, cette histoire ne pourrait être qualifiée d'écossaise, si elle ne montrait pas une teinte de la superstition du pays. Comme Ravenswood approchait de la fontaine solitaire, on rapporte que la singulière aventure que nous allons raconter lui arriva. Son cheval, qui s'avançait à petits pas, s'arrêta tout à coup, s'ébroua, se cabra, et, quoique aiguillonné par l'éperon, refusa d'aller plus loin, comme si quelque objet de terreur se fût subitement présenté à lui. Jetant les yeux dans la direction de la fontaine, Ravenswood aperçut une figure de femme, enveloppée d'une mante blanche, ou plutôt grisâtre, se tenant à la place même où était assise Lucy Ashton lorsqu'elle avait prêté l'oreille au fatal propos d'amour. Sa première impression fut qu'ayant conjecturé qu'il prendrait ce sentier pour traverser le parc à son départ, elle était venue à ce lieu isolé de rendez-vous, pour donner un libre cours à sa propre douleur et à celle de son amant dans une dernière entrevue. Dans cette croyance, il sauta de son cheval, et attachant la bride à un arbre, il courut précipitamment vers la fontaine, en s'écriant, quoiqu'à demi-voix : Miss Ashton ! — Lucy !

La figure à laquelle il s'adressait se tourna vers lui, et montra à ses yeux étonnés non les traits de Lucy Ashton, mais ceux d'Alice la vieille aveugle. La singularité de son costume, qui ressemblait plutôt à un linceul qu'au vêtement d'une vivante ; — l'apparence de sa personne, plus grande, à ce qu'il lui sembla, qu'elle ne paraissait être d'ordinaire ; — par-dessus tout, cette étrange circonstance d'une femme aveugle, infirme et décrépite, trouvée ainsi seule et loin de son habitation (car la distance était considérable, si l'on songeait aux infirmités d'Alice) : tout se réunissait pour le frapper d'un sentiment de surprise approchant de la crainte. Lorsqu'il approcha, elle se leva lentement de la pierre où elle était assise, étendit vers lui sa main ridée comme pour l'empêcher d'approcher davantage, et ses lèvres flétries parurent se mouvoir rapidement, quoique aucun son n'en sortît. Ravenswood s'arrêta ; et lorsqu'après un moment de pause il avança de nouveau vers elle, Alice, ou son apparition, se glissa à reculons vers le fourré des arbres voisins, en continuant de se tenir le visage tourné de son côté. Les arbres ne tardèrent pas à dérober à sa vue cette forme humaine ; et dominé par l'impression profonde et formidable que fit sur lui cette apparition d'un être qu'il regarda comme appartenant à un autre monde, le Maître de Ravenswood resta comme enraciné à la place même où il se trouvait quand il avait cessé de l'apercevoir. Rassemblant enfin son courage, il s'approcha de l'endroit où la figure lui avait paru assise; mais nulle trace imprimée sur l'herbe, non plus qu'aucune autre circonstance, ne put l'amener à croire que ce qu'il avait vu fût un être réel et matériel.

Plein de ces étranges pensées et des appréhensions confuses qui s'éveillent dans le sein d'une personne qui croit avoir été témoin de quelque apparition surnaturelle, le Maître de Ravenswood retourna vers son cheval, tout en regardant fréquemment en arrière avec une crainte indéfinissable, comme s'il se fût attendu à ce que la vision lui apparaîtrait de nouveau. Mais que l'apparition fût réelle, ou que ce fût seulement l'ouvrage d'une imagination échauffée et d'un esprit troublé, elle ne se remontra pas ; et il trouva son cheval couvert de sueur et terrifié, comme s'il eût éprouvé ces angoisses de la crainte que la présence d'un être surnaturel cause, dit-on, aux animaux. Le Maître se remit en selle et partit au pas. De temps à autre il flattait de la main sa monture, qui semblait parfois frissonner et tressaillir, comme si au débouché de chaque clairière elle se fût attendue à rencontrer quelque nouvel objet de terreur. Après quelques moments de réflexion, Ravenswood résolut d'approfondir cet incident. — Se peut-il que mes yeux m'aient trompé, se dit-il, trompé pendant un tel espace de temps ? — ou bien les infirmités de cette femme sont-elles feintes, afin d'exciter la compassion ? — Mais alors même, ses mouvements ne ressemblaient pas à ceux d'une personne vivante et réelle. Dois-je adopter la créance populaire, et penser que cette malheureuse a formé un pacte avec les pouvoirs des ténèbres ? — Je suis déterminé à sortir de cette incertitude ; — je ne souffrirai pas que mes yeux même m'en imposent.

Dans cet état de doute, il se dirigea vers la petite porte du jardin d'Alice. Son siége sous le bouleau était vide, quoique la journée fût belle et le soleil élevé sur l'horizon. Il s'approcha de la chaumière, et entendit sortir de l'intérieur des sanglots qui semblaient proférés par une voix de femme. Il frappa, mais on ne répondit pas ; de sorte qu'après un instant d'attente il leva le loquet et entra. C'était en effet un séjour de solitude et de douleur. Étendu sur son misérable grabat gisait le corps inanimé du dernier serviteur de la maison de Ravenswood qui fût resté sur ses domaines héréditaires. La vie venait de l'abandonner ; et une fille, qui l'avait assistée à ses derniers moments, se tordait les mains et sanglotait sur le corps de sa maîtresse, partagée entre la douleur et une frayeur puérile.

Le Maître de Ravenswood eut quelque peine à calmer les terreurs de la pauvre enfant, que son apparition inattendue avait d'abord plutôt effrayée que rassurée ; lorsque enfin il y eut un peu réussi, les premières paroles que lui dit la jeune fille furent « qu'il était venu trop tard. » S'enquérant du sens de cette expression, il apprit que la défunte, aux premiers symptômes de l'agonie mortelle, avait envoyé un paysan au château pour demander une entrevue au Maître de Ravenswood, et avait montré la plus grande impatience en attendant son retour. Mais les messagers du pauvre sont tardifs et négligents ; celui-ci n'était arrivé au château, à ce qu'on sut plus tard, qu'après le départ de Ravenswood, et avait alors trouvé trop d'amusement parmi les gens des étrangers pour se hâter de revenir à la chaumière d'Alice. Cependant l'anxiété d'esprit de la moribonde semblait s'accroître avec son agonie corporelle ; et pour employer les expressions de Babie, sa seule garde-malade, « elle priait de toutes ses forces pour revoir encore une fois le fils de son maître, et renouveler son avertissement. » Elle expira juste au moment où la cloche du village voisin sonnait une heure ; et Ravenswood se souvint en frissonnant qu'il avait entendu dans le bois le son d'une heure immédiatement avant d'apercevoir ce que maintenant il était plus fortement disposé que jamais à regarder comme le spectre de la défunte.

Le respect de Ravenswood pour la mémoire de la vieille Alice, aussi bien que le plus simple sentiment d'humanité pour sa compagne effrayée, lui faisaient un devoir de prendre quelques mesures propres à tirer la pauvre fille de sa situation embarrassante. La défunte, à ce qu'il apprit, avait manifesté le désir d'être enterrée dans un cimetière isolé, non loin de la petite auberge de la *Tanière du Renard*, appelé l'Ermitage, ou plus communément Armitage ; et dans lequel reposaient plusieurs membres de la famille des Ravenswood, et un grand nombre de leurs serviteurs. Edgar crut de son devoir de satisfaire à ce désir si commun parmi les paysans d'Écosse ; et il chargea Babie d'aller au village voisin réclamer l'assistance de quelques femmes, l'assurant que jusqu'à son retour il resterait lui-même près du corps ; car, de même qu'autrefois en Thessalie, on regarderait comme un manque de respect envers les morts de les laisser sans garde.

Pendant un quart d'heure et plus, Ravenswood se trouva ainsi seul près du corps inanimé de celle dont l'esprit, dégagé de son enveloppe mortelle, lui était si récemment apparu, à moins que ses yeux ne lui eussent fait une étrange illusion. Nonobstant son courage naturel, le Maître fut profondément affecté par un concours de circonstances si extraordinaires. — Elle est morte en exprimant un vif désir de me voir. Se peut-il donc — tel fut le cours naturel de ses réflexions — se peut-il qu'un souhait profond et ardent formé durant la dernière agonie de la nature, survive à la mort même, surmonte les terribles limites du monde spirituel, et en place les habitants devant nous avec les teintes et le coloris de la vie ? — Et pourquoi ce qui s'est manifesté aux yeux n'a-t-il pu se rendre sensible à l'oreille? — Pourquoi une infraction aux lois de la nature, alors que le but en est resté caché? Vaines questions, que la mort seule pourra résoudre, quand elle aura fait de moi quelque chose de semblable à ces restes livides et flétris placés sous mes yeux.

En parlant ainsi, il étendit un drap sur le visage inanimé dont il répugnait à contempler plus longtemps les traits. Il se plaça alors dans un vieux fauteuil en chêne sculpté, orné de ses propres armoiries, qu'Alice avait réussi à s'approprier lors du pillage qui avait eu lieu au château de Ravenswood entre les créanciers, les domestiques, les officiers de loi et leurs agents subalternes, quand son père s'en était éloigné pour n'y plus revenir. Il s'efforça alors de chasser les idées superstitieuses que l'incident de la fontaine lui inspirait naturellement. Ses propres pensées étaient assez tristes, sans y ajouter des terreurs surnaturelles, lorsque après avoir été l'amant favorisé de Lucy Ashton et l'hôte honoré en même temps que l'ami respecté de son père, il se voyait maintenant seul et réduit au triste rôle de gardien des restes délaissés d'une pauvre femme.

Il fut néanmoins remplacé dans ses tristes fonctions plus promptement qu'il n'eût pu raisonnablement s'y attendre d'après la distance qui séparait le village et la cabane d'Alice, et le grand âge des trois femmes infirmes qui vinrent de là, pour user d'une phrase militaire, relever la garde près du corps de la défunte. En toute autre occasion, ces vénérables sibylles se seraient beaucoup moins hâtées; car la première avait quatre-vingts ans d'âge et plus, la seconde était paralytique, et la troisième boitait d'une jambe. Mais les services funèbres rendus aux morts sont une tâche de prédilection pour les paysans écossais des deux sexes. J'ignore si c'est le résultat du caractère grave et enthousiaste de ce peuple, ou une réminiscence de l'ancienne foi catholique, époque où les rites funéraires étaient toujours regardés comme une occasion de gala pour les vivants ; mais les festins, la bonne chère, et même l'ivresse, étaient et sont encore les accessoires d'un enterrement écossais à l'ancienne mode. Ce que le *dirgie*, c'est-à-dire le repas de funérailles, était pour les hommes, les lugubres préparatifs qui précèdent le dépôt du corps dans le cercueil l'étaient pour les femmes. Étendre les membres contractés sur une table destinée à ce triste service, envelopper le corps d'une toile blanche, et, par-dessus, d'un linceul de laine, c'étaient là des opérations toujours confiées aux anciennes matrones du village, et dans lesquelles elles trouvaient un sombre et singulier plaisir.

Les trois vieilles saluèrent le Maître avec un sourire sinistre qui lui rappela la rencontre de Macbeth et des sorcières sur la bruyère stérile de Forres. Il leur remit quelque argent, et leur confia la charge du corps inanimé de leur sœur d'âge, fonctions dont elles se chargèrent très-volontiers ; et elles lui annoncèrent en même temps qu'il fallait qu'il quittât la chaumière, afin qu'elles pussent commencer leurs lugubres opérations. Ravenswood ne demandait pas mieux, et il ne s'arrêta que le temps nécessaire pour leur recommander encore de donner au corps les soins nécessaires, et s'informer où il trouverait le fossoyeur ou bedeau qui avait sous sa garde le cimetière abandonné de l'Armitage, afin de tout préparer pour la réception de la vieille Alice au lieu de repos dont elle avait fait choix.

— Vous ne serez pas embarrassé pour trouver Johnie Mortsheugh [1], dit la plus vieille des trois sibylles ; et un hideux sourire plissait encore ses joues creuses : — il reste près de la *Tanière du Renard* une maison de réjouissance où il y a eu bien des joyeuses bombances ; — car la mort et l'orgie sont proches voisines l'une de l'autre.

— Oui-da ! voilà qui est bien vrai, commère, dit la sorcière boiteuse en s'appuyant sur une béquille qui suppléait au défaut de sa jambe gauche trop courte ; car je me souviens quand le père de ce Maître de Ravenswood que voilà devant nous tua le jeune Blackhall d'un coup de son whinger [2] pour un mot de travers qui avait été dit sur leur vin ou leur eau-de-vie, ou n'importe quoi ; — il était arrivé léger comme une alouette, et il sortit les pieds devant. J'étais là quand on dépouilla le corps ; et quand le sang fut lavé, c'était un joli morceau de corps d'homme.

On peut croire aisément que cette anecdote intempestive ne fit que disposer le Maître à quitter plus vite une compagnie odieuse et de mauvais augure. Néanmoins, pendant qu'il se dirigeait vers l'arbre auquel son cheval était attaché, et qu'il s'occupait à rajuster les sangles de la selle, il ne put éviter d'entendre, à travers la haie du petit jardin, une conversation dont lui-même était le sujet, et qui avait lieu entre la sibylle octogénaire et sa compagne boiteuse. Le digne couple était venu au jardin cueillir du romarin, de l'aurone, de la rue et d'autres plantes propres à être épandues sur le corps, ou brûlées en guise de fumigation dans la cheminée de la cabane. La pauvre paralytique, presque épuisée par la course, était restée à garder le corps, de peur que les sorcières ou les démons ne lui jouassent quelque tour.

Le croassement suivant, quoiqu'il eût lieu à demi-voix, fut donc nécessairement entendu du Maître de Ravenswood.

— Voilà une belle ciguë en pleine croissance, Annie Winnie ; — plus d'une commère du temps jadis n'aurait pas cherché de meilleure monture pour galoper par monts et par vaux, par le brouillard et le clair de lune, et descendre dans les caveaux du roi de France.

— Oui, commère ; mais le diable lui-même est maintenant devenu aussi dur de cœur que le lord-garde et les grandes gens, qui ont des

---

[1] John (Jean) Fosse-à-Morts. (L. V.

[2] Sorte de coutelas de chasse. (L. V.)

cœurs pareils à des pierres a meule. On nous malmène, on nous tourmente, ou nous met aux pinny-winkles ¹ comme sorcières; et pourtant j'aurais beau dire mes prières à rebours dix fois de suite, que Satan ne les amenderait pas.

— Avez-vous jamais vu le Voleur Noir²?

— Non; mais je crois que j'ai rêvé de lui plus d'une fois; et je pense qu'un jour viendra où on me brûlera pour ça. — Mais ne nous inquiétons pas de ça, commère! nous avons le dollar du Maître, et nous allons envoyer chercher du pain, de l'ale, du tabac, une goutte d'eau-de-vie pour la brûler avec un petit peu de sucre : — et que le diable s'en mêle ou non, commère, nous passerons une joyeuse nuit.

Ici sa bouche édentée laissa échapper une sorte d'horrible gloussement, accès de rire qui ne ressemblait pas mal au cri du chat-huant.

— C'est un digne jeune homme, et un homme généreux, que le Maître de Ravenswood, reprit Annie Winnie; et un fort beau garçon, — large des épaules et étroit des reins. — Ça ferait un beau corps; — je voudrais être chargée de lui redresser les membres et de l'ensevelir.

— Il est écrit sur son front, Annie Winnie, que main de femme ni d'homme ne l'ensevelira; — jamais sapin des morts³ ne lui servira d'habit. — Faites votre compte là-dessus; car je le tiens de bonne part.

— Est-ce que ce sera son lot de mourir sur le champ de bataille, Ailsie Gourlay? dit la boiteuse. Est-ce qu'il périra par l'épée ou par la balle, comme plus d'un de ses ancêtres avant lui?

— Pas de questions là-dessus; — il n'aura pas un pareil honneur, répondit la prophétesse.

— Je sais que vous en savez plus que d'autres, Ailsie Gourlay; — mais qui vous a dit ceci?

— Ne vous en tourmentez pas, Annie Winnie; — je le tiens d'assez bonne part.

— Mais vous disiez que vous n'aviez jamais vu le Voleur Noir.

— Je le tiens d'aussi bonne main; je le tiens de ceux qui ont prédit sa fortune avant que sa première chemise ait passé sur sa tête.

— Écoutez! j'entends son cheval qui part; le bruit de ses pas n'annonce rien de bon.

— Dépêchez-vous! leur cria la paralytique de l'intérieur de la chaumière; faisons ce qui est nécessaire et disons ce qui convient, car si le corps se raidit, la face fera des contorsions qui feront peur à la plus brave de nous.

¹ Ancien instrument de torture, formé d'une table percée de trous dans lesquels on faisait entrer les doigts, qu'on y serrait au moyen de coins. (L. V.)
² *Foul thief.*
³ Bière; façon de parler populaire. (L. V.)

Ravenswood était alors trop éloigné pour en entendre davantage. Il méprisait la plupart des préjugés communs relatifs à la sorcellerie, aux présages et à la divination, préjugés auxquels son siècle et son pays accordaient encore un tel crédit, qu'exprimer un doute à leur sujet était regardé comme un aussi grand crime que d'être Juif ou Sarrasin ; il savait aussi que la croyance dominante touchant les sorcières, agissant sur les habitudes hypocondriaques de ceux que l'infirmité, l'âge et la pauvreté exposaient au soupçon, fortifiée d'ailleurs par la crainte de la mort et les douleurs des tortures les plus atroces, arrachait souvent ces aveux qui remplissent et déshonorent les registres criminels d'Écosse durant le dix-septième siècle. Mais l'apparition du matin, qu'elle fût réelle ou imaginaire, avait pénétré son esprit d'une disposition superstitieuse qu'il s'efforçait vainement de surmonter. La nature de l'affaire qui l'attendait à la petite auberge de la *Tanière du Renard,* où il ne tarda pas à arriver, n'était pas propre à lui rendre son énergie.

Il était nécessaire qu'il vît Mortsheugh, le fossoyeur de l'ancien champ de repos de l'Armitage, pour régler les dispositions des obsèques d'Alice ; et comme cet homme restait non loin du lieu où elle devait trouver sa dernière demeure, le Maître, après un léger rafraîchissement, se dirigea vers l'endroit où les restes de la vieille aveugle devaient être déposés. Cet endroit était situé dans un enfoncement qu'avaient formé les débordements impétueux d'un torrent qui descendait des hauteurs avoisinantes. Une caverne grossièrement creusée dans un rocher adjacent, et dont l'intérieur était taillé en forme de croix, avait été l'ermitage où quelque saint saxon des anciens temps était venu faire pénitence, et cet ermitage avait donné son nom aux environs. La riche abbaye de Coldinghame avait plus récemment fondé une chapelle à peu de distance de là ; mais il en restait à peine quelques vestiges, bien que le cimetière qui l'entourait servît encore quelquefois, comme dans l'occasion actuelle, à des enterrements privés. Un ou deux ifs à demi dépouillés croissaient encore dans l'enceinte de ce qui jadis avait été un terrain consacré. Des guerriers et des barons y avaient autrefois été enterrés ; mais leurs noms étaient oubliés et leurs monuments détruits. Les seuls vestiges tumulaires qui subsistassent étaient les pierres droites qui marquent la tombe des personnes de rang inférieur. La demeure du fossoyeur était une cabane isolée attenante au mur délabré du cimetière, mais si basse, qu'avec son toit en chaume qui touchait presque le sol, et où végétait une épaisse moisson d'herbes et de plantes adventices, elle ressemblait à un tertre funéraire. Sur son information, cependant, Ravenswood apprit que l'homme à la bêche mortuaire était en ce moment à une noce, car c'était le ménétrier aussi bien que le fossoyeur du voisinage. Il retourna donc à la petite auberge, après avoir averti que le lendemain matin de bonne heure il reviendrait chercher

CHAPITRE XXIII.

l'homme que son double métier mettait à la fois en rapport avec la maison du deuil et celle des festins.

Un courrier du marquis arriva peu après à la *Tanière du Renard* annoncer à Ravenswood que son maître l'y rejoindrait le matin suivant ; et par suite de cet avis, le Maître, qui autrement aurait poussé jusqu'à sa vieille retraite de Wolf's Crag, resta dans l'auberge où son noble parent lui avait assigné leur rendez-vous.

CHAPITRE XXIV.

> **HAMLET.**
> Ce drôle n'a-t-il pas le sentiment de ce qu'il fait ? il chante en creusant une fosse.
> **HORATIO.**
> L'habitude a fait de cela chez lui une chose indifférente.
> **HAMLET.**
> C'est bien cela ; la main qui travaille peu a le toucher plus délicat. *Hamlet*, acte V, scène Ire.

Le sommeil de Ravenswood fut agité d'horribles visions, et ses intervalles d'insomnie troublés par de tristes réflexions sur le passé et de pénibles prévisions de l'avenir. Il fut peut-être le seul voyageur qui eût jamais dormi dans ce misérable trou sans se plaindre de son logement, ni souffrir de ce qui y manquait. C'est « quand l'esprit est tranquille que le corps est délicat. » L'aube du jour trouva néanmoins le Maître sur pied ; il espérait que l'air pur du matin lui apporterait le rafraîchissement que la nuit lui avait refusé. Il prit le chemin du cimetière isolé, qui était éloigné de l'auberge d'environ un demi-mille.

La légère fumée bleuâtre qui déjà commençait à s'élever en mince colonne, et à distinguer le séjour des vivants de l'habitation des morts, lui apprit que l'occupant de la chaumière était de retour et déjà levé. I pénétra donc dans le petit cimetière, et vit le vieillard travaillant à une fosse à demi creusée. — Ma destinée, pensa Ravenswood, semble me conduire à des scènes de mort et de deuil ; mais ce sont là des pensées puériles, et elles ne me maîtriseront pas. Je ne souffrirai plus que mon imagination égare mes sens.

Le vieillard s'appuya sur sa bêche quand le Maître s'approcha de lui, comme pour recevoir ses ordres ; et comme Ravenswood ne prit pas immédiatement la parole, le fossoyeur ouvrit la conversation à sa manière :

— Vous serez une pratique de mariage, monsieur, je le garantis.

— Qui vous fait penser cela, mon ami ? repartit le Maître.

— Je vis de deux métiers, monsieur, répondit le joyeux vieillard : le violon, monsieur, et la bêche ; je vois commencer et finir le monde. J'ai appris, par trente ans de service, à connaître au premier coup d'œil de quel genre sont les pratiques.

— Ce matin, cependant, vous vous êtes trompé.

— Me suis-je trompé ? dit le vieillard en le regardant attentivement ; en vérité, ça peut bien être ; car, tout ouvert qu'est votre front, on y voit quelque chose aujourd'hui qui est aussi proche parent de la mort que du mariage. Bien, bien ; la pioche et la pelle sont aussi bien à votre service que l'archet et le violon.

— Je désire, reprit Ravenswood, que vous veilliez à ce qu'une vieille femme, Alice Gray, qui demeurait au Craig-Foot [1], dans le parc de Ravenswood, soit enterrée décemment.

— Alice Gray ! Alice l'aveugle ! s'écria le fossoyeur ; est-ce qu'elle est partie, à la fin ? C'est encore un coup de cloche qui m'avertit de me tenir prêt. Je me souviens quand Habbie Gray l'amena dans ce pays ; c'était une jolie fille, alors, et elle nous regardait tous par-dessus son nez du Sud [2]. Je crois que son orgueil en avait un peu rabattu. Ainsi donc, elle est partie ?

— Elle est morte hier, et elle a souhaité être enterrée ici, à côté de son mari ; vous savez où il repose, sans doute ?

— Si je sais où il repose ? répondit le fossoyeur, équivoquant sur le mot, à la manière de ses compatriotes ; je sais où reposent tous les corps qui reposent ici. Mais vous parliez de la fosse d'Alice ? — Le Seigneur nous protége ! — ce n'est pas une fosse ordinaire qui la gardera, si tout ce qu'on a dit d'Alice dans ses vieux jours est vrai ; alors je lui donnerai six pieds de profondeur, — et une fosse de sorcière ne devrait jamais avoir un pouce de moins, sans quoi les autres sorcières ses commères l'auraient bientôt tirée de son linceul, à cause de leur vieille connaissance. — Mais qu'elle ait six pieds ou trois pieds, qu'est-ce qui m'en paiera la façon, s'il vous plaît ?

— Je paierai cela, mon ami, et tous les autres frais raisonnables.

— Les frais raisonnables ? eh ! il y a le terrain, — et puis le sonneur — (quoique la cloche soit sûrement cassée) — et le cercueil, et ma journée de besogne, — et mon petit salaire, — et un peu d'eau-de-vie et d'ale pour le drigie [3] ; — et je ne pense pas que vous puissiez l'enterrer, à parler modestement, à moins de seize livres d'Écosse.

— Voici l'argent, mon ami, et quelque chose de plus. Assurez-vous de bien reconnaître la tombe.

— Vous serez un de ses parents d'Angleterre, je le garantis, reprit le vieillard aux crânes ; j'ai entendu dire qu'elle s'était mariée bien au-dessous de sa condition. C'était très-bien de la laisser ronger sa bride de son vivant, et c'est très-bien de lui faire un enterrement décent à présent qu'elle est morte ; car c'est une affaire d'honneur pour vous plutôt que pour elle. On peut laisser ses parents se tirer d'affaire tant qu'ils sont vivants, et ils peuvent porter la charge de leurs propres

---

[1] Le Pied-du-Rocher. (L. V.)

[2] « *And looked ower her southland nose at us a'.* » J'ai conservé cette façon de parler proverbiale et populaire, qui me semble offrir un tour d'originalité naïve qu'aucun équivalent ne pouvait reproduire. (L. V.)

[3] Boisson des funérailles. (L. V.)

sottises ; mais c'est une chose qui n'est pas naturelle de les laisser enterrer comme des chiens, parce que tout le déshonneur en retourne à la famille. — Qu'est-ce que le mort en sait?

— Vous ne voudriez pas non plus que les gens négligeassent leurs parents dans les occasions de mariage? dit Ravenswood, qui s'amusait de la philanthropie restreinte du faiseur de fosses.

Le vieillard leva ses yeux gris, encore pleins de vivacité, et sourit d'un air qui indiquait qu'il comprenait la plaisanterie ; mais il reprit sur-le-champ avec sa première gravité : — Les mariages? qui pourrait ne pas s'intéresser aux mariages, avec le moindre égard pour la population de la terre? Pour sûr, ils devraient être célébrés avec toute sorte de bonne chère, et des réunions d'amis, et des instruments de musique, la harpe, le sackbut[1] et le psaltérion, ou un bon violon et des cornemuses, quand on ne peut pas se procurer aisément ces instruments de mélodie du vieux temps.

— Et j'ose dire que le violon dédommagerait à lui seul de l'absence de tous les autres.

Le fossoyeur le regarda de nouveau d'un air malin, en répondant : — Sans doute, — sans doute, — si on en jouait bien. — Mais voici là-bas, continua-t-il comme pour changer de discours, le dernier gîte d'Halbert Gray, après lequel vous demandiez, juste la troisième tombe après la grande pierre droite que vous voyez à six enjambées d'ici, et qui est celle de quelqu'un des Ravenswood ; car il y a ici bon nombre de leurs parents et suivants, — le diable les emporte ! — quoique ça ne soit pas leur principal lieu d'enterrement.

— Il paraît que ces Ravenswood ne sont pas vos favoris? dit le Maître, médiocrement flatté de la bénédiction donnée ainsi en passant à sa famille et à son nom.

— Je ne sais pas de qui ils pourraient l'être. Quand ils avaient des terres et du pouvoir, c'étaient de mauvais ménagers de tous les deux ; et à présent qu'ils ont la tête basse, on ne s'inquiète guère s'ils la relèveront de longtemps.

— Vraiment ! je n'ai jamais entendu dire que cette malheureuse famille eût mérité l'inimitié du pays. Je conviens de leur pauvreté, — si c'est une raison de mériter le mépris.

— C'est toujours une bonne avance pour ça, vous pouvez m'en croire ; — du moins, je ne connais pas d'autre raison qui doive me rendre méprisable, et pourtant les gens sont loin de me respecter comme si je demeurais dans une maison à deux étages, couverte en ardoises. Mais, pour ce qui est des Ravenswood, j'en ai vu trois générations, et du diable si l'une corrige l'autre.

— Je pensais qu'ils avaient joui d'une bonne réputation dans le pays.

---

[1] Sorte de flûte. Le *psaltérion* est un instrument à cordes. (L. V.)

— De la réputation ! Oh ! voyez-vous, monsieur, quant au vieux bonhomme de lord, je vivais sur ses terres dans le temps que j'étais jeune et actif, et j'aurais pu sonner de la trompette avec n'importe qui ; car j'avais bon souffle dans ce temps-là ; et quant à ce trompette marine que j'ai entendu jouer devant les lords du circuit[1], je n'en aurais pas fait plus de cas que d'un sifflet de deux sous. — Je l'aurais défié de jouer avec moi le boute-selle, ou « à cheval, et partons, » ou « mes braves, au galop ; » — il n'avait pas les intonations.

— Mais qu'a de commun tout ceci avec le vieux lord Ravenswood, mon ami ? demanda le Maître, qui désirait, avec une anxiété assez naturelle dans sa situation, ramener le musicien à son premier sujet ; — qu'est-ce que sa mémoire a à faire avec la dégénération de la musique militaire ?

— Seulement ceci, monsieur, que j'ai perdu mon souffle à son service. Voyez-vous, j'étais trompette au château, et j'étais payé pour sonner le point du jour et l'heure du dîner, et en d'autres occasions, quand il y avait compagnie au château, et cela plaisait à mylord ; et quand il leva sa milice pour aller cabrioler à Bothwell-Bridge contre ces mauvaises têtes de whigs qui ravageaient le pays, il me fallut, raison ou non, monter à cheval comme les autres et cabrioler avec eux.

— Ce qui était fort raisonnable ; vous étiez son serviteur et vassal.

— Son serviteur, dites-vous ? oui, j'étais son serviteur ; — mais c'était pour annoncer aux gens leur dîner chaud, ou, au pis aller, pour les conduire à un cimetière décent, et non pas pour les sonner sur un champ de bataille, où du diable s'il y avait d'autre bedeau que le corbeau. Mais un moment ; — vous allez savoir ce qui en arriva, et jusqu'à quel point je suis payé pour chanter les louanges des Ravenswood. — Ainsi donc, voyez-vous, nous partîmes par une belle matinée d'été, le 24 juin 1679 ; je n'oublierai jamais ni le jour ni le mois de l'année : — les tambours battaient, — les fusils résonnaient — les chevaux se cabraient et trépignaient. Hackstoun de Rathillet tenait le pont avec des mousquets, et des carabines, et des piques, et des épées, et des faux, autant que je puis savoir, pendant que nous autres cavaliers nous étions commandés pour traverser le gué ; — j'ai toujours détesté les gués, mais encore bien plus quand il y a des milliers d'hommes armés de l'autre côté. Il y avait là à notre tête le vieux Ravenswood qui brandissait son André Ferrara, et qui nous criait d'avancer et d'attaquer, comme s'il nous eût conduits à la foire ; — et puis Caleb Balderstone, qui est encore vivant, qui brandissait son épée à l'arrière, et qui jurait par Gog et Magog qu'il passerait son épée à travers le corps du premier qui tournerait bride ; — et puis le jeune Allan Ravenswood, qui était

---

[1] Juges des assises ; ils font quatre fois par an leur tournée dans les différentes villes de chaque comté. (L. V.)

alors le Maître de Ravenswood, avec un pistolet armé à la main, — c'est une bénédiction qu'il ne partit pas, — et qui me criait, à moi à qui il restait à peine assez de souffle pour pouvoir respirer : Sonnez donc, poltron ! sonnez, damné coquin de couard, ou je vous fais sauter la cervelle ! Et, pour sûr, je sonnai de tels airs de guerre, que le gloussement d'une poule mériterait mieux le nom de musique.

— Bien, monsieur ; coupez court à tout ceci, dit Ravenswood.

— Court ! — j'ai bien manqué d'être coupé moi-même dans la fleur de ma jeunesse, comme dit l'Écriture ; et c'est là justement ce dont je me plains. — Bon ! Nous nous mîmes donc tous dans l'eau à nous envoyer des éclaboussures, cul par-dessus tête, assis ou en bas, — un cheval poussant l'autre, comme c'est l'habitude des bêtes brutes et des cavaliers qui n'ont pas plus de sens ; — les buissons de l'autre côté étaient tout illuminés par le feu des fusils whigs ; et mon cheval avait tout juste pris terre, quand un rustre malavisé de l'Ouest, — je me souviendrais encore de sa face dans cent ans, — l'œil comme un faucon sauvage et une barbe aussi large que ma pelle, — appliqua le bout de son grand fusil noir à trois pouces de mon oreille. — Par la merci du Ciel, le cheval fit un écart, et je fus renversé d'un côté pendant que la balle sifflait de l'autre ; et le vieux lord porta au whig un tel atout de sa grande épée, qu'il fit deux morceaux de sa tête, et que le lourdaud tomba sur moi de tout le poids de son grand corps.

— Vous n'en étiez que plus obligé au vieux lord, il me semble.

— En vérité ? *my sartie*[1] ! je lui étais obligé, d'abord de m'avoir amené dans la bagarre, bon gré mal gré, — puis de m'avoir fait tomber sur la tête un camarade qui me fit perdre jusqu'à la respiration ? — Depuis lors j'en ai toujours gardé l'haleine courte, et je ne peux pas faire cinquante pas sans souffler comme une vieille rosse de meunier.

— Et vous perdîtes donc votre place de trompette.

— Si je la perdis ? Pour sûr, je la perdis, car je n'aurais pas tiré un son d'un mirliton ; — mais j'aurais pu assez bien m'en consoler, car je conservai mes gages et l'entrée du château sans autre chose à faire que de leur jouer du violon ; et sans le dernier lord Ravenswood, Allan, qui était encore bien pis que son père n'avait jamais été...

— Quoi ! est-ce que mon père... je veux dire le fils de son père, — ce dernier lord Ravenswood, vous a privé de ce que la bonté du vieux lord vous avait accordé ?

— Oui, en vérité, il m'en a privé ; car il laissa ses affaires aller aux chiens, et c'est sa faute si nous avons eu sur nous ce sir William Ashton, qui ne donnera rien pour rien, et qui m'a chassé, moi et tous les pauvres gens qui avions au château le morceau de pain et la soupe, et un

---

[1] Ou *my certie* ; exclamation tout écossaise, qu'on peut rendre par *ma foi! vraiment!* (L. V.)

CHAPITRE XXIV.

trou pour abriter nos têtes, quand les choses étaient comme dans l'ancien temps.

— Il me semble, mon ami, que si lord Ravenswood a protégé ses gens tant qu'il a eu les moyens de le faire, ils pourraient épargner sa mémoire.

— Vous êtes bien le maître de votre opinion, monsieur; mais vous ne me persuaderez pas qu'il ait fait son devoir, ni envers lui, ni envers nous autres pauvres gens qui dépendions de lui, en nous menant par le chemin où il nous a menés. — Il aurait bien pu nous donner pour une redevance à vie nos pauvres maisons et nos bouts de jardins; — et moi, qui suis tué de rhumatismes, je ne serais pas obligé à mon âge de demeurer dans cette misérable hutte, qui conviendrait mieux aux morts qu'aux vivants, pendant que John Smith est dans ma jolie petite ferme, avec des vitres à ses fenêtres, et tout cela parce que Ravenswood a administré ses biens en vrai fou!

— Il n'est que trop vrai, se dit Edgar sous le cri de sa conscience; la peine de l'extravagance s'étend bien au delà des souffrances du dissipateur.

— Pourtant, reprit le fossoyeur, ce jeune Edgar paraît vouloir me venger de toute sa parenté.

— Vraiment? D'après quoi supposez-vous cela?

— On dit qu'il est sur le point d'épouser la fille de lady Ashton; et que mylady mette une fois la tête du Maître sous son bras, et vous verrez si elle ne lui tord pas le cou. Du diable si j'en ferais rien, si j'étais de lui! — Là où elle a la main, il n'y a qu'elle de maîtresse. — Ainsi donc, ce que je puis souhaiter de pis au jeune homme est qu'il prenne ce chemin-là et qu'il s'allie avec les ennemis de son père, qui ont pris ses belles terres et mon joli jardin à leurs légitimes propriétaires.

Cervantes remarque avec raison que la flatterie est agréable même dans la bouche d'un fou, et que la censure, aussi bien que la louange, nous affectent souvent, alors que nous méprisons les opinions et les motifs d'où elles dérivent et sur lesquels elles se fondent. Ravenswood, réitérant brusquement au fossoyeur l'ordre de veiller convenablement aux funérailles d'Alice, s'éloigna précipitamment du vieillard, sous la pénible impression que les grands, aussi bien que le vulgaire, auraient de son engagement avec Lucy la même opinion que cet ignorant et égoïste paysan.

— Et après m'être abaissé jusqu'à me soumettre à ces calomnies, se dit-il, je n'en suis pas moins repoussé! Lucy, il faut que votre foi soit pure et vraie comme le diamant, pour compenser le déshonneur que l'opinion des hommes et la conduite de votre mère attachent à l'héritier des Ravenswood!

En levant les yeux, il aperçut le marquis d'A***, qui, arrivé à la *Tanière du Renard*, était venu au-devant de son parent.

Après leurs salutations mutuelles, le marquis fit quelques excuses au Maître de n'être pas venu le rejoindre la veille au soir. — C'était son désir, dit-il; mais il avait appris quelques particularités qui l'avaient décidé à reculer son départ du château. — J'ai su, ajouta-t-il, qu'il y a sous jeu une affaire d'amour, parent; et quoique je vous puisse blâmer de ne m'en avoir pas donné connaissance, comme étant jusqu'à un certain point le chef de votre famille...

— Avec la permission de Votre Seigneurie, interrompit Ravenswood, je suis profondément reconnaissant de l'intérêt que vous voulez bien prendre à moi; — mais c'est moi qui suis le chef et la tête de ma famille.

— Je le sais, — je le sais, dit le marquis; dans un sens strictement héraldique et généalogique, la chose est vraie, assurément. — Ce que j'ai voulu dire, c'est qu'étant en quelque sorte sous ma tutelle...

— Je dois prendre la liberté de dire, mylord, interrompit de nouveau Ravenswood... et le ton dont il prononça ces mots ne présageait pas une concorde de longue durée entre les deux nobles parents, quand lui-même fut interrompu par le vieux fossoyeur, qui arriva tout essoufflé demander si Leurs Honneurs ne voudraient pas un peu de musique à l'auberge pour les dédommager de la courte chère qu'ils y feraient.

— Nous n'avons pas besoin de musique, répondit le Maître d'un ton brusque.

— En ce cas, Votre Honneur ne sait pas ce qu'il refuse, reprit le ménétrier avec la liberté impertinente de sa profession. Je puis jouer *Veux-tu le faire encore?* ou *La jument du vieillard est morte*, six fois mieux que ne les a jamais joués Pattie Birnie. J'aurai mon violon en moins de temps qu'il n'en faudrait pour tourner la vis d'un cercueil.

— Retirez-vous, monsieur, dit le marquis.

— Et si Votre Honneur est un gentleman du nord, continua le persévérant ménestrel, comme j'en jugerais à votre accent, je puis vous jouer la *Liggeram Cosh*, et le *Mullin Dhu*, et *les Commères d'Athole*.

— Retirez-vous, mon ami; vous interrompez notre conversation.

— Ou bien, avec la permission de Votre Honneur, s'il se trouvait que vous fussiez de l'opinion *honnête*[1], je puis vous jouer (ici le vieux ménétrier baissa la voix et prit un ton confidentiel) *Killiecrankie*, et le *Roi reprendra sa couronne*, et *les vieux Stuarts reviendront;* — et la maîtresse de l'auberge est une femme réservée et discrète, qui ne sait ni ne se soucie quels toasts on porte et quels airs on joue dans sa maison; — elle est sourde à tout, excepté au son de l'argent.

Le marquis, qui avait été quelquefois soupçonné de jacobitisme,

---

[1] On a déjà fait remarquer que les tories ou jacobites s'attribuaient exclusivement le titre d'*honnêtes gens*, ce que nous avons vu se reproduire chez nous, au reste, lors de la réaction royaliste de 1814 et 1815. (L. V.)

CHAPITRE XXIV.

ne put s'empêcher de rire tout en jetant un dollar au vieillard, et en lui disant d'aller faire de la musique à ses gens s'il en avait envie, et de les laisser tranquilles.

— Bien, bien, messieurs, répondit-il ; je souhaite le bonjour à Vos Honneurs. — Je me trouverai bien du dollar, et vous, vous perdrez à ne pas entendre la musique, c'est moi qui vous le dis. — Mais je retourne achever la fosse dans le temps d'accorder un violon, puis je mettrai la bêche de côté et je prendrai mon autre gagne-pain, pour aller voir si vos gens ont de meilleures oreilles que leurs maîtres.

CHAPITRE XXV.

> Et toi, amant fidèle, ton rôle est difficile; car tu auras longtemps à lutter contre la fortune, la mode et le caprice.
>
> J'ai appris par les récits de plus d'un ami, et bien mieux encore par mon propre cœur, combien sont puissants le temps et le caprice pour défaire un nœud d'amour sincère.
> HENDERSOUN.

Je désirais vous dire, mon cher parent, reprit le marquis, maintenant que nous voilà débarrassés de cet impertinent ménétrier, que j'ai essayé de discuter cette affaire de cœur avec la fille de sir William Ashton. Je n'ai vu la jeune dame que quelques minutes aujourd'hui; de sorte qu'étranger à ses mérites personnels, je vous fais un compliment et ne l'offense pas, en vous disant que vous auriez pu mieux choisir.

— Je vous suis fort obligé, mylord, de l'intérêt que vous avez pris à mes affaires. Je n'avais nulle intention de vous donner le moindre embarras au sujet de miss Ashton. Puisque mes engagements avec cette jeune dame sont arrivés à la connaissance de Votre Seigneurie, tout ce que je puis dire, c'est que vous devez nécessairement supposer que je savais quelles objections peuvent être faites à ce que je choisisse une épouse dans la famille de son père, et qu'il faut naturellement que j'aie été complétement satisfait des raisons par lesquelles ces objections sont balancées, puisque j'ai été si loin en cette affaire.

— Si vous m'aviez écouté jusqu'au bout, Maître, vous auriez pu vous épargner cette observation; car sans mettre en question que vous ayez eu des raisons qui vous aient paru balancer tout autre obstacle, je me suis attaché moi-même, par tous les moyens qu'il me convenait d'employer envers les Ashtons, à leur persuader de concourir à vos vues.

— Je suis obligé à Votre Seigneurie d'une intervention que je n'avais pas sollicitée; d'autant plus que je suis certain que Votre Seigneurie n'aura pas outre-passé les limites où je dois me renfermer.

— C'est ce dont vous pouvez être assuré; je sentais trop moi-même combien l'affaire est délicate, pour placer un gentilhomme allié de près à ma maison dans une situation dégradante ou même équivoque vis-à-vis de ces Ashtons. Mais j'ai fait ressortir tous les avantages que leur procurerait l'entrée de leur fille dans une maison si honorable, et qui tient de si près à la première famille d'Écosse; j'ai expliqué le degré

CHAPITRE XXV.

exact de parenté des Ravenswood avec nous ; j'ai même donné à entendre comment les affaires politiques paraissent devoir tourner, et quelles cartes seraient atout au prochain parlement. J'ai dit que je voyais en vous un fils, — un neveu, — plutôt qu'un parent plus éloigné, et que je regardais vos affaires entièrement comme les miennes.

— Et quelle a été l'issue de l'explication de Votre Seigneurie? dit Ravenswood, incertain s'il devait s'offenser ou se montrer reconnaissant de l'intervention du marquis.

— Eh ! le lord garde des sceaux aurait entendu raison ; il lui en coûterait de quitter sa place, qui, dans les changements prévus, deviendrait vacante ; et, à vrai dire, il paraissait bien disposé pour vous, et semblait comprendre quels avantages généraux un tel mariage lui procurerait. Mais lady Ashton, qui a la haute main, Maître...

— Hé bien, lady Ashton, mylord? Apprenez-moi l'issue de cette conférence extraordinaire : — je puis tout entendre.

— J'en suis charmé, parent ; mais je serais honteux de vous rapporter la moitié de ce qu'elle a dit. Il vous suffit de savoir que son parti est pris, — et que la maîtresse d'une pension de premier ordre n'aurait pas rejeté avec une plus hautaine indifférence la demande d'un officier irlandais à demi-solde sollicitant la permission de faire sa cour à l'héritière d'un planteur des Grandes Indes, que lady Ashton n'a repoussé toute proposition que, comme médiateur, il pouvait me convenir de lui faire à votre égard, mon cher parent. Je ne puis deviner quelles sont ses vues. Elle ne pourrait trouver une alliance plus honorable, cela est certain ; quant à l'argent et aux terres, son mari avait coutume de s'en occuper plus qu'elle. Je crois réellement qu'elle vous hait parce que vous avez un rang que son mari n'a pas, et peut-être parce que vous n'avez pas les domaines qu'il a. Mais je ne ferais que vous être désagréable en vous en disant plus sur ce sujet ; — et nous voilà arrivés à l'auberge.

Le Maître de Ravenswood s'arrêta à l'entrée de la chaumière, d'où la fumée s'échappait à travers toutes ses crevasses, et elles n'étaient pas peu nombreuses, par suite du mouvement que se donnaient les cuisiniers de voyage du marquis pour préparer un dîner passable, et dresser une table en quelque sorte au milieu du désert.

— Mylord marquis, dit Ravenswood, j'ai déjà dit que le hasard seul a mis Votre Seigneurie en possession d'un secret qui, de mon propre consentement, serait encore, pour quelque temps, resté tel, même pour vous, mon parent. Mais puisque ce secret devait échapper à ma garde et à celle de la seule personne qui avec moi y est intéressée, je ne suis pas fâché qu'il soit parvenu aux oreilles de Votre Seigneurie, sachant parfaitement que vous êtes mon ami aussi bien que mon noble parent.

— Vous pouvez croire qu'il est en sûreté avec moi, Maître de Ravenswood, repartit le marquis ; mais j'aimerais à vous entendre dire que vous renoncez à l'idée d'une alliance que vous ne pouvez guère poursuivre sans un certain degré d'abaissement.

— C'est ce dont je serai juge, mylord, et, je l'espère, avec une délicatesse aussi susceptible que celle d'aucun de mes amis. Mais je n'ai d'engagement ni avec sir William, ni avec lady Ashton. C'est avec miss Ashton seule que je me suis engagé, et ma conduite en ceci sera entièrement réglée sur la sienne. Si elle persiste à me préférer, dans ma pauvreté, aux aspirants plus riches que lui recommanderont ses parents, je puis bien faire quelque sacrifice à sa sincère affection ; — je puis mettre à ses pieds les avantages moins sensibles et moins palpables de la naissance, et les préventions profondément enracinées d'une haine de famille. Si miss Lucy Ashton changeait d'idée sur un sujet si délicat, j'espère que mes amis garderaient le silence sur mon désappointement, et je saurai bien y forcer mes ennemis.

— C'est parler en brave et noble jeune homme. Pour ma part, l'estime que j'ai pour vous me ferait voir avec peine que la chose allât plus loin. Ce sir William Ashton était, il y a vingt ans, une assez petite sorte de légiste ergoteur, qui a fait son chemin moitié par sa faconde au barreau, moitié par son influence dans les comités du Parlement ; — l'affaire de Darien lui a prêté un bon coup de main ; car il avait de l'intelligence et des vues justes, et il sut vendre à propos : — mais le meilleur de sa course est fait. Nul gouvernement ne voudra de lui au taux extravagant auquel il s'estime, ou plutôt auquel le porte sa femme ; et je ne crains pas de prédire que sa propre indécision et l'insolence de lady Ashton le perdront, et qu'il aura beau s'offrir à bon marché, personne ne l'acceptera. Je ne dis rien de miss Ashton ; mais je vous assure qu'une alliance avec son père ne vous vaudra ni profit ni honneur, sauf cette part des dépouilles de votre père dont il pourra se décider à rendre gorge sous forme de dot : — et croyez-en ma parole, vous gagnerez plus à avoir le courage de le prendre à partie devant la chambre des pairs. — Et moi, cousin, je serai l'homme qui chassera le renard pour vous, et qui lui fera regretter amèrement le jour où il aura refusé une composition plus honorable qu'il ne la mérite, et proposée par moi en faveur d'un parent.

Il y avait dans tout ceci quelque chose qui dépassait un peu le but. Ravenswood ne put se dissimuler que son noble parent avait, pour s'offenser de l'accueil fait à ses sollicitations, d'autres raisons que l'intérêt et l'honneur de son protégé ; et cependant il ne pouvait ni se plaindre ni être surpris qu'il en fût ainsi. Il se contenta donc de répéter que son attachement était pour miss Ashton personnellement ; qu'il ne désirait ni richesses ni agrandissement qu'il devrait à sir William ou à son influence ; que rien, enfin, ne pourrait l'empêcher de tenir son engagement, si ce n'est le désir, expressément manifesté par elle, qu'il fût annulé; — et il demanda comme faveur que ce sujet ne fût plus mentionné entre eux pour le présent, assurant le marquis d'A*** qu'il serait le confident des progrès ou de l'interruption de ses rapports avec miss Ashton

Le marquis trouva bientôt des sujets d'entretien plus agréables et plus intéressants. Un messager à pied, qui avait suivi ses traces d'Édimbourg au château de Ravenswood, et de là à la *Tanière du Renard*, lui apporta un paquet contenant d'excellentes nouvelles. Les calculs politiques du marquis s'étaient trouvés justes, tant à Londres qu'à Édimbourg, et il se voyait sur le point de saisir la prééminence qui était le but de son ardente ambition. — Les rafraîchissements que les domestiques avaient préparés furent alors mis sur table, et un épicurien y aurait peut-être trouvé une saveur d'autant plus piquante, qu'ils offraient un contraste plus frappant avec la misérable hutte dans laquelle ils étaient servis.

La conversation prit un tour conforme à la bonne disposition où ces nouvelles avaient mis les deux convives, et ajouta encore à cette disposition mutuelle. Le marquis aimait à s'étendre sur le pouvoir que les incidents probables qui se préparaient allaient sûrement faire tomber entre ses mains, et sur l'usage qu'il en espérait faire pour servir son parent Ravenswood. Celui-ci ne pouvait que réitérer l'expression de la gratitude qu'il éprouvait réellement, même en trouvant qu'on revenait trop souvent sur ce sujet; le vin était excellent, malgré qu'il eût été apporté d'Édimbourg dans un barillet, et les habitudes du marquis, lorsqu'il se trouvait engagé dans une aussi douce occupation, devenaient passablement sédentaires. Aussi arriva-t-il que leur station en fut prolongée de deux heures de plus que ce n'avait été leur premier dessein

— Mais qu'importe, mon bon ami? dit le marquis; votre château de Wolf's Crag n'est pas à plus de cinq ou six milles, et il offrira au marquis d'A*** l'hospitalité que sir William Ashton y a trouvée.

— Sir William prit le château d'assaut, repartit Ravenswood, et comme plus d'un vainqueur, il n'eut pas beaucoup à se féliciter de sa conquête.

— Bien, bien! répliqua le marquis, dont la dignité était un peu tempérée par le vin qu'il avait bu; — je vois qu'il faut que je vous gagne pour que vous m'accordiez un asile. Allons, faites-moi raison à pleine rasade de la santé que je porte à la dernière jeune dame qui ait couché à Wolf's Crag, et qui a pris goût à ses quartiers. — Mes os ne sont pas aussi tendres que les siens, et je suis décidé à occuper son appartement cette nuit, afin de pouvoir juger jusqu'à quel point l'amour peut adoucir la dureté d'une couche.

— Votre Seigneurie peut s'imposer telle pénitence qu'il lui plaît de choisir; mais je vous assure que je m'attendrais à voir mon vieux serviteur se pendre ou se précipiter du haut des créneaux, si Votre Seigneurie le visitait ainsi inopinément. — Je vous assure que nous sommes totalement et littéralement dépourvus de tout.

Mais sa déclaration n'eut pour résultat que de provoquer de la part de son noble parent l'assurance de son indifférence absolue pour toute espèce de recherche, et la détermination bien arrêtée de visiter la Tour de Wolf's Crag. Son aïeul, dit-il, y avait été fêté quand il partit avec le lord Ravenswood de cette époque pour la fatale bataille de Flodden, où ils succombèrent tous les deux. Ainsi étroitement pressé, le Maître proposa de prendre les devants pour faire faire telles dispositions que permettraient le temps et les circonstances; mais le marquis protesta que son parent ne devait pas le priver de sa compagnie, et tout ce à quoi il voulut consentir fut qu'un avant-courrier porterait à Caleb Balderstone, leur futur sénéchal, la nouvelle inattendue de cette invasion.

Le Maître de Ravenswood monta peu après en voiture avec le marquis, ainsi que ce dernier l'avait proposé; et lorsque l'intimité du voyage eut contribué à resserrer leur liaison, son noble parent lui déroula les vues généreuses qu'il nourrissait sur l'avancement de son protégé, dans le cas où ses propres plans politiques seraient couronnés de succès. Il parla d'une mission secrète et de haute importance sur le continent, et qui ne pouvait être confiée qu'à une personne distinguée par le rang et le talent, et sur laquelle on pût entièrement se reposer, mission qui, par cela même qu'elle exigeait qu'on eût pleine confiance dans l'envoyé, ne pouvait que lui être à la fois honorable et avantageuse. Il serait inutile de nous arrêter sur la nature et l'objet de cette mission, si ce n'est pour informer nos lecteurs que le Maître de Ravenswood embrassa cette idée avec enthousiasme, séduit par l'espoir de passer de son état actuel d'indigence et d'inaction à une honorable indépendance due à ses propres efforts.

Tandis qu'il écoutait ainsi avec avidité les détails dont le noble marquis jugea nécessaire de lui donner connaissance, le messager expédié à la Tour de Wolf's Crag revint chargé des humbles devoirs de Caleb Balderstone, et de l'assurance « que tout serait mis décemment en ordre, autant que le permettrait le peu de temps, pour recevoir Leurs Seigneuries ainsi qu'il convenait. »

Ravenswood était trop accoutumé aux manières de parler et d'agir de son sénéchal, pour espérer beaucoup du ton confiant de cette assurance. Il savait que Caleb se conduisait d'après le principe des généraux espagnols, dans la campagne de ***, qui, au grand tourment du prince d'Orange, leur commandant en chef, avaient coutume, dans leurs rapports, de présenter leurs corps de troupes comme au grand complet et parfaitement équipés, ne regardant comme compatible ni avec leur dignité, ni avec l'honneur de l'Espagne, d'avouer un déficit d'hommes ou de munitions, jusqu'à ce que le manque de l'un et de l'autre fût inévitablement découvert un jour de bataille. En conséquence, Ravenswood crut nécessaire de prévenir le marquis que les belles assurances qu'ils venaient de recevoir de Caleb ne devaient nullement les rassurer contre la chance d'une réception plus que modeste.

— Vous êtes injuste envers vous-même, Maître, dit le marquis, ou vous voulez me surprendre agréablement. De cette portière j'aperçois une grande lumière dans la direction où, si je m'en souviens bien, Wolf's Crag est situé ; et à en juger par l'éclat que la vieille Tour répand autour d'elle, les préparatifs de notre réception ne doivent pas être d'une nature ordinaire. Je me souviens que votre père me faisait les mêmes excuses, une fois que nous vînmes à la Tour passer quelques jours pour une partie de chasse au faucon, il y a une vingtaine d'années ; et néanmoins nous passâmes le temps aussi joyeusement à Wolf's Crag que nous aurions pu le faire à mon propre rendez-vous de chasse de B***.

— Votre Seigneurie, je le crains, fera l'expérience que les moyens qui restent au propriétaire actuel de traiter ses amis sont grandement réduits, repartit Ravenswood ; mais la volonté, j'ai à peine besoin de le dire, reste la même. Mais je ne suis pas moins en peine que Votre Seigneurie de m'expliquer une lumière aussi forte et aussi brillante que celle qui surmonte Wolf's Crag en ce moment ; — les fenêtres de la Tour sont en petit nombre et étroites, et celles de l'étage inférieur nous sont cachées par le mur de la cour. Je ne conçois pas qu'aucune illumination d'une nature ordinaire puisse produire un tel éclat.

Le mystère fut bientôt expliqué ; car presque au même instant la cavalcade fit halte, et des portières de la voiture on entendit la voix de Caleb Balderstone qui s'écriait, en accents entrecoupés par l'émotion et la frayeur : Arrêtez, messieurs ! — arrêtez, mylords ! — arrêtez, et prenez à droite ! Wolf's Crag est en feu, chambres et salles, et tout ce qui les garnissait au dedans et au dehors, — tous les beaux meubles, les tableaux, les tapisseries, les tentures et les autres décors ; — tout est en flammes, comme si ce n'était qu'autant de mottes de tourbe ou de bottes de chaume ! — Prenez à droite, messieurs, je vous en conjure ; — il y a quelques petites provisions chez la mère Sma'trash. — Mais, oh malheur sur cette nuit, et malheur sur moi qui ai assez vécu pour la voir

Ravenswood fut étourdi d'abord à l'annonce de cette nouvelle calamité ; mais, après un instant de réflexion, il s'élança de la voiture ; et faisant ses adieux à la hâte à son noble parent, il se disposa à gravir la colline dans la direction du château, dont la conflagration, maintenant générale, projetait vers les nues une immense colonne de flamme rougeâtre, que réfléchissaient au loin les vagues agitées de l'Océan.

— Prenez un cheval, Maître, lui cria le marquis, vivement affecté de ce nouveau malheur si inopinément ajouté aux infortunes de son jeune protégé; prenez un cheval. Et vous, drôles, donnez-moi mon palefroi d'amble, et hâtez-vous de courir au château voir ce qu'on peut faire pour sauver les meubles ou pour éteindre le feu. — Courez-y au galop, drôles, sur votre vie.

Les gens du marquis s'empressèrent, et commencèrent à donner de l'éperon à leurs montures en criant à Caleb de leur indiquer le chemin. Mais la voix du prévoyant sénéchal se fit entendre au-dessus du tumulte. — Un moment, messieurs! — un moment! — tournez bride, au nom du Ciel! — N'ajoutez pas la perte de tant d'hommes à la perte de biens terrestres! — Trente barils de poudre, débarqués d'un dougre de Dunkerque du temps du vieux lord, — tous dans les caveaux de la vieille Tour, — et je pense que le feu ne peut pas en être loin! — Pour l'amour de Dieu, à droite, mes amis, à droite! — mettons la hauteur entre nous et le danger. — L'atteinte d'une des pierres de Wolf's Crag défierait le médecin!

On supposera aisément que cette annonce fit prendre précipitamment au marquis et à ses gens la route que leur indiquait Caleb; et ils entraînèrent Ravenswood avec eux, bien qu'en tout ceci il y eût plus d'un point qu'il ne pouvait comprendre. — De la poudre à canon! s'écria-t-il en arrêtant Caleb, qui s'efforçait en vain de lui échapper; quelle poudre? Comment une telle quantité de poudre serait-elle à Wolf's Crag sans que j'en eusse connaissance? c'est ce que je ne puis comprendre.

— Mais je le comprends bien, moi, dit le marquis à demi-voix; je le comprends parfaitement bien. — Pour l'amour de Dieu, ne lui faites pas d'autres questions en ce moment!

— Voilà ce que c'est, reprit Caleb en se dégageant des mains de son maître et en rajustant son habit; Votre Honneur en croira l'honorable témoignage de Sa Seigneurie. — Sa Seigneurie se souvient bien comment, dans l'année où mourut celui qu'on appelle le roi Willie [1]....

— Silence! silence! mon bon ami, interrompit le marquis; j'expliquerai cela à votre maître.

— Et les gens de Wolf's Hope, reprit Ravenswood, aucun d'eux n'est-il donc venu à votre secours avant que la flamme ait fait tant de progrès?

— Si vraiment, ils sont venus, les coquins, répondit Caleb; mais vraiment je n'avais pas hâte de les laisser entrer dans la Tour, où il y avait tant d'argenterie et d'objets précieux.

---

[1] Guillaume d'Orange. (L. V.)

— Le Ciel vous confonde, impudent menteur! s'écria Ravenswood emporté par la colère; il ne s'y trouvait pas une seule once de....

— Et d'ailleurs, poursuivit le sommelier, élevant la voix très-irrévérencieusement de manière à couvrir celle de son maître, le feu nous a envahis à cause des nombreuses tentures et des boiseries sculptées de la salle des banquets; et les maroufles se sont sauvés comme des rats échaudés dès qu'ils ont entendu parler de la poudre.

— Je vous en conjure, dit le marquis à Ravenswood, plus de questions en ce moment.

— Une seule, mylord. — Qu'est devenue la pauvre Mysie?

— Mysie, répondit Caleb; — je n'ai pas eu le temps de m'inquiéter de Mysie. — Elle est dans la Tour, je le garantis, où elle attend son terrible sort.

— Par le Ciel! repartit Ravenswood, je ne comprends rien à tout ceci! La vie d'une pauvre vieille femme, si fidèle à ma famille, est en danger.... Mylord, ne me retenez pas davantage. — Je veux au moins galoper jusque là-haut, et voir si le danger est aussi imminent que le prétend ce vieux fou.

— Hé bien donc, reprit Caleb, aussi vrai que je vis de pain, Mysie est saine et sauve. Je l'ai vue hors du château avant que je n'en sorte moi-même. Est-ce que j'aurais oublié une vieille camarade?

— Qui vous faisait dire le contraire il n'y a qu'un moment

— Vous ai-je dit le contraire? alors je rêvais sûrement, ou cette terrible nuit m'a fait tourner la tête. — Au surplus, elle est en sûreté, et il n'y a plus âme qui vive au château; — et bien leur en prend, car ils auraient fait un étrange saut!

Le Maître de Ravenswood, sur cette assurance solennellement réitérée, et nonobstant son extrême désir d'être témoin de l'explosion finale qui devait détruire jusqu'aux fondements le manoir de ses pères, se laissa entraîner dans la direction du village de Wolf's Hope, où nonseulement le cabaret, mais encore la maison de notre connaissance le tonnelier, étaient préparés pour le recevoir, lui et son noble parent, avec une abondance qui exige quelque explication.

Nous avons omis de mentionner en son lieu que Lockhard ayant découvert la vérité au sujet de la manière dont Caleb avait obtenu les provisions pour son banquet, le lord garde des sceaux, que cet incident divertit beaucoup, et jaloux alors de faire quelque chose qui fût agréable à Ravenswood, avait recommandé le tonnelier de Wolf's Hope pour le poste officiel dont la perspective l'avait consolé de la perte de son gibier. La promotion de M. Girder avait occasionné une agréable surprise au vieux Caleb; car s'étant trouvé absolument forcé, par une affaire indispensable, quelques jours après le départ de son maître, de visiter le hameau pêcheur, il se glissait comme une ombre devant la porte du tonnelier, dans la crainte qu'on ne lui demandât compte du progrès de la sollicitation en sa faveur, ou, plus probablement, de peur que la famille ne lui reprochât le faux espoir qu'il lui avait donné à ce sujet, lorsqu'il s'entendit, non sans hésitation, appeler à la fois en haute-contre, en ténor et en basse, — trio formé par les voix réunies de mistress Girder, de la vieille matrone Loup-the-Dyke et du maître du logis. — Monsieur Caleb! — monsieur Caleb! — monsieur Caleb Balderstone! j'espère que vous n'allez pas passer notre porte les lèvres sèches, nous qui vous sommes tant redevables?

Ceci pouvait être dit avec ironie aussi bien que sérieusement. Caleb le prit au pis, fit la sourde oreille au trio, et il poussa résolument en avant, son antique castor enfoncé sur son front, et les yeux baissés vers la terre comme s'il eût voulu compter les cailloux anguleux dont la rue était pavée. Mais tout à coup il se vit arrêté dans sa marche, comme un majestueux navire marchand, entouré, dans le Boyau de Gibraltar (j'espère que les dames excuseront l'odeur goudronnée de la phrase), par trois corsaires algériens.

— Le bon Dieu nous protége, monsieur Balderstone! dit mistress Girder.

— Qui aurait cru cela d'un ancien ami? dit la mère.

— Et pas tant seulement s'arrêter pour recevoir nos remercîments, dit le tonnelier lui-même, et d'un homme comme moi, qui n'en fais guère! Pour sûr, j'espère bien qu'il n'y a pas d'mauvaise graine semée entre nous, monsieur Balderstone? — N'importe qui vous aura dit que je n'suis pas reconnaissant d'la place d'tonnelier d'la reine, j'lui casserai une douve sur les épaules, — voilà tout.

— Mes bons amis, — mes chers amis, dit Caleb, ne sachant pas encore trop ce qu'il devait penser, qu'est-il besoin de toute cette cérémonie? — On tâche de servir ses amis; quelquefois il peut arriver qu'on réussisse, et d'autres fois qu'on ne réussisse pas. — Moi je ne me soucie pas d'être tourmenté par des reproches, — et je n'ai jamais pu supporter les remercîments.

— Ma foi, M. Balderstone, vous n'auriez guère été tourmenté par les miens, si j'n'avais eu à vous remercier que d'votre bonne volonté, dit avec sa brusque franchise l'homme aux douves et aux cerceaux; — j'aurais regardé le compte comme balancé avec l'oie et les canards sauvages, et le barillet de canarie. La bonne volonté, mon brave, c'est comme un baquet qui fuit et où rien ne tient; — mais les bons services sont comme le baril bien joint, bien rond et bien sain, qui gardera de la liqueur de roi.

— Est-ce que vous n'avez pas entendu parler de notre lettre, faisant pour certain notre John tonnelier de la reine? dit la belle-mère; — et quand il n'y a peut-être pas dans tout le pays un compagnon ayant jamais cerclé un baquet qui n'eût demandé la place!

— Si j'en ai entendu parler!!! exclama Caleb (qui vit alors d'où le vent soufflait) avec l'accent d'un extrême mépris pour le doute exprimé ; — si j'en ai entendu parler, dites-vous ! ! ! — et en même temps son pas incertain, honteux et furtif, se changea en une allure fière et assurée ; il rajusta son chapeau retroussé, et permit à son front de se montrer dans tout son orgueil aristocratique, comme le soleil se dégageant d'un nuage qui en voilait la splendeur.

— Pour sûr, il n'est pas possible qu'il n'en ait pas entendu parler, reprit la bonne femme.

— Oui, pour sûr, cela est impossible, repartit Caleb ; et ainsi je serai le premier à vous embrasser, commère, et à vous souhaiter grande joie de votre avancement, tonnelier, ne doutant pas que vous ne sachiez qui sont vos amis, et qui vous *a* servi, et qui *peut* vous servir.

— J'ai pensé qu'il était bien de faire un peu l'étonné d'abord, ajouta Caleb, uniquement pour voir si vous étiez de bonne trempe ; — mais le son est bon, mon garçon, le son est bon.

A ces mots, et d'un air tout à fait seigneurial, il embrassa les deux femmes, en même temps que d'un air de protection calme il abandonnait sa main à la cordiale étreinte de la poigne calleuse de M. Girder. Après une explication aussi complète et aussi satisfaisante pour Caleb, on peut aisément croire qu'il n'hésita pas à accepter l'invitation qu'on lui fit pour un festin solennel, auquel étaient conviés non-seulement tous les notables du village, mais son ci-devant antagoniste lui-même, M. Dingwall. Caleb fut naturellement le convive le plus fêté et le plus honoré de la réunion ; et il fascina si bien la compagnie par les contes de ce qu'il pouvait sur son maître, son maître sur le lord garde des sceaux, le garde des sceaux sur le Conseil, et le Conseil sur le roi, qu'avant qu'on ne se séparât (ce qui, à la vérité, fut plutôt de *bonne heure* que *tard*) il n'était pas un homme de quelque poids dans le village qui ne se vît déjà gravissant le mât de cocagne des grandeurs, au moyen de l'échelle de corde que Caleb avait présentée à leur imagination. Non-seulement le rusé sommelier regagna en ce moment toute l'influence qu'il avait autrefois possédée sur les villageois quand la famille baroniale qu'il servait était encore au pinacle, mais il acquit même un nouveau degré d'importance. Le procureur, — le procureur lui-même, — tant est grande la soif des grandeurs, — le procureur éprouva la puissance de l'attraction ; et saisissant une occasion de tirer Caleb à part dans un coin, il lui parla d'un ton pénétré de la santé déclinante du clerc du sheriff provincial.

— Un excellent homme, — un homme très-estimable, M. Caleb ; — mais que vous dirai-je ? — nous sommes tous de pauvres faibles créatures, — ici aujourd'hui, et partis demain au chant du coq. — Et s'il lui arrive malheur, il faudra quelqu'un à sa place ; — et si vous pouviez mettre cela sur mon chemin, je serais reconnaissant, M. Caleb : — un gant rempli de nobles d'or. — Et écoutez, M. Caleb, quelque chose aussi qui vous serait agréable : — ces rustres de Wolf's Hope à remettre sur un pied convenable vis-à-vis du Maître de Ravenswood, — c'est-à-dire de lord Ravenswood, — Dieu bénisse sa Seigneurie !

Un sourire et un pressement de main cordial furent la réponse convenable à cette ouverture ; — puis Caleb s'esquiva de la joyeuse compagnie, afin d'éviter de s'engager par aucune promesse positive.

— Le Seigneur me protége ! se dit Caleb quand il se trouva en plein air, et libre de donner issue à la satisfaction d'amour-propre dont il était en quelque sorte gonflé ; a-t-on jamais vu pareille troupe d'oisons ? — Les pick-mans¹ et les oies sauvages qu'on voit là-bas au Bass ont dix fois plus de bon sens qu'eux ! — Quand j'aurais été le lord haut-commissaire aux Etats du Parlement, ils n'auraient pas pu me cajoler davantage ; — et pour dire la vérité du Ciel, je n'aurais guère pu les mieux enjôler non plus ! Mais le procureur... ha ! ha ! ha ! — ha ! ha ! ha ! ha ! Merci du Ciel ! dire que j'aurai assez vécu pour donner dans mes vieux jours un croc-en-jambe au procureur lui-même ! — Clerc du sheriff !!! Mais j'ai un vieux compte à régler avec le drôle ; et pour faire amende du passé, la place lui coûtera tout autant en complaisances et en bassesses que s'il la devait avoir tout de bon, — ce dont il n'y a guère apparence, à moins que le Maître n'apprenne à mieux connaître les voies de ce monde, ce qui est fort douteux qu'il fasse jamais.

¹ Petite espèce de mouette. (L. V.)

CHAPITRE XXVI.

> Pourquoi les flammes couronnent-elles cette hauteur ? — Pourquoi ces débris enflammés retombent-ils en pluie pressée comme des étoiles détachées du firmament? — C'est la pluie de feu de la destruction, signe épouvantable sorti de ton aire, fanal qui éclaire l'obscurité du Ciel.
>
> CAMPBELL.

Les circonstances rapportées à la fin du dernier chapitre expliqueront la réception joyeuse et empressée que le marquis d'A*** et le Maître de Ravenswood trouvèrent dans le village de Wolf's Hope. Dans le fait, Caleb n'avait pas plutôt annoncé l'incendie de la Tour, que tout le hameau avait été sur pied pour courir éteindre les flammes ; et quoique ce précieux serviteur eût détourné leur zèle en leur parlant du formidable contenu des appartements inférieurs, l'empêchement ne fit néanmoins que porter leur bonne volonté dans une autre direction. Jamais on n'avait vu à Wolf's Hope pareil massacre de chapons, d'oies grasses et de poulets ; — jamais tant de jambons fumés n'y avaient bouilli dans les marmites ; — jamais on n'y avait fait tant de *car-cakes* et de *sweet-scones*, tant de *bannocks* de Selkirk, de *cookies* et de *petticoat-tails* [1], — friandises à peine connues de la génération actuelle. Jamais on n'y avait mis tant de barils en perce, jamais on n'y avait fait sauter tant de bouchons de bouteilles vénérables. Toutes les maisons d'ordre inférieur furent ouvertes pour la réception des gens du marquis, en qui on croyait voir les précurseurs de la pluie de faveurs qui devait dorénavant laisser à sec le reste de l'Écosse, afin de distiller sa rosée fécondante sur le village de Wolf's Hope-sous-Lammermoor. Le ministre revendiqua comme son droit l'avantage de loger à la manse les hôtes de distinction, ayant, pensait-on, l'œil sur un bénéfice voisin, dont le titulaire était maladif ; mais M. Balderstone réserva cet honneur au tonnelier, à sa femme et à sa belle-mère, qui dansèrent de joie en apprenant la préférence dont ils étaient l'objet.

Mainte salutation et mainte révérence furent prodiguées à ces nobles

---

[1] *Car-cakes* ou *car-scones*, crêpes ; littéralement *cakes* (gâteaux) *de rédemption* tels que ceux qu'on mangeait le jour de Pâques ; — *sweet-scones*, gâteaux doux, petits biscuits de farine de froment ou d'orge ; — *bannock*, galette plate ; — *cookie*, sorte de gâteau pour manger avec le thé ; — *petticoat-tail* (littéralement queue de jupon), autre sorte de pâtisserie. (L. V.)

hôtes, qui trouvèrent là un accueil tel que de pareils visiteurs pouvaient l'attendre de gens de cette classe ; et la vieille matrone, qui avait autrefois vécu au château de Ravenswood, et qui connaissait, disait-elle, les manières du grand monde, ne fut pas le moins du monde en peine d'arranger les choses aussi bien que le permettaient les circonstances, conformément à l'étiquette du temps. La maison du tonnelier était assez spacieuse pour que chacun des deux hôtes y eût sa propre chambre, où ils furent conduits avec le cérémonial de rigueur, tandis qu'on s'occupait de couvrir la table d'un dîner copieux.

Ravenswood ne fut pas plutôt seul que, poussé par mille sentiments, il quitta la chambre, la maison et le village, et reprit en toute hâte le chemin de la colline qui s'élevait entre le village et la Tour, dont elle dérobait la vue, afin de voir de ses propres yeux la chute finale de la maison de ses pères. Quelques enfants désœuvrés du hameau avaient, par curiosité, pris la même direction, après avoir contemplé à leur arrivée la voiture à six chevaux et son cortége. Lorsqu'ils passèrent un à un en courant près du Maître, en s'excitant l'un l'autre « à venir voir la vieille Tour sauter en l'air comme une pelure d'ognon, » il ne put se défendre d'un mouvement d'indignation. — Et ce sont là les fils des vassaux de mon père, se dit-il, d'hommes obligés par la loi et la reconnaissance à suivre nos pas sur le champ de bataille, à travers le feu et l'eau ! Et maintenant la destruction de la demeure de leur seigneur-lige n'est pour eux qu'un objet de curiosité et de plaisir !

Ces réflexions irritantes auraient pu se lire en partie dans le ton d'aigreur avec lequel il s'écria, en se sentant tiré par son habit : — Que voulez-vous, chien que vous êtes ?

— Je suis un chien, et un vieux chien, encore, répliqua Caleb (car c'était lui qui avait pris cette liberté), et sûrement que ce sont des gages de chien qui m'attendent[1] ; — mais je m'en inquiète comme d'une prise de tabac, car je suis un trop vieux chien pour apprendre de nouveaux tours ou pour suivre un nouveau maître.

En ce moment Ravenswood atteignait le faîte de la colline d'où Wolf's Crag était visible ; les flammes avaient entièrement cessé, et on n'apercevait plus qu'une teinte rougeâtre réfléchie sur les nuages au-dessus du château, et qui paraissait être la réverbération d'un incendie qui s'éteint.

— Le château ne peut avoir sauté, dit le Maître ; nous en aurions entendu le bruit. — Si le quart seulement de la poudre dont vous me parliez s'y était trouvé, on l'aurait entendu à vingt milles.

— C'est très-probable, répondit Balderstone avec le plus grand calme.

— En ce cas, le feu ne sera pas arrivé jusqu'aux caveaux ?

---

[1] Phrase proverbiale ; des coups de bâton. (L. V.)

— Il est probable que non, fit Caleb avec la même gravité imperturbable.

— Écoutez, Caleb, reprit son Maître, ceci commence à excéder ma patience. Il faut que j'aille moi-même à Wolf's Crag voir quel y est l'état des choses.

— Votre Honneur ne prendra pas ce chemin-là, repartit Caleb avec fermeté.

— Et pourquoi cela? répliqua Ravenswood d'un ton d'humeur; qui m'en empêchera?

— Moi.

— Vous, Balderstone! je crois que vous vous oubliez.

— Je ne le crois pas, moi; car je puis vous dire sur cette hauteur tout ce qui en est du château, aussi bien que si vous y alliez. Seulement ne vous mettez pas en humeur, et ne vous trahissez pas devant cette marmaille, ou devant le marquis quand vous serez redescendu là-bas.

— Parlez donc, vieux fou! que je sache tout d'un coup le mieux et le pis.

— Hé bien, le mieux et le pis, c'est seulement que la Tour est debout tout entière et intacte, aussi sauve et aussi vide que quand vous l'avez quittée.

— Vraiment! — Et le feu?

— De feu, pas le moins du monde, donc, excepté un brin de tourbe flambante, et peut-être bien une étincelle dans la pipe de Mysie.

— Mais la flamme? Et cette lueur qu'on aurait pu voir à dix milles, — qui la produisait?

— La flamme! il y a un vieil adage qui a bien raison :

> « Petite flamme en fait accroire,
> Et luit au loin par la nuit noire. »

Un peu de foin et de litière de cheval que j'ai allumés dans l'avant-cour après avoir renvoyé ce coquin de valet de pied; et, pour dire la vérité du Ciel, la première fois que vous enverrez ou que vous amènerez quelqu'un ici, que ce soient des gens seuls, sans domestiques comme ce Lockhard, qui sont à fureter et à avoir l'œil partout, qui voient le fort et le faible d'une maison, au grand discrédit de la famille, et qui forcent un homme de damner son âme en leur contant mensonge sur mensonge plus vite que je ne peux les trouver. — J'aimerais mieux mettre le feu à la Tour tout de bon, et me brûler moi-même avec par-dessus le marché, que de voir la famille déshonorée de la sorte.

— Sur ma parole, je vous suis infiniment obligé de la proposition, Caleb, dit Ravenswood, ayant peine à ne pas rire, bien qu'en même temps il se sentît prêt à se fâcher. Mais la poudre? — y en a-t-il en effet dans la Tour? — Le marquis semblait le savoir.

— La poudre.... ha! ha! ha! — le marquis.... ha! ha! ha! — quand Votre Honneur devrait me faire sauter la cervelle, il faudrait que je rie. — Le marquis.... la poudre!... s'il y en avait? oui, oui, il y en avait. S'il le savait? —*my certie!* oui, sûrement, le marquis le savait, et c'est là le meilleur du jeu; car quand j'ai vu que je ne pouvais calmer Votre Honneur malgré tout ce que je pouvais dire, j'ai jeté un mot en avant au sujet de la poudre, et forcé le marquis de prendre lui-même l'affaire en main.

— Mais vous n'avez pas répondu à ma question, réitéra le Maître d'un ton d'impatience ; comment la poudre est-elle venue là? et où est-elle maintenant?

— Oh! fit Caleb d'un air de mystère et en baissant la voix, elle est venue ici à l'époque où il y avait par ici un petit bout d'insurrection; et le marquis, avec tous les grands seigneurs du nord, étaient tous dans l'affaire, et bien des bons fusils et des sabres furent apportés de Dunkerque ici, outre la poudre : — ça fut une terrible besogne de porter tout cela dans la Tour sous le manteau de la nuit ; car vous devez bien penser que pour des affaires si chatouilleuses on ne mettait pas le premier venu dans la confidence. — Mais si vous voulez retourner du côté du village pour le souper, je vous conterai en chemin tout ce qui en est.

— Et ces malheureux enfants, est-ce votre plaisir qu'ils passent ici toute la nuit pour voir sauter une tour qui n'est pas même en feu?

— Sûrement non, si c'est le plaisir de Votre Honneur qu'ils retournent chez eux; quoique ça ne leur ferait pas un grain de dommage : — ils en crieraient moins le lendemain, et dormiraient mieux le soir. — Mais comme Votre Honneur voudra.

S'approchant en conséquence des petits polissons qui garnissaient la hauteur près de laquelle lui et le Maître se trouvaient, Caleb les informa d'un ton péremptoire que Leurs Honneurs lord Ravenswood et le marquis d'A*** avaient donné des ordres pour que la Tour ne sautât pas avant le lendemain à midi. Sur cette assurance consolante, les enfants se dispersèrent; un ou deux, cependant, s'attachèrent à Caleb pour en obtenir de plus amples informations, notamment le jeune gars qu'il avait si bien attrapé pendant qu'il remplissait les fonctions de tournebroche. — Monsieur Balderstone! lui cria-t-il, monsieur Balderstone! est-ce que le château s'est éteint comme la chaufferette d'une vieille femme?

— Pour sûr il est éteint, mon garçon ; pensez-vous que le château d'un aussi grand seigneur que lord Ravenswood continuerait de brûler pendant que son maître le regarderait de ses propres yeux? — Il est toujours bon, continua Caleb en faisant faire une pirouette à son page en guenilles et en se rapprochant du Maître, d'élever les marmots, comme dit le sage, dans la voie qu'ils doivent suivre, et par-dessus tout de leur apprendre à respecter leurs supérieurs.

— Mais avec tout cela, Caleb, vous ne m'avez pas dit ce que sont devenues les armes et la poudre?

— Ma foi, quant aux armes, ça fut tout juste comme dans la chanson du *bairn*[1] :

> « L'un s'en fut par ici, l'autre s'en fut par là,
> Et l'autre fut au bois dénicher des corneilles. »

Et quant à la poudre, j'en ai fait des échanges, selon que l'occasion s'est présentée, avec les marins des lougres hollandais et des bâtiments français, pour du gin et de l'eau-de-vie, et c'est ce qui en a approvisionné la maison pendant bien des années ; — et c'était un bon marché, qui plus est, puisque j'avais ce qui réjouit le cœur de l'homme pour ce qui lui fait sortir l'âme du corps ; en outre, j'en ai gardé quelques livres pour vous-même, quand vous en avez besoin pour prendre le divertissement de la chasse ; — sans quoi, sur ces derniers temps, je n'aurais guère su autrement où prendre de la poudre pour votre plaisir. — Et maintenant que votre colère est passée, monsieur, n'était-ce pas bien imaginé à moi? et est-ce que vous n'êtes pas bien mieux pourvus là-bas que vous n'auriez pu l'être dans vos vieilles ruines là-haut, dans l'état où en sont maintenant les choses chez nous? — ce qui n'en est que plus grande pitié!

— Je crois que vous pouvez avoir raison, Caleb; mais avant de brûler mon château, par plaisanterie ou sérieusement, il me semble que j'avais droit d'être dans le secret.

— Fi donc, Votre Honneur! ça peut encore aller à un vieux rustre comme moi de conter des mensonges pour l'honneur de la famille ; mais cela ne conviendrait pas de même à un homme comme Votre Honneur, outre que les jeunes gens ne savent pas bien juger des choses ; — ils ne savent pas tirer parti d'un petit mensonge. Maintenant, ce feu — car ce sera un feu, quand je devrais brûler la vieille écurie pour rendre la chose plus croyable, — ce feu donc, outre que ce sera une excuse pour demander dans le pays, ou là-bas au port, les choses dont nous aurons besoin, — ce feu remettra beaucoup de choses sur un pied honorable pour l'honneur de la famille, au lieu des contes qu'il me fallait faire vingt fois par jour à un tas de mal appris et de paresseuses, et, ce qui est pis, sans être cru.

— Cela était dur en effet, Caleb; mais je ne vois pas comment ce feu viendra en aide à votre véracité ou à votre crédit.

— Voilà! ne disais-je pas bien que les jeunes gens ont le jugement faible? — Comment cela viendra en aide, dites-vous? — ce sera une excellente apologie à mettre en avant pendant vingt ans à venir,

[1] Terme écossais. Enfant. (L. V.)

si on sait en tirer parti. Où sont les tableaux de famille? dit un de ces gens qui fourrent leur nez partout; — le grand feu de Wolf's Crag, je réponds. Où est l'argenterie de la famille? dit un autre : — le grand feu, dis-je ; qui aurait pensé à l'argenterie, quand la vie était en danger? Où est la garde-robe et le linge? — où sont les tapisseries et les décors? — les lits de cérémonie, les tentures, les buffets, le linge de table, les ouvrages à l'aiguille? — Le feu, — le feu, — le feu. Bien ménagé, un pareil feu vous tiendra lieu de tout ce que vous avez et n'avez pas; et, en quelque sorte, bonne excuse vaut mieux que la chose même : car les choses se brisent, et s'usent, et sont consommées par le temps, au lieu qu'une bonne évasion, prudemment et adroitement maniée, peut servir à un seigneur et à sa famille Dieu sait combien de temps !

Ravenswood connaissait trop bien la ténacité de son sommelier et la bonne opinion qu'il avait de sa sagesse, pour discuter ce point plus longtemps avec lui. Laissant donc Caleb jouir du succès de son invention, il revint au hameau, où il trouva le marquis et les femmes de la maison dans une certaine inquiétude, l'un à cause de son absence, les autres à cause du tort qu'un retard dans le souper pourrait faire à leur cuisine. Son arrivée tranquillisa tout le monde, et on apprit avec plaisir que le feu du château s'était éteint de lui-même avant d'avoir atteint les caveaux, seule explication que Ravenswood jugea convenable de donner en public sur l'issue du stratagème de son sommelier.

On s'assit devant un excellent souper. Aucune instance ne put déterminer monsieur et mistress Girder, même dans leur propre maison, à se placer à table avec des hôtes de si haute qualité. Ils se tinrent debout dans la chambre, et remplirent près du Maître et du marquis le rôle d'attentifs et respectueux serviteurs. Telles étaient les mœurs du temps. La vieille mère, confiante dans son âge et dans ses anciens rapports avec la famille des Ravenswood, se montra moins strictement cérémonieuse ; ses manières tenaient le milieu entre l'attitude d'une maîtresse d'auberge et celle d'une maîtresse de maison recevant des hôtes au-dessus d'elle. Elle recommandait avec instance ce qu'elle jugeait le meilleur, et se laissa même persuader sans trop de peine de prendre à la bonne chère une part modérée, afin d'encourager ses convives par son exemple. A chaque instant elle s'interrompait pour exprimer ses regrets « que mylord ne mangeât pas ; — que le Maître perdît son temps autour d'un os tout sec ; — que pour sûr il n'y avait rien qui fût digne d'être servi devant Leurs Honneurs ; — que lord Allan, son âme soit en paix ! aimait assez une oie salée, et disait qu'en latin oie salée voulait dire tasse d'eau-de-vie ; — que l'eau-de-vie venait tout droit de France, vu que malgré toutes les lois anglaises et les jaugeurs anglais, les brigs de Wolf's Hope n'avaient pas oublié le chemin de Dunkerque. »

Ici le tonnelier administra à sa belle-mère, en guise d'avertissement, un coup de coude qui lui valut l'apostrophe suivante :

— Vous n'avez pas besoin de me pousser comme ça, Jonn; personne ne dit que *vous* sachiez d'où l'eau-de-vie vient, et il ne conviendrait pas que vous le sachiez, vous qui êtes tonnelier de la reine. Mais qu'est-ce que ça fait à roi, reine ou empereur, continua-t-elle en s'adressant à lord Ravenswood, où une vieille femme comme moi achète sa prise de tabac ou sa goutte d'eau-de-vie, pour se tenir le cœur gai?

S'étant ainsi tirée de ce qu'elle regardait comme un faux pas, dame Loup-the-Dyke continua durant le reste de la soirée de fournir avec chaleur, et fort peu d'aide de la part de ses hôtes, aux frais de la conversation, jusqu'à ce que Ravenswood et le marquis, se refusant à une plus longue circulation de leurs verres, lui demandèrent la permission de se retirer dans leurs chambres.

Le marquis occupa la *chambre du dais*, laquelle, dans toute maison au-dessus du rang de simple chaumière, était religieusement réservée pour des occasions éminentes telles que celle-ci. L'art moderne d'enduire les murs intérieurs d'un plâtre poli était alors inconnu, et les tapisseries étaient confinées dans les demeures de la haute noblesse et de la *gentry* supérieure. Aussi le tonnelier, qui ne manquait pas d'une certaine vanité, et qui d'ailleurs jouissait de quelque aisance, avait imité la mode suivie par les simples propriétaires et le clergé, lesquels avaient coutume d'orner leurs appartements d'apparat d'une sorte de cuir imprimé fabriqué dans les Pays-Bas, avec des ornements dorés représentant des arbres et des animaux, et de nombreuses sentences de moralité, écrites, il est vrai, en hollandais, mais qui peut-être n'en étaient ni plus ni moins suivies en pratique que si elles eussent été rédigées en bon écossais. Au total, cela avait un aspect assez sombre; mais le feu, alimenté par des douves de vieux barils goudronnés, brillait gaiement dans la cheminée; le lit était garni du linge le plus frais, d'une blancheur éblouissante, et qu'on avait sorti pour la première fois de l'armoire où peut-être il serait resté bien longtemps encore sans une grande occasion comme celle-ci. Sur la toilette placée près du lit était un miroir à l'ancienne mode, dans un cadre en filigrane, partie de l'ameublement dispersé du château voisin. Ce miroir était flanqué d'une bouteille à long goulot de vin de Florence, près de laquelle était un verre presque aussi grand, semblable par la forme à celui que Téniers se place habituellement entre les mains quand il se représente lui-même mêlé à quelque joyeuse orgie villageoise. Pour faire pendant à ces sentinelles étrangères, deux robustes factionnaires de lignage écossais montaient la garde de l'autre côté du miroir : un pot d'ale double, tenant une pinte d'Écosse, et un *bicker*, ou gobelet d'ivoire et ébène cerclé d'argent, ouvrage sorti des mains de John Girder lui-même, et l'orgueil de son cœur. Outre ces précautions contre la soif, il y avait là un beau gâteau, ou *sweet-cake*; de sorte qu'avec de tels auxiliaires, l'appartement semblait approvisionné pour un siége de deux ou trois jours.

Il nous reste seulement à dire que le valet de chambre du marquis, s'occupant des préparatifs du coucher de son maître, avait déployé sa robe de chambre de brocart et son bonnet de nuit de velours richement brodé, doublé et garni de point de Bruxelles, sur un large fauteuil en cuir et à roulettes, placé de manière à ne rien perdre de la confortable chaleur du feu que nous avons déjà mentionné. Nous allons donc laisser cet éminent personnage goûter le repos que la nuit lui promettait, persuadé qu'il profita des amples préparatifs faits à son intention, — préparatifs que nous avons décrits avec quelque détail, comme servant à faire connaître les anciennes habitudes écossaises.

Il n'est pas nécessaire que nous soyons également minutieux dans la description de la chambre à coucher du Maître de Ravenswood, qui était celle qu'occupaient habituellement le tonnelier et sa femme. Elle était confortablement tendue d'une sorte d'étoffe de laine aux couleurs vives, sortie des manufactures d'Écosse, et assez semblable à ce qu'on nomme aujourd'hui du *shaloon*[1]. Un portrait de John Girder lui-même ornait ce sanctuaire du sommeil, et semblait vous regarder avec des yeux ébahis: c'était l'œuvre d'un Français famélique, venu, Dieu sait comment et pourquoi, de Flessingue ou de Dunkerque à Wolf's Hope sur un dogre contrebandier. Les traits étaient bien en effet ceux de l'opiniâtre artisan, chez qui cependant l'entêtement se combinait avec une assez bonne dose de bon sens; mais l'artiste avait imaginé de jeter dans l'air et l'attitude du portrait une grâce française si complétement opposée à la gravité bourrue de l'original, qu'il était impossible de regarder sans rire cette œuvre d'*art*. John et sa famille ne s'enorgueillissaient pourtant pas médiocrement de ce tableau, et ils en étaient vivement censurés par le voisinage, qui prétendait qu'en posant pour son portrait, et plus encore en osant le suspendre dans sa chambre à coucher, le tonnelier avait excédé les priviléges que lui donnait sa qualité d'habitant le plus riche du village; qu'il avait franchi les limites de sa condition et empiété sur celle des classes supérieures; enfin, qu'il avait péché par excès de vanité et de présomption. Mon respect pour la mémoire de mon défunt ami, M. Richard Tinto, m'a obligé de m'arrêter quelque peu sur cette particularité; mais je fais grâce au lecteur de ses observations prolixes, quoique curieuses, tant sur les caractères de l'école française, que sur l'état de la peinture en Écosse au commencement du dix-huitième siècle.

---

[1] Mot corrompu de Châlons; c'est une espèce de serge dans la confection de laquelle l'Angleterre imita originairement les produits sortis de nos manufactures de Châlons.

L. V.)

Quant aux autres dispositions de la chambre à coucher du Maître, elles étaient semblables à celles de la *chambre du dais*.

Le lendemain, à l'heure habituelle à cette époque, le marquis d'A*** et son parent se préparèrent à se remettre en route. Mais ce ne put être sans avoir fait préalablement honneur à un copieux déjeuner, où les viandes froides et les plats chauds, la bouillie de farine d'avoine, le vin, les liqueurs fortes, et le lait préparé de toutes les manières possibles, ne montraient pas un moindre désir de faire honneur aux hôtes étrangers, que n'en avait montré dans le souper de la veille l'hospitalité du maître de la maison et de sa famille. Les apprêts du départ remplirent tout Wolf's Hope de bruit et de mouvement. On acquittait les mémoires, on se pressait les mains, on sellait les chevaux, on attelait la voiture, on distribuait les pourboires. Le marquis laissa, à titre de gratification, une pièce d'or aux domestiques de John Girder, qui éprouva un moment la tentation de la confisquer à son profit, Dingwall le procureur l'assurant qu'il pouvait le faire en toute sûreté de conscience, attendu que c'était de sa bourse qu'étaient sorties les dépenses qui avaient donné lieu à la gratification. Mais nonobstant cette autorité légale, John ne put prendre sur lui de ternir l'éclat de sa récente hospitalité, en empochant une gratification. Seulement il assura ses domestiques qu'il les regarderait comme une bande d'ingrats dignes de l'enfer, s'ils achetaient un *gill* [1] d'eau-de-vie ailleurs que chez lui; et comme le *pourboire* devait très-probablement être appliqué à sa légitime destination, il se consola en pensant que de cette manière le don du marquis reviendrait finalement en sa possession exclusive, sans que ni son honneur ni sa réputation eussent à en souffrir.

Tandis qu'on préparait tout pour le départ, Ravenswood versa la joie dans l'âme de son ci-devant sommelier en l'informant, quoique avec précaution (car il connaissait la chaleur d'imagination de Caleb), du changement probable qui allait avoir lieu dans sa fortune. Il déposa en même temps entre les mains de Balderstone la plus grande partie de ses modestes fonds, l'assurant, ce qu'il fut obligé de répéter à plusieurs reprises, que lui-même avait des ressources suffisantes dans un avenir certain. Il enjoignit donc à Caleb, s'il faisait cas de ses bonnes grâces, de cesser à l'avenir toute manœuvre contre les habitants de Wolf's Hope, leurs celliers, leurs basses-cours, et tout ce qui leur appartenait. Le vieux domestique acquiesça à cette défense plus aisément que ne s'y attendait son maître.

— Sans doute, dit-il, ce serait une honte, un déshonneur et un péché de harceler les pauvres créatures quand la famille pouvait vivre honorablement de ses propres moyens; et il pouvait être prudent, ajouta-t-il, de leur donner un peu le temps de respirer, pour qu'on pût les faire

[1] La plus petite des mesures courantes. (L. V.)

marcher plus aisément à l'avenir si les besoins de Son Honneur l'exigeaient.

Cette affaire ainsi réglée, et après avoir fait d'affectueux adieux à son vieux domestique, le Maître de Ravenswood rejoignit son noble parent, qui se disposait à monter en voiture. Les deux femmes de la maison, la jeune et la vieille, ayant reçu en tout bien tout honneur un baiser de chacun de leurs nobles hôtes, se tenaient, heureuses et souriantes, sur le seuil de leur porte, tandis que la voiture, entraînée par ses six chevaux, et suivie de son retentissant cortége de cavaliers, sortait rapidement du village. John Girder aussi était sur sa porte, tantôt portant les yeux sur sa main droite qui venait d'être honorée de l'attouchement de celles d'un marquis et d'un lord, tantôt jetant un regard sur l'intérieur du logis, où régnait encore tout le désordre du dernier repas, et semblant établir une balance entre la distinction qu'il avait obtenue et les dépenses de sa réception.

Enfin, il ouvrit la bouche d'un ton d'oracle : — Allons, dit-il, que chacun et chacune ici se remette à ses affaires, comme s'il n'y avait ni marquis ni Maître, ni duc ni drille, ni laird ni lord au monde. Qu'la maison soit remise en ordre, les plats entamés mis de côté, et s'il y a quelque chose de tout à fait immangeable, qu'on l'donne aux pauvres. Et vous, grand'mère, et vous aussi, femme, j'ai une chose à vous prier ; c'est qu'vous n'me disiez jamais un seul mot, en bien ou en mal, de toute cette sotte besogne, et qu'vous gardiez tous vos bavardages là-dessus pour vous et vos commères ; car j'en ai déjà les oreilles rebattues.

Comme l'autorité de John était passablement absolue, chacun se rendit à ses occupations habituelles, le laissant bâtir des châteaux en l'air, si l'envie lui en prenait, sur la faveur qu'il avait acquise à la cour au prix d'une coûteuse hospitalité.

CHAPITRE XXVII.

> Maintenant que je tiens dame Fortune aux cheveux, si je la laisse échapper, la faute en sera à moi. Celui qui a reçu les rudes atteintes de l'adversité sait mieux que personne comment régler sa course sur la brise favorable.
>
> *Ancienne comédie.*

Nos voyageurs arrivèrent à Édimbourg sans autre aventure, et le Maître de Ravenswood, ainsi qu'il avait été convenu, établit son domicile chez son noble parent.

Cependant la crise politique qui avait été attendue eut lieu en effet, et le parti tory obtint en Écosse, aussi bien qu'en Angleterre dans les conseils de la reine Anne, une prépondérance temporaire dont il n'est de notre sujet de suivre ni les causes ni les conséquences. Il nous suffit de dire que les différents partis politiques en furent diversement affectés selon la nature de leurs principes. En Angleterre, un grand nombre d'adhérents du parti épiscopal, ayant à leur tête Harley, depuis comte d'Oxford, affectèrent de séparer leur cause de celle des jacobites, et en reçurent le sobriquet de *whimsicals*[1]. Le parti épiscopal d'Écosse, au contraire, ou, comme ceux de ce parti se nommaient eux-mêmes, les Cavaliers, furent plus conséquents dans leur politique, sinon plus prudents, et virent dans les changements qui s'opéraient alors un acheminement au rappel au trône, à la mort de la reine, de son frère le Chevalier de Saint-Georges. Ceux qui avaient souffert au service de ce dernier conçurent alors les espérances les plus déraisonnables non-seulement d'indemnités, mais de vengeance contre leurs adversaires politiques ; au lieu que les familles attachées au parti whig ne voyaient dans l'avenir qu'un renouvellement des persécutions qu'elles avaient essuyées sous les règnes de Charles II et de son frère, et une revanche des confiscations infligées aux jacobites durant celui du roi Guillaume.

Toutefois, les plus alarmés du changement de système furent ces gens prudents qui se rencontrent sous tous les gouvernements, mais qui abondent surtout dans une administration provinciale comme celle de l'Écosse durant cette période ; ces hommes dont Cromwell disait qu'*ils se reposaient sur la Providence*[2], ou, en d'autres termes, qui se mon-

---

[1] Capricieux.
[2] *Waiters upon Providence.*

trent les invariables adhérents de tout parti qui a le dessus. Nombre de ceux-là s'empressèrent de déposer leur rétractation entre les mains du marquis d'A*** ; et comme on vit aisément qu'il prenait un vif intérêt aux affaires de son parent le Maître de Ravenswood, ils furent les premiers à lui suggérer les mesures propres à le faire rentrer en possession d'une partie au moins de ses biens, et à le faire relever de la sentence de forfaiture prononcée contre son père.

Le vieux lord Turntippet se montra un des plus zélés pour le succès de ces mesures ; car cela l'affligeait jusqu'au fond de l'âme, disait-il, de voir un si brave jeune homme, de noblesse si ancienne et si bien établie, et, ce qui était plus que tout cela, un allié par le sang du marquis d'A***, l'homme, affirmait-il, qu'il honorait le plus sur la face de la terre, réduit à une situation si triste. — En son particulier, et pour contribuer en quelque chose à la réhabilitation d'une si ancienne maison, Turntippet envoyait trois portraits de famille sans cadres, et six chaises à hauts dossiers, garnis de coussins de Turquie travaillés à l'aiguille, et sur lesquels était brodé l'écusson des Ravenswood, et il faisait cet envoi sans réclamer un penny ni du principal ni des intérêts de ce qu'ils lui avaient coûté lorsqu'il les avait achetés, seize ans auparavant, à une vente des meubles de la maison de lord Ravenswood dans Canongate.

Lord Turntippet fut plus effrayé que surpris, quoiqu'il affectât d'éprouver plus de surprise que de peur, quand il vit son présent reçu très-sèchement par le marquis, qui répondit que la restitution de Sa Seigneurie, s'il voulait qu'elle fût accueillie par le Maître de Ravenswood et ses amis, devait comprendre une ferme très-étendue qui avait été engagée à Turntippet pour une somme de beaucoup inférieure à sa valeur, et que, profitant de la confusion des affaires de la famille, il avait su se faire adjuger en pleine et absolue propriété, par des moyens bien connus des hommes de loi de cette époque.

Le vieux complaisant du pouvoir se récria vivement contre cette demande, prenant Dieu à témoin qu'il ne voyait pas par quelle raison le jeune homme rentrerait immédiatement en possession de la terre, attendu que sans doute il recouvrerait bientôt la partie principale de son domaine, dont sir William Ashton s'était emparé, réintégration à laquelle il était disposé à aider de tout son pouvoir, vu qu'elle était juste et raisonnable ; et finalement déclarant qu'il ne demandait pas mieux que d'assurer, après sa mort, la terre au jeune Ravenswood.

Mais toutes ces tergiversations furent inutiles : il fut contraint de rendre gorge, et d'abandonner la propriété contre le remboursement de la somme pour laquelle elle avait été engagée. N'ayant pas d'autre moyen de faire sa paix avec les hautes puissances du jour, il revint chez lui piteux et mécontent, se plaignant à ses confidents que chaque mutation, chaque changement dans les affaires d'État lui avait jusqu'alors valu quelque petit avantage dans ses modestes affaires ; mais que le changement actuel (le Ciel le confonde !) lui avait coûté la plus belle plume de son aile.

Des mesures analogues furent prises à l'égard des autres personnes qui avaient profité des débris de la fortune des Ravenswood ; et sir William Ashton, en particulier, fut menacé d'un appel à la chambre des Pairs contre les sentences judiciaires qui lui avaient adjugé le château et la baronnie de Ravenswood. Avec lui, néanmoins, le Maître se crut obligé d'agir avec la plus grande franchise, tant à cause de Lucy qu'en considération de l'hospitalité qu'il avait reçue de lui. Il écrivit à l'ex-garde des sceaux, car sir William n'occupait plus ce poste, pour lui faire connaître sans détour l'engagement qui existait entre lui et miss Ashton, lui demandant de consentir à leur union, et l'assurant qu'il était tout disposé à s'en remettre absolument à lui de l'arrangement définitif des points en contestation entre eux.

Le même messager était chargé d'une lettre pour lady Ashton, la conjurant d'oublier tout sujet de déplaisir que le Maître aurait pu lui donner contre son intention, s'étendant sur son attachement pour miss Ashton et les engagements réciproques qui en avaient été la suite, et la conjurant, elle, Douglas de cœur aussi bien que de nom, d'oublier généreusement d'anciennes préventions et de déplorables malentendus ; enfin, de croire que la famille avait acquis un ami, et elle-même un serviteur respectueux et dévoué, dans celui qui signait Edgar, Maître de Ravenswood.

Ravenswood adressait une troisième lettre à Lucy, et il fut recommandé au messager de trouver quelque moyen sûr et secret de la lui remettre en mains propres. Cette lettre contenait les plus fortes protestations d'une affection inaltérable, et présentait le changement qui s'annonçait dans la fortune du Maître comme heureux surtout en ce qu'il tendait à écarter les obstacles qui s'opposaient à leur union. Il mentionnait les démarches qu'il avait faites pour surmonter les préventions des parents de Lucy, principalement celles de sa mère, et il exprimait l'espoir que ces démarches ne seraient pas infructueuses. S'il en était autrement, il se flattait encore que son absence d'Écosse pour une importante et honorable mission laisserait aux préventions le temps de s'effacer, en même temps qu'il espérait avec toute confiance que la constance de miss Ashton, sur laquelle il se reposait de la manière la plus absolue, déjouerait tous les efforts que l'on pourrait tenter pour la détourner de son attachement. La lettre renfermait beaucoup d'autres choses encore pleines d'intérêt pour les deux amants, mais qui pourraient ne pas l'être autant pour le lecteur. Le Maître de Ravenswood reçut une réponse à chacune de ces trois lettres, mais par des voies distinctes et chacune d'un style bien différent.

Lady Ashton répondit par le messager même d'Edgar, auquel il ne fut pas permis de rester à Ravenswood un seul instant de plus que le temps nécessaire pour tracer ces lignes :

« *Pour être remise à M. Ravenswood de Wolf's Crag.*

« Monsieur et inconnu,

« J'ai reçu une lettre, signée Edgar Maître de Ravenswood; je ne sais précisément qui l'a écrite, attendu que les titres de la famille de ce nom ont été abolis par sentence de forfaiture rendue, pour cause de haute trahison, contre la personne du feu lord Ravenswood Allan. Monsieur, s'il se trouve que vous soyez la personne qui s'est ainsi intitulée, vous voudrez bien vous tenir pour dit que je réclame le plein exercice de mes droits de mère sur miss Lucy Ashton, dont j'ai irrévocablement disposé en faveur d'une personne digne de mon choix. Et en serait-il autrement, monsieur, je n'écouterais aucune proposition venant de vous ou de personne de votre famille, attendu que leur main a invariablement été levée contre la liberté des serviteurs de Dieu et les immunités de son Église. Monsieur, ce n'est pas une bouffée passagère de prospérité qui peut changer mon invariable opinion à cet égard, vu que déjà ç'a été mon lot, comme celui du saint roi David, de voir le méchant grand par le pouvoir, et florissant comme le laurier vert; et cependant j'ai passé, et il n'était plus, et son souvenir même était effacé. Souhaitant que vous vous pénétriez de ces choses par égard pour vous-même, en tant qu'elles vous peuvent concerner, je vous prie de ne vous plus occuper de celle qui désire rester votre servante inconnue,

« Marguerite Douglas,

« autrement, Ashton. »

Environ deux jours après avoir reçu cette épître fort peu satisfaisante, le Maître de Ravenswood fut accosté dans High-Street [1] par un homme qui ôta respectueusement son chapeau pour lui demander excuse de l'arrêter un instant, et dans lequel il reconnut aussitôt Lockhard, le domestique de confiance de sir William Ashton. Lockhard le salua, lui glissa une lettre dans la main, et disparut. Cette lettre contenait quatre grandes pages d'une écriture serrée, desquelles, cependant, comme il arrive parfois aux compositions des grands légistes, on n'eût guère pu extraire autre chose que la preuve de l'extrême embarras où se trouvait celui qui les avait écrites.

Sir William parlait fort longuement de sa haute estime et de ses égards tout particuliers pour son cher et jeune ami le Maître de Ra-

---

[1] Principale rue du vieil Édimbourg. (L. V.)

venswood, et du haut cas qu'il faisait du marquis d'A***, son très-cher et ancien ami; — il comptait que quelques mesures qu'ils pussent adopter en ce qui le concernait, on aurait égard à la sainteté des sentences et jugements obtenus *in foro contentioso*[1]; protestant, devant Dieu et devant les hommes, que si la loi d'Écosse, sanctionnée par ses cours suprêmes, devait subir un affront devant la Chambre des lords d'Angleterre, les maux qui en résulteraient pour la cause publique blesseraient plus profondément son cœur que la perte, quelle qu'elle fût, qu'une manière de procéder si irrégulière lui pourrait faire éprouver. Il insistait beaucoup sur la générosité et le pardon mutuel des injures, et laissait percer quelques insinuations sur l'instabilité des choses humaines, thème favori du parti le plus faible dans les luttes politiques. Il déplorait d'une manière pathétique et blâmait doucement la précipitation avec laquelle on l'avait privé de son poste de lord garde des sceaux, poste que son expérience l'avait mis à même de remplir avec quelque avantage pour le public, sans qu'on lui eût même donné l'occasion d'expliquer jusqu'à quel point ses propres vues de politique générale pouvaient différer essentiellement de celles du pouvoir actuel. Il était convaincu que le marquis d'A*** avait pour le bien public des intentions aussi sincères que lui-même, ou qu'aucun homme au monde; et si, dans une conférence, ils avaient pu s'entendre sur les mesures par lesquelles on devait servir l'intérêt général, son expérience et son crédit auraient été mis au service de l'administration actuelle. Quant à l'engagement entre Ravenswood et sa fille, il en parlait d'une manière brève et confuse. Il regrettait qu'une démarche aussi précipitée que l'engagement des deux jeunes gens eût eu lieu, et conjurait le Maître de se souvenir qu'il ne l'y avait jamais encouragé; lui faisant observer que comme transaction *inter minores*, et sans l'intervention des curateurs naturels de sa fille, l'engagement était nul et sans valeur devant la loi. Cette mesure prématurée, ajoutait-il, a produit un fort mauvais effet sur l'esprit de lady Ashton, et il était, quant à présent, impossible de la faire revenir de l'impression qu'elle en avait reçue. Son fils, le colonel Douglas Ashton, avait pleinement embrassé les préventions de sa mère, et sir William ne pouvait absolument pas adopter une ligne de conduite qui leur serait désagréable, sans occasionner dans sa famille une scission fatale et irrémédiable, ce à quoi il ne fallait pas penser quant à présent. Il espérait que le temps, ce grand médecin, porterait remède à tout.

Dans un post-scriptum, sir William, s'expliquant un peu plus explicitement, semblait donner à entendre que plutôt que de souffrir que la loi d'Écosse reçût à cause de lui une aussi grave atteinte, par la cassation des arrêts de ses cours suprêmes dans la cause de la ba-

---

[1] Devant les tribunaux compétents.

ronnie de Ravenswood, par l'intervention de ce qu'en toute soumission il devait appeler une cour d'appel étrangère, il consentirait extra-judiciairement à des sacrifices considérables.

Enfin, le Maître reçut de Lucy Ashton les lignes suivantes, qui lui parvinrent par une voie ignorée :

« J'ai reçu votre lettre, mais ç'a été avec le plus grand risque. Jusqu'à de meilleurs temps, n'essayez pas de m'écrire de nouveau. Je suis rudement assiégée, mais je serai fidele à ma parole, tant que le Ciel me laissera l'usage de ma raison. Savoir que votre situation est heureuse et prospère est une consolation pour moi, et ma position en a besoin. » Le billet était souscrit L. A.

Cette lettre remplit Ravenswood des plus vives alarmes. Malgré la défense de miss Ashton, il fit plusieurs tentatives pour lui faire parvenir des lettres, et même pour obtenir d'elle une entrevue ; mais tous ses plans échouèrent, et il eut seulement la mortification d'apprendre que de rigoureuses et effectives précautions avaient été prises pour prévenir toute possibilité de correspondance entre eux. Le Maître fut d'autant plus affligé de cette circonstance, qu'il lui devint impossible de retarder son départ d'Écosse pour l'importante mission qui lui avait été confiée. Avant de partir, il remit au marquis d'A*** la lettre de sir William Ashton ; mais le marquis fit observer en souriant que le jour de grâce de sir William était passé, et qu'il avait à apprendre quel côté de la haie le soleil éclairait maintenant. Ce fut avec la plus grande difficulté que Ravenswood arracha du marquis la promesse qu'il transigerait sur les réclamations à porter devant le Parlement, dans le cas où sir William serait disposé à consentir à une union entre lui et Lucy Ashton.

— Je consentirais difficilement, lui dit le marquis, à ce que vous sacrifiiez ainsi les droits de votre naissance, si je n'étais parfaitement convaincu que lady Ashton, lady Douglas, ou quelque nom qu'elle se donne, persistera dans son dire, comme disent les Écossais, et que son mari n'osera pas s'élever contre elle.

— Mais cependant je compte que Votre Seigneurie considérera mon engagement comme sacré ?

— Croyez-en la parole que je vous en donne sur mon honneur, repartit le marquis : je serai votre ami jusque dans vos folies ; et vous ayant ainsi donné *mon* opinion, je m'efforcerai, selon l'occasion, de vous servir selon la vôtre.

Le Maître de Ravenswood ne pouvait que remercier son parent et généreux patron, et il lui laissa plein pouvoir d'agir pour lui en toutes ses affaires. Il partit d'Écosse pour sa mission, qu'on pouvait supposer devoir le retenir sur le continent pendant quelques mois.

CHAPITRE XXVIII.

> Femme fut-elle jamais ainsi courtisée? Jamais femme fut-elle ainsi conquise? J'aurai celle-ci.
>
> *Richard III.*

Un an s'était écoulé depuis le départ du Maître de Ravenswood pour le continent, et quoique son retour en Écosse eût été attendu plus tôt, l'intérêt de sa mission, ou, suivant un bruit généralement répandu, des affaires qui lui étaient personnelles, le retenaient cependant encore de l'autre côté de la mer. On pourra avoir un aperçu des changements survenus, sur ces entrefaites, dans la situation des affaires de la famille de sir William Ashton, par la conversation suivante qui eut lieu entre Bucklaw et son compagnon de bouteille, l'illustre capitaine Craigengelt.

Ils étaient assis de chaque côté de la vaste et sépulcrale cheminée en pierre de taille de la salle basse de Girnington. Un feu de bois pétillait sur la grille; une table ronde en chêne, placée entre eux, portait un flacon d'excellent clairet, deux gobelets, et différents plats propres à entretenir la soif des deux compagnons : et cependant, malgré ces moyens d'exciter et de satisfaire à la fois sa sensualité, le laird montrait une physionomie sombre, pensive et mécontente, tandis que l'esprit du parasite était péniblement tendu pour éloigner ce qu'il redoutait le plus au monde, un accès d'humeur chez son patron. Après une longue pause, interrompue seulement par ce qu'on nomme *la retraite du diable*, que Bucklaw battait sur le foyer avec le talon de sa botte, Craigengelt se risqua enfin à rompre le silence. — Que je sois à mille lieues d'ici, dit-il, si de ma vie j'ai vu un homme qui ait moins l'air d'un fiancé! Que je sois coupé menu comme plume, si vous ne ressemblez pas plutôt à un homme condamné au gibet!

— Merci du compliment, répliqua Bucklaw; mais je suppose que vous pensez à la situation dans laquelle vous devez sûrement vous trouver un jour. — Mais dites-moi, capitaine Craigengelt, s'il plaît à Votre Révérence, pourquoi aurais-je l'air joyeux quand je suis triste, et diablement triste, encore?

— Et c'est là ce qui me vexe. Voilà ce mariage, le plus brillant de tout le pays et que vous désiriez tant, sur le point d'être conclu, et vous avez l'air aussi fâché qu'une ourse à qui on a enlevé ses petits.

— Je ne sais si je le conclurais ou non, repartit le laird d'un ton bourru, si ce n'était que je suis trop avancé pour reculer.

— Reculer! exclama Craigengelt d'un air d'étonnement bien joué; ce serait jouer au trictrac à un témoin! Reculer! Eh! est-ce que la fortune de la petite...

— De la jeune dame, s'il vous plaît.

— Bien, bien, je ne veux pas lui manquer de respect. Est-ce que la dot de miss Ashton n'est pas aussi belle que la plus belle du Lothian?

— D'accord; mais je me soucie de sa dot comme d'un penny. — Je suis assez riche.

— Et la mère, qui vous aime comme son propre enfant?

— Mieux que certain de ses enfants, je crois, ou son affection pour moi ne va pas loin.

— Et le colonel Sholto Douglas Ashton, qui désire le mariage plus qu'aucune chose au monde?

— Parce qu'il s'attend que grâces à mon crédit il l'emportera dans le comté de ***.

— Et le père, qui est aussi impatient de voir le mariage terminé, que jamais je l'ai été de gagner la belle d'une partie?

— Oui, dit Bucklaw du même ton de dédain, il entre dans la politique de sir William d'assurer à sa fille le meilleur mariage possible, puisqu'il ne peut pas faire marché d'elle pour sauver le beau domaine de Ravenswood, que la Chambre des lords d'Angleterre est sur le point d'arracher de ses griffes.

— Mais que dites-vous de la jeune dame elle-même? N'est-ce pas la plus belle femme de toute l'Écosse? et n'étiez-vous pas passionné d'elle quand elle mettait des bâtons dans les roues? Et à présent qu'elle consent à vous prendre et à renoncer à son engagement avec Ravenswood, c'est vous qui n'en voulez plus. — Je dois dire que vous avez le diable au corps, quand vous ne savez ni ce que vous voulez, ni ce qu'il vous faut.

— Je vais vous le dire en un mot, repartit Bucklaw en se levant et en se mettant à se promener dans la salle; je voudrais savoir comment diable il se fait que miss Ashton a changé d'idée si subitement.

— Et qu'avez-vous besoin de vous en mettre en peine, puisque le changement est en votre faveur?

— Je vais vous dire ce qui en est; je n'ai jamais beaucoup connu les belles dames de cette sorte, et je crois qu'elles peuvent être capricieuses en diable; mais il y a dans le changement de miss Ashton quelque chose de diablement trop soudain et trop sérieux pour un simple caprice. Je garantirais que lady Ashton connaît toutes les ruses pour dompter l'esprit humain, et il y en a autant que de brides, de mors, de martingales et de caveçons pour les jeunes poulains.

— Et sans cela, comment diable pourrions-nous les dresser et les élever?

— Cela est tout de même vrai, dit Bucklaw en suspendant sa promenade à travers la salle, et en s'appuyant sur le dos d'une chaise. — D'ailleurs Ravenswood est encore sur le chemin ; pensez-vous qu'il consente à dégager Lucy?

— Pour sûr, il y consentira. Quel bien ça lui ferait-il de s'y refuser, puisqu'il désire épouser une autre femme, et elle un autre homme?

— Et vous croyez sérieusement qu'il va épouser la dame étrangère dont on nous a parlé?

— Vous avez entendu vous-même ce que le capitaine Westenho en a dit, aussi bien que des grands préparatifs faits pour leur joyeux hymen.

— Le capitaine Westenho est un peu trop de votre trempe, Craigie, pour faire ce que sir William appellerait « un fameux témoin. » Il boit sec, joue parfaitement et jure encore mieux, et je le soupçonne de savoir quelque peu mentir et tricher par-dessus le marché. Ce sont d'utiles qualités, Craigie, si on les tient dans leur propre sphère, mais qui sentent un peu trop le flibustier pour faire figure, comme témoin, dans une cour de justice.

— Hé bien, alors, croirez-vous le colonel Douglas Ashton, qui a entendu le marquis d'A*** dire dans un cercle public, mais sans se douter que le colonel était à portée de l'entendre, que son parent avait fait pour lui-même de meilleurs arrangements que de donner les terres de son père pour les joues pâles de la fille d'un fanatique usé, et que Bucklaw était le bienvenu à porter les souliers de rebut de Ravenswood?

— A-t-il dit cela? s'écria Bucklaw, emporté par un de ces violents accès de colère auxquels il était sujet; par le Ciel! si je l'avais entendu, je lui aurais arraché la langue du gosier devant tous ses favoris, ses mignons, et ses ferrailleurs highlandais. Comment Ashton ne lui a-t-il pas passé son épée au travers du corps?

— Je veux être capot si je le sais. Il le méritait, bien sûr; mais c'est un vieillard et un ministre d'État, et il y aurait plus de risque que d'honneur à se faire une querelle avec lui. Il vaut mieux songer à laver miss Ashton du déshonneur qui peut tomber sur elle, que de se commettre avec un homme trop vieux pour se battre, et placé sur un trop haut tabouret pour que votre main puisse l'atteindre.

— Elle l'*atteindra* pourtant quelque jour, et son parent Ravenswood aussi. En attendant, j'aurai soin que la réputation de miss Ashton ne souffre pas de leurs dédains. C'est pourtant une sotte affaire, et je voudrais bien qu'elle fût finie. C'est tout au plus si je sais comment lui parler. — Mais remplissez nos verres, Craigie, et buvons à sa santé. Il se fait tard, et un bonnet de nuit de bon clairet vaut tous les bonnets pensants d'Europe.

CHAPITRE XXIX.

> C'était le sujet de tous nos entretiens. Au lit elle ne dormait pas, parce que je la pressais toujours là-dessus ; à table elle ne mangeait pas, parce que j'y revenais toujours. Seul, c'était l'unique objet de mes pensées ; en compagnie, mon esprit s'y reportait sans cesse.
>
> *Les Méprises.*

Le matin du jour suivant vit Bucklaw et son fidèle Achate, Craigengelt, au château de Ravenswood. Ils furent reçus de la manière la plus courtoise par le chevalier et sa dame, ainsi que par leur fils et héritier, le colonel Ashton. Après avoir bien rougi et bien balbutié, — car nonobstant son assurance à d'autres égards, Bucklaw avait toute la timidité niaise commune chez ceux qui ont peu vu la bonne société, — il parvint enfin à exprimer son désir qu'il lui fût permis d'avoir un entretien avec miss Ashton au sujet de leur union prochaine. Sir William et son fils regardèrent lady Ashton, qui répondit avec le plus grand calme que Lucy allait se rendre sur-le-champ près de M. Hayston. — J'espère, ajouta-t-elle en souriant, qu'attendu la grande jeunesse de Lucy, et la faiblesse qu'elle a eue récemment de se laisser entraîner à un engagement dont elle rougit maintenant de toute son âme, notre cher Bucklaw excusera le désir qu'elle peut avoir que je sois présente à leur entrevue?

— En vérité, ma chère lady, répondit Bucklaw, c'est une chose que j'aurais souhaitée pour mon propre compte ; car j'ai été si peu habitué à ce qu'on nomme la galanterie, que certainement je tomberai dans quelque maudite gaucherie, si je n'ai l'avantage d'un interprète comme Votre Seigneurie.

Ce fut ainsi que Bucklaw, dans son embarras et son trouble en cette occurrence décisive, oublia les justes appréhensions qu'il avait conçues au sujet de l'ascendant tyrannique de lady Ashton sur l'esprit de sa fille, et perdit une occasion de s'assurer par lui-même des sentiments réels de Lucy.

Sir William, son fils et le capitaine quittèrent le salon, et un moment après lady Ashton rentra, suivie de sa fille. Lucy paraissait, comme Bucklaw l'avait déjà vue en d'autres occasions, plutôt calme qu'agitée ; mais un juge plus pénétrant que lui aurait eu peine à décider si c'était le calme du désespoir ou celui de l'indifférence. Bucklaw était trop troublé lui-même par ses propres sentiments pour scruter minutieusement ceux de sa fiancée. Il balbutia quelques phrases sans suite, mêlant et confondant les deux ou trois sujets auxquels elles se rapportaient, et resta court avant d'être arrivé à une conclusion régulière. Miss Ashton écoutait, ou paraissait écouter; mais elle ne répondit pas un mot, et tint ses yeux fixés sur un petit ouvrage de broderie auquel, comme par une sorte d'instinct machinal, ses doigts étaient activement occupés. Lady Ashton était assise à quelque distance, presque cachée par une profonde embrasure de fenêtre où elle avait placé sa chaise. De là elle dit à demi-voix, d'un ton dont la douceur avait quelque chose du reproche, sinon de l'injonction : — Hé bien, ma chère Lucy, à quoi pensez-vous? — N'avez-vous pas entendu ce que M. Bucklaw vous disait?

L'idée de la présence de sa mère semblait s'être effacée du souvenir de la malheureuse jeune fille. Elle tressaillit, laissa tomber son aiguille, et prononça précipitamment et presque tout d'une haleine ces réponses contradictoires : Oui, madame; — non, mylady; — je vous demande pardon, je n'ai pas entendu.

— Vous n'avez pas besoin de rougir, ma chère Lucy, et encore moins de pâlir ainsi et d'être si effrayée, dit lady Ashton en s'approchant; nous savons que les oreilles d'une jeune fille doivent s'ouvrir lentement aux discours d'un gentleman. Mais vous devez vous souvenir que M. Hayston parle d'un objet sur lequel vous avez consenti depuis longtemps à l'écouter favorablement. Vous savez combien votre père et moi désirons du fond du cœur une union si sortable.

Il y avait dans la voix de lady Ashton un ton d'injonction pénétrant et même sévère soigneusement et habilement dissimulé sous l'apparence de la plus tendre affection maternelle. Les dehors étaient pour Bucklaw, à qui il ne fut pas bien difficile d'en imposer; le fond de l'exhortation était pour la tremblante Lucy, qui ne savait que trop comment devaient s'interpréter les avis de sa mère, quelque adroitement que le sens réel en pût être voilé pour les autres.

Miss Ashton, se tenant droite sur sa chaise, jeta autour d'elle un regard dans lequel une expression de crainte se mêlait à un véritable égarement; mais elle resta absolument silencieuse. Bucklaw, qui, pendant ce temps, se promenait de long en large dans l'appartement, finit enfin par retrouver sa présence d'esprit, et s'arrêta à deux ou trois pas du siége de Lucy. — Je crois, miss Ashton, dit-il tout à coup, que j'ai été un damné sot; j'ai essayé de vous parler comme on m'a dit que les jeunes personnes aiment qu'on leur parle, et je ne crois pas que vous ayez compris un mot de ce que j'ai dit; et cela n'est pas étonnant, car que je sois damné si je me suis compris moi-même ! Mais pourtant, une fois pour toutes et en bon écossais, votre père et votre mère agréent à ce dont il est question; et si vous voulez prendre pour mari un jeune homme tout franc et tout uni, qui ne vous contrariera jamais dans rien de ce que vous aurez en idée, je vous mettrai à la tête du meilleur établissement des trois Lothians : à Édimbourg, vous aurez la maison de lady Girnington dans Canongate; vous irez où il vous plaira, vous ferez ce qu'il vous plaira, vous verrez qui vous plaira, et c'est trop juste. Seulement il faudra que j'aie un coin au bout de la table pour un mauvais sujet de mes amis, un ancien compagnon de plaisir, que j'aimerais tout autant loin de moi que près, n'était-ce que le damné drôle m'a persuadé que je ne pouvais me passer de lui. Ainsi donc, j'espère que vous n'exclurez pas Craigie, bien qu'il fût aisé de trouver beaucoup meilleure compagnie.

—Fi donc, Bucklaw! dit lady Ashton, s'interposant de nouveau; — comment pouvez-vous penser que Lucy puisse faire aucune objection contre cette franche et honnête créature d'un si bon naturel, le capitaine Craigengelt?

— Oh! madame, quant à la sincérité, à l'honnêteté et au bon naturel de Craigie, je crois que tout peut aller à peu près de pair; — mais ce n'est pas de cela qu'il s'agit. Le drôle connaît mon humeur, il s'est rendu utile, et je ne puis rien faire sans lui, comme je vous le disais. Mais tout ceci ne fait rien à l'affaire; car, puisque j'ai trouvé assez de courage pour faire franchement ma demande, je voudrais que miss Ashton me fît de sa propre bouche une réponse franche.

— Mon cher Bucklaw, dit lady Ashton, permettez-moi de venir au secours de la timidité de ma fille; je vous dis en sa présence qu'elle a déjà consenti à se laisser guider en cette affaire par son père et par moi. — Ma chère Lucy, ajouta-t-elle avec cette singulière combinaison de douceur de ton et d'inflexion impérieuse, — Lucy, ma chère enfant! parlez vous-même, la chose n'est-elle pas comme je dis?

Sa victime répondit d'une voix sourde et tremblante : — J'ai promis de vous obéir, — mais à une condition.

— Elle veut dire, reprit lady Ashton en se tournant vers Bucklaw, qu'elle attend une réponse à la demande qu'elle a adressée à cet homme, à Vienne, à Ratisbonne, à Paris, — n'importe où il se trouve, enfin, — pour qu'il la délie de l'engagement dans lequel il a eu l'art de l'envelopper. Je suis certaine, mon cher ami, que vous ne la blâmerez pas de son extrême délicatesse à ce sujet; il est vrai qu'elle nous concerne tous.

— C'est parfaitement juste, — tout à fait bien, répondit Bucklaw, à demi fredonnant, à demi récitant la fin de la vieille chanson :

« Des vieux amours il faut solder le compte,
   Pour s'embarquer dans des amours nouveaux. »

Mais il me semble, reprit-il après une pause, que vous auriez eu six fois le temps d'avoir une réponse de Ravenswood. Que je sois damné si je n'ai pas idée d'aller en chercher une moi-même, pour peu que miss Ashton veuille m'honorer de la commission !

— Non pas, repartit lady Ashton. Nous avons eu la plus grande peine à empêcher Douglas (pour qui elle eût été plus convenable) de faire une démarche si précipitée; et pensez-vous, mon bon ami, que nous vous permettrions, à vous qui nous êtes à peine moins cher, d'aller trouver un tel homme pour un tel sujet? Par le fait, tous les amis de la famille sont d'opinion, et ma chère Lucy elle-même doit être du même avis, que cet homme indigne n'ayant pas répondu à sa lettre, le silence, en ce cas comme en d'autres, doit équivaloir à un assentiment, et qu'un contrat doit être regardé comme annulé quand les parties n'y persistent pas. Sir William, qui doit s'y connaître mieux que personne, est précis sur ce point; ainsi donc, ma chère Lucy....

— Madame, interrompit Lucy avec une énergie inaccoutumée, ne me pressez pas davantage. — Si ce malheureux engagement m'est rendu, j'ai déjà dit que vous disposeriez de moi à votre volonté : — jusque-là, je me rendrais coupable d'une grande faute envers Dieu et celui qui a ma parole, si je faisais ce que vous demandez.

— Mais, mon enfant, si cet homme garde un silence obstiné....

— Il ne gardera *pas* le silence, interrompit de nouveau Lucy; il y a six semaines que je lui ai envoyé par une voie sûre un double de ma première lettre.

— Vous ne l'avez pas fait! — vous n'auriez pu — vous n'auriez osé le faire! s'écria lady Ashton avec violence, oubliant son ton de douceur affectée; mais se reprenant aussitôt, elle ajouta, d'un ton de doux reproche : — Ma chère Lucy, comment avez-vous pu avoir une telle pensée?

— Peu importe, dit Bucklaw; je respecte miss Ashton pour ses sentiments, seulement j'aurais voulu être son messager.

— Et dites-moi, je vous prie, miss Ashton, reprit sa mère d'un ton d'ironie, combien de temps devons-nous attendre le retour de votre Pacolet, — de votre messager des fées? — car nos humbles courriers de chair et d'os n'auraient pas été dignes d'être chargés d'une telle mission.

— J'ai compté les semaines, les jours, les heures et les minutes, répondit miss Ashton; encore huit jours, et j'aurai une réponse, à moins qu'il ne soit mort. — Jusque-là, monsieur, continua-t-elle en s'adressant à Bucklaw, soyez assez généreux pour obtenir de ma mère qu'elle m'épargne de nouvelles instances à ce sujet.

— J'en fais à lady Ashton la prière formelle, dit Bucklaw. Sur mon honneur, miss, je respecte vos sentiments; et bien que la conclusion de cette affaire me soit devenue plus chère que jamais, cependant, sur ma parole de gentilhomme, j'y renoncerais plutôt que de souffrir que vous soyez pressée à cet égard de manière à vous causer un seul instant de peine.

— Monsieur Hayston, je pense, ne peut avoir une pareille crainte, dit lady Ashton pâle de colère, quand c'est le cœur d'une mère qui veille sur le bonheur de sa fille. — Permettez-moi de vous demander, miss Ashton, en quels termes votre seconde lettre était conçue.

— Exactement les mêmes, madame, que ceux que vous m'aviez précédemment dictés, répondit Lucy.

— Ainsi donc, ma chère enfant, repartit sa mère en reprenant son ton affectueux, encore huit jours d'attente, puis nous espérons que vous mettrez fin à cette incertitude.

— Miss Ashton ne doit pas être serrée ainsi de près, madame, dit Bucklaw, en qui le défaut de délicatesse dans les sentiments n'allait pas jusqu'à l'insensibilité ; — des messagers peuvent être arrêtés ou retardés. Je pourrais citer une occasion où un voyage fut retardé de tout un jour par un cheval déferré. — Permettez-moi de voir mon calendrier. — Dans vingt jours d'ici, c'est la Saint-Jude, et il faut que la veille je sois à Caverton-Edge pour voir la course entre la jument noire du laird de Kittlegirth et le cheval de quatre ans de Johnston le marchand de farine ; mais je puis courir toute la nuit, ou bien Craigie peut venir me dire comment la course aura été ; et j'espère que d'ici là, comme moi-même je ne tourmenterai miss Ashton d'aucune importunité, mylady elle-même, ainsi que sir William et le colonel Douglas, auront la bonté de lui laisser tout le temps de se préparer l'esprit paisiblement.

— Monsieur, dit miss Ashton, vous êtes généreux.

— Quant à cela, madame, je n'ai pas d'autre prétention que d'être un jeune homme d'un caractère franc et réjoui, comme je le disais tout à l'heure, qui sera tout disposé à vous rendre heureuse, si vous voulez le lui permettre et lui en montrer les moyens.

A ces mots, il la salua avec plus d'émotion qu'il ne lui était ordinaire d'en éprouver, et il prit congé des deux dames. Lady Ashton l'accompagna jusqu'à la porte du salon, en l'assurant que sa fille rendait pleine justice à la sincérité de son attachement, et en le priant de voir sir William avant de partir, puisque le jour de la Saint-Jude, ajouta-t-elle en jetant à Lucy un regard expressif, nous devons tous être prêts *à signer et à terminer.*

— Signer et terminer ! répéta Lucy d'une voix à peine articulée, lorsque la porte du salon fut refermée sur elle ; — signer et terminer ! — signer et mourir ! Et joignant ses mains amaigries, elle se laissa retomber sur son fauteuil dans un état voisin de la stupeur.

Elle en fut bientôt tirée par l'arrivée bruyante de son frère Henry, qui venait lui rappeler la promesse qu'elle lui avait faite de deux aunes de ruban écarlate pour faire des nœuds à ses jarretières neuves. Lucy se leva avec une résignation calme, et, ouvrant une petite boîte d'ivoire, elle y chercha le ruban qu'on lui demandait, le mesura avec soin, le coupa en longueurs convenables, et en fit des nœuds tels que les voulut la fantaisie enfantine de son frère.

CHAPITRE XXIX.

— Ne fermez pas encore la boîte, dit Henry, parce qu'il me faut un peu de votre fil d'argent pour attacher les clochettes de mon faucon ; — et pourtant le nouveau faucon ne les mérite pas ; car vous savez, après tout le mal que nous avons eu à le dénicher sur le chemin de Posso, dans Mannor Water, je crois qu'après tout, ça ne se trouvera être qu'un maraudeur ; — il trempe seulement ses serres dans le sang de la perdrix, puis il reprend sa volée et la laisse aller. Et qu'est-ce que le pauvre oiseau peut faire de bon après cela, je vous le demande, autre chose que d'aller languir et mourir dans la première bruyère, ou au milieu des premiers genêts où il aura pu se traîner?

— C'est vrai, Henry, — c'est vrai, c'est très-vrai, dit douloureusement Lucy en serrant la main de l'enfant après lui avoir donné le fil d'argent dont il avait besoin ; mais il y a dans le monde d'autres oiseaux de proie que votre faucon, et bien des oiseaux blessés qui ne cherchent qu'à mourir en paix, sans pouvoir trouver ni buisson ni genêt pour y cacher leur tête.

— Ah ! voilà une de vos phrases de roman, dit l'enfant, et Sholto dit que les romans vous ont fait tourner la tête. Mais j'entends Norman qui siffle le faucon ; — il faut que j'aille lui attacher ses liens.

Et il partit en courant, avec l'insouciante gaieté de l'enfance, laissant sa sœur à l'amertume de ses réflexions.

— Il est écrit, dit-elle, que je serai délaissée par tous, même par ceux qui doivent m'aimer le plus, et que je resterai à la discrétion de ceux qui m'obsèdent. Mais il est juste qu'il en soit ainsi. Seule et sans conseils, je me suis précipitée dans ces périls ; — seule et sans conseils, je dois m'en tirer ou mourir.

CHAPITRE XXX.

> Que s'ensuit-il autre chose qu'une sombre et morne mélancolie, voisine de l'affreux désespoir, et à sa suite le pernicieux cortége des intempéries au front pâle et de tous les ennemis de notre existence ? *Les Méprises.*

Pour justifier jusqu'à un certain point la facilité avec laquelle Bucklaw (qui était après tout, comme il le disait lui-même, un franc et réjoui compagnon) soumettait son jugement à la direction de lady Ashton dans le temps où il faisait sa cour à Lucy, il est nécessaire de rappeler au lecteur la rigoureuse discipline domestique qui, à cette époque, était exercée sur les femmes dans les familles écossaises.

En ceci, comme en bien d'autres points, les mœurs du pays ressemblaient à celles de la France avant la Révolution. Les jeunes personnes des hautes classes voyaient rarement le monde avant leur mariage, et, par la loi comme par le fait, elles étaient tenues de rester strictement sous la tutelle de leurs parents, lesquels n'étaient que trop disposés à décider de leur établissement sans donner la moindre attention aux inclinations des parties directement intéressées. En de telles occasions, l'aspirant n'attendait de sa fiancée guère plus qu'un acquiescement silencieux à la volonté de ses parents; et comme il s'offrait peu d'occasions de connaissance, et bien moins encore d'intimité, il réglait son choix sur les dehors, comme les amants dans *le Marchand de Venise*, choisissant la cassette, satisfait de laisser au hasard l'issue de la loterie à laquelle il avait risqué une mise.

Il n'était donc pas surprenant, telles étant les mœurs générales du temps, que M. Hayston de Bucklaw, éloigné jusqu'à un certain point de la bonne compagnie par ses habitudes dissipées, ne s'attachât pas davantage, dans la fiancée qu'on lui avait choisie, à ces sentiments auxquels il est très-probable que des hommes de plus de susceptibilité, d'expérience et de réflexion se seraient également montrés indifférents. Il lui suffisait d'être instruit de ce que tout le monde regardait comme le point principal, c'est-à-dire de savoir que les parents et les amis de Lucy étaient décidément prononcés en sa faveur, et que leur prédilection était fondée sur les raisons les plus puissantes.

Il est vrai que, depuis le départ de Ravenswood, la conduite du marquis d'A*** avait été telle, que l'union de son parent avec Lucy Ashton en était devenue presque impossible. Le marquis était pour Ravenswood un ami plus sincère que judicieux ; ou plutôt, comme beaucoup d'amis et de protecteurs, il s'attachait à ce qui, à ses yeux, était le véritable intérêt de son protégé, bien qu'il sût qu'en agissant ainsi il allait contre les inclinations de celui qu'il voulait servir.

Ce fut ainsi que le marquis, avec la plénitude de l'autorité ministérielle, porta devant la Chambre des Pairs d'Angleterre un appel des décisions des tribunaux écossais en vertu desquelles sir William était entré en possession des domaines héréditaires de Ravenswood. Comme cette mesure, appuyée de toute l'autorité du pouvoir, était nouvelle dans les fastes judiciaires de l'Écosse, bien que depuis on y ait eu fréquemment recours, les légistes du parti opposant jetèrent les hauts cris, et la représentèrent comme un empiétement à la fois nouveau, arbitraire et tyrannique, sur la juridiction civile du pays. Et si elle affecta ainsi même des étrangers qui n'avaient de commun avec la famille Ashton qu'une communauté de parti politique, on peut deviner ce que les Ashtons eux-mêmes dirent et pensèrent d'une pareille énormité. Sir William, encore plus attaché aux biens de ce monde qu'il n'était timide, fut réduit au désespoir par l'idée seule de la perte dont il était menacé. L'esprit plus altier de son fils fut exaspéré jusqu'à la rage à la pensée de se voir privé de ce qu'il avait regardé comme son patrimoine. Mais, pour l'âme encore plus implacable de lady Ashton, la conduite de Ravenswood, ou plutôt de son patron, était une offense qui devait provoquer les sentiments les plus profonds d'une inextinguible vengeance. L'esprit calme et confiant de Lucy elle-même, dominé par l'opinion de tout ce qui l'entourait, ne put s'empêcher de considérer la conduite de Ravenswood comme précipitée et peu généreuse.

—Ce fut mon père, se répétait-elle en soupirant, qui l'accueillit ici, et qui toléra, s'il ne l'encouragea pas, l'intimité qui s'établit entre nous. N'aurait-il pas dû s'en souvenir, et y répondre au moins par un certain degré de modération, et par moins de hâte à faire valoir ce qu'il regarde comme ses droits légitimes? J'aurais abandonné pour lui deux fois la valeur de ces terres, dont il poursuit la restitution avec une ardeur qui fait assez voir qu'il a oublié combien je suis intéressée dans cette poursuite.

Ces réflexions, néanmoins, Lucy ne pouvait que se les faire tout bas, ne voulant pas accroître les préventions nourries contre son amant par ceux au milieu de qui elle vivait, et qui ne cessaient de se récrier contre les démarches faites au nom du Maître de Ravenswood. C'étaient, disaient-ils, des procédés illégaux, vexatoires et tyranniques, à peine égalés par les plus mauvaises mesures des temps les plus mauvais des Stuarts; c'était dégrader l'Écosse, que de soumettre ainsi les décisions de ses juges éclairés à la révision d'une cour composée à la vérité d'hommes du plus haut rang, mais complétement étrangers à l'étude des lois municipales, et qu'on pouvait supposer avoir un mépris tout particulier pour celles de l'Écosse. Comme conséquence naturelle de ces récriminations, on mettait tous les moyens en œuvre et on avait recours à tous les arguments pour déterminer miss Ashton à rompre son engagement avec Ravenswood, engagement qu'on lui représentait comme scandaleux, honteux et criminel, formé qu'il était avec le mortel ennemi de sa famille, et propre à ajouter une nouvelle amertume aux chagrins de ses parents.

Mais l'âme de Lucy était élevée, et quoique seule et sans appui, elle aurait supporté beaucoup. — Elle aurait pu endurer les plaintes de son père, — ses murmures contre ce qu'il nommait les excès tyranniques du parti dominant, — ses continuelles accusations d'ingratitude contre Ravenswood, — ses dissertations sans fin sur les diverses causes de résiliation et d'annulation des contrats, — ses éternelles citations de la loi civile, municipale et canonique, — enfin ses longs discours sur la puissance paternelle, *patria potestas*.

Elle aurait pu aussi supporter avec patience, ou repousser avec mépris, les traits amers que lui lançait son frère le colonel Douglas Ashton, et même la violence à laquelle il se laissait parfois emporter, aussi bien que les reproches indiscrets et impertinents des autres parents et amis de la famille. Mais ce qui était au-dessus de ses forces, c'était d'affronter ou d'éluder la persécution constante, acharnée, de lady Ashton. Écartant toute autre pensée, tout autre désir, lady Ashton avait tendu toutes les forces de son puissant esprit à rompre le contrat de sa fille avec Ravenswood, et à élever entre les deux amants une barrière perpétuelle, en assurant l'union de Lucy avec Bucklaw. Bien plus habile que son époux à sonder les replis cachés du cœur humain, elle avait compris que par là elle frapperait d'une vengeance sûre et cruelle un homme en qui elle voyait son ennemi mortel ; elle n'hésita pas à lever le poignard, quoiqu'elle sût que du même coup elle devrait percer le cœur de sa fille. Marchant directement à son but, elle sonda sans pitié toutes les blessures de l'âme de Lucy, prit tour à tour tous les masques qui pouvaient servir ses desseins, et disposa à loisir les machinations de toute espèce par lesquelles l'esprit humain peut être détourné de la résolution la plus ferme. Quelques-unes de ces manœuvres étaient d'une nature commune, et n'exigent pas que nous nous y arrêtions ; d'autres sont caractéristiques du temps, du pays et des différents acteurs de ce singulier drame.

Il était de la dernière conséquence que tout rapport entre les deux amants fût interrompu : en employant tour à tour la séduction de l'or et l'autorité, lady Ashton réussit à se rendre tellement maîtresse de l'entourage de sa fille, que, par le fait, jamais forteresse assiégée ne fut tenue dans un blocus plus étroit ; et cependant nulle apparence de contrainte ne se faisait remarquer autour de miss Ashton. La limite du domaine paternel était devenue pour elle comme cette ligne invisible tracée autour d'un château enchanté, où rien ne peut pénétrer du dehors ni sortir de l'intérieur. Ce fut de cette manière que toutes les lettres par lesquelles Ravenswood informait Lucy Ashton des raisons indispensables qui le retenaient à l'étranger, et plus d'un billet que lui avait adressé la pauvre Lucy par des voies qu'elle croyait sûres, tombèrent entre les mains de sa mère. Il était impossible que le contenu de ces lettres interceptées, de celles surtout de Ravenswood, ne fût pas parfois de nature à irriter les passions et à fortifier l'opiniâtreté de celle sous les yeux de qui elles arrivaient ainsi; mais les passions de lady Ashton étaient trop profondément enracinées pour avoir besoin de ce nouvel aliment. Elle brûlait les papiers à mesure qu'elle les avait lus; et chaque fois qu'elle en voyait un se réduire ainsi en vapeur et en cendres, un sourire se dessinait sur ses lèvres comprimées, et dans son regard altier brillait une exaltation qui révélait en elle la confiance où elle était que les espérances de ceux qui avaient tracé les lignes dont elle contemplait la destruction seraient bientôt anéanties de même.

Il arrive habituellement que la fortune favorise les machinations de ceux qui sont prompts à profiter de toutes les chances qu'elle leur offre. Un bruit se répandit du continent, bruit fondé, comme tant d'autres du même genre, sur nombre de circonstances plausibles, mais sans fondement réel, et annonçant que le Maître de Ravenswood était à la veille d'épouser une dame étrangère riche et de haute naissance. Cette rumeur fut avidement saisie par chacun des deux partis politiques qui se disputaient à la fois le pouvoir et la faveur populaire, et qui s'emparaient, comme il est d'usage, des circonstances les plus secrètes de la vie privée de leurs adversaires respectifs pour les convertir en sujets de controverse.

Le marquis d'A*** émit son opinion hautement et publiquement, non, à la vérité, dans les termes grossiers que lui avait attribués le capitaine Craigengelt, mais d'une manière suffisamment offensante pour les Ashtons. — Il regardait le bruit comme très-probable, dit-il, et il souhaitait de toute son âme qu'il se confirmât, une telle union étant plus convenable et beaucoup plus honorable pour un jeune homme plein de talents et d'avenir, qu'un mariage avec la fille d'un vieux avocat whig, dont les chicaneries avaient été si près de ruiner son père le lord de Ravenswood.

L'autre parti, naturellement, sans dire un mot de l'opposition que le Maître de Ravenswood avait rencontrée dans la famille de miss Ashton, criait haro sur son inconstance et sa perfidie, comme si, après avoir entraîné la jeune fille dans un engagement, il l'eût abandonnée pour une autre, sans motif et de propos délibéré.

On eut soin que ce bruit parvînt au château de Ravenswood par différents canaux, lady Ashton comprenant bien que la répétition même de cette rumeur arrivant ainsi par des voies différentes ne pouvait que lui donner un plus grand air de vérité. Les uns la mentionnaient comme une nouvelle ordinaire, d'autres la rapportaient comme un avis des plus graves ; tantôt elle était soufflée à l'oreille de miss Ashton d'un ton de plaisanterie malveillante, tantôt elle lui était donnée en guise d'avertissement et comme un sujet de sérieuses réflexions.

On se servait même du jeune Henry comme d'un instrument propre à ajouter aux tourments de sa sœur. Un matin il accourut dans la chambre de Lucy, une branche de saule à la main, en lui disant que cette branche arrivait à l'instant même d'Allemagne tout exprès pour qu'elle la portât [1]. Lucy, comme nous l'avons vu, aimait tendrement son jeune frère, et en ce moment ce sarcasme étourdi et inconsidéré lui parut plus pénible que les insultes étudiées de son frère aîné. Sa douleur, cependant, ne fut pas mêlée de l'ombre du ressentiment ; elle entoura de ses bras le cou de l'enfant, et lui disant, d'une voix affaiblie, — Pauvre Henry ! vous ne faites que répéter ce qu'ils vous ont appris, — elle répandit un torrent de larmes qu'elle ne chercha pas à contenir. L'enfant fut ému, nonobstant l'insouciante légèreté de son âge et de son caractère. — Le diable me prenne, dit-il, si je vous rapporte encore un de ces messages qui vous chagrinent ainsi, Lucy ; car je vous aime mieux, ajouta-t-il en essuyant les larmes de sa sœur sous ses baisers, qu'eux tous ensemble. Je vous donnerai mon poney gris pour le monter, Lucy, et vous galoperez dessus si ça vous plaît ; oui, et vous sortirez du village, encore, si ça vous plaît !

— Qui vous a dit, lui demanda Lucy, qu'il ne me soit pas permis d'aller à cheval où il me plaît ?

— Oh ! c'est un secret ; mais vous verrez que toutes les fois que vous voudrez sortir du village, votre cheval se déferrera d'un pied, ou qu'il boitera, ou que la cloche du château sonnera, ou qu'il arrivera quelque autre chose pour vous faire rentrer. — Mais si je vous en dis plus, Douglas ne me donnera pas la paire de drapeaux qu'il m'a promise ; ainsi, bien le bonjour.

Ce dialogue jeta Lucy dans un abattement encore plus profond, en lui faisant voir à n'en pas douter qu'elle était temporairement suspectée, et en quelque sorte prisonnière dans la maison paternelle. Nous l'avons représentée au début de notre histoire comme étant d'un caractère romanesque, se complaisant aux récits d'amours et de merveilles, et prompte à s'identifier avec la situation de ces héroïnes de légendes dont les aventures, faute d'un meilleur aliment pour ses lectures, avaient meublé sa mémoire. La baguette de fée au moyen de laquelle elle s'était plu, dans sa solitude, à évoquer de riantes visions enchantées, devint alors la verge d'un magicien esclave des mauvais

---

[1] *Porter la branche de saule* est en Angleterre une phrase proverbiale qu'on applique aux filles trompées dans leurs amours. (L. V.)

CHAPITRE XXX.

génies, servant seulement à faire apparaître des spectres devant lesquels l'exorciste tremblait. Elle se sentait un objet de soupçon, de mépris, et d'aversion au moins, sinon de haine, pour sa propre famille; et il lui semblait qu'elle était abandonnée par celui-là même à cause de qui elle avait encouru l'inimitié de tout ce qui l'entourait. Il est vrai que les témoignages de l'inconstance de Ravenswood commencèrent à prendre de jour en jour un caractère plus décidé.

Un soldat de fortune du nom de Westenho, un ancien familier de Craigengelt, arriva vers ce temps du continent. Le digne capitaine, quoiqu'il ne s'entendît pas précisément avec lady Ashton, avait toujours soin d'agir de manière à servir adroitement ses projets; et il n'eut pas de peine à obtenir de son ami qu'il rendît un témoignage explicite de la vérité du prochain mariage de Ravenswood, soit en brodant les circonstances réelles, soit en y en ajoutant d'imaginaires.

Ainsi pressée de toutes parts, et en quelque sorte réduite au désespoir, Lucy succomba sous le poids d'une affliction constante et d'une incessante persécution. Elle devint sombre et distraite ; et contrairement à la douceur de son caractère habituel, il lui arrivait parfois de se redresser avec énergie, et même avec emportement, contre ceux de qui elle éprouvait cette persécution sourde et continue. Sa santé aussi commença à décliner, et ses joues amaigries, ainsi que l'égarement de ses yeux, montrèrent les symptômes de ce qu'on nomme fièvre nerveuse. Chez la plupart des mères, ces signes eussent éveillé la compassion ; mais lady Ashton, inébranlable dans ses desseins, vit cette altération de santé et d'esprit sans plus de pitié que n'en éprouve l'ingénieur ennemi à la vue des tours d'une ville assiégée ébranlées sous les coups de son artillerie; ou plutôt elle regardait ces écarts et ces inégalités de caractère comme les symptômes de la résolution expirante de Lucy, de même que le pêcheur juge aux mouvements de douleur convulsive du poisson qu'il a harponné, qu'il pourra bientôt l'attirer sur le rivage. Pour accélérer la catastrophe, lady Ashton eut recours à un expédient tout à fait en rapport avec le caractère de crédulité de l'époque, mais que probablement le lecteur regardera comme une invention détestable et véritablement diabolique.

CHAPITRE XXXI.

> C'est là que faisait sa demeure une sorcière couverte de haillons repoussants ; se condamnant à une misère volontaire, et insouciante de ses besoins, elle avait choisi cette résidence isolée, loin de tout voisinage, afin de cacher à tous les yeux ses opérations diaboliques et ses évocations infernales, et de frapper ainsi dans l'ombre ceux que la haine désignait à ses coups.
>
> *La Reine des Fées.*

A santé de Lucy Ashton requit bientôt les soins d'une personne plus au fait des fonctions de garde-malade que ne l'était aucune des femmes de service ordinaires de la famille ; Ailsie Gourlay, quelquefois nommée aussi la Savante de Bowden, fut celle que, par de puissantes raisons qui lui étaient particulières, lady Ashton choisit pour la placer près de sa fille.

Cette femme avait acquis une grande réputation parmi les ignorants, par les prétendues cures qu'on lui attribuait, surtout dans ces affections mystérieuses qui défient l'art ordinaire du médecin. Sa pharmacopée se composait partie d'herbes cueillies aux heures planétaires, partie de mots, de signes et de charmes, qui parfois, peut-être, avaient une influence favorable sur l'imagination de ses malades. Telle était la profession avouée de Lucky[1] Gourlay, laquelle, on peut bien le supposer, était regardée d'un air de soupçon non-seulement par ses voisins, mais aussi par le clergé du district. En secret, cependant, elle trafiquait plus directement des sciences occultes ; car malgré les châtiments terribles infligés au crime supposé de sorcellerie, il ne manquait pas de créatures qui, incitées par la misère et une disposition particulière d'esprit, ne répugnaient pas à assumer cet odieux et dangereux caractère, par l'attrait de l'influence que ces terreurs les mettaient à même d'exercer sur leurs voisins, et des chétifs salaires que pouvait leur valoir la pratique de leur art supposé.

Il est vrai qu'Ailsie Gourlay n'était pas assez simple pour avouer un pacte avec l'Esprit du Mal, ce qui eût été s'ouvrir une route prompte

---

[1] Nous avons déjà fait remarquer que *Lucky* est une expression familière au bas peuple d'Écosse, et dont l'équivalent le plus exact est dans l'appellation familière aux classes correspondantes parmi nous, *la mère*. (L. V.)

et assurée vers le poteau et le tonneau goudronné. Sa magie, disait-elle, était, comme celle de Caliban, une innocente magie. Néanmoins, elle disait la bonne aventure, expliquait les songes, composait des philtres, découvrait les objets volés, faisait et défaisait des mariages, avec autant de succès que si elle eût été, selon la croyance de tout le voisinage, aidée dans ces opérations par Belzébuth lui-même. Le plus mauvais côté des adeptes de ces prétendues sciences était que, se sentant en horreur à l'humanité, ils se souciaient généralement peu de ce qu'ils pouvaient faire pour mériter la haine publique. Des crimes réels furent souvent commis sous le couvert d'impostures magiques ; et c'est jusqu'à un certain point un soulagement au dégoût avec lequel nous lisons, dans les fastes criminels, les jugements prononcés contre ces malheureux, de savoir que beaucoup d'entre eux méritaient, comme empoisonneurs, suborneurs, et agents diaboliques de crimes secrets accomplis au sein des familles, la condamnation rigoureuse qu'ils encouraient pour le crime imaginaire de sorcellerie.

Telle était Ailsie Gourlay, que lady Ashton crut convenable de placer près de la personne de sa fille, pour subjuguer son esprit avec plus de certitude. Une femme de moindre conséquence que lady Ashton eût reculé devant une telle démarche ; mais son rang élevé et sa force de caractère la mettaient au-dessus de la censure du monde, et on l'approuva d'avoir choisi pour sa fille la meilleure garde-malade et la femme la plus expérimentée en médecine de tout le pays, là où une personne inférieure eût encouru le reproche de réclamer l'assistance d'une alliée et associée du grand Ennemi des hommes.

La vieille sorcière saisit promptement et par simple insinuation les intentions de lady Ashton, sans que celle-ci eût l'embarras de s'expliquer distinctement. Dame Gourlay était à beaucoup d'égards faite pour le rôle qu'elle jouait, lequel, à la vérité, ne pouvait être abordé avec succès sans une certaine connaissance du cœur humain et de ses passions. Elle s'était aperçue qu'à sa vue seule Lucy avait frissonné ; et en même temps qu'elle conçut une haine intérieure contre la pauvre fille pour l'horreur involontaire dont elle avait laissé échapper l'expression, elle débuta dans ses opérations par s'efforcer d'effacer ou de surmonter cette impression, dont au fond du cœur elle conservait le ressentiment comme d'une offense mortelle. Cette tâche ne lui fut pas difficile, car, aux yeux de Lucy, l'extérieur hideux de la vieille fut bientôt balancé par un semblant de bonté et d'intérêt auxquels, depuis quelque temps, elle avait été peu accoutumée. Son service attentif et son habileté réelle comme garde lui gagnèrent l'oreille sinon le cœur de sa patiente ; et sous prétexte de charmer l'ennui d'une chambre de malade, elle captiva bientôt l'attention de Lucy par les légendes dont sa mémoire était abondamment pourvue, et auxquelles les lectures de la jeune fille et sa disposition d'esprit lui firent prêter une oreille avide.

Les histoires de dame Gourlay furent d'abord d'un caractère doux et intéressant ; elle parlait

> « des fées et de leurs danses nocturnes sur les bruyères, et d'amants condamnés aux pleurs et à une vie errante, et de tours élevées où de méchants magiciens tenaient leurs esclaves captives. »

Mais graduellement ces histoires prirent une teinte plus sombre et plus mystérieuse, et elles devinrent telles, que, racontées à la lampe nocturne, et leur effet encore augmenté par la voix cassée de la vieille sorcière aux yeux bleus, par le tremblement de ses lèvres livides, par le mouvement de son doigt desséché levé en l'air, par l'aspect repoussant de sa tête branlante, elles auraient pu effrayer une imagination moins crédule, même dans un siècle moins superstitieux. La vieille Sycorax[1] vit son avantage, et peu à peu elle resserra son cercle magique autour de la victime dévouée à ses machinations. Ses légendes commencèrent à mentionner la destinée de la famille de Ravenswood, dont l'ancienne grandeur et la sinistre puissance avaient reçu de la crédulité tant d'attributs superstitieux. L'histoire de la fontaine fatale fut racontée tout au long, et avec de formidables additions, par la vieille sibylle. La prophétie, citée par Caleb, touchant la fiancée morte qui devait être conquise par le dernier des Ravenswood, eut ses mystérieux commentaires ; et la circonstance singulière de l'apparition vue dans la forêt par le Maître de Ravenswood, ayant en partie transpiré au milieu de ses questions précipitées dans la chaumière de la vieille Alice, devint le texte de mainte exagération.

Lucy aurait pu mépriser ces histoires si elles eussent eu rapport à toute autre famille, ou si sa propre situation eût été moins pénible. Mais dans les circonstances où elle se trouvait, l'idée qu'un mauvais destin s'attachait à son amour devint sa pensée dominante, et la superstition assombrit encore un esprit déjà assez affaibli par le chagrin, la détresse, l'incertitude, et par le sentiment amer de l'isolement et de l'abandon. Les histoires qu'elle entendait avaient tant de rapports avec sa propre histoire, qu'elle fut graduellement amenée à s'entretenir avec la vieille sibylle de ces sujets tragiques et mystérieux, et à mettre une sorte de confiance dans cette femme dont la vue lui causait cependant toujours un frémissement involontaire. Dame Gourlay sut mettre à profit cette demi-confiance. Elle dirigea les pensées de Lucy sur les moyens de consulter l'avenir, — procédé plus sûr qu'aucun autre, peut-être, pour pervertir et égarer le jugement. Elle expliqua des présages et des songes, et peut-être même mit-elle en œuvre d'autres tours de jonglerie, par lesquels les prétendus adeptes de l'époque trompaient et fascinaient leurs croyants abusés. Je trouve mentionné

---

[1] Personnage de la *Tempête* de Shakspeare. (L. V.)

CHAPITRE XXXI.

parmi les motifs de l'arrêt prononcé contre Ailsie Gourlay — (car c'est une sorte de consolation de savoir que la vieille mégère fut jugée, condamnée au feu, et exécutée sur la colline du North-Berwick Law, par sentence d'une commission tirée du sein du Conseil privé), — je trouve, dis-je, que parmi d'autres crimes il fut allégué contre elle que, par l'aide et les illusions de Satan, elle avait fait voir dans un miroir, à une jeune personne de qualité, un gentilhomme à qui cette jeune personne était fiancée et qui était alors à l'étranger, et qui, dans la vision, apparut au moment où au pied de l'autel il donnait sa main à une autre dame. Mais dans cette partie du procès, ainsi que dans plusieurs autres, on paraît avoir omis à dessein de mentionner les noms et les dates, par égard, sans doute, pour l'honneur des familles intéressées. Si dame Gourlay put en effet exécuter une telle jonglerie, il est clair qu'elle dut avoir pour accomplir cette déception une autre assistance que celle qu'elle pouvait tirer de son propre fonds et de son habileté. Quoi qu'il en soit, ces pratiques mystérieuses eurent leur effet ordinaire, celui de déranger l'esprit de miss Ashton. Son caractère devint inégal, sa santé déclina de jour en jour, ses manières se montrèrent de plus en plus fantastiques, sombres et taciturnes. Son père, devinant en partie la cause de ce changement, et assumant un degré d'autorité inhabituel en lui, expulsa dame Gourlay du château; mais le trait était lancé, et ne fit plus que s'envenimer dans le flanc du daim blessé.

Ce fut peu après le départ de cette femme que Lucy Ashton, pressée par ses parents, leur annonça, avec une vivacité qui les fit tressaillir, qu'elle avait la conscience que le ciel, la terre et l'enfer conspiraient contre son union avec Ravenswood; néanmoins, ajouta-t-elle, elle se regardait comme enchaînée par son contrat, et elle ne voulait ni ne pouvait l'enfreindre sans le consentement de Ravenswood. — Procurez-moi l'assurance, dit-elle en terminant, que sa volonté est de m'affranchir de mon engagement, et disposez de moi comme il vous plaira : peu m'importera alors. Quand les diamants n'y sont plus, qu'importe la cassette?

Le ton de fermeté avec lequel ces paroles furent prononcées, l'éclat surnaturel que dardait son regard, la force convulsive avec laquelle ses mains étaient serrées, tout éloignait la possibilité de discuter avec elle; et tout ce que put obtenir l'artificieuse lady Ashton fut le privilége de dicter elle-même la lettre par laquelle sa fille demandait à Ravenswood de lui faire savoir si ses intentions étaient de s'en tenir à ce qu'elle appelait « leur malheureux engagement, » ou d'y renoncer. Mais lady Ashton sut profiter si adroitement de cet avantage, qu'à s'en tenir au sens littéral de la lettre, on aurait pu supposer que Lucy sollicitait son amant de renoncer à un contrat également contraire aux intérêts et aux inclinations de tous les deux. Et non contente de cette déception, lady Ashton se détermina finalement à supprimer tout à fait la lettre, dans l'espoir que l'impatience de Lucy la porterait à condamner Ravenswood en son absence et sans l'entendre. Mais en ceci elle fut désappointée. Il est vrai que le délai qu'aurait dû exiger une réponse envoyée du continent était passé depuis longtemps. Le faible rayon d'espoir qui brillait encore à la pensée de Lucy était presque anéanti. Mais elle ne pouvait se défendre de l'idée que peut-être sa lettre ne lui était pas parvenue. Une des nouvelles machinations de sa mère vint inopinément lui fournir le moyen de s'assurer de ce qu'elle désirait le plus savoir.

L'agent de l'enfer, la vieille Ailsie Gourlay, ayant été renvoyée du château, lady Ashton, à qui tout moyen était bon, résolut d'employer, pour opérer vers la même fin sur l'esprit de Lucy, un instrument d'un tout autre caractère. Ce nouvel agent n'était autre que le révérend M. Bide-the-Bent, ministre presbytérien que nous avons eu occasion de mentionner. M. Bide-the-Bent appartenait à la secte la plus rigide et de la plus rigoureuse orthodoxie, et elle eut recours à son aide, d'après le principe du tyran de la tragédie :

> « D'un ministre de Dieu la parole puissante
> Lui fera renier ce serment odieux,
> Que je veux qu'elle oublie.... »

Mais lady Ashton se méprit sur l'agent qu'elle avait choisi. Il est vrai qu'elle réussit sans peine à mettre de son côté les préjugés du ministre, et que ce ne fut pas chose difficile de lui faire envisager avec horreur la perspective d'une union entre la fille d'une famille de distinction craignant Dieu et fidèle au culte presbytérien, et l'héritier d'un prélatiste, d'un persécuteur sanguinaire, dont les aïeux s'étaient teint les mains du sang des Saints du Seigneur. C'était, aux yeux du théologien, l'union d'un étranger moabite avec une fille de Sion. Mais à toutes les préventions de sa secte, à ses principes les plus austères, Bide-the-Bent joignait un jugement sain, et il avait appris à connaître la pitié même à cette école de la persécution où si souvent le cœur s'endurcit. Dans un entretien privé qu'il eut avec miss Ashton, il fut profondément touché de sa détresse, et ne put se refuser à reconnaître la justice de la demande qu'elle avait faite qu'il lui fût permis d'avoir avec Ravenswood une communication directe au sujet de leur solennel engagement. Lorsqu'elle lui parla du doute où elle était que la lettre qu'elle lui avait écrite lui fût parvenue, le vieillard parcourut la chambre à grands pas, secoua sa tête grisonnante, s'appuya à plusieurs reprises sur sa canne à pomme d'ivoire, et, après beaucoup d'hésitation, convint qu'il regardait ses craintes comme si raisonnables, qu'il voulait l'aider lui-même à les dissiper.

— Je vois, miss Lucy, lui dit-il, que votre respectable mère a mis dans cette affaire un empressement qui sans doute provient de son amour pour vos véritables intérêts dans ce monde et dans l'autre; — car cet homme est d'un sang de persécuteurs, c'est un **persécuteur** lui-même, un Cavalier ou *malignant*[1], un railleur des choses saintes, qui n'a pas d'héritage en Jessé. Mais néanmoins il nous est commandé de rendre justice à tous, et de remplir nos engagements et nos contrats aussi bien avec l'étranger qu'avec celui qui nous est uni par les liens de la fraternité. En conséquence, je vous aiderai moi-même, oui, moi-même, à faire parvenir votre lettre à cet Edgar Ravenswood, confiant que le résultat sera votre délivrance des lacs dans lesquels il vous a criminellement engagée. Et pour qu'en ceci je ne fasse ni plus ni moins que ce que vous ont permis vos honorables parents, je vous prierai de transcrire, sans addition ni retranchement, la lettre déjà écrite sous la dictée de votre très-honorable mère; et je me chargerai de la faire parvenir par une voie si sûre, que si vous ne recevez pas de réponse, honorable miss, vous devrez nécessairement en conclure que cet homme garde le silence pour résilier ce déplorable contrat, que peut-être il ne voudrait pas vous remettre directement.

Lucy saisit avec empressement l'expédient du digne ministre. Une nouvelle lettre fut écrite dans les termes précis de la première, et confiée par M. Bide-the-Bent aux soins de Saunders Moonshine[2], un des Anciens de l'église les plus zélés quand il était à terre, et à bord de son brig un des plus hardis contrebandiers qui eussent jamais couru des bordées sous les vents qui soufflent entre Campvere et la côte orientale d'Écosse. A la recommandation de son pasteur, Saunders promit que la lettre serait exactement remise au Maître de Ravenswood, quelle que fût la cour où il résidât alors.

Ce coup d'œil rétrospectif était nécessaire pour bien faire comprendre la conférence que nous avons rapportée dans un des chapitres précédents, entre miss Ashton, sa mère et Bucklaw.

Lucy se trouva alors dans la position du marin qui, luttant contre une mer soulevée par la tempête, s'est attaché à une faible planche où il a mis son dernier espoir de salut. D'instant en instant il sent que ses forces vont l'abandonner, et la profonde obscurité de la nuit n'est interrompue que par la lueur rapide des éclairs qui la sillonnent, et qui lui laissent apercevoir le sommet blanchi des vagues sous lesquelles il sera bientôt englouti.

Une semaine avait succédé à une autre semaine, les jours avaient succédé aux jours. L'époque de la Saint-Jude était arrivée, ce terme fatal d'ajournement que Lucy avait elle-même fixé, et il n'y avait eu ni lettre ni nouvelles de Ravenswood.

[1] Terme du vocabulaire des partis de cette époque, dont nous n'avons pas d'équivalent exact. Le mot *malveillant* ne le rendrait qu'imparfaitement. (L. V.)

[2] Saunders (Alexandre) Clair-de-Lune. (L. V.)

CHAPITRE XXXII.

> Que ces noms sont bien tracés! combien ils ressemblent peu à ces signatures barbouillées dont mon livre est rempli! Les lettres de l'époux sont majestueusement alignées au-dessus, droites et pointues comme une allée de pins; tandis que celles de l'épousée, nettes et dégagées, se montrent plus bas, aussi légères et aussi délicates que les jasmins de son parterre.
> CRABBE.

Le jour de la Saint-Jude, dernier terme assigné par Lucy elle-même à son attente, était venu, et, comme nous l'avons dit, on n'avait reçu de Ravenswood ni lettres ni nouvelles. Mais ce jour-là on ne manqua pas d'en avoir de Bucklaw et de son fidèle associé Craigengelt, qui arrivèrent de bonne heure dans la matinée pour terminer le mariage projeté et signer les actes nécessaires.

Ils avaient été soigneusement préparés sous la direction même de sir William Ashton, et l'on avait décidé, eu égard à l'état de santé de miss Ashton, que personne autre que les parties immédiatement intéressées n'assisterait à la signature du contrat. Il fut arrêté en outre que le mariage serait célébré le quatrième jour après la signature des articles, mesure adoptée par lady Ashton afin de laisser à Lucy le moins de temps possible pour de nouvelles réflexions, ou pour retomber dans ses accès d'opiniâtreté. Rien n'annonçait, cependant, qu'on eût quelque chose à craindre à cet égard. Elle écouta l'arrangement proposé avec l'indifférence calme du désespoir, ou plutôt avec une apathie provenant de son état d'anéantissement. Pour un œil aussi peu observateur que celui de Bucklaw, ses manières n'annonçaient guère plus de répugnance que n'en pouvait comporter le caractère d'une jeune personne timide et réservée; et cependant il ne pouvait se dissimuler que miss Ashton semblait plutôt se conformer à la volonté de ses parents qu'être guidée par une prédilection particulière en sa faveur.

Après les premiers compliments de Bucklaw, Lucy fut laissée pour quelque temps à elle-même; sa mère faisant observer qu'il fallait que le contrat fût signé avant midi pour que le mariage fût heureux.

Lucy se laissa habiller pour la cérémonie au goût des femmes qui la servaient, et il va sans dire que sa parure était splendide. Son costume de satin blanc était garni de magnifique point de Bruxelles, et à ses cheveux se mêlait une profusion de joyaux, dont l'éclat faisait un étrange contraste avec la pâleur mortelle de son teint et le trouble empreint dans ses yeux égarés.

CHAPITRE XXXII.

Sa toilette était à peine terminée qu'Henry vint chercher sa sœur, pour la conduire, victime résignée, au grand salon où tout était préparé pour la signature du contrat. — Savez-vous, sœur, lui dit-il, que je suis charmé que vous épousiez Bucklaw, après tout, au lieu de Ravenswood, qui avait l'air d'une grandesse d'Espagne venue pour nous couper la gorge et nous fouler aux pieds? Et je suis charmé que la mer soit aujourd'hui entre lui et nous, car je n'oublierai jamais comme je fus effrayé quand je le pris pour le portrait du vieux sir Malise sorti de son cadre. Dites-moi franchement, est-ce que vous n'êtes pas charmée d'être tout à fait délivrée de lui?

— Ne me faites pas de questions, mon cher Henry, lui répondit sa malheureuse sœur; il est bien peu de choses maintenant qui puissent me charmer ou m'attrister en ce monde.

— Voilà ce que toutes les jeunes mariées disent; ainsi donc ne soyez pas si abattue, Lucy, car vous chanterez sur un autre ton dans un an d'ici. — Et c'est moi qui serai le garçon d'honneur, et je marcherai à cheval devant vous quand nous irons à l'église, et tous nos parents et alliés, et tous ceux de Bucklaw, seront aussi à cheval et en file; — et j'aurai un habit écarlate galonné, et un chapeau à plume, et un ceinturon avec une double bordure d'or et de point d'Espagne, et une dague en guise d'épée. J'aurais bien mieux aimé une épée, mais mon père n'a jamais voulu. Toutes mes affaires et des centaines d'autres vont arriver ce soir d'Édimbourg avec le vieux Gilbert et les mules de charge; — je vous les porterai pour vous les faire voir dès que ce sera arrivé.

Le caquetage de l'enfant fut interrompu ici par l'arrivée de lady Ashton, quelque peu alarmée du retard de sa fille. Avec un de ses plus doux sourires, elle mit le bras de Lucy sous le sien, et la conduisit ainsi à l'appartement où sa présence était attendue.

Les seules personnes présentes étaient sir William Ashton, le colonel Douglas Ashton, celui-ci en grand uniforme; — Bucklaw en tenue de marié; — Craigengelt équipé à neuf de la tête aux pieds aux frais de son patron, et chargé d'assez de galons pour suffire au costume du capitaine Copper[1]; enfin, le révérend M. Bide-the-Bent, la présence du ministre étant regardée, dans toute bonne famille presbytérienne, comme absolument indispensable en toute occasion d'une importance inaccoutumée.

Des vins et des rafraîchissements furent placés sur une table où étaient aussi les actes, n'attendant plus que les signatures.

Mais avant tout, à un signal de sir William Ashton, M. Bide-the-Bent invita la compagnie à se réunir à lui dans une courte prière im-

---

[1] Capitaine Cuivre, ou capitaine Similor. Personnage ridicule d'une comédie anglaise. (L. V.)

provisée, par laquelle il appela la bénédiction du Ciel sur l'union qui allait être contractée entre les honorables parties alors présentes. Avec la liberté d'allusions personnelles que l'usage du temps accordait à sa profession, il implora comme une grâce du Très-Haut que l'âme profondément blessée de l'une des nobles parties contractantes trouvât une complète guérison, en récompense de sa soumission aux conseils de ses très-honorables parents; et que, comme elle s'était montrée un enfant selon les commandements de Dieu, en honorant ses père et mère, elle et les siens fussent appelés à jouir de la bénédiction promise, — de longs jours sur terre, et plus tard le bonheur dans un meilleur monde. Il demanda aussi à Dieu que le marié pût être entièrement revenu de ces folies qui entraînent les jeunes gens hors du sentier de sa connaissance; qu'il cessât de trouver du plaisir dans la vaine et dangereuse fréquentation des railleurs des choses saintes, des hommes de vie bruyante, de ceux qui restent longtemps assis devant une bouteille (ici Bucklaw jeta sur Craigengelt un coup d'œil oblique), et qu'il renonçât à la société qui avait causé ses erreurs. Une invocation convenable en faveur de sir William, de lady Ashton et de leur famille termina cette allocution religieuse, qui comprenait ainsi tous les assistants, à l'exception de Craigengelt, que le digne ministre regardait probablement comme sans espoir de rémission.

On procéda ensuite à l'affaire du jour. Sir William Ashton signa le contrat avec une gravité et une précision toutes magistrales; son fils, avec une aisance militaire; et Bucklaw, après avoir apposé sa signature et son paraphe aussi rapidement que Craigengelt pouvait lui tourner les feuillets, finit par essuyer sa plume à la cravate neuve à dentelle de ce digne personnage.

Ce fut alors au tour de miss Ashton de signer au contrat, et sa mère attentive la conduisit elle-même à cet effet vers la table. A la première tentative de Lucy, elle commença à écrire avec une plume sans encre; et quand on le lui eut fait remarquer, ce fut vainement qu'elle essaya à plusieurs reprises de la tremper dans le massif encrier d'argent placé devant elle. La vigilance de lady Ashton se hâta de lui venir en aide. J'ai vu l'acte fatal, et dans les caractères nets et distincts du nom de Lucy Ashton apposé à chaque page, tout ce qu'on peut remarquer est un léger tremblement, indice de l'état d'esprit de l'infortunée en traçant ces caractères. Mais la dernière signature est incomplète et maculée d'encre; car au moment où sa main la traçait, le trépignement précipité d'un cheval se fit entendre à la porte extérieure du château, et fut presque immédiatement suivi d'un pas rapide dans la galerie extérieure; puis, d'un ton impératif, une voix connue imposa silence à l'opposition des valets. La plume tomba des mains de Lucy, et elle n'eut que la force de proférer cette faible exclamation : — Il est arrivé! — il est arrivé!

CHAPITRE XXXIII.

> A sa voix, ce doit être un Montague ! Écuyer, ma rapière ! Par la foi et l'honneur de mon sang, le frapper à mort n'est pas un péché !
> *Roméo et Juliette.*

A PEINE miss Ashton avait-elle laissé tomber la plume, que la porte de l'appartement s'ouvrit avec violence et que le Maître de Ravenswood entra dans le salon. Lockhard et un autre domestique, qui avaient en vain tenté de s'opposer à son passage dans la galerie et l'antichambre, restèrent sur le seuil immobiles de surprise, et ce sentiment se communiqua rapidement à tous ceux qui se trouvaient réunis dans le salon de cérémonie. La surprise du colonel Douglas Ashton était mêlée de colère ; celle de Bucklaw, d'une affectation d'indifférence hautaine ; tous les autres, même lady Ashton, montraient des signes de crainte, et Lucy semblait pétrifiée par cette apparition inattendue. On pouvait bien l'appeler apparition, en effet, car Ravenswood ressemblait plus à un spectre qu'à un visiteur de ce monde.

Il se plaça droit au milieu du salon, vis-à-vis de la table où était assise Lucy, sur laquelle, comme si elle eût été seule dans l'appartement, ses yeux s'arrêtèrent avec une expression de douleur profonde mêlée d'une vive indignation. Son manteau de voyage de couleur sombre, à demi détaché de ses épaules, l'enveloppait d'un côté dans ses amples plis à l'espagnole. Le reste de son riche vêtement était souillé par un long voyage, et dans tout le désordre d'une course à franc étrier. Il avait une épée au côté et des pistolets à sa ceinture. Son chapeau à larges bords, qu'il n'avait pas ôté en entrant, répandait une teinte encore plus sombre sur ses traits hâlés, lesquels, minés par le chagrin et portant les traces profondes d'une longue maladie, ajoutaient une expression farouche et presque sauvage à une physionomie naturellement austère. Les mèches de cheveux qui s'échappaient en désordre de son chapeau, jointes à l'immobilité de son attitude, donnaient à sa tête l'apparence d'un buste de marbre plus que celle d'un être animé. Il ne prononça pas un mot, et durant plus de deux minutes un silence glacial régna dans l'assemblée.

Ce silence fut rompu par lady Ashton, qui dans cet intervalle avait recouvré en partie son audace naturelle. Elle demanda le motif de cette intrusion inautorisée.

— C'est une question, madame, que j'ai plus que personne le droit de faire, dit son fils ; — et je dois prier le Maître de Ravenswood de me suivre dans un lieu où il y puisse répondre à loisir.

Bucklaw s'interposa. — Nul homme au monde, dit-il, ne devait usurper le droit qu'il avait avant tous de demander une explication au Maître. — Craigengelt, ajouta-t-il à demi-voix, que diable avez-vous à rester là tout ébahi comme si vous aviez vu un fantôme? Allez me chercher mon épée dans la galerie.

— Je ne céderai à personne, reprit le colonel Ashton, le droit de demander raison à l'homme qui a fait à ma famille cet affront inouï.

— Patience, messieurs, dit à son tour Ravenswood en se tournant vers eux d'un air de gravité sévère, et en agitant la main comme pour imposer silence à leur altercation. Si vous êtes autant que moi las de la vie, je trouverai le temps et le lieu de jouer la mienne contre celle de l'un de vous ou contre toutes les deux ; en ce moment je n'ai pas de loisir pour des disputes de têtes éventées.

— De têtes éventées! répéta le colonel Ashton en tirant à demi son épée, en même temps que Bucklaw portait la main à la garde de la sienne, que Craigengelt venait de lui remettre.

Sir William Ashton, alarmé pour la sûreté de son fils, se précipita entre les deux jeunes gens et Ravenswood, en s'écriant : — Mon fils, je vous l'ordonne, — Bucklaw, je vous en conjure, — tenez-vous en paix, au nom de la reine et de la loi !

— Au nom de la loi de Dieu, ajouta le ministre en s'avançant aussi, la main étendue, entre Bucklaw, le colonel et l'objet de leur ressentiment, — au nom de Celui qui a apporté la paix sur la terre et la bienveillance parmi les hommes, je vous supplie, — je vous adjure, — je vous ordonne de vous abstenir de toute violence l'un envers l'autre ! Dieu déteste l'homme altéré de sang ; — celui qui frappera du glaive périra par le glaive.

— Me prenez-vous pour un chien, ou pour une brute encore plus stupide, s'écria le colonel Ashton en écartant le bras du ministre par un mouvement violent, vous qui me demandez de supporter cette insulte dans la maison de mon père ? — Laissez-moi, Bucklaw ! il va me rendre raison, ou, par le Ciel, je le poignarde sur la place !

— Vous ne le toucherez pas ici, repartit Bucklaw ; il m'a une fois donné la vie, et serait-ce le diable lui-même venu pour emporter la maison entière et toute la famille, on ne l'attaquera que de franc jeu.

Les passions des deux jeunes gens, se contrecarrant ainsi entre elles, donnèrent à Ravenswood le temps de s'écrier d'une voix ferme : — Silence, messieurs ! — que celui qui songe sérieusement à chercher le danger prenne le moment convenable pour le trouver ; ma mission ici sera promptement accomplie. — Est-ce *là* votre écriture, madame ? continua-t-il d'un ton radouci, en présentant à miss Ashton la dernière lettre qu'elle lui avait adressée.

CHAPITRE XXXIII.

Un Oui à peine articulé sembla plutôt s'échapper des lèvres de Lucy qu'être prononcé par elle comme réponse volontaire.

— Et *ceci* est-il aussi de votre écriture? ajouta-t-il en lui présentant leur engagement mutuel.

Lucy resta muette. La terreur, et un sentiment plus puissant encore et plus confus, troublaient son esprit au point que probablement elle comprit à peine la question qui lui était adressée.

— Si vous avez dessein, dit sir William Ashton, de fonder sur ce papier une réclamation légale, ne vous attendez pas, monsieur, à recevoir aucune réponse à une question extra-judiciaire.

— Sir William Ashton, répliqua Ravenswood, et vous tous qui m'entendez, ne vous méprenez pas, je vous prie, sur mes intentions. Si cette jeune dame, de sa libre volonté, désire la remise de cet engagement, comme semblerait l'indiquer sa lettre, — il n'est pas une feuille desséchée que le vent d'automne répand sur la bruyère, qui ait moins de valeur à mes yeux. Mais je dois et je veux entendre la vérité de sa propre bouche; — je ne quitterai pas ce lieu sans que cette satisfaction m'ait été donnée. Vous pouvez m'accabler par le nombre; mais je suis armé, — je suis réduit au désespoir, — et je ne mourrai pas sans une ample vengeance. Voilà ma résolution : prenez-la comme vous voudrez. Je VEUX entendre sa détermination de sa propre bouche; et c'est de sa bouche, seul et sans témoin, que je l'entendrai. Maintenant, voyez, ajouta-t-il en tirant son épée de la main droite, en même temps que de la gauche il prenait un pistolet à sa ceinture et l'armait rapidement, mais en tournant vers le parquet la pointe de l'une et la bouche de l'autre, — voyez si vous voulez que ce salon soit inondé de sang, ou si vous consentez à m'accorder avec celle qui m'est fiancée l'entrevue décisive que les lois de Dieu et celles du pays me mettent également en droit de réclamer.

Tout le monde avait reculé à l'accent de sa voix et au mouvement résolu dont il l'avait accompagnée; car l'expression réelle du désespoir manque rarement de subjuguer les passions moins énergiques qu'on lui peut opposer. Le ministre fut le premier qui reprit la parole. — Au nom du Ciel, s'écria-t-il, acceptez une ouverture de paix du plus humble des serviteurs de Dieu. Ce que demande cette honorable personne, quoique exprimé avec une extrême violence, a cependant en soi quelque chose de raisonnable. Laissez-le entendre des propres lèvres de miss Lucy qu'elle a écouté la voix du devoir en accédant à la volonté de ses parents, et en se repentant de son engagement avec lui; et quand il en sera assuré, il retournera chez lui en paix, et ne nous incommodera plus. Hélas! les œuvres du vieil Adam ont laissé des traces profondes même chez l'homme régénéré : — sûrement nous devons avoir une large indulgence pour ceux qui, étant encore dans le fiel de l'amertume et dans les liens de l'iniquité, sont entraînés par l'irrésistible courant des passions terrestres. Accordez donc au Maître de Ravenswood l'entrevue sur laquelle il insiste ; ce ne peut être qu'une douleur passagère pour cette honorable jeune dame, puisque maintenant sa foi est irrévocablement engagée à celui qu'ont choisi ses parents. Permettez qu'il en soit ainsi, dis-je ; il appartient à mon caractère de solliciter Vos Honneurs d'accéder à cette ouverture conciliante.

— Jamais ! s'écria lady Ashton, en qui la rage avait maintenant surmonté les premiers mouvements de surprise et de terreur ; — jamais cet homme n'aura un entretien privé avec ma fille, la fiancée d'un autre ! Sorte de ce salon qui voudra, je reste ici. Je ne redoute ni sa violence ni ses armes, bien que quelqu'un qui porte mon nom, ajouta-t-elle en lançant un regard vers le colonel Ashton, semble les craindre plus que moi.

— Au nom de Dieu, madame, reprit le digne ministre, n'ajoutez pas un nouvel aliment au feu. Le Maître de Ravenswood ne peut, j'en suis sûr, rien objecter contre votre présence, s'il songe à l'état de santé de la jeune dame et à vos devoirs comme mère. Moi-même je resterai aussi ; peut-être mes cheveux blancs détourneront-ils la colère.

— Vous pouvez demeurer, monsieur, dit Ravenswood ; et lady Ashton peut demeurer aussi, si elle le juge convenable : mais que tous les autres se retirent.

— Ravenswood, dit le colonel Ashton en passant devant lui, vous me rendrez raison de ceci avant qu'il soit longtemps.

— Quand il vous plaira, répondit Ravenswood.

— Mais moi, dit Bucklaw avec un demi-sourire, j'ai un droit de priorité, et c'est une réclamation à laquelle je tiens.

— Arrangez cela à votre volonté, repartit Edgar ; laissez-moi seulement aujourd'hui en paix, et demain je n'aurai pas au monde d'affaire plus à cœur que de vous donner toutes les satisfactions que vous pourrez désirer.

Tout le monde quitta l'appartement ; mais sir William Ashton resta en arrière.

— Maître de Ravenswood, dit-il d'un ton conciliant, je crois n'avoir pas mérité que vous fassiez à ma famille un outrage si scandaleux. Si vous voulez remettre votre épée dans le fourreau, et me suivre dans mon cabinet, je vous démontrerai, par les raisons les plus convaincantes, l'inutilité et l'irrégularité de votre démarche actuelle...

— Demain, monsieur, — demain, — demain, je vous entendrai tout au long, réitéra Ravenswood en l'interrompant ; la journée d'aujourd'hui a son occupation sacrée et qui ne peut se remettre.

Il désigna la porte du geste, et sir William quitta le salon.

Ravenswood remit son épée au fourreau, désarma son pistolet et le replaça dans sa ceinture, s'avança d'un pas assuré vers la porte et en poussa le verrou ; puis il revint, ôta son chapeau, et arrêtant sur

CHAPITRE XXXIII.

Lucy un regard où l'ardente colère qui l'animait tout à l'heure avait fait place à une expression de douleur, il lui dit, en rejetant en arrière les boucles en désordre de sa chevelure : — Me connaissez-vous, miss Ashton? — je suis toujours Edgar Ravenswood. Lucy resta silencieuse, et il continua avec une véhémence croissante : Je suis toujours cet Edgar Ravenswood, qui, au prix de votre affection, a violé le serment solennel qui l'obligeait de chercher la vengeance réclamée par l'honneur offensé. Je suis ce Ravenswood qui, par amour pour vous, a pardonné à l'oppresseur, au spoliateur de sa maison, — qui a fait plus, qui a pressé avec amitié la main du diffamateur, du meurtrier de son père.

— Ma fille, interrompit lady Ashton, n'a pas à contester l'identité de votre personne ; le venin de votre langage actuel suffit pour la faire souvenir que celui qu'elle écoute est l'ennemi mortel de son père.

— Soyez patiente, je vous prie, madame, repartit Ravenswood ; c'est de sa propre bouche que j'attends une réponse. — Encore une fois, miss Lucy Ashton, je suis ce Ravenswood avec qui vous avez contracté l'engagement solennel que votre désir aujourd'hui est de rétracter et d'annuler.

Les lèvres pâles de Lucy ne purent que laisser échapper ces mots presque inarticulés : — C'est ma mère qui le désire.

— Elle dit la vérité, reprit lady Ashton ; c'est *moi* qui, autorisée à la fois par les lois divines et humaines, lui ai conseillé de mettre de côté un malheureux engagement légèrement contracté ; c'est moi qui ai concouru avec elle à annuler cet engagement, appuyée sur l'autorité même de l'Écriture.

— L'Ecriture! dit Ravenswood d'un ton de dédain.

— Citez-lui, reprit lady Ashton en s'adressant au ministre, le texte d'après lequel vous-même, sur de mûres réflexions, avez proclamé la nullité du prétendu engagement sur lequel insiste cet homme violent.

L'ecclésiastique tira de sa poche sa Bible à fermoirs, et y lut les paroles suivantes : *Si une femme a fait un vœu au Seigneur et s'est liée par serment, étant dans la maison de son père et jeune encore ; et si le père connaît le vœu qu'elle a fait et le serment par lequel elle a lié son âme, et qu'il garde le silence, alors tous ses vœux subsisteront, et tout serment par lequel elle a lié son âme subsistera.*

—N'est-ce pas précisément là ce qui a eu lieu entre nous? interrompit Ravenswood.

— Contiens ton impatience, jeune homme, reprit le ministre, et entends ce qui suit dans le texte sacré : *Mais si son père la désapprouve dès qu'il a connu les vœux et les serments par lesquels elle a lié son âme, ni les uns ni les autres ne subsisteront ; et le Seigneur lui pardonnera, parce que son père l'aura désapprouvée.*

— Et n'est-ce pas là, s'écria à son tour lady Ashton avec emportement et d'un ton de triomphe, n'est-ce pas là le cas où nous nous trouvons qu'a prévu la Sainte Écriture? Cet homme niera-t-il que, dès l'instant que ses parents ont connu la promesse, l'engagement par lequel notre fille a lié son âme, nous ne l'ayons désapprouvé dans les termes les plus exprès, et que nous ne l'ayons informé par écrit de notre détermination?

— Est-ce là tout? dit Ravenswood en regardant Lucy; êtes-vous disposée à sacrifier la foi jurée, l'exercice de la libre volonté, et les sentiments d'une affection mutuelle, à ces misérables sophismes de l'hypocrisie?

— Entendez-le! dit lady Ashton en se tournant vers le ministre; — entendez le blasphémateur!

— Puisse Dieu lui pardonner, répondit Bide-the-Bent, et éclairer son ignorance!

— Écoutez ce que j'ai sacrifié pour vous, reprit Ravenswood continuant de s'adresser à Lucy, avant de sanctionner ce qui a été fait en votre nom. L'honneur d'une ancienne famille et les avis pressants de mes meilleurs amis ont été vainement mis en avant pour dominer ma résolution; ni les arguments de la raison, ni les terreurs de la superstition n'ont ébranlé ma constance. Les morts eux-mêmes se sont levés pour m'avertir, et leur avertissement a été méprisé. Êtes-vous préparée à me percer le cœur à cause de sa fidélité, et avec l'arme même que ma confiance imprudente a mise entre vos mains?

— Maître de Ravenswood, reprit à son tour lady Ashton, vous avez fait toutes les questions que vous avez jugé convenable. Vous voyez que ma fille est absolument hors d'état de vous répondre; mais je répondrai pour elle, et d'une manière qui ne comportera pas de réplique. Vous voulez savoir si Lucy Ashton, de sa propre et libre volonté, désire annuler l'engagement dans lequel elle a été entraînée? vous avez dans vos mains la lettre par laquelle elle vous demande de le lui rendre; et pour mettre ses intentions encore plus en évidence, voici son contrat de mariage avec M. Hayston de Bucklaw, qu'elle a signé ce matin en présence de ce révérend ministre.

Ravenswood jeta les yeux sur l'acte, et resta comme anéanti. — Et ç'a été sans fraude ni violence, dit-il en se tournant vers l'ecclésiastique, que miss Ashton a signé ce parchemin?

— C'est ce que j'atteste sur mon caractère sacré.

— Ceci est en effet, madame, une pièce de conviction hors de dispute, reprit Ravenswood d'un air sombre, et il serait aussi honteux que peu nécessaire de perdre un mot de plus en remontrances ou en reproches inutiles. Voici, madame, continua-t-il en jetant devant Lucy le papier signé d'elle et le fragment de pièce d'or, voici les témoignages de votre premier engagement; puissiez-vous être plus fidèle à celui que vous venez de former de nouveau ! Il faut que vous preniez la peine de me rendre les gages correspondants de ma confiance mal placée, — je devrais dire de mon insigne folie.

Lucy répondit au coup d'œil méprisant de son amant par un regard d'où la faculté de perception semblait avoir été bannie ; néanmoins elle parut avoir en partie compris les paroles d'Edgar, car elle leva les mains comme pour détacher de son cou un ruban bleu qu'elle y portait. Elle n'en put venir à bout ; mais lady Ashton coupa elle-même le ruban, et en détacha le fragment de pièce d'or que jusqu'alors miss Ashton avait toujours tenu caché dans son sein : depuis quelque temps sa mère avait en sa possession la promesse écrite de Ravenswood. Avec un salut hautain, lady Ashton les lui remit l'un et l'autre.

— Et elle pouvait la porter ainsi, dit Edgar, que la vue de la pièce d'or avait tout à coup radouci, et qui se parlait à lui-même ; — elle pouvait la porter dans son sein, — près de son cœur, — même au moment... Mais à quoi bon se plaindre ? continua-t-il en essuyant par un mouvement brusque une larme qui roulait sous sa paupière, et reprenant le calme froid de ses manières. Il s'approcha de la cheminée, et jetant au feu le papier et la pièce d'or, il les poussa du talon de sa botte au milieu des charbons, comme pour en assurer la destruction. — Je ne vous importunerai pas plus longtemps de ma présence ici, dit-il alors ; — quant à vous, lady Ashton, je ne répondrai à votre mauvais vouloir et à vos plus mauvais offices à mon égard qu'en espérant que ce seront vos dernières machinations contre l'honneur et le bonheur de votre fille. — Pour vous, madame, ajouta-t-il en s'adressant à Lucy, je n'ai rien de plus à vous dire, si ce n'est que je prie Dieu que vous ne deveniez pas un objet de terreur pour le monde, en punition de cet acte de parjure volontaire et réfléchi. — A ces mots, il se détourna brusquement et sortit du salon.

Sir William Ashton avait employé les prières et l'autorité pour retenir son fils et Bucklaw dans une partie du château éloignée du lieu de la scène, afin d'empêcher qu'ils ne rencontrassent de nouveau Ravenswood ; mais tandis que le Maître descendait le grand escalier, Lockhard lui remit un billet, signé Sholto Douglas Ashton, s'informant où on pourrait avoir des nouvelles du Maître de Ravenswood dans quatre ou cinq jours, le signataire du billet ayant une affaire grave à régler avec lui, aussitôt qu'un important événement de famille aurait eu lieu.

— Dites au colonel Ashton, répondit Ravenswood avec sang-froid, qu'il me trouvera à Wolf's Crag à son loisir.

Comme il descendait l'escalier extérieur qui conduisait de la terrasse à la porte d'entrée, il fut une seconde fois interrompu par Craigengelt, qui, de la part de son patron le laird de Bucklaw, exprima l'espoir que le Maître de Ravenswood ne quitterait pas l'Écosse avant dix jours au plus, attendu qu'il avait à le remercier d'anciennes et de récentes civilités qu'il avait reçues du Maître.

— Dites à votre maître, répondit fièrement Ravenswood, qu'il peut choisir son temps. Il me trouvera à Wolf's Crag, si on ne le prévien pas dans son dessein.

— *Mon* maître? répliqua Craigengelt, à qui la vue du colonel Ashton et de Bucklaw, qu'il aperçut à l'extrémité de la terrasse, donna du courage; permettez-moi de dire que je ne me connais pas de maître sur terre, et que je ne permettrai pas qu'un tel langage soit employé envers moi!

— Allez donc chercher votre maître en enfer! s'écria Ravenswood, donnant issue à la colère que jusqu'alors il avait contenue, et repoussant Craigengelt loin de lui avec une telle violence, qu'il roula jusqu'au pied de l'escalier, et y resta étendu sans mouvement. — Je suis un fou, ajouta-t-il aussitôt, de passer ma colère sur un misérable qui en est si peu digne.

Il remonta alors sur son cheval, qu'à son arrivée il avait attaché à une balustrade au front du château, avança au petit pas jusqu'à ce qu'il fût en face de Bucklaw et du colonel Ashton, et leur ôtant son chapeau en passant devant eux, il les regarda fixement l'un et l'autre en leur faisant cette salutation muette, que tous les deux lui rendirent avec la même gravité froide. Ravenswood continua de marcher du même pas jusqu'à ce qu'il eût atteint la tête de l'avenue, comme pour montrer qu'il attendait plutôt qu'il ne cherchait à éviter une rencontre. Quand il eut dépassé la dernière grille, il retourna un instant la tête, et arrêta sur le château un regard fixe; puis, enfonçant l'éperon dans les flancs de son excellent coursier, il partit avec la rapidité d'un démon chassé par l'exorciste.

CHAPITRE XXXIV.

> Qui sort de la chambre nuptiale ? — C'est Azraël, l'ange
> de la mort.
> *Thalaba.*

Après la scène terrible qui avait eu lieu au château, Lucy fut transportée à sa chambre, où, durant quelque temps, elle resta dans un état de stupeur absolu. Mais plus tard, dans le cours du jour suivant, elle parut avoir recouvré non-seulement son courage et sa résolution, mais une sorte de légèreté étourdie non moins opposée à son caractère qu'à sa situation, et que par moments interrompaient des accès de silence obstiné, de tristesse et d'humeur fantasque. Sa mère, fort alarmée, consulta les médecins de la famille. Mais comme le pouls de miss Ashton ne manifestait aucun changement, tout ce qu'ils purent dire, c'est que l'affection était purement mentale, et ils recommandèrent un exercice modéré et de la distraction. Miss Ashton ne faisait jamais la moindre allusion à ce qui s'était passé dans le salon. On pouvait même douter qu'elle en eût conscience, car on la voyait souvent porter les mains à son cou, comme pour y chercher le ruban qu'on en avait détaché, et, ne l'y trouvant plus, elle murmurait d'un ton surpris et mécontent : — C'était le lien qui m'attachait à la vie.

Malgré ces remarquables symptômes, lady Ashton était trop engagée pour reculer le mariage de sa fille, même dans l'état de santé où celle-ci se trouvait. Il lui en coûta beaucoup pour sauver les apparences vis-à-vis de Bucklaw. Elle savait que s'il remarquait en Lucy une répugnance prononcée, il romprait certainement le traité, ce qu'elle eût regardé comme une honte et un déshonneur personnels. Elle décida donc que si Lucy continuait de montrer la même résignation passive, le mariage aurait lieu le jour qu'on avait précédemment fixé, se flattant qu'un changement de lieu, de position et de caractère opérerait sur l'esprit altéré de sa fille une guérison plus prompte et plus effective que ne pourraient le faire les lentes prescriptions des hommes de l'art. Les vues de sir William Ashton pour l'agrandissement de sa famille, et le désir de se fortifier contre les mesures du marquis d'A***, le portèrent aisément à se rendre à un avis auquel peut-être il n'eût pu s'opposer lors même qu'il l'eût voulu. Quant aux deux jeunes gens, Bucklaw et le colonel Ashton, ils protestèrent qu'après ce qui était arrivé il y aurait un véritable déshonneur à reculer d'une heure le moment désigné pour le mariage, attendu qu'un tel retard serait généralement attribué à la crainte que leur auraient inspirée la visite inattendue et les menaces de Ravenswood.

Bucklaw, à la vérité, aurait été incapable d'une semblable précipitation, s'il eût connu l'état de santé de miss Ashton, ou plutôt son état d'esprit. Mais l'usage, en ces occasions, ne permettait que de rares et courtes entrevues entre les futurs époux ; et lady Ashton tira si bon parti de cette circonstance, que Bucklaw n'aperçut et ne soupçonna même pas la situation réelle de la santé et des sentiments de sa malheureuse fiancée.

La veille du jour des noces, Lucy parut avoir un de ses accès de légèreté d'humeur, et elle inspecta avec un intérêt enfantin les divers préparatifs de costumes et autres qu'avaient faits à cette occasion les différents membres de la famille.

La matinée se leva brillante et radieuse. Les invités, réunis en cavalcades élégantes, arrivèrent de différents points éloignés. Non-seulement les parents et alliés de sir William Ashton, et ceux plus distingués de sa dame, ainsi que les membres de la nombreuse famille du marié, assistèrent à la joyeuse cérémonie, galamment montés, parés et caparaçonnés ; mais la plupart des familles presbytériennes de distinction, à cinquante milles à la ronde, se firent un devoir d'être présents à un mariage qu'elles regardaient comme une sorte de triomphe sur le marquis d'A***, dans la personne de son parent. Un splendide déjeuner attendait les convives à leur arrivée, et dès qu'on fut levé de table le cri général fut : à cheval ! La mariée arriva alors entre son frère Henry et sa mère. Sa gaieté de la veille avait fait place à un sombre nuage de mélancolie, qui, néanmoins, ne disconvenait pas en une occasion si imposante. Ses yeux, d'ailleurs, avaient un éclat, et les couleurs de son teint une vivacité qu'on n'y avait pas vus depuis bien longtemps, et qui, joints à sa grande beauté et à la richesse de son costume, la firent accueillir à son entrée par un murmure universel d'applaudissement, auquel les dames elles-mêmes ne purent se refuser à se joindre. Tandis que la cavalcade s'organisait, sir William Ashton, homme de paix et de formes, gronda son fils Henry de ce qu'il avait ceint une épée de guerre d'une longueur démesurée, appartenant à son frère le colonel Ashton.

— S'il vous fallait une arme en une occasion si pacifique, lui dit-il, pourquoi n'avez-vous pas pris le poignard qu'on vous a apporté tout exprès d'Édimbourg ?

L'enfant s'excusa en disant qu'il était égaré.

— Je suppose que vous l'aurez caché vous-même, par ambition de porter cet instrument démesuré qui aurait pu servir à sir William Wallace. — Mais n'importe, montez à cheval, et veillez à votre sœur.

L'enfant obéit, et fut placé au centre du brillant cortége. En ce moment, il était trop occupé de lui-même, de sa grande épée, de son habit galonné, de son chapeau à plume et de son cheval bien dressé, pour donner une grande attention à quelque autre chose que ce fût ; mais plus tard et jusqu'à l'heure de sa mort, il se souvint que lorsque la main de sa sœur toucha la sienne, elle était humide et froide comme un marbre sépulcral.

Après avoir franchi par monts et par vaux l'espace qui séparait le château de l'église de la paroisse, la brillante procession nuptiale y arriva enfin et la remplit presque entièrement ; car indépendamment des domestiques, plus de cent conviés, gentlemen et ladies [1], étaient présents à la cérémonie. Les rites du mariage furent célébrés selon les usages de la communion presbytérienne, à laquelle Bucklaw avait depuis peu jugé convenable de se rallier.

A l'extérieur de l'église, une distribution libérale fut faite aux pauvres des paroisses voisines, sous la direction de Johnny Mortsheugh, qui depuis peu avait été promu au poste de bedeau de l'église paroissiale de Ravenswood, pour lequel il avait quitté sans regret sa demeure désolée de l'Armitage. Dame Gourlay et deux de ses commères, les mêmes qui avaient veillé le corps d'Alice, assises à l'écart sur la pierre plate d'un monument funéraire, comparaient avec un sentiment d'envie les parts qui leur étaient échues dans la distribution.

— Johnny Mortsheugh, disait Annie Winnie, aurait bien pu se souvenir du temps passé, et penser à ses anciennes commères, tout brave qu'il est avec son habit noir tout neuf. Je n'ai eu que cinq harengs au lieu de six, et ça ne paraît pas valoir une bonne pièce de six-pence [2]; et je puis bien dire que ce méchant morceau de bœuf pèse une once de moins que tous ceux qui ont été distribués à la ronde ; et encore c'est un morceau de jarret tout plein de nerfs, au lieu que le vôtre, Maggie, est pris dans l'aloyau.

— Le mien, qu'elle dit ! marmotta la vieille paralytique ; le mien est moitié os, je crois. Si les grands veulent donner au pauvre monde n'importe quoi pour venir à leurs noces et à leurs enterrements, ça devrait être quelque chose dont ils pussent se sentir, i' m'semble.

— Ça n'est pas par amour pour nous, reprit Ailsie Gourlay, qu'ils nous font des présents ; — ils ne s'inquiètent guère si nous avons à manger ou si nous mourons de faim. Ils nous donneraient des cailloux au lieu de pain si ça servait leur vanité, et avec tout ça ils s'attendent à ce que nous serons aussi reconnaissants, comme ils disent, que s'ils nous faisaient du bien par amour pour nous.

— C'est bien vrai.

— Mais vous, Ailsie Gourlay, qui êtes la plus vieille de nous trois, avez-vous jamais vu une plus grande noce ?

---

[1] Le titre de *lady*, madame, correspond en anglais à celui de *gentleman*, monsieur, dans l'acception la plus élevée des deux termes. (L. V.)

[2] Douze sous. (L. V.)

— Je ne peux pas dire que j'aie jamais vu une plus grande noce, répondit la sorcière; mais j'ai dans l'idée que je verrai bientôt un aussi brave enterrement.

— Et ça me plairait tout autant, repartit Annie Winnie; car il y a une aussi copieuse distribution, et on n'est pas obligé de se contourner le visage pour avoir l'air de rire, et de faire un tas de grimaces, et de souhaiter joie et prospérité à ces gens de qualité, qui nous regardent comme autant de bêtes brutes. J'aime mieux mettre ma part de la distribution des morts dans mon tablier, et chanter par là-dessus ma vieille chanson :

« Mon pain dans mon giron, mon penny dans ma bourse,
Tu n'en es pas plus mal, et pour moi, j'en suis mieux [1]. »

— C'est bien vrai, Annie, repartit le paralytique; que le bon Dieu nous envoie une belle fête de Noël et un cimetière bien nourri !

— Mais je voudrais bien savoir, mère Gourlay, vous qui êtes la plus vieille et la plus savante de nous toutes, à qui de tous ces gens si joyeux ça sera le tour d'être enseveli le premier?

— Voyez-vous cette jeune fille si choyée, toute reluisante d'or et de joyaux, qu'ils sont en train d'asseoir sur le cheval blanc derrière ce petit écervelé en habit écarlate, avec cette grande épée au côté?

— Mais c'est la mariée! s'écria Annie Winnie, dont le cœur glacé ressentit une sorte de compassion; c'est la mariée elle-même! Dieu du Ciel! si jeune, si brave [2], si jolie! — et son temps doit donc être si court?

— Je vous dis, repartit la sibylle, que le drap qui lui servira de linceul lui va déjà au cou, croyez-en ce qu'on vous dit. Son sablier n'a plus guère de grains à verser, et ça n'est pas étonnant : — il a été tant secoué! Les feuilles sont en bon train de se dessécher sur les arbres; mais elle ne verra pas le vent de la Saint-Martin les faire danser en tourbillons comme des rondes de fées.

— Vous l'avez gardée trois mois, et vous avez eu deux pièces jaunes, ou je suis bien trompée.

— Oui, oui, repartit Ailsie avec un sourire amer, et sir William Ashton m'a promis une belle robe rouge par-dessus le marché, — un poteau,

---

[1] Reginald Scott parle d'une vieille femme qui opéra tant de cures par le moyen d'un charme, qu'elle fut soupçonnée de sorcellerie. Quand on s'enquit de sa manière de procéder, on trouva que les seuls honoraires qu'elle voulût accepter étaient un pain et un penny d'argent, et que le charme tout-puissant avec lequel elle opérait tant de cures se composait des deux mauvais vers rapportés dans le texte. (W. S.)

[2] Nous avons déjà eu plus d'une fois occasion de faire remarquer que, dans la bouche des basses classes d'Écosse, de même que chez les paysans de quelques-unes de nos provinces, le mot *brave* était synonyme de tout ce qui est beau, bon, de nature supérieure. (L. V.)

CHAPITRE XXXIV.

une chaîne et un baril goudronné, commère! — Que pensez-vous du cadeau? — pour m'être levée tôt et couchée tard pendant quatre-vingts nuits et plus auprès de sa malingre de fille. Mais il peut le garder pour sa dame à lui, commère.

— Je me suis laissé dire tout bas, reprit Annie Winnie, que lady Ashton n'était pas une femme commode.

— La voyez-vous là-bas, répondit dame Gourlay, caracoler sur son nongre gris en sortant du cimetière? — Hé bien, il y a plus de diablerie dans cette femme-là, toute brave et bien attifée qu'elle est là, que dans toutes les sorcières d'Écosse qui aient jamais enfourché un manche à balai au clair de la lune, au-dessus du Law de North-Berwick.

— Qu'est-ce que vous parlez de sorcières, damnées mégères que vous êtes? leur cria Johnny Mortsheugh. Est-ce que vous venez jeter vos sorts [1] jusque dans le cimetière, pour porter malheur à la mariée et au marié? Retournez chez vous; car si je prends mon gourdin, je vous garantis que vous trouverez le chemin plus court que vous ne voudrez.

— Eh, mon Dieu! fit Ailsie Gourlay, nous sommes bien fier avec notre habit neuf et notre tête poudrée, comme si nous n'avions jamais connu nous même ni la faim ni la soif! Et vous allez sûrement accorder votre bout de violon cette nuit au château, avec les autres joueurs du coude qui viendront de je ne sais combien de milles à la ronde? Voyez si les chevilles tiennent, Johnny;—voilà tout ce que je vous dis, mon garçon.

— Je vous prends tous à témoin, bonnes gens, qu'elle me menace et me prédit malheur. Si quelque chose de mal nous arrive ce soir à moi ou à mon violon, ce sera pour elle la plus vilaine affaire de nuit où elle aura jamais mis le pouce. Je la ferai venir devant le presbytère et le synode [2]; je suis moi-même à moitié ministre, à présent que je suis bedeau d'une paroisse habitée.

Si la haine réciproque qui séparait ces trois mégères du reste des hommes avait cuirassé le cœur d'Ailsie et de ses deux compagnes contre toute impression de joie et de bonheur, il était loin d'en être de même pour la généralité des assistants. La splendeur du cortége nuptial, — les riches habits, — les beaux chevaux, — l'air joyeux des belles dames et des élégants cavaliers réunis à cette occasion, tout cela produisit son effet habituel sur l'esprit de la multitude. Les acclamations multipliées de Vive Ashton et Bucklaw! — les décharges continuelles de pistolets, de fusils et de mousquets, pour donner ce qu'on appelait le coup de fusil des noces, prouvaient l'intérêt que le peuple prenait à la cavalcade lors de son retour au château. S'il se trouvait

---

[1] *Cantrip.*
[2] Assemblée des *Anciens* d'une communauté presbytérienne. (L. V.)

çà et là quelque paysan et sa femme qui riaient d'un air dédaigneux en voyant la pompe déployée par une famille parvenue, et rappelaient le temps des nobles Ravenswood, ceux-là même, attirés par l'abondance de bonne chère que le château offrait ce jour-là au pauvre ainsi qu'au riche, ceux-là, dis-je, y suivaient les autres, et subissaient, en dépit de leurs préventions, l'influence de l'*Amphitryon où l'on dîne*[1].

Ainsi accompagnée d'une double escorte de riches et de pauvres, Lucy revint à la demeure de son père. Bucklaw usa de son privilége de se placer immédiatement auprès de la mariée; mais, embarrassé d'une situation toute nouvelle pour lui, il s'attacha bien plus à attirer l'attention sur sa personne et son habileté comme écuyer, qu'il ne chercha à adresser quelques paroles de galanterie à sa nouvelle épouse. Ils atteignirent le château sans accident, au milieu de mille acclamations joyeuses.

Il est assez connu que les noces de l'ancien temps se célébraient avec une publicité repoussée par la délicatesse de l'époque actuelle. Dans l'occasion actuelle, les conviés s'assirent à un banquet d'une profusion sans bornes, dont les débris, après que les domestiques se furent régalés à leur tour, furent distribués à la foule bruyante, avec autant de barriques d'ale qu'il en fallait pour que la gaieté du dehors s'élevât à l'unisson de celle qui régnait dans l'intérieur du château. Les cavaliers, selon l'usage du temps, se laissèrent aller pour la plupart au plaisir de savourer à longs traits les vins les plus exquis, tandis que les dames, préparées pour le bal qui terminait toujours une fête de noces, attendaient impatiemment leur arrivée dans la grande galerie. Enfin la joyeuse réunion se leva de table à une heure assez avancée, et se pressa en foule dans le salon, où, animés par le vin et l'entraînement de la fête, ils mirent de côté leurs épées, et donnèrent la main à leurs partners impatientes pour commencer les danses. Déjà la musique faisait retentir les plafonds sculptés de l'antique appartement d'apparat. Selon la stricte étiquette, la mariée aurait dû ouvrir le bal; mais lady Ashton, donnant pour excuse la faible santé de sa fille, offrit elle-même la main à Bucklaw pour suppléer à celle de Lucy.

Mais comme lady Ashton levait la tête avec grâce, dans l'attente de la ritournelle qui devait donner le signal de la danse, elle fut tellement frappée d'un changement inattendu qu'elle remarqua dans les ornements du salon, qu'elle ne put retenir une exclamation de surprise : Qui a osé changer les tableaux?

Tout le monde leva les yeux, et ceux qui connaissaient la disposition habituelle de l'appartement virent avec étonnement que le portrait du père de sir William Ashton avait été enlevé, et qu'à sa place celui de sir Malise Ravenswood semblait lancer des regards de colère et de ven-

---

[1] L'auteur cite en français cette phrase de notre Molière, devenue proverbiale. (L. V.)

CHAPITRE XXXIV.

geance sur l'assemblée qui s'agitait au-dessous de lui. La substitution avait dû être faite tandis que les appartements étaient vides, et n'avait ainsi été remarquée que lorsque les bougies et les lustres furent allumés pour le bal. Les cavaliers, dont la disposition altière était encore échauffée par de copieuses libations, voulaient qu'on recherchât immédiatement la cause de ce qu'ils regardaient comme une insulte pour leurs hôtes et pour eux-mêmes; mais lady Ashton, se remettant aussitôt, dit que cet incident ne pouvait être que l'ouvrage d'une pauvre folle que l'on gardait au château, et dont l'imagination susceptible avait été vivement frappée des histoires que dame Gourlay aimait à débiter sur l'*ancienne famille*: c'était ainsi que lady Ashton désignait les Ravenswood. Le malencontreux portrait fut immédiatement enlevé, puis le bal fut ouvert par lady Ashton avec une grâce et une dignité qui suppléaient en elle aux charmes de la jeunesse, et justifiaient presque les éloges enthousiastes de la partie la plus âgée de la réunion, laquelle élevait la danse de leur noble hôtesse fort au-dessus de tout ce que pouvait offrir la nouvelle génération.

Quand lady Ashton revint à sa place, elle vit, sans en être surprise, que sa fille avait quitté le salon; elle-même sortit après elle, afin d'obvier aux dangereuses impressions qu'aurait pu faire sur ses nerfs un incident aussi propre à les affecter que la mystérieuse transposition des portraits. Elle trouva sans doute que ses craintes étaient sans fondement, car elle revint au bout d'environ une heure, et dit quelques mots à l'oreille du marié, qui se dégagea de la foule des danseurs et s'éclipsa du salon. Les instruments faisaient alors entendre leurs plus bruyants accords, — les danseurs continuaient de se livrer au plaisir avec tout l'enivrement de la jeunesse, de la gaieté et d'une vive excitation, quand un cri se fit entendre, si aigu et si perçant que danse et musique s'arrêtèrent à la fois. Tous restèrent immobiles; mais le cri s'étant répété, le colonel Ashton arracha une bougie d'un des candélabres, et demandant la clef de la chambre nuptiale à Henri, à qui, comme garçon d'honneur, elle avait été remise, il y courut précipitamment, suivi de sir William et de lady Ashton, et de quelques proches parents de la famille. Le reste de la compagnie attendit leur retour dans un étonnement voisin de la stupéfaction.

Arrivé à la porte de la chambre, le colonel Ashton frappa et appela; mais il ne reçut d'autre réponse que des gémissements étouffés. Il n'hésita pas plus longtemps à ouvrir. Quelque chose sembla d'abord opposer une résistance qui céda facilement, et le premier objet qui s'offrit alors à la vue fut le corps du marié gisant près du seuil de la chambre nuptiale, au milieu d'une mare de sang. Un cri de surprise et d'horreur échappa à tous les assistants; et la société, excitée par cette nouvelle alarme, commença à se précipiter tumultueusement vers l'endroit d'où elle était partie. Le colonel Ashton dit à voix basse à sa mère: — Cherchez la ; — elle l'a tué ! puis, tirant son épée, il se plaça au milieu du passage, et déclara qu'il ne laisserait entrer personne, à l'exception du ministre et d'un médecin qui se trouvait présent. Avec leur aide, on releva Bucklaw, qui respirait encore, et on le transporta dans un autre appartement, où ses amis, remplis de soupçons et murmurant hautement, se rassemblèrent autour de lui pour entendre l'opinion du chirurgien.

Cependant lady Ashton, sir William et ceux qui les avaient suivis cherchaient en vain Lucy dans le lit nuptial et dans la chambre. Il n'y existait pas de sortie secrète, et on commençait à craindre qu'elle ne se fût jetée par la fenêtre, quand une des personnes présentes, faisant une revue plus attentive, aperçut quelque chose de blanc dans le coin de l'antique et vaste cheminée de la pièce. C'est là que fut trouvée la malheureuse fille, assise, ou plutôt accroupie et ramassée sur elle-même, — ses coiffes en désordre, ses vêtements de nuit déchirés et maculés de sang, — les yeux étincelants, et les traits décomposés par un paroxysme de folie convulsive. Quand elle se vit découverte, elle grinça des dents en faisant entendre des sons inarticulés, et leur montra ses mains ensanglantées, avec les gestes frénétiques d'un démoniaque.

On se hâta d'appeler les femmes qui servaient Lucy ; la malheureuse mariée fut arrachée de sa retraite, mais non sans quelque violence. Au moment où on la sortait de la chambre, elle porta les yeux vers le seuil de la porte, et prononçant alors les premières paroles distinctes qu'elle eût encore fait entendre, elle leur dit, avec une sorte de joie convulsive : « Ainsi donc, vous avez enlevé votre beau fiancé ? » Elle fut transportée dans un appartement plus écarté, où on s'assura d'elle ainsi que son état l'exigeait, et où elle fut attentivement surveillée. Il serait impossible de rendre l'indicible agonie des parents, — l'horreur et la confusion de tous ceux qui se trouvaient au château, — la fureur des parents de Bucklaw, dont l'intempérance récente avait rendu les passions plus irritables, et l'emportement de leurs récriminations.

Le chirurgien fut le premier qui parvint à se faire écouter des deux partis ; il déclara que la blessure de Bucklaw, quoique grave et dangereuse, n'était pas mortelle, mais que le bruit et un déplacement trop prompt pourraient la rendre fatale. Il réduisit par là au silence les nombreux amis de Bucklaw, qui jusque-là avaient insisté pour qu'à tous risques il fût transporté du château à la plus rapprochée de leurs demeures. Ils persistèrent néanmoins à demander qu'attendu ce qui venait d'arriver quatre d'entre eux restassent près du lit de souffrances de leur parent, et qu'un certain nombre de leurs gens, bien armés, demeurassent aussi au château. Le colonel Ashton et son père ayant accédé à cette condition, le reste des amis du marié quitta Ravenswood-Castle, nonobstant l'heure avancée et l'obscurité de la nuit. Le chirurgien donna ensuite ses soins à miss Ashton, dont il déclara l'état très-alarmant. D'autres médecins furent immédiatement appelés. Elle

CHAPITRE XXXIV.

passa toute la nuit dans le délire. Vers le matin, elle tomba dans un état d'insensibilité absolue. Les médecins annoncèrent que le soir amènerait une crise qui déciderait de son sort. C'est ce qui arriva ; car bien qu'à sa longue léthargie eût succédé une sorte de calme apparent, et qu'elle eût souffert qu'on changeât ses vêtements de nuit ou qu'on en réparât le désordre, cependant elle eut à peine porté la main à son cou comme pour y chercher le fatal ruban bleu, que les souvenirs parurent lui revenir en foule, souvenirs que les forces de son esprit et celles de son corps furent également hors d'état de supporter. Les convulsions se succédèrent sans interruption, et la mort y vint mettre un terme avant qu'elle eût pu prononcer un seul mot d'explication sur la fatale scène.

Le juge provincial du district arriva le lendemain de la mort de miss Ashton, et remplit, quoique avec toute la délicatesse que commandait l'état d'une famille plongée dans l'affliction, le pénible devoir d'une enquête sur ces tristes événements. Mais il ne se présenta rien qui pût expliquer l'hypothèse la plus générale, à savoir, que la mariée, dans un subit accès de folie, avait poignardé le nouvel époux sur le seuil de la chambre nuptiale. L'arme fatale fut trouvée dans la chambre, encore rouge de sang. C'était ce même poignard que Henry devait porter le jour du mariage, et que probablement sa malheureuse sœur avait réussi à cacher le soir où il lui avait été montré parmi d'autres objets faisant partie des préparatifs de la noce.

Les amis de Bucklaw comptaient que quand viendrait sa convalescence il jetterait quelque jour sur cette sombre histoire, et ils le pressèrent vivement de questions, auxquelles il échappa pendant quelque temps en alléguant son état de faiblesse. Lorsque pourtant il eut été transporté chez lui, et qu'on put le regarder comme à peu près guéri de ses blessures, il réunit tous ceux, hommes et femmes, qui s'étaient crus en droit de l'interroger à ce sujet, et après les avoir remerciés de l'intérêt qu'ils lui avaient montré, et de leurs offres de concours et d'appui, il leur dit : — Je désire néanmoins, mes amis, que vous compreniez bien tous que je n'ai ni histoire à raconter ni injure à venger. Si dorénavant une dame me questionne sur les événements de cette malheureuse nuit, je garderai le silence, et la regarderai à l'avenir comme ayant désiré rompre avec moi toute relation d'amitié ; en un mot, je cesserai absolument de lui parler. Mais si un homme me fait la même question, je regarderai l'incivilité comme équivalente à une invitation de me rencontrer avec lui à la promenade du Duc [1], et je compte qu'il se réglera là-dessus.

Une déclaration si positive n'admettait pas de commentaire ; et on

[1] Promenade au voisinage d'Holyrood-House (à Édimbourg), ainsi nommée parce que le duc d'York, depuis Jacques II, se plaisait à la fréquenter lors de sa résidence en Écosse. Ce fut longtemps un lieu ordinaire de rendez-vous pour régler les affaires d'honneur. (W. S.)

s'aperçut bientôt que Bucklaw s'était relevé de son lit de souffrances plus sage et plus réfléchi qu'il ne s'était montré jusque-là. Il congédia Craigengelt, non toutefois sans lui avoir assuré une pension suffisante, si elle était bien employée, pour le mettre à l'abri de l'indigence et des tentations.

Bucklaw partit peu après pour le continent, et ne revint jamais en Écosse; jamais non plus on ne l'entendit faire la plus légère allusion aux circonstances de son fatal mariage. Beaucoup de lecteurs pourront regarder notre récit comme outré, purement romanesque, et sorti de l'imagination déréglée d'un auteur curieux de satisfaire l'appétit universel pour l'horrible; mais ceux qui sont versés dans l'histoire privée des familles d'Écosse à l'époque à laquelle se rapporte notre histoire, y retrouveront sans peine, à travers le déguisement de noms supposés et d'incidents imaginaires, les particularités dominantes D'UNE HISTOIRE TROP VRAIE.

CHAPITRE XXXV.

> Qui donc aurait le cœur assez dur pour ne pas accorder ses chants au ton de la plus vive douleur, après avoir entendu le récit d'une catastrophe si affreuse? Qui pourrait voir, sans frémir, un chevalier si brave et paré de tant de grâces, disparaître ainsi subitement et périr d'une mort si misérable, pour s'être imprudemment engagé sur un terrain inconnu?
>
> *Poëme dans le Traité de Nisbet sur le Blason*, vol. II.

Nous avons anticipé sur le cours des événements pour mentionner la guérison et le sort de Bucklaw, afin de pouvoir raconter sans interruption ce qui suivit les funérailles de l'infortunée Lucy Ashton. Cette triste cérémonie eut lieu de bonne heure, au milieu des brouillards d'une matinée d'automne, avec aussi peu de témoins et d'appareil que possible. Un très-petit nombre de ses parents les plus proches accompagnèrent son corps à la même église où, quelques jours auparavant, elle avait été conduite comme mariée, aussi passive alors, peut-être, que pouvaient l'être maintenant ses restes inanimés. Une aile adjacente à l'église avait été disposée par sir William Ashton comme cimetière de famille ; ce fut là que dans un cercueil ne portant ni nom ni date fut livrée à la poussière la dépouille mortelle de celle qui naguère avait été une jeune fille aimable et innocente autant que belle, quoiqu'une longue suite de persécutions sans relâche l'eût poussée à un acte de frénésie. Tandis qu'on la déposait dans le caveau, les trois mégères villageoises, qui, malgré l'heure inaccoutumée, avaient été attirées, comme le vautour, par l'odeur de la mort, étaient assises sur la pierre plate du cimetière où déjà nous les avons vues, et engagées comme précédemment dans une conférence impie.

— Ne l'avais-je pas dit, commença dame Gourlay, que la belle noce serait suivie d'aussi belles funérailles?

— Il me semble qu'il n'y a rien déjà de si beau, repartit dame Winnie ; rien pour manger ni pour boire, et tout juste quelques pièces de deux pence [1] pour le pauvre monde! Ce n'était guère la peine de venir de si loin pour si peu de profit, avec nos pauvres vieilles jambes.

— Taisez-vous, imbécile! répliqua dame Gourlay ; est-ce que toutes les bonnes choses qu'ils auraient pu nous donner seraient à moitié aussi

---

[1] *Silver tippences*, anciennes pièces de deux sous d'Ecosse. (L. V.)

douces que cette heure de vengeance? Les voilà, ceux qui caracolaient sur leurs beaux chevaux il y a quatre jours; aujourd'hui ils marchent aussi lentement et la tête aussi basse que nous. Ils étaient tous resplendissants d'or et d'argent, — ils sont à présent aussi noirs que le corbeau. Et miss Lucy Ashton, qui avait l'air de rechigner quand une honnête femme approchait d'elle, aujourd'hui un crapaud peut se poser sur sa bière, et y coasser sans qu'elle fasse la dégoûtée. Et à l'heure qu'il est lady Ashton a le feu de l'enfer dans la poitrine; et sir William, avec ses gibets, et ses fagots, et ses chaînes, comment trouve-t-il les sorcelleries de sa propre maison?

— C'est donc vrai, balbutia la misérable paralytique, que la mariée a été tirée de son lit et emportée dans la cheminée par le malin esprit, et que la face du marié était tournée sens devant derrière.

— Vous n'avez pas besoin de vous mettre en peine de ce qui en est, ni comment la chose est arrivée; mais je vous garantis que la besogne n'était pas faite à moitié, et que les lairds et leurs leddies le savent bien à l'heure qu'il est.

— Et c'est donc vrai, puisque vous en savez si long là-dessus, que le portrait du vieux sir Malise Ravenswood est descendu du mur, et s'est mis à conduire le branle devant eux tous?

— Non; mais le portrait vint dans la grand'salle — et je sais bien comment il y vint — pour leur donner un avertissement que l'orgueil baisserait l'oreille. Mais en ce moment même, commères, il se passe là-bas dans le caveau mortuaire une chose aussi étrange que tout ce qui est déjà arrivé. — Vous avez vu douze parents en deuil avec des crêpes et de grands manteaux, descendre les marches deux à deux?

— Qu'est-ce que ça nous aurait servi de les compter? répondit une des vieilles.

— Je les ai comptés, moi, dit l'autre avec la chaleur d'une personne à qui le spectacle avait offert trop d'intérêt pour qu'elle le vît avec indifférence.

— Mais ce que vous n'avez pas vu, reprit Ailsie triomphant de sa perspicacité supérieure, c'est qu'il y en a un treizième avec eux sans qu'ils s'en doutent; et si les anciens adages disent vrai, il y en a un de **la compagnie qui ne sera pas** longtemps de ce monde. Mais partons, commères; si nous demeurons ici, je vous garantis que vous porterez la folle enchère de tout ce qui pourra en arriver de mal; et qu'il en arrive du bien, c'est ce qu'il ne faut pas qu'aucun d'eux s'imagine.

Et avec un croassement semblable à celui des corbeaux qui présagent une peste, les trois sinistres sibylles sortirent du cimetière.

Quand le service funèbre fut terminé, les assistants s'aperçurent en effet qu'ils étaient un de plus que le nombre invité, et la remarque passa à voix basse de l'un à l'autre. Le soupçon tomba sur un homme qui, enveloppé comme les autres d'un ample manteau de deuil, était

appuyé contre un des piliers du caveau sépulcral, et paraissait plongé dans un état d'insensibilité presque absolu. Les membres de la famille de sir William manifestaient déjà, quoiqu'à demi-voix, la surprise et le mécontentement que leur causait cette intrusion, quand ils furent interrompus par le colonel Ashton, qui conduisait le deuil en l'absence de son père. — Je sais quelle est cette personne, leur dit-il à voix basse; il a ou il aura bientôt autant de motifs de deuil que nous-mêmes.
—Laissez-moi lui parler, et ne troublez pas la cérémonie par un éclat inutile. A ces mots, il sortit du groupe, et tirant l'inconnu par son manteau, il lui dit, d'une voix qu'il s'efforça de rendre calme : — Suivez-moi!

L'étranger tressaillit à la voix du colonel; et comme s'il fût sorti tout à coup d'une profonde rêverie, il obéit machinalement, et ils montèrent le petit escalier à demi ruiné qui conduisait du sépulcre au cimetière. Les autres parents les suivirent; mais ils restèrent groupés à la porte du caveau, observant avec inquiétude les mouvements du colonel Ashton et de l'étranger, qui alors semblaient avoir ensemble un entretien animé, au pied d'un if qui couvrait de son ombre la partie la plus écartée du cimetière.

Après avoir conduit l'étranger qu'il précédait jusqu'à cet endroit isolé, le colonel Ashton se retourna tout à coup, et s'adressant à lui d'un ton calme, quoique menaçant : Je ne puis douter que je parle au Maître de Ravenswood? lui dit-il. Il ne reçut pas de réponse. — Je ne puis douter, continua le colonel de plus en plus agité par la colère, que je parle au meurtrier de ma sœur?

— Vous ne m'avez que trop bien nommé, dit Ravenswood d'une voix sourde et tremblante.

— Si vous vous repentez de ce que vous avez fait, reprit le colonel, puisse votre repentir vous servir devant Dieu; avec moi, il vous sera inutile. Voici la mesure de mon épée, ajouta-t-il en lui tendant un papier, et une note indiquant le moment et le lieu de notre rencontre : Demain, au soleil levant, sur la grève à l'est de Wolf's Hope.

Le Maître de Ravenswood tenait le papier à sa main, et semblait irrésolu. — Ne poussez pas au dernier degré du désespoir, dit-il enfin, un misérable qui en est déjà accablé. Jouissez de votre vie aussi longtemps que vous pourrez, et laissez-moi chercher la mort d'une autre main que la vôtre.

— Jamais! s'écria Douglas Ashton; c'est de ma main que vous mourrez, ou vous compléterez la ruine de ma famille en m'enlevant la vie. Si vous refusez mon honorable défi, il n'est pas d'insulte dont je ne vous accable, pas d'outrage dont je ne vous charge, jusqu'à ce que le nom de Ravenswood soit devenu l'emblème du déshonneur, comme il est déjà celui de la perfidie.

— C'est ce qu'il ne sera jamais, dit Ravenswood emporté à son tour par l'indignation ; si je suis le dernier qui doive le porter, je dois à ceux qui le portèrent avant moi de ne le pas laisser éteindre dans l'infamie. J'accepte votre défi, ainsi que l'heure et le lieu de la rencontre. Nous y serons seuls, je présume?

— Seuls, et seul en reviendra le survivant.

— Que Dieu ait donc pitié de l'âme de celui qui succombera !

— Soit ; ma charité peut encore aller jusque-là pour l'homme que je hais le plus mortellement, et que j'ai le plus de raison de haïr. Maintenant, brisons là, car nous allons être interrompus. La grève à l'est de Wolf's Hope, — au lever du soleil, — nos épées pour seules armes.

— Il suffit ; je ne vous ferai pas défaut.

Ils se séparèrent ; le colonel Ashton pour rejoindre le deuil, et le Maître de Ravenswood pour aller reprendre son cheval, qui était attaché à un arbre derrière l'église. Le colonel revint au château avec ses parents ; mais il trouva un prétexte pour les quitter dans la soirée, et changeant son vêtement contre un habit de voyage, il monta à cheval, arriva à Wolf's Hope dans la nuit, et s'établit dans la petite auberge, afin d'être tout prêt pour son rendez-vous du matin.

On ignore comment le Maître de Ravenswood passa le reste de cette malheureuse journée. A une heure avancée de la nuit, cependant, il arriva à Wolf's Crag, et réveilla son vieux serviteur, Caleb Balderstone, qui avait cessé d'espérer son retour. Des bruits confus et de vagues rumeurs de la fin tragique de miss Ashton et de sa cause mystérieuse étaient déjà arrivés jusqu'au vieillard, et il était agité des plus vives inquiétudes en songeant à l'effet que ces événements pouvaient produire sur l'esprit de son maître.

La conduite de Ravenswood ne diminua pas ces appréhensions. Aux tremblantes supplications du sommelier qu'il prît quelque rafraîchissement, il ne fit d'abord aucune réponse ; puis, tout à coup demandant du vin d'un ton brusque et impérieux, il en but, contre ses habitudes, plusieurs grands verres. Voyant que son maître ne voulait rien manger, le vieillard le conjura, d'un ton affectueux, de lui permettre de l'éclairer jusqu'à sa chambre. Ce ne fut qu'après que cette proposition lui eût été répétée deux ou trois fois, que Ravenswood fit un signe d'adhésion muette. Mais lorsque Balderstone le conduisit à un appartement qu avait été confortablement meublé, et que depuis son retour il avait habituellement occupé, Ravenswood s'arrêta tout court sur le seuil.

— Par ici, dit-il d'une voix brève ; conduisez-moi à la chambre où mon père est mort, à la chambre où elle a couché la nuit qu'ils passèrent au château.

— Qui, monsieur? dit Caleb, trop effrayé pour conserver sa présence d'esprit.

— *Elle*, Lucy Ashton ! — Voulez-vous me tuer, vieillard, en me forçant de répéter son nom?

CHAPITRE XXXV.

Caleb aurait bien voulu dire quelque chose du délabrement de cette chambre ; mais l'état d'impatience et d'irritation qui se lisait dans la physionomie de son maître lui imposa silence. Il le précéda d'un pas tremblant et sans proférer un mot, plaça la lampe sur la table de la chambre déserte, et il se disposait à faire quelques arrangements au lit, quand Ravenswood lui ordonna de sortir, d'un ton qui n'admettait pas de délai. Le vieillard se retira, non pour se livrer au repos, mais pour prier; et de temps en temps il se glissait jusqu'à la porte de l'appartement, pour voir si son maître s'était mis au lit. Ses pas pesants et mesurés sur le plancher de la chambre n'étaient interrompus que par de profonds gémissements, et de temps à autre le bruit plus rapide et plus violent du talon de ses lourdes bottes indiquait trop clairement que le malheureux Edgar s'abandonnait alors aux excès d'une douleur insurmontable. Le vieillard crut que le jour, après lequel il aspirait, ne se lèverait jamais ; mais le temps, dans son cours toujours égal, quoique les hommes le puissent trouver plus rapide ou plus lent, ramena enfin l'aurore, et colora d'une teinte rougeâtre la longue ligne où le ciel et l'Océan semblaient se confondre. On était aux premiers jours de novembre, et le temps était beau pour la saison ; mais un vent d'est avait régné pendant la nuit, et la marée montante s'approchait plus que de coutume du pied des rochers sur lequel le château était assis.

Dès la pointe du jour, Caleb Balderstone revint à la porte de la chambre de Ravenswood, et à travers une fente il le vit occupé à mesurer la longueur de deux ou trois épées, déposées dans un cabinet attenant à la pièce. — Elle est plus courte, se disait-il à lui-même en en choisissant une ; — laissons-lui cet avantage comme il a tous les autres.

Caleb Balderstone ne comprit que trop bien, d'après ce qu'il voyait, dans quelle affaire était engagé son maître, et combien serait vaine toute intervention de sa part. Il n'eut que le temps de se retirer de la porte, pour n'y pas être surpris, tant son maître l'ouvrit brusquement pour descendre aux écuries. Le fidèle domestique l'y suivit ; et au désordre des vêtements du Maître, ainsi qu'à sa pâleur effrayante, il ne put douter que Ravenswood n'eût en effet passé toute la nuit sans un seul instant de sommeil ni de repos. Il le trouva activement occupé à seller son cheval, occupation dans laquelle Caleb offrit de le remplacer, quoique sa voix fût altérée et ses mains tremblantes. Ravenswood refusa son aide par un signe muet ; et ayant conduit l'animal dans la cour, il se disposait à le monter, quand la crainte du vieux serviteur cédant à la force de son attachement, sentiment qui en lui l'emportait sur tout autre, il se jeta tout à coup aux pieds d'Edgar, et s'écria en lui pressant les genoux : — Oh, monsieur ! oh, mon maître ! tuez-moi si vous voulez, mais ne sortez pas pour ce terrible projet ! O mon cher maître, attendez seulement aujourd'hui ; le marquis d'A*** arrive demain, et tout sera réparé.

— Vous n'avez plus de maître, Caleb, dit Ravenswood en s'efforçant de se dégager. Voudriez-vous, vieillard, vous attacher à une tour chancelante?

— J'ai un maître, s'écria Caleb en sanglotant, et ne cessant pas de le retenir, j'ai un maître tant que l'héritier de Ravenswood respire. Je ne suis qu'un pauvre serviteur ; mais je suis né le serviteur de votre père, — de votre grand-père. — Je suis né pour la famille ; — j'ai vécu pour elle, — je veux mourir pour elle ! — Restez seulement ici, et tout finira bien !

— Tout finira bien ?... Pauvre vieillard insensé, la vie n'a plus maintenant de bonheur pour moi ; mon heure la plus heureuse sera désormais celle qui la terminera le plus tôt.

A ces mots, il se dégagea de l'étreinte du vieillard, sauta sur son cheval, et gagna précipitamment la porte; mais se retournant tout à coup, il jeta à Caleb, qui accourait vers lui, une pesante bourse d'or.

— Caleb ! lui cria-t-il avec un sourire d'une expression sinistre, je vous fais mon héritier. Et tournant bride de nouveau, il reprit sa course vers la plaine.

L'or tomba sur le pavé sans que le vieillard y prît garde ; son unique pensée fut de courir voir quelle direction prenait son maître. Celui-ci prit sur la gauche un sentier étroit et inégal qui gagnait le rivage à travers une sorte de fissure du rocher, et qui conduisait à une espèce de crique où autrefois les barques du château étaient habituellement amarrées. Quand il le vit prendre ce sentier, Caleb se hâta de gagner les créneaux de l'Est, d'où la vue plongeait sur toute l'étendue des sables, jusqu'à fort peu de distance du village de Wolf's Hope. Il put aisément suivre des yeux son maître galopant dans cette direction de toute la vitesse de son cheval. Tout à coup Balderstone se rappela la prophétie annonçant que le lord de Ravenswood périrait dans le Kelpie's Flow, qui se trouvait à mi-chemin entre la Tour et les *links*, ou éminences de sable situées vers le nord de Wolf's Hope. Il le vit atteindre la place fatale, mais il ne l'en vit pas ressortir.

Le colonel Ashton, avide de vengeance, était déjà au lieu du rendez-vous, où il se promenait à grands pas en portant ses regards impatients dans la direction de la Tour, et épiant des yeux l'arrivée de son antagoniste. Le soleil était levé, et montrait à l'orient son large disque au-dessus de la mer, de sorte qu'il put aisément apercevoir le cavalier qui accourait vers lui avec une rapidité annonçant une impatience égale à la sienne. Tout à coup la figure devint invisible, comme si elle se fût évanouie dans l'air. Le colonel se frotta les yeux, croyant avoir vu une apparition ; puis il se dirigea en toute hâte vers l'endroit où elle avait disparu ; il s'y rencontra avec Balderstone, qui arrivait de la direction opposée. Ni cheval ni cavalier n'avaient laissé la moindre trace ; on put seulement juger que les derniers vents et les fortes marées avaient considérablement étendu les limites ordinaires des sables mouvants, et que le malheureux Edgar, comme l'indiquaient les empreintes des pas de son cheval, n'avait pas eu, dans son extrême précipitation, l'attention de se tenir sur le sable solide, en longeant le pied des rochers, et qu'il avait pris la route la plus directe et la plus dangereuse. Un seul vestige de son sort fut retrouvé. Une longue plume noire s'était détachée de son chapeau, et les vagues bouillonnantes de la marée qui montait en ce moment l'apportèrent aux pieds de Caleb. Le vieillard la recueillit, en essuya l'eau, et la plaça sur son cœur.

Les habitants de Wolf's Hope reçurent l'alarme, et accoururent en foule sur le théâtre de l'accident, les uns par terre, d'autres en bateau ; mais leurs recherches furent inutiles. Ainsi qu'il est ordinaire en de tels cas, les profondeurs des sables mouvants gardèrent leur proie.

Notre récit touche à sa fin. Le marquis d'A***, alarmé des rapports effrayants qui se répandaient, et inquiet pour la sûreté de son jeune parent, arriva le jour suivant pour pleurer sa perte ; et après avoir fait recommencer vainement de nouvelles recherches pour tâcher de retrouver le corps, il retourna oublier ce funeste événement au milieu du tumulte de la politique et des affaires d'État.

Il n'en fut pas ainsi de Caleb Balderstone. Si les biens de ce monde avaient pu consoler le vieillard, les dernières années de sa vie eussent été entourées d'une abondance que n'avaient jamais connue les premières ; mais la vie avait perdu pour lui son sel et sa saveur. Toutes ses pensées, tous ses sentiments d'orgueil ou de crainte, de peine ou de plaisir, avaient eu pour principe unique son union intime avec la famille qui venait de s'éteindre. Il ne porta plus la tête haute ; — il négligea ses fréquentations et ses occupations habituelles ; — il semblait ne plus trouver de plaisir qu'à errer sans but dans ces appartements du vieux château que le Maître de Ravenswood avait récemment habités. La nourriture ne réparait plus ses forces, le sommeil ne lui donnait plus de repos ; et avec une fidélité que montre parfois la gent canine, mais qu'on trouve rarement dans la race humaine, il languit quelque temps encore, et mourut avant qu'une année se fût écoulée depuis la catastrophe que nous venons de raconter.

La famille d'Ashton ne survécut pas longtemps à celle de Ravenswood. Sir William Ashton ne mourut qu'après son fils aîné, le colonel, qui fut tué en duel dans les Pays-Bas ; et Henry, qui succéda à son nom et à ses biens, ne se maria jamais. Lady Ashton seule atteignit une extrême vieillesse, et survécut à tous ceux dont les malheurs étaient l'ouvrage de son caractère implacable. Qu'elle ait pu éprouver intérieurement du repentir, et se réconcilier avec le Ciel qu'elle avait offensé, c'est ce que nous ne voulons ni n'osons nier ; mais de tous ceux qui l'entouraient jamais un seul n'aperçut en elle le plus léger indice de repentir ou de remords. Elle montra jusqu'à la fin ce caractère hardi, altier, inflexible, qu'elle avait annoncé dès avant ces tristes événements. Un splendide monument en marbre rappelle son nom, ses titres et ses *vertus*, tandis que ses victimes n'ont obtenu l'honneur ni d'un tombeau ni d'une épitaphe.

FIN DE LA FIANCÉE DE LAMMERMOOR.

NOTES

DE LA

FIANCÉE DE LAMMERMOOR.

(A) Page 145.

INCURSION DE CALEB BALDERSTONE

L'INCURSION de Caleb Balderstone dans la cuisine du tonnelier a été universellement regardée, du côté méridional de la Tweed[1], comme une absurdité aussi extravagante que grotesque. Tout ce que l'auteur peut dire, c'est qu'une anecdote semblable lui a été racontée, avec les dates et les noms propres, par un noble comte mort récemment, dont les souvenirs de l'ancien temps, en même temps qu'ils étaient rapportés avec un bonheur d'expression et un inestimable fonds d'*humour* que n'oublieront jamais ceux qui ont été assez heureux pour jouir de sa société intime, avaient de plus l'inappréciable prix d'une extrême fidélité.

Voici l'anecdote telle que la rapportait l'homme excellent et si regrettable de qui je la tiens ; j'omets seulement les noms : — Dans un des comtés méditerranéens de l'Écosse, il y avait un certain gentleman non marié, second fils d'une famille ancienne ; ce gentleman vivait de la fortune d'un cadet, c'est-à-dire de quelque misérable rente, qui cependant était si bien administrée et si habilement étendue par son homme de confiance John, que son maître marchait de pair avec tous les jeunes gentilshommes du comté, chassant, dînant, jouant et buvant avec eux, à termes égaux en apparence.

Il est vrai que la société du jeune homme étant fort divertissante, ses amis parvenaient, sous divers prétextes, à faire accepter à John des subsides qu'ils n'auraient pas osé offrir directement à son maître. Cependant, sans préjudice de ces bonnes dispositions envers John et le maître de John, les jeunes chasseurs regardèrent comme une excellente plaisanterie de prendre, s'il était possible, John en défaut.

Dans ce dessein, et, je crois, par suite d'un pari, une troupe de quatre ou cinq

---

[1] On se rappellera que la Tweed forme la limite commune de l'Angleterre et de l'Écosse. (L. V.)

de ces étourdis arrivent au petit manoir de leur ami, qui était situé à proximité d'un grand village. Ils y firent irruption un peu avant l'heure du dîner, — attendu qu'on jugea régulier de donner un espace convenable à l'esprit de ressources de John, — et passant rapidement en corps devant le domestique stupéfait, ils pénètrent dans le petit parloir. Là, après avoir fait quelque histoire concertée pour expliquer leur invasion, les convives, s'invitant d'eux-mêmes, demandèrent à leur hôte s'il ne pouvait pas leur faire servir quelque chose pour dîner. Leur ami les reçut cordialement et sans paraître aucunement embarrassé, et, quant au dîner, s'en reposa sur John. Il fut appelé en conséquence, — reçut de son maître l'ordre de faire préparer à dîner pour la compagnie débarquée ainsi à l'improviste, — et sans qu'un seul muscle de sa physionomie trahît la moindre émotion, il promit qu'on serait promptement obéi. Grande fut l'impatience des visiteurs, et probablement celle de l'hôte lui-même, de voir quel serait le résultat des belles promesses de John. Quelques-uns des plus curieux avaient fait une pointe à la cuisine, et n'y avaient rien aperçu qui annonçât la réalisation de l'avenir annoncé par le majordome. Mais à peine l'horloge du village avait-elle sonné l'heure du dîner, que John, ponctuel à tenir sa promesse, plaça devant eux sur la table un imposant rosbif, avec un accompagnement convenable de légumes, amplement suffisants pour le dîner de toute la troupe, et pour décider la perte du pari du côté de ceux des visiteurs qui s'étaient attendus à mettre John dans l'embarras. L'explication fut la même que dans le cas de Caleb Balderstone. John avait pris la liberté d'enlever le pot-au-feu d'un riche habitant du village, et de l'apporter chez son maître, laissant le paysan et sa famille exposés à dîner de pain et de fromage, ce qui, comme disait John, « était assez bon pour eux. » La crainte d'offenser tant de personnes de distinction tint le pauvre homme assez tranquille, et par la suite il obtint en récompense quelque patronage indirect, de sorte que tout le monde trouva la plaisanterie fort bonne. En Angleterre, à aucune époque, de même qu'aujourd'hui dans quelques parties de l'Écosse, la chose ne se serait peut-être pas si bien passée

(B) Page 149.

ANCIENNE HOSPITALITÉ.

C'était autrefois la coutume universelle de mettre de l'ale, du vin, ou quelque autre liqueur spiritueuse dans la chambre d'un convive de distinction, pour apaiser la soif qu'il pourrait ressentir en s'éveillant dans la nuit, ce qui, si l'on songe que l'hospitalité du temps allait parfois jusqu'à l'excès, ne paraîtra nullement une précaution superflue. L'auteur a rencontré autrefois quelques exemples de cet usage, dans des familles où s'étaient conservées les anciennes mœurs. Ce n'était peut-être pas une fiction poétique qui rapportait comment

> « Ma commère et moi nous nous mîmes au lit, avec chacun deux pintes à notre chevet, et tous deux en nous réveillant nous les bûmes d'un trait. Que pensez-vous de ma commère et de moi? »

C'est une histoire bien connue dans le Téviot-Dale [1], que dans la maison d'une

---

[1] Vallée de la Téviot, ou *Val-Téviot*; partie centrale de la province de Roxburgh, un des trois comtés de l'Écosse frontières de l'Angleterre. (L. V.)

ancienne famille de distinction, très-zélée pour la cause presbytérienne, une Bible était toujours placée dans la chambre à coucher des hôtes qu'on y recevait, en même temps qu'une bouteille d'ale double. Je ne sais à quel propos il y eut au voisinage du château une réunion d'ecclésiastiques qui tous furent invités à dîner par le digne baronnet, et dont plusieurs restèrent au château pour la nuit. Conformément à l'usage du temps, sept des révérends hôtes furent placés dans une vaste chambre commune servant en ces occasions de nombreuse réception. Le sommelier eut soin que chacun des ministres fût pourvu, selon l'habitude, d'une Bible et d'une bouteille d'ale. Mais après s'être consultés quelques moments entre eux, ils rappelèrent, dit-on, le domestique qui se disposait à quitter la chambre. — Mon ami, lui dit un des vénérables hôtes, vous devriez savoir que quand nous nous réunissons comme frères, le plus jeune ministre lit aux autres, à voix haute, un passage de l'Écriture; — une seule Bible nous est donc nécessaire. Remportez les six autres, et apportez-nous à leur place six bouteilles d'ale de plus.

Ce synode se serait fort bien entendu avec le sage Ermite de Johnson, qui, à un élève s'informant quelle était la véritable route du bonheur, répondait par ce vers célèbre :

« Viens, mon enfant, viens boire un peu de bière. »

(C) Page 162.

APPEL AU PARLEMENT.

La faculté d'appeler des arrêts de la Cour des Sessions, tribunal suprême de l'Écosse, au Parlement écossais, dans les causes civiles, donna lieu, avant l'Union, à de vifs débats. C'était pour les plaideurs un privilège fort désirable, attendu que la révision et parfois la cassation de leurs sentences par le Parlement pouvait servir de frein aux juges, lesquels en avaient grandement besoin, à une époque où ils étaient beaucoup plus renommés pour leurs connaissances en jurisprudence que pour leur justice et leur intégrité.

Les membres de la faculté des avocats (c'est ainsi qu'en Écosse on désigne les avocats plaidants) encoururent, en 1674, le violent déplaisir de la Cour des Sessions, à cause de leur refus de renoncer au droit d'en appeler au Parlement, et, par une procédure très-arbitraire, la plupart d'entre eux furent bannis d'Édimbourg, et conséquemment privés de leur état pendant plusieurs sessions ou termes. Mais, par plusieurs articles de l'Union, un appel à la Chambre des Pairs d'Angleterre a été assuré aux Écossais, et ce droit a sans doute puissamment contribué à former le caractère impartial et indépendant que depuis lors les juges de la Cour des Sessions ont toujours montré, et qui les a complétement distingués de leurs prédécesseurs.

Il est aisé de concevoir qu'un vieux légiste, tel que le lord garde des sceaux est représenté dans le texte, ait dû voir avec crainte que des jugements rendus en sa faveur sur le terrain de la stricte loi pénale fussent portés en appel, sous une nouvelle procédure fort redoutée, devant une cour éminemment impartiale, et mue surtout par des considérations d'équité.

Dans les premières éditions de cet ouvrage, cette distinction légale n'était pas suffisamment expliquée [1].

(D) Page 184.

LE PAUVRE HOMME DE MOUTON.

Le paleron d'une épaule de mouton porte en Écosse le nom de *pauvre homme*, de même qu'en quelques parties de l'Angleterre on le désigne par celui de *pauvre chevalier de Windsor*, par opposition, on peut croire, au noble *Sir Loin* [2]. On raconte que dans le dernier siècle un pair d'Écosse, dont les traits (qui n'étaient pas des plus engageants) se distinguaient par une étrange et presque effrayante exagération de la physionomie highlandaise, était tombé malade à Londres pendant la session du Parlement. Le maître de l'hôtel où il logeait, voulant témoigner son empressement envers son noble locataire, se rendit près de lui pour lui énumérer le contenu de son copieux garde-manger, de manière à tâcher de lui indiquer quelque chose qui pût éveiller son appétit. — « Je crois, monsieur, dit Sa Seigneurie en se levant sur son séant, et en rejetant en arrière le plaid de tartan qui couvrait en partie ses traits durs et repoussants, je crois que je pourrais manger un morceau de *pauvre homme*. » L'hôte s'enfuit de terreur, ne doutant pas qu'il ne logeât chez lui un cannibale, qui peut-être était dans l'habitude de manger une tranche de paysan, comme mets léger, quand il était au régime.

[1] Ainsi que le donne à entendre cette observation de sir Walter Scott, il y a dans le texte de sa *Fiancée*, entre les premières et les dernières éditions de l'original, des différences qui ne sont nullement indiquées dans la traduction de M. Defauconpret. Nous aurions eu souvent lieu de faire des remarques analogues dans plusieurs autres des ouvrages de l'illustre baronnet. (L. V.)

[2] Jeu de mots sur le nom anglais de la surlonge d'aloyau, *sirloin*, qui est, comme on sait, la plus noble partie, c'est-à-dire la partie la plus succulente du bœuf. (L. V.)

FIN DES NOTES DE LA FIANCÉE DE LAMMERMOOR.

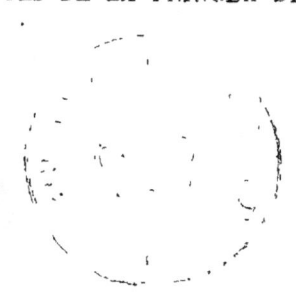

www.ingramcontent.com/pod-product-compliance
Lightning Source LLC
Chambersburg PA
CBHW060513170426
43199CB00011B/1434